本书出版得到

国家重点文物保护专项补助经费

资　助

海岱考古

（第八辑）

山东省文物考古研究所　编

科学出版社

北　京

内 容 简 介

　　海岱考古是山东省文物考古研究所主编的关于海岱地区考古学文化研究的集资料性与学术性为一体的系列考古学文集。此丛书集中发表了山东省文物调查和考古发掘的简报与报告，有重点地刊载了本地区考古学研究的论文。第八辑收录了 8 篇发掘、分析鉴定报告和 6 篇研究论文。

　　本书适合从事考古学、历史学等方面的专家、学者以及大专院校相关专业师生参考、阅读。

图书在版编目（CIP）数据

海岱考古. 第 8 辑. 山东省文物考古研究所编 .—北京：科学出版社，
2015.12

ISBN 978-7-03-047036-2

Ⅰ.①海… Ⅱ.①山… Ⅲ.①考古 – 山东省 – 丛刊 Ⅳ.① K872.52–53

中国版本图书馆 CIP 数据核字（2015）第 318261 号

责任编辑：刘　能 / 责任校对：钟　洋
责任印制：肖　兴 / 封面设计：张　放

科 学 出 版 社 出版
北京东黄城根北街 16 号
邮政编码：100717
http://www.sciencep.com

中国科学院印刷厂印刷
科学出版社发行　　各地新华书店经销

*

2015 年 12 月第 一 版　　开本：787×1092　1/16
2015 年 12 月第一次印刷　　印张：33 1/4　插页：37
字数：775 000

定价：300.00 元
（如有印装质量问题，我社负责调换）

目　录

寿光边线王龙山文化城址的考古发掘

山东省文物考古研究所

潍 坊 市 博 物 馆

寿 光 市 博 物 馆

1984 年，为配合益都（今青州至羊口）铁路建设，山东省文物部门对寿光边线王遗址进行了两次发掘，并于秋季的发掘中发现了龙山文化时期的城址。为进一步弄清边线王古城的基本情况，经国家文物局批准又进行了 3 个季度的主动发掘，至 1986 年冬季，发掘工作结束（图版一，1）。

此阶段发掘发现了龙山时期内、外两个城圈，基本弄清了边线王古城的平面布局和城垣基础的建造方式。此外，还发现龙山文化房址 2 座，灰坑 30 余个，祭祀奠基坑坑 31 个；商代墓葬、灰坑各 2 座；周代灰坑、灰沟、祭祀坑 35 个，墓葬 73 座，水井 1 口；汉代墓葬 63 座；宋金和明清墓葬各 1 座。

一、地 理 位 置

寿光位于山东省中北部、小清河下游、渤海莱州湾南岸，坐标跨度东经 118°32′～119° 10′，北纬 36° 41′～37° 19′。东邻潍坊市寒亭区，西界东营市广饶县，南接潍坊市青州市和昌乐县，南北长 60 千米、东西宽 48 千米，总面积 2200 平方千米（图一）。

寿光地处鲁北平原，地貌形态自南而北缓慢降低，在南北水平距离 70 千米的范围内，相对高差达 48.5 米，平均坡降为万分之七。河流和地表径流自西南向东北流动，形成大平小不平的地貌形态。全县地形可分为 3 个地貌单元，即南部缓岗区、中部微斜平原区和北部滨海浅平洼地。

边线王遗址位于古代遗址分布密集的南部缓岗区，西北距寿光县城 11 千米，坐落于孙家集镇（现为孙家集街道）西南 3.3 千米的边线王村后一处高埠上，当地村民俗称

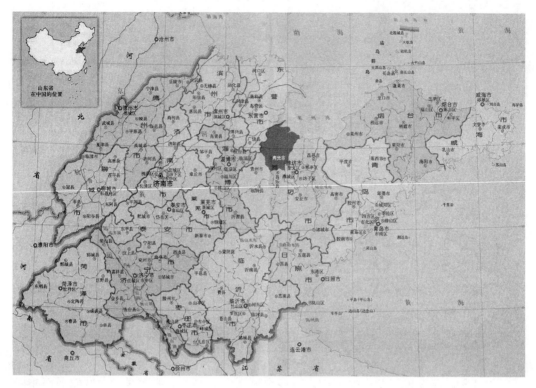

图一　寿光地理位置图

"北埠岭"或"后埠岭"，面积约 10 万平方千米。修建中的益羊铁路从遗址北部西南—东北方向穿过，羊（口）益（都）公路（现改称羊临公路）从村北面约 800 米处东南—西北方向通过（图二）。

1977 年冬季"农业学大寨"平整土地时埠顶下削了近 2 米，形成了二级台地，一级台地现存海拔 43.64 米，二级台地现存海拔 41.14 ～ 42.82 米，分别比周边平地高出 2 ～ 3 米。绝大部分地段的文化层已被完全破坏，仅存部分灰坑残底和墓葬。据当时观察，文化层厚度约 1 米，暴露有地层、灰坑、人骨、兽骨和陶片等。

二、地层堆积

前两次发掘共布置 3 个发掘区。其中第 I、III 发掘区布置在益羊铁路占压地段。根据发掘前的考古勘探和第一发掘区揭示的情况，这两个发掘区均无龙山文化时期的地层堆积，故而在唯一保留龙山文化地层的遗址东南角次级台地上布置了第 II 发掘区。其后 3 个主动发掘季则是根据对遗迹现象——主要是龙山文化城址——了解的需要，选择布方地点。鉴于发掘点比较分散，我们根据发掘点的地形，采用"同等高就近设区"

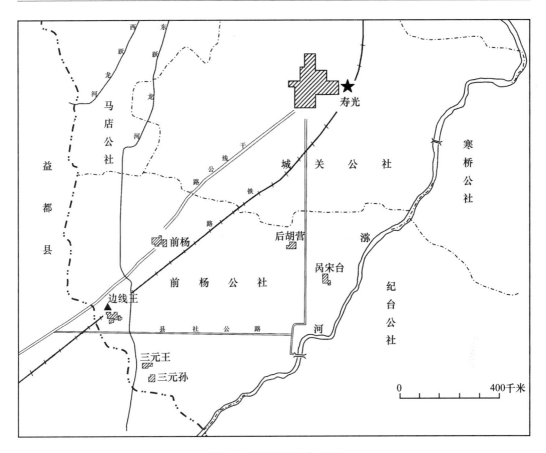

图二 边线王遗址位置图

和"单相限正方向"的方法布方。前后 5 次发掘共设置了 8 个发掘区和 2 条独立的探沟，实际完成发掘面积约 4500 平方米（图三）。

（一）第 I 发掘区

本区位于遗址偏北部铁路占压的次级台地上，地势较为平坦，现存海拔在 42.38 ～ 42.68 米。共发掘 5 米 ×5 米探方 13 个，发掘面积 325 平方米。1986 年春季第 4 次发掘又布 3 米 ×8 米探沟 1 条（T2431 ～ T2531），总计完成发掘面积 349 平方米（图四）。

本区文化层在 1977 年冬整地时被完全破坏，地层堆积极为简单，表土层下即为生土。所有遗迹现象均直接开口于表土层下。发现龙山文化时期内城北墙基槽 1 段及 1 个奠基坑，同期灰坑 3 个；周代墓葬、灰坑各 1 座；汉代墓葬 9 座。

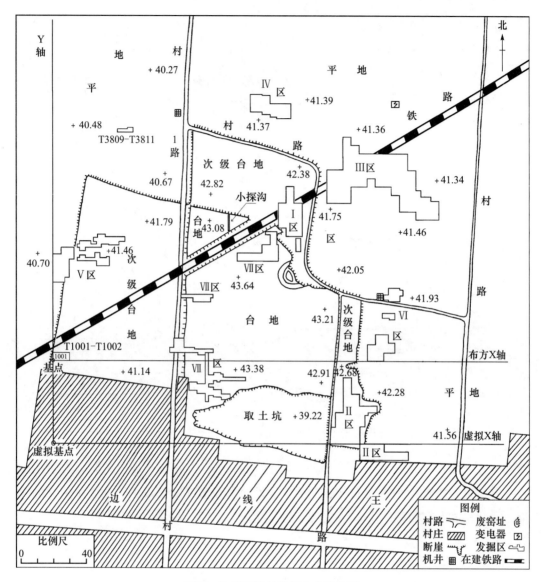

图三　边线王遗址发掘布方坑位图

（二）第Ⅱ发掘区

本区是整个遗址地层堆积保存最好的地段，位于遗址东南部的次级台地上，现存海拔约 42.7 米，其东南部为平地，海拔约 41.6 米。1984 年秋布方揭露 492 平方米。发现城墙基槽后，在基槽北端东扩 T0339 ～ T0539、T0440 ～ T0540 等 7 个探方，发掘面积 106 平方米，向西南扩方 T0135 ～ T0236，发掘面积 36 平方米。1985 年秋季，鉴

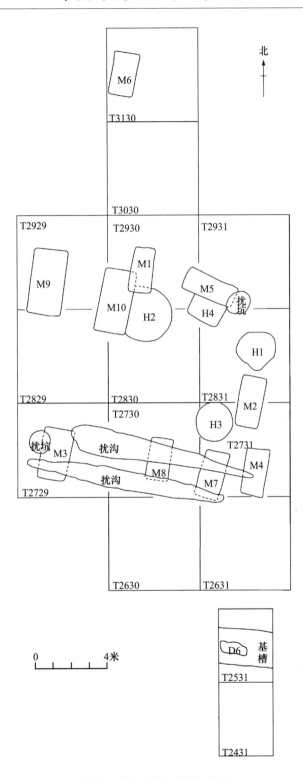

图四 第 I 发掘区总平面图

于其东南部还有部分空地，且有一定的地层堆积，又开 6 个探方，发掘面积为 160 平方米。1986 年春季，为了证实勘探发现的外城基槽，又向东开 T-0242 ～ T-0244 等 3 个探方，面积为 75 平方米。至此第 II 发掘区共计布探方 36 个，总发掘面积 827 平方米（图五；图版三，2）。

本区地层划分为 5 层，按发掘工地统一的地层标准，分别为：第 1 层，表土层；第 2 层，汉代层，可分为 2a 层和 2b 层两个小层；第 3 层，东周层；第 4 层，龙山层；第 5 层，生土层。由于后世严重破坏，地层堆积分布极不均匀（图六）。现选择 5 个剖面分别介绍如下。

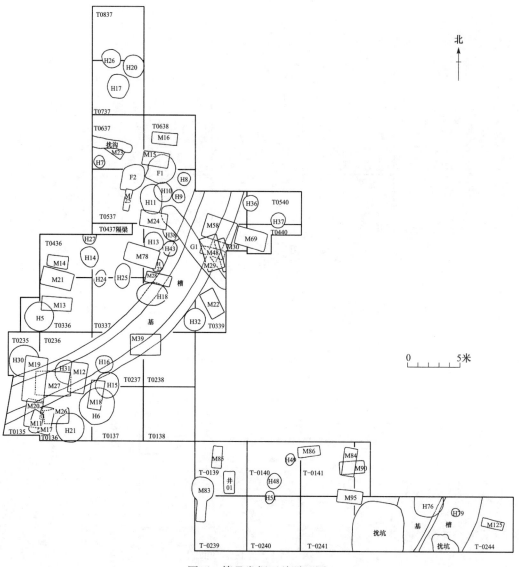

图五　第 II 发掘区总平面图

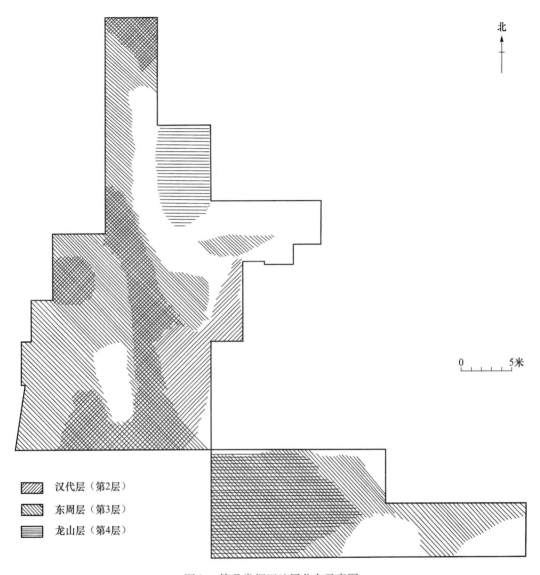

北

汉代层（第2层）	
东周层（第3层）	
龙山层（第4层）	

0　　　　　5米

图六　第Ⅱ发掘区地层分布示意图

1. T0137 ～ T0837 东壁、西壁剖面

第1层：表土层，应为近现代耕土。

第2层：灰褐土，土质硬实，有较多碱渍，厚0.2～0.65米。分布于本区北部和中南部，内含少量汉代瓦片及陶片，应为汉代堆积。晚期墓葬、灰坑多开口于此层下，有的部位第2层缺失，相关遗迹直接叠压在第1层下。

第3层：黑褐色黏土，呈块状分布，土质硬实，厚0.5～0.8米。在本区内分布较广，内含少许红烧土颗粒、兽骨、东周时期的瓦片和陶片，有少量龙山文化时期陶片，应为东周时期堆积。龙山文化城址内城基槽开口此层下（图七）。

2. T0136 ～ T0138 北壁

T0136 ～ T0138 北壁剖面与 T0137 ～ T0837 东、西壁剖面的基本情况一致。唯其东部第 2 层堆积厚达 1 米以上。龙山文化城址内城基槽开口于第 3 层下（图八，上）。

3. T0238 ～ T0638 西壁剖面

第 1 层：耕土层。

第 2 层：分为第 2a、2b 层两个小层。第 2a 层：灰褐土，土质硬实，有较多碱渍，厚 0.2 ～ 0.65 米，多分布于本区中部，内含少量汉代瓦片及陶片，应为汉代堆积。第 2b 层：黄褐土，土质略松软，无碱渍。厚 0.2 ～ 0.5 米，多分布于本区中部，内含少量汉代陶片，应为汉代堆积。

第 3 层：黑褐色黏土，呈块状分布，土质硬实，厚 0.5 ～ 0.8 米，在本区内分布较为普遍，内含少许红烧土颗粒、兽骨、东周时期的瓦片和陶片，并有少量龙山文化时期的陶片，应为东周时期堆积。

第 4 层：黄土，土质硬实，厚 0.3 ～ 0.4 米，仅见于本区西北部 T0538 和 T0638 两个探方，内含红烧土颗粒及龙山文化陶片，为龙山时期堆积（图八，下）。

4. T-0239 ～ T-0244 南壁剖面

第 1 层：耕土层。

第 2 层：缺失。

第 3 层：黑褐色黏土，呈块状分布，土质硬实，厚 0.5 ～ 1.05 米。在本区内分布较广，内含少许红烧土颗粒、兽骨、东周时期的瓦片和陶片，有少量龙山文化时期陶片，应为东周时期堆积。龙山文化外城基槽开口于此层下。

第 4 层：黄土，土质硬实，厚 0.15 ～ 0.35 米，仅见于 T-0139 ～ T-0141 和 T-0239 ～ T-0241 内，内含龙山文化碎陶片，为龙山文化时期堆积（图九）。

本区发现龙山文化时期的内城和外城基槽各 1 段，龙山文化房址 2 座，灰坑 13 个；周代灰坑、墓葬各 18 座，水井 1 口，灰沟 1 条；汉代墓葬 10 座；宋金墓葬 1 座；近现代墓 3 座。

（三）第Ⅲ发掘区

该区位于遗址东北部铁路占压地段的平地上，现存海拔在 41.3 ～ 41.8 米。共发掘

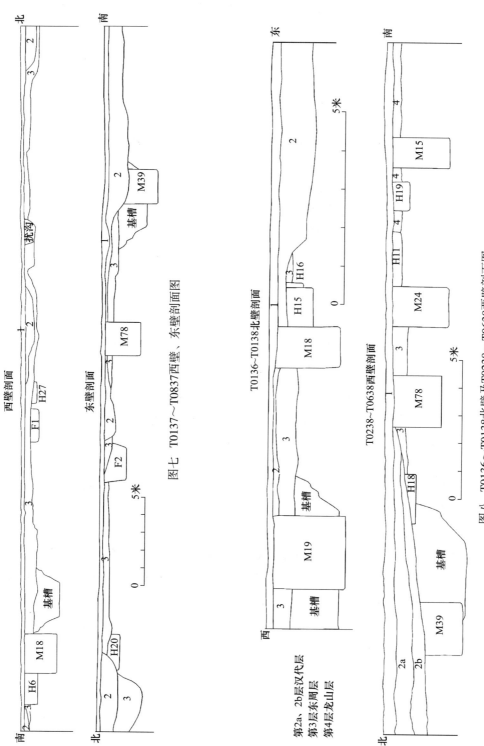

图七 T0137~T0837西壁、东壁剖面图

图八 T0136~T0138北壁及T0238~T0638西壁剖面图

第2a、2b层汉代层
第3层东周层
第4层龙山层

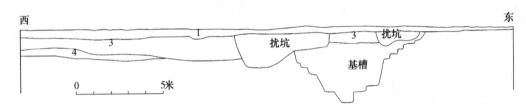

图九　T-0239 ～ T-0244 南壁剖面图

5 米 ×5 米探方 61 个，面积 1525 平方米；4 个扩方，面积 24 平方米。

　　本区西部的文化层堆积已被破坏殆尽，现代表土层下即为生土，而东部还保留部分并不均匀的文化层堆积。本区地层可划分为第 1 ～ 3、5 层，分别为表土层、汉代层、东周层和生土层，第 4 层即龙山文化层缺失。本区内发现龙山时期的外城东北拐角处的城墙、基槽各一段及基槽内所谓奠基坑 12 个，灰坑 4 个；商代灰坑 1 个；周代墓葬 18 座，未见灰坑；汉代墓葬 24 座，灰坑 4 个；明清墓葬 1 座（图版二，1）。

（四）第 Ⅳ 发掘区

　　本区位于遗址北部的平地上，现存海拔在 41.4 米左右。实际发掘探方 15 个（包括 8 个扩方），总发掘面积 242.8 平方米（图版一，2）。

　　由于后期人类活动的破坏，本区文化层堆积已荡然无存，现代表土层下即为生土层，第 2 ～ 4 层缺失。所有遗迹现象均见于表土层下，其原始开口已遭到破坏。本区内发现龙山时期灰坑 2 个，外城北门及两端基槽和基槽内的 2 个奠基坑；周代墓葬 4 座；汉代墓葬 6 座，均开口于表土层下。

（五）第 Ⅴ 发掘区

　　本区位于遗址西部的次级台地上，地势平坦，现存海拔在 40.7 ～ 41.5 米。共开探方 11 个、探沟 3 条，总发掘面积为 427 平方米。其中，探方是为解剖外城西门而布置，包括 6 个整方和 5 个扩方，面积 208.5 平方米；探沟是为发掘墓葬而开设的，最终扩展为包括 19 个探方号的扩方，面积 218.5 平方米。

　　本区文化层堆积已被破坏殆尽，现代表土层下即为生土层，第 2 ～ 4 层缺失。所有遗迹均直接开口于表土层下，其原始开口可能已被破坏。本区内发现龙山文化外城西门及两端基槽（图版三，1）和奠基坑 8 个，周代灰坑 5 个，墓葬 20 座；汉代墓葬 1 座。

（六）第Ⅵ发掘区

本区位于遗址偏东部的缓坡上，现存海拔42米左右，共布6个探方，2条探沟，实际完成7个探方及13个扩方，总发掘面积278.5平方米。其中，1985年秋季发掘探沟T1641～T1643、T1842～T1844是基于1985年"城垣基槽为一圈，分南北两种结构，即南部为平底，北部为尖底"的认识，为寻找两种基槽结构结合部而布置的；1986年的发掘则是在认识修正后，为解剖内城东门而实施的发掘。

本区文化层堆积较简单，且在各探方分布不均匀，本区地层可划分为第1、3、5层，分别为表土层、东周层和生土层，第2、4层，即汉代层和龙山层缺失。本区发现龙山文化内城东门及东城垣基槽4段和龙山文化时期灰坑7个；商代墓葬1座；周代灰坑3个，墓葬4座；汉代墓葬8座。

（七）第Ⅶ发掘区

本区分布于遗址中部的台地上，现存海拔43.7米左右。布置11个探方和2条探沟，目的是为了寻找内城西墙北墙的残存痕迹。实际完成发掘面积410平方米。

本区文化层堆积已全部被破坏，现代表土层下即为生土层，第2～4层缺失。所有遗迹现象均开口在表土层下，其原始开口层位应已遭破坏。本区内发现龙山时期灰坑2个，内城的北城垣基槽2段和奠基坑1个；周代灰坑3个，墓葬5座；汉代墓葬2个。

（八）第Ⅷ发掘区

本区位于遗址台地的南部，现存海拔43.38米。文化层被完全破坏。为了寻找内城南墙和西墙的残存痕迹，我们在这里布置了3条探沟，然后根据发掘情况在其南部另布探方7个，总发掘面积346.25平方米。

本区文化层堆积已完全被破坏，现代表土层下即为生土层，第2～4层缺失。所有遗迹现象均开口于表土层下，其原始开口应已遭破坏。本区发现龙山时期内城南门及两侧基槽2段和奠基坑4个；商代灰坑1个；周代灰坑4个，墓葬2座；汉墓3座；近代墓1座。

此外还有2条独立探沟，分别布置于外城西北、西南角，编号分别为T3809～T3811和T1001～T1002，未见发掘记录和相关图纸，详细情况不明，仅在工地发掘总记录中有简单的记录，遗址总平面图上有位置形状标记，故而附记于此。其中，T3809～T3811发现商代墓葬1座。

三、遗　　迹

据发掘揭示的情况，边线王遗址形成于龙山文化中期，历经龙山文化晚期，基本仅存城垣建筑基槽。

（一）城址基本情况

由于后世，特别是 20 世纪 70 年代平整土地的破坏，城垣的上部结构基本无存，而只保留了基槽部分。基槽是在堆筑墙体之前，先于地面上掘出槽状的深沟，再行填土并层层夯实，偶或可见殉人、殉兽或埋入完整器物等类似奠基的现象。

寿光边线王龙山文化城址由内外两道城垣基槽组成。

内城坐落于遗址中部的台地上，城垣占压地段主要为台地和次级台地，仅东墙北部和北墙东部分布在平地上。现存海拔比周边高出 2～3 米。平面呈东西较长的圆角长方形，东城城垣基槽保存完整。以内城东南、东北基槽拐角上的 E、F 两条直线为界进行测量，实测长度（以基槽外缘线为基准，下同）约 108 米，方向为 198°。北城城垣基槽东部大部保存，西部残失，实测连线残存长约为 82.5 米，方向 20°；唯因基槽下挖，基槽深度随地形起伏而变化，至台地中部高处，因台地下削而仅存底部。南城城垣大部被破坏，仅存南城门道，及其附近的城垣基槽底部，实测连线残长约 99.5 米，方向 24°。西城城垣基槽则完全被破坏，具体位置不明。东段基槽的中部及南段基槽的西部各发现一段完整的豁口，应分别为内城的东门及南门。北墙的长度显示，北城门应该在第Ⅶ发掘区所在区域之内，但因断崖的破坏，也因发掘工期的限制，未能探明。

外城坐落在北埠岭的外围，城垣占压地段大多为平地，仅西城垣南段涉及二级台地，南部叠压在边线王村庄之下。平面略呈西北—东南向的抹角菱形。外城东北部基槽之上发现了一段断续存在的残存墙体，余者仅残存基槽部分。在外城东城垣、北城垣、西城垣中部各发现一段没有基槽的缺口，是为城门通道。发掘过程中对外城北门和西门进行了清理，南城墙压在村庄之下，不易勘探，未发现缺口（门道）。

以图一〇外城垣基槽上的 A、B、C、D 4 根横断城垣基槽的线条为界，实测南城垣（以基槽外缘线为基准，下同）长 175 米，方向 24°；东城垣基槽长 213 米，方向 198.5°；北城垣基槽长 185 米，方向 32°；西城垣基槽长 238.5 米，方向 202°。由于外城平面形状为抹角长方形，其最大长度均大于城垣长度。实测东西最大长度（以基槽外缘为界，下同）约 239 米，南北最大长度约 235 米，减去 4 个抹角总计 1000 余平方米，总面积约 5.5 万平方米（图一〇）。

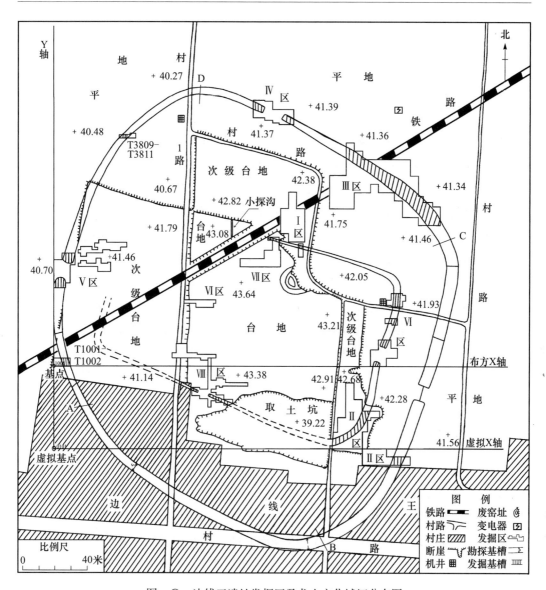

图一〇　边线王遗址发掘区及龙山文化城垣分布图

内城、外城城垣的4个转角大致相对，但略有偏转（图一〇）。

内外两道城垣的间隔，以外城城垣基槽内侧、内城城垣基槽外侧边缘为基线测量，南城内、外城垣间隔55～57米，东城内、外城垣间隔23.5～25.5米，北城内、外城垣间隔38.5～65.5米，两者最大距离可达70米以上。由于内城西城垣基槽缺失，西城两道城垣之间的距离不明。

以边线王龙山文化城址已知的布局来说，每面城垣只有一个城门，通常设在城墙的正中部位。依此推测，内城西城垣与外城西城垣的间隔应小于与东城内外两道城垣的间隔。按此估算，内城东西长度约为 185 米，内城南北最大长度约为 110 米，内城总面积（包括城垣基槽）应在 2 万平方米左右。

（二）内城城门及基槽

边线王遗址前后 5 次发掘，共布置了 8 个发掘区和 2 条独立探沟。其中，第 II、VI、VII、VIII 4 个发掘区与内城相关。第 II 发掘区位于内城东垣南部，揭露了内城东南角及东垣南端的一段基槽（图版二，2）。第 VI 发掘区位于内城东垣北部，揭露了内城东门和 4 段内城基槽。第 VII 位于内城中北部，揭露了内城北垣 2 段残存的基槽底部。第 VIII 发掘区位于内城中南部，揭露了内城南门及两侧基槽。内城城垣基槽断面呈不甚规则的倒梯形，第 II、VI 两个发掘区所在的"北埠岭"东缘的次级台地和平地上，地表受破坏的程度较低，城垣基槽保存较好，由南向北逐渐变窄变浅。其中，第 II 发掘区的基槽残存上口最大宽度 520、最小宽度 350、底宽 250 厘米，残存最大深度 215、最小深度 170 厘米。第 VII、VIII 发掘区位于"北埠岭"的台地上，曾被当地农民大规模地下削整平，破坏严重，城垣基槽仅存底部。其中，第 VII 发掘区的 T2531 段基槽上口最大残宽 200、底宽 100、深 100～130 厘米。现以第 VI、VIII 发掘区门道部位为例进行介绍。

1. 内城东门及两侧基槽

第 VI 发掘区位于内城东垣中部偏北，现地表海拔 41.93～42.28 米，分为 3 个小区，包括内城东城城门及门道两侧基槽和其北部的 2 个基槽。这里仅介绍门道及两侧基槽（图一一）。内城东门缺口，分布在 T1140～T1240、T1141～T1341 和 T1242～T1342 等 5 个探方内。揭掉表土层后，发现南北两段互不相通的沟槽，其间一处宽约 9.75 米的完整缺口，应为内城东门。缺口两端的沟槽分别为东城垣门道南、北两侧基槽的起始点。

因晚期人类活动的破坏，原地表已不存在，并未发现城墙墙体和其他结构。

（1）东门南侧基槽　分布在 T1140～T1141 内，东北—西南走向，现存开口在表土层下，距地表深 20～25 厘米，其上被现代扰坑、近代墓和周代遗迹 H93、M147 打破，发掘部分的长度为 3 米。

形制结构　基槽平面呈长条槽形，靠近城门的一端为圆角方形。基槽横断面为倒梯形，两壁斜直，平底，上口宽 425、底宽 235、深 140～170 厘米。

填土　基槽内填土为黄褐色，质坚硬，结构紧密，填土经过夯打，夯层清晰。以 T1140～T1141 南壁剖面图为例（图一一，C-C'），共有 18 夯层，成垂弧状叠压，夯

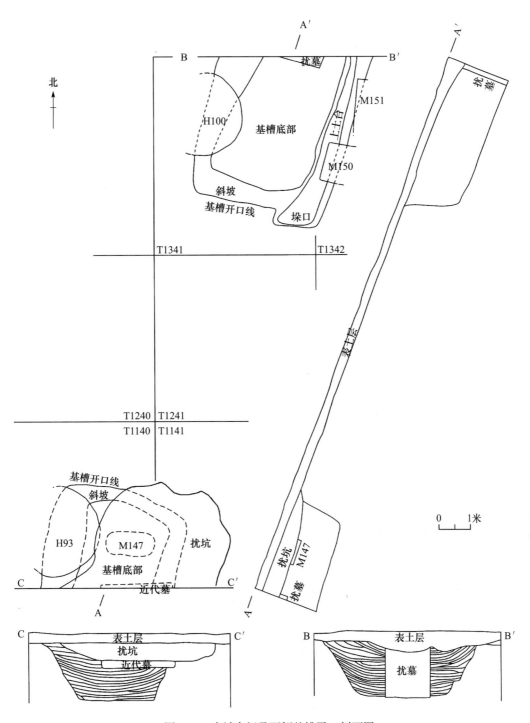

图一一 内城东门及两侧基槽平、剖面图

层最厚者为 12 厘米，最薄者仅 3 厘米，一般厚度为 8～12 厘米。夯层表面可见明显
夯窝，夯窝的形状均为圆形，大者直径 7～8、深 5 厘米，小者直径为 3～5、深 2 厘

米左右。

（2）东门北侧基槽　分布在 T1341 ～ T1342 内，东北—西南走向，现存开口在第 1 层下，距地表深 25 ～ 60 厘米，其上被周代遗迹 H100、M150、M151 打破，发掘部分的长度为 4.5 米。

形制结构　基槽平面呈长条槽形，靠近城门的一端为圆角方形，断面呈倒梯形，上口残，平底口宽 450、底宽 250 ～ 270、深 170 厘米。西坡斜直呈缓坡状，东坡则至 110 厘米深处形成一台阶，台阶面宽 20 厘米。东坡台阶向南延伸，形成一个垛口，垛口长 50 厘米，斜壁平底，其上口宽 140、底宽 90、深 70 厘米。此垛口自南向北渐渐由宽变窄、由高变低，呈缓坡状与东坡台阶相接。台阶之上有一层厚 20 厘米的硬土层，十分坚硬且起薄层，当系人们挖基槽时上下踩踏所致（图一一）。

填土　基槽内填土为黄褐色，质地坚硬，填土经夯打，夯层清楚。以 T1341 ～ T1342 北壁剖面（图一一，B-B'）为例，共有 22 夯层，成垂弧状叠压，夯层厚度在 4 ～ 17 厘米，夯层表面可见较为明显的夯窝，夯窝尺寸和结构与南段基槽相似。

2. 内城南门及两侧基槽

内城南门位于边线王村北农舍一侧、现存内城南城垣的中部偏西处，为南墙基槽中段保留的一处完整缺口，见于表土层下，方向为 110°，缺口现存宽度 655、进深 100 厘米。其与东西两端基槽分布于第 VIII 发掘区的 T0620 ～ T0622、T0718 ～ T0721、T0818 等 8 个探方内，发现了门道缺口和东西两端基槽，基槽仅残存底部，另有 4 个奠基遗迹坑，未发现其他龙山文化遗迹（图一二）。

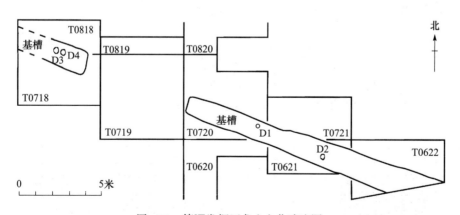

图一二　第 VIII 发掘区龙山文化遗迹图

该地段原为埠岭台地的较高处，现地表海拔 43.38 米。因晚期人类活动的破坏，特别是 20 世纪 70 年代的平整土地，地表被下削了 2 ～ 3 米，可知现存城门及基槽的开口并非原初地面，其上也未发现墙体等其他结构，据现存基槽深度估计，当时的地势应比现在高出许多，基槽底部距地表深度由东向西逐渐变浅，表明当时的地貌形态应是由东向西逐渐增高，而城垣系依地势而建。需要注意的是，基槽的现存深度当为被破坏后的残深（图一三，A-A'）。

（1）门道东侧基槽 分布在 T0620～T0622 和 T0720～T0721 内，西北—东南走向，基槽上部墙体及原始开口已被晚期人类活动破坏殆尽，表土层下即露出残基槽，现存开口距地表深 20 厘米。由于取土坑的破坏，门道东侧基槽残存最大长度约 16 米，余者被近代取土坑完全破坏。全部揭露。

形制结构 基槽平面呈西窄东宽的条带形，靠近门道处的基槽端部为圆角方形，由西向东逐渐变深，在距门道 6 米处开始变宽，南侧开始出现上土台阶。近门道处基槽上口残宽 125、底宽 90、深 25 厘米；6 米以东上口宽 140～160、底宽 90～100、深 55 厘米。

填土 以断崖处剖面 D-D' 为例，基槽南壁成斜坡状，北壁在距离开口 90 厘深处出现一宽约 30 厘米的台阶，可能作为出土及人上下之用。此断面的特点与基槽其他部分基本一致。填土为灰褐色，质地坚实，经过层层夯打，且夯层清楚。以剖面 C-C' 为例，残余 8 个小夯层，略成浅弧状，夯层厚度在 5～10 厘米。

奠基现象 D1 在 T0720 内，坐标 70×50—14[①]厘米，发现陶罐 1 件；D2 在 T0621 内，坐标为 325×13—20 厘米，发现陶鼎 1 件。此 2 件器物均口部向上，保存基本完整，应为有意置入，可能是奠基之用。

（2）西侧基槽 分布在 T0718～T0818 内，仅存底部。西北—东南走向，见于表土层下，现存开口距地表深 10～15 厘米，其上被 M153 和一座近代墓打破。由于农舍及断崖的破坏，西段基槽保存最大长度约 5.5 米，清理部分长度为 4.5 米。

形制结构 基槽平面呈长条状，靠近门道的一侧为圆角方形，横断面呈倒梯形，近门道侧略深。上口残宽 145、底部宽 105、残深 35～60 厘米。

填土 基槽填土为灰褐色，结构坚实，层次清楚。以剖面 B-B' 为例，残余 5 个小夯层，成浅弧状叠压分布，夯层厚度在 7～11 厘米。

奠基现象 D3 在 T0818 内，坐标 23×5—10 厘米，发现陶杯 1 件；D4 位于 D3 东侧坐标为 27×0—10 厘米，发现陶鼎 1 件。这 2 件器物也保持口部向上的姿态，且较完整，推测其亦为奠基祭祀用品。

---

① 此处坐标以探方西南角为原点，探方南壁为横轴，探方西壁为纵轴记录 70 表示 D1 中心点距其所在探方 T0720 西壁 70 厘米，50 表示 D1 中点点距 T0720 南壁 50 厘米，14 表示 D1 深 14 厘米，下文同。

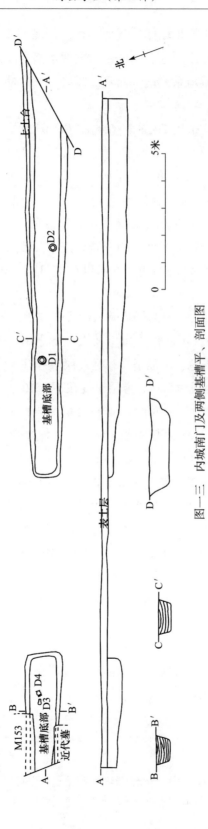

图一三　内城南门及两侧基槽平、剖面图

3. 内城北垣基槽

内城北墙共发现 2 段龙山文化城垣基槽，分布于遗址中部偏北的次级台地和台地上。分别属于第 I 发掘区的 T2531 和第 VII 发掘区的 T2528、T2627 ～ T2628，这里仅介绍第 I 发掘区的 T2531 基槽。

形制结构　基槽平面为条带状，呈东—西走向，边缘规整。基槽断面为倒梯形，残存上口宽 200、底宽 100、深 100 ～ 130 厘米，两壁坡度为 70° 左右。基槽北壁自开口向下便为一斜坡与底部相连，南壁自开口向下 30 厘米深处为一上土台，呈缓坡状，台面宽 25 厘米。

填土　基槽内填土经层层夯打，土质坚硬，可分 3 大层，以西壁剖面为例。

第 1 层：第 1 ～ 5 夯层，由南向北略呈倾斜状，灰黑土，夯层厚 5 ～ 10 厘米，内含红烧土和大量陶片。夯层两侧有一层厚 2 厘米的黄砂土，内无杂质，十分坚硬并起薄层，应是挖基槽或筑城墙脚踏所致。

第 2 层：第 6 ～ 13 夯层，第 1 ～ 3 夯层由南向北倾斜，第 4 ～ 13 夯层由北向南倾斜。黄色细砂质土，紧密硬实，夯层厚度一般在 5 厘米左右。

第 3 层：第 14 ～ 26 夯层，由两侧分别向沟内填土，夯层呈交互叠压状。黄色细砂质土，紧密硬实，夯层厚度一般在 5 厘米左右，最厚者 7 厘米，最浅者 3 厘米，内含少许陶片（图一四）。

奠基现象　发现奠基现象 1 处（D6），在探沟 T2531 内，坐标 5×150—25 厘米处发现殉猪坑。平面呈不规则方形，坑口东西长 1.5、南北宽 0.7、坑底东西长 1.55、南北宽 0.5、坑深 0.2 米，坑的上部已被扰乱破坏，坑壁坑底光滑。坑内填土为深灰色，经过夯打结构紧密，坑内出土完整猪骨一具，头向东侧身屈卧，年龄 13 ～ 18 个月（图一五）。

（三）外城城墙、城门及基槽

外城城墙保存基本完整，东南角和南城垣压在边线王村庄之下，余者均分布在村北的平地上。该区域的龙山文化时期的堆积大部分被晚期活动破坏，仅在东北部发现一段很短、保存很矮的墙体，余者仅存基槽。此外，还发现若干灰坑及商周、汉代的遗存。全部 5 次发掘，涉及外城基槽范围的有第 II、III、V、IV 4 个发掘区和 2 条独立的探沟，对外城城垣基槽、城门进行了较详细的解剖，对其结构及建造过程有了初步了解。这里仅介绍外城西门和外城东北角部分段落的基槽结构。

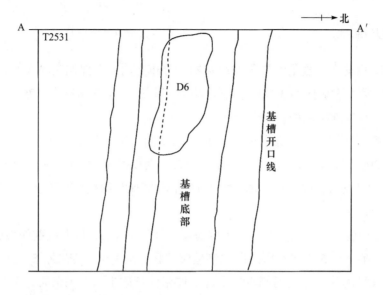

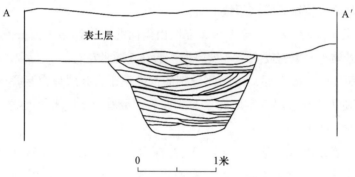

图一四　T2531 内城北墙基槽平、剖面图

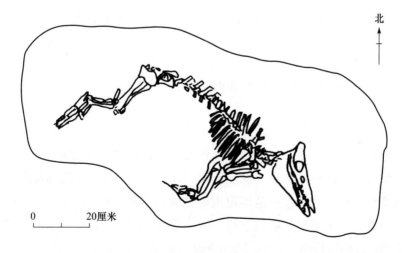

图一五　奠基坑 D6 平面图

1. 外城西门及基槽

位于遗址西部二级台地与外侧平地的结合部，属于第Ⅴ发掘区。该发掘区西部开探方 11 个（T2001 ～ T2301、T2002 ～ T2402、T2303 ～ T2403），东部开探沟 3 条。在探方部分发现了龙山文化城址的外城西门及两侧基槽、奠基坑，仅残留城垣的基槽部分，基槽原始开口及城垣的其余结构均已遭到破坏。

西门为外城西墙基槽保留的一处完整缺口，见于第 1 层下，方向为 202°，城门宽 9.15 ～ 9.25、进深 3.75 米。城门周围破坏严重，不见其他同时期遗迹（图一六；图版三，1）。

（1）西门南侧基槽 现存开口据地表深 20 ～ 50 厘米。其上被现代扰沟打破，经发掘的基槽长度为 6.7 米。

形制结构 基槽平面成条状，靠近门的一端为圆角方形。基槽剖面呈倒梯形，上部开口外侈，底部另有一倒梯形窄沟，沟槽内有少量淤土，应是开挖基槽时设置的渗水、排水沟。基槽上口宽 6.3、底宽 1.1、总深度 2.8 米。基槽周壁在开口处设有二级台阶，西壁随着基槽深度的增加而成略有起伏的斜坡状，东壁和靠近门道一侧的北壁则在距地表 1.5 米深处形成一处平台，此外，基槽两壁还保留有三处（近方形、三角形和不规则形）大小不一的上土台。上土台的大小和形状并不固定，是根据墙基的深度、宽度和当时人们的需要临时修整而成。这类台阶或平台结构，应是挖土和夯筑时为方便人们上下而特意设置的（图一六）。

填土 基槽内填土经层层夯打，结构紧密硬实，层次清楚。夯土可分为黑褐土和黄砂土两部分，中部为黑褐土，两坡为黄砂土。夯土的夯打方向不一，中部为上下方向垂直夯打，两坡为由内向外斜方向夯打，底部夯层较上部夯层要夯打得更坚实些。以外城西门南壁剖面（图一六，C-C'）为例，共分 33 个小夯层，可归结为 3 个大层。夯层厚薄比较均匀，厚者 13 厘米，薄者 7 厘米，一般厚 10 厘米左右。夯层呈浅弧状，上部弧度较大，下部弧度较小。夯层表面有清晰的夯窝痕迹，形状不一，有方形、圆形、椭圆形和不规则形等多种。夯层中分布较多龙山文化陶片，并有不规则状和馒头状石制夯打工具不时出现。基槽底部，有水淤积的泥土，厚 10 ～ 15 厘米。

奠基现象 基槽不同方位上有殉人坑、殉狗坑和器物坑等遗迹现象，坑内填土多数经过夯打，属有意置入基槽中，为奠基性质。共计 4 处，列举如下。

D7，T2102 内，坐标 121×107—80 厘米。平面近圆形，径长 90 厘米，直壁平底。坑底部出土陶甗 1 件（图一七）。

D8，T2101 内，坐标 165×50—8 厘米。坑穴平面近长方形，长 90、宽 52、深 8 厘米，填土经过夯打，十分坚硬。坑内为一完整狗骨架，侧身卧式，胸骨及脊椎骨均

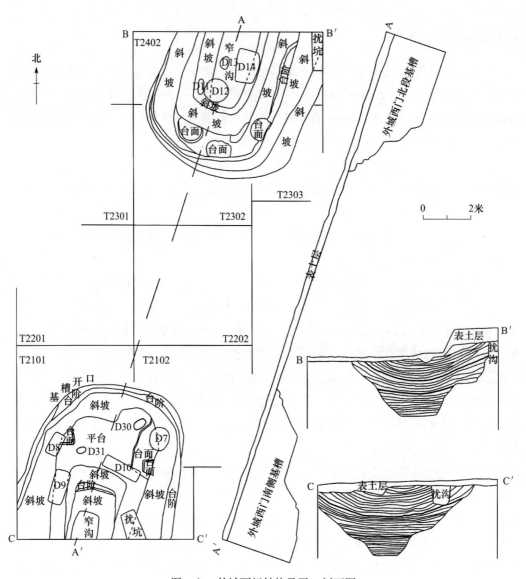

图一六　外城西门结构及平、剖面图

已散乱，头骨已碎（图一八）。

D9，T2001 内，坐标 260×30—21 厘米。长方形土坑式，长 140、宽 58、深 8 厘米。人骨为仰身直肢，面向右，头向 19°，脚骨残失（图一九）。

D10，T2101 内，坐标 365×10—25 厘米。坑穴为长方形土圹式，长 170、宽 45、深 15 厘米。人骨为仰身直肢，双手交叉于胸前，面向上，头向 279°。坑穴内填土经过夯打（图二〇）。

（2）西城门北侧基槽　外城西门北段基槽分布在 T2302、T2402 内。东北—西南走向，见于第 1 层下，现存开口据地表深 12～110 厘米。其上被现代扰坑打破，发掘的基槽长度为 6.2 米。

形制结构 形制与其相对应的南段基槽非常相似，靠近门的一端为圆角方形。基槽剖面呈倒梯形，上部开口外侈，底部的倒梯形窄沟比南侧基槽的略宽，也是开挖基槽时的渗水、排水设施。基槽上口宽 6.5、底宽 0.98～1.35、总深度 3 米。基槽开口处设有二级台阶，西壁呈略有起伏的斜坡状，东壁在距地表 2.25 米深处形成大平台，此外，周壁还保留有 3 处椭圆形的上土台（见图一六）。

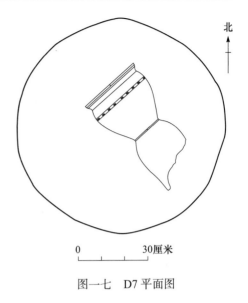

图一七　D7 平面图

填土 基槽内填土经夯打，结构紧密硬实。夯土分两部分，中间部分为黑褐土，为垂直向夯打；两坡为黄砂土，为由内向外斜方向夯打。上部夯层比较松，下部夯层坚实。以外城西门北壁剖面（图一六，B-B'）为例，共分 25 个小夯层，最厚者 30 厘米，最薄者为 5 厘米，一般 10 厘米左右。上部夯层厚一些，下部薄一些。夯层呈浅弧状，上部弧度较大，下部弧度较小。每夯层平面上都有形状不一的夯窝，分圆形、椭圆形和不规则形等几种。基槽底部，有水淤积的泥土，厚 10～15 厘米。夯层中有大量龙山文化陶片，少量生产工具及石质夯具。

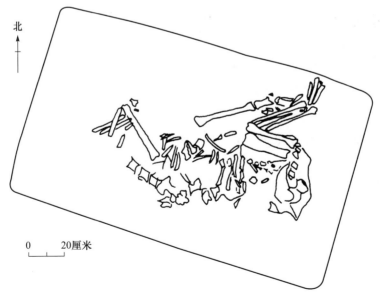

图一八　D8 平面图

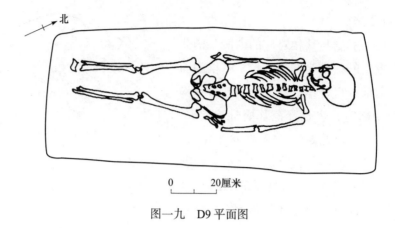

图一九　D9 平面图

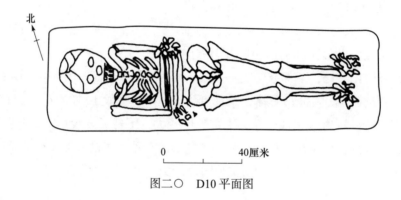

图二〇　D10 平面图

奠基现象　基槽内有奠基坑 3 处，填土均经过夯打，列举如下。

D11，T2402 内，坐标 275×45—110 厘米。坑穴周边不十分清晰，坑长 90、宽 40、深 5 厘米。殉侧卧式狗骨架一具，骨架上部有猪下颌骨一块（图二一，1）。

D12，T2402 内，坐标 350×50—105 厘米。平面近圆形，南北长 105、东西宽 197、深 8 厘米。内有陶碗和残豆盘各 1 件，以及下颌骨等（图二一，2）。

D13，T2402 内，坐标 400×150—148 厘米。坑穴为椭圆形，长径 58、短径 46、深 8 厘米。内置陶鬶 1 件，并伴有狗下颌骨 2 片（图二二，1；图版四，1）。

D14，T2402 内，坐标 450×100—148 厘米。平面近长方形，长 142、宽 90～98、深 18 厘米。坑内有跪姿人骨一具（图二二，2；图版四，1、2）。

D30、D31，T2101 内，D30 坐标 400×160—124 厘米。狗骨架较为散乱，无头骨。在其西南面约 2.5 米，坐标 150×70—124 处同一深度发现狗的头骨，编号 D31。探方发掘者认为应是将狗肢解后置入基槽之内的（图二三）。这 2 个奠基坑没有原始编号，是整理后期核对资料时在探方记录中发现的。

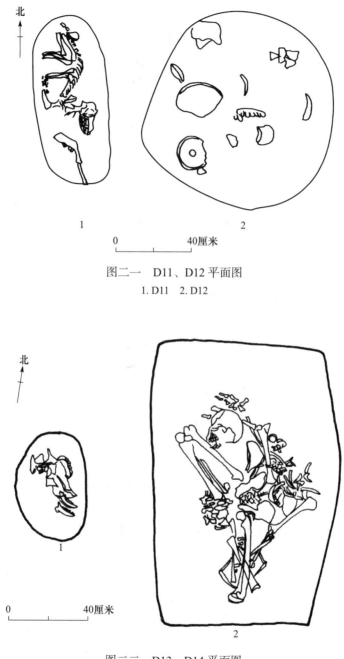

北

1   2

0 ————————— 40厘米

图二一　D11、D12 平面图
1. D11　2. D12

北

1

0 ————————— 40厘米

2

图二二　D13、D14 平面图
1. D13　2. D14

2. 外城东北角基槽、墙体及护坡

位于遗址东北部的平地上，是外城北墙及其向东墙过渡的一段，属第Ⅲ发掘区。自1984年秋季第2次发掘开始，至1986年春的第4次发掘，持续进行了3个季度的

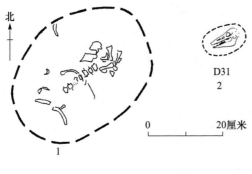

图二三　D30、D31 平面图
1. D30　2. D31

发掘工作，是整个遗址开方面积最大的区域，揭露了 71.5 米长（以基槽中心线为准）的外城基槽，发现了较多的奠基现象。在丙段和丁段交接部，发现了边线王龙山文化城址已知仅存的一段城墙堆积。此外在 T3036 还发现了 H33 和 H34、在 T3047 发现了 H61 和 H62 这 4 个龙山文化灰坑。

基槽略呈弧状，西北—东南走向。东部保存较好，基槽之上尚保留有少量残存墙体及护坡；西部保存较差，基槽原始开口已经被破坏，由此可见当时地面应是西高东低的。从偏东部保存较完整的基槽部分看来，其开口宽度约为 7.5 米，最宽处可达 10 米；偏西部原始开口层位被破坏的基槽宽度在 5.1～7 米。东部基槽深度在 3.2～3.55 米，西部的基槽深度为 3.1～3.2 米。

墙体保存极少，仅在 T3442～T3245 和 T3241～T3143 之间有断断续续的分布。残存总长度约 16.5 米；残存最大高度 0.55～0.65 米，较薄处在 0.15～0.25 米，通常在厚 0.3～0.4 米；宽度 9.3～10 米，一般在 8.1～9.5 米。护坡残存长度总计不足 5 米，宽度在 0.8～2.2 米，残存厚 0.65 米左右。

基槽断面呈倒三角形，两壁坡度较缓，多数在 40°～60°，两壁常设置有上土台和台阶以方便出土及运土。基槽底部挖有一小窄沟，窄沟内偶或可见渗水坑。不同部位的形制结构和夯土不尽相同，在保持基本特点一致前提下又因地因时制宜、各有特点。为便于叙述，我们将其分为甲、乙、丙、丁、戊 5 个区段，这里选择甲、丙、丁 3 个区段进行介绍。

（1）甲段基槽及奠基坑　甲段基槽为东北角基槽最西端的一段，分布在 T3537～T3737、T3538～T3638、T3439～T3539 等探方内。第 1 层下开口，被 M70 和 M73 等晚期墓葬打破（图二四）。

形制结构　甲段基槽呈西北—东南走向，其北部边缘的开口线并不规则，南部边缘则较为整齐，故基槽上口宽度在 5.8～7 米，基槽总深度约 3.1 米。基槽断面呈倒三角形，两坡的坡度约在 35°。基槽底部挖有一窄沟，宽 60、深 42 厘米。沟底另有一椭圆形的小集水坑，编号 K1，长径 154、短径 100 厘米，比窄沟沟底深约 30 厘米（图二五）。

在 T3638 内，基槽北坡自开口向下便是一上土台，台面平坦，长 650、最宽处 100 厘米。上土台之下为一斜坡，坡高约 140 厘米。此斜坡在 T3737 内坡度较缓，约为 30°，至 T3638 及 T3539 等探方内则坡度较陡峭，约 55°。斜坡之下为另一上土台面，

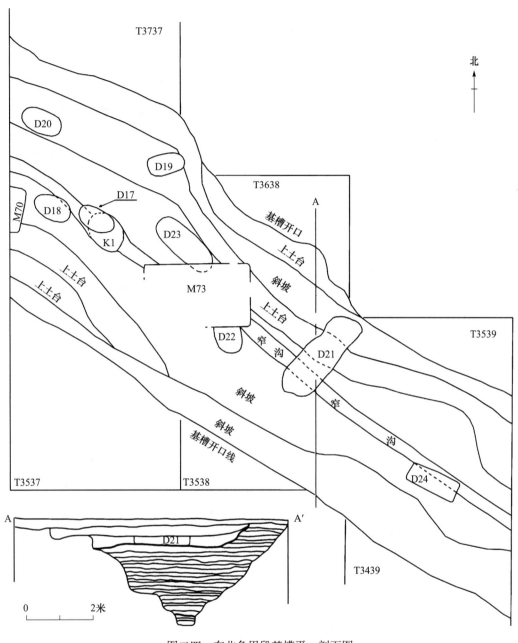

图二四　东北角甲段基槽平、剖面图

该上土台距基槽开口深 205 厘米，台面平坦，最宽处 170、最窄处 60 厘米。台面之下
则呈斜坡状与基槽底部的窄沟相连。基槽南坡自开口向下便是一缓坡，坡高约 105 厘
米，坡度为 50°。在 T3637 内，缓坡之下为两处上土台，上层台面距基槽开口深 100、
台面宽 70 厘米，下层台面距开口深 150、台面宽 105 厘米。而在其余探方内，缓坡之
下为另一坡度较缓的斜坡，约 40°，坡高 185 厘米，此斜坡与基槽底部的窄沟直接相连

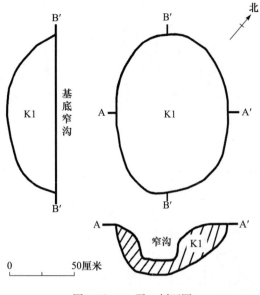

图二五　K1平、剖面图

（图二四）。

填土　基槽内填土均经过夯打，形成清晰的夯层，厚薄不均，夯层少者有20余层，多者近50层，厚度不一。夯层表面常可分辨出夯窝的痕迹，夯窝分布较密集，形状及尺寸不一。基槽下部较上部夯打得紧实些。通过解剖看，夯层表面常撒有一层薄薄的黄砂土，这也成为划分夯层的依据之一。依据土质土色的变化，还可将基槽内填土划分为3个大层，以T3538～T3638东壁剖面为例（图二四，A-A'）。

第1层：黑灰土，虽经夯打但质地仍略为松软，厚55～75厘米。可分辨出2层夯土，第1层夯层厚10～30厘米，第2层厚20～45厘米，夯窝并不明显。该层出土陶片很多。该层与以下各层明显不同，单个夯层的厚度相当于下面各层的2～3层，或经扰动。

第2层：黄褐土，质地较硬，厚205～270厘米，可分为24个夯层，平行状分布每层厚10～20厘米。夯层表面可见清晰的夯窝，夯窝有椭圆形和近圆形两种，大者直径8～9厘米，小者直径4～5厘米，深2～3厘米，夯窝分布较密集，其间隔2～3厘米或5～7厘米。

第3层：黄砂土，厚约30厘米，为基槽窄沟填土，可分为3个夯层，平行相叠，层厚7～10厘米。沟底另有一层砂质淤积土，厚15厘米。

奠基现象　本段发现7个奠基坑，内置1猪，个别的为半只；有的置1人或多人。举例介绍如下。

D17，T3537内。平面呈椭圆形，直壁平底，长径110、短径72、深8厘米。坑内填黑褐土，经夯打，紧密硬实。底部有猪骨架一具，头向北，四肢蜷曲，向左侧卧（图二六；图版五，1）。

D19，T3537内。平面为不规则椭圆形，斜壁平底，坑口长径107、短径66、坑底长径100、短径60、深8厘米。坑内填土经夯打，非常硬实。坑底置猪骨架一具，侧身屈肢，头向东，腰椎以下缺失，股骨上段残失，断痕明显，年龄18～25个月（图二七）。

D21，T3538内。坑穴边框不明显，被夯实过。骨架和头骨放置凌乱，没有规律，可辨认出2个人的骨架个体和6个人头盖骨（图二八）。

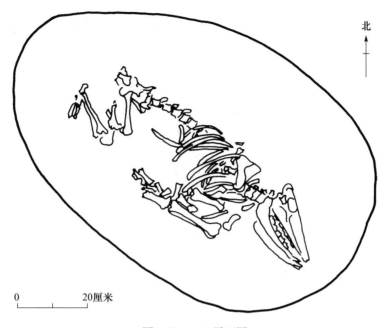

图二六　D17 平面图

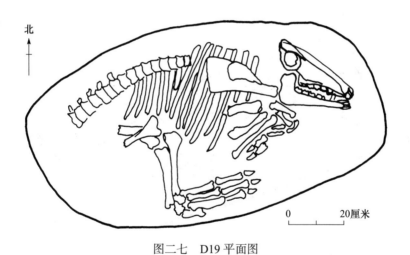

图二七　D19 平面图

D24，T3539 内。为长方形土圹式，坑口长 150、宽 54、坑底长 150、宽 54 厘米。仅存人的下肢骨（图二九）。

（2）丙段墙体、基槽及奠基坑　丙段墙体、基槽西接乙段，东接丁段，分布在 T3242 ～ T3442、T3143 ～ T3343、T3044 ～ T3344 等探方内。基槽开口于墙体之下，被 M36、M41、M45、M51、M53、M54、M55、M63、M65 等晚期墓葬打破，现存墙体、基槽开口应为保存比较完整的原始开口（图三〇）。

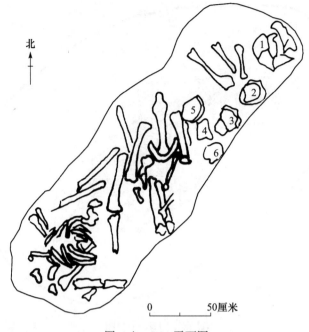

图二八　D21 平面图

1～6. 头骨碎片

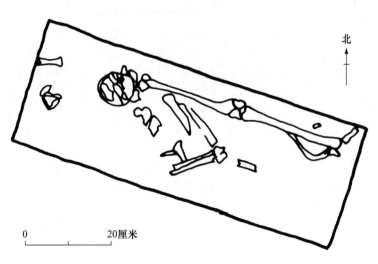

图二九　D24 平面图

墙体及护坡　外城东北角部东半段，即乙段东部、丙段及其与丁段的结合部，原始地面的海拔较低，因而保存了少量断断续续的残存墙体基部，最大宽度约 10 米，一般在 8.1～9.5 米。残存墙体在各探方内断续存在，边界线并不连贯，残存总长度约 16.5 米。由于破坏较甚，墙体的结构和建筑方法均不清楚。

墙体，应该说是墙体基部，大体上也在表土层之下，当耕土层或晚期地层被清理

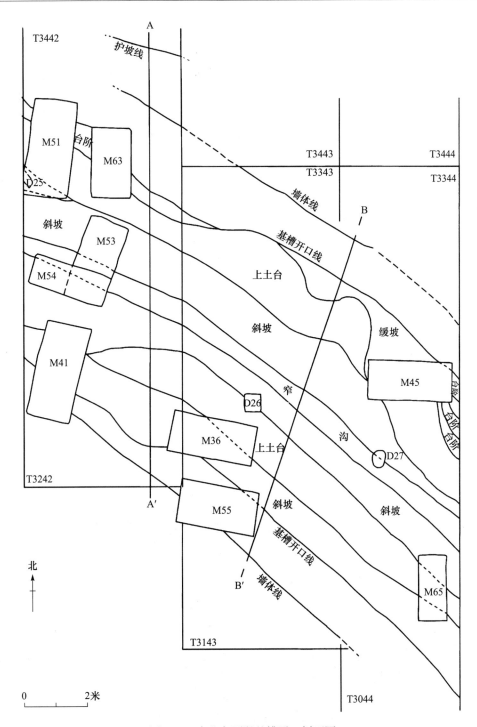

图三〇　东北角丙段基槽平、剖面图

干净后，便可见墙体，打破生土层。图三一丙段基槽 A-A' 剖面显示，墙体外侧，即 A 端的护坡被汉代层打破；另一侧，即 A' 端的墙体直接打破生土，其上为表土层叠压。B-B' 剖面两端的墙体叠压在汉代文化层之下，打破生土层。墙体堆土之下即为基槽填土，界线清晰。由此推测，墙体是在基槽堆筑到开口部位后，将开口部位的地面适当拓宽清理后，再堆土夯筑墙体。在部分探方还发现基槽填土与墙体之间铺有一层均匀且平整的碎陶片，此举目的应为增强墙体的稳定性。

墙体走向与基槽走向一致，呈西北—东南向。墙体的宽度大于基槽开口残存最大高度 55 ～ 65 厘米，较薄处在 15 ～ 25 厘米，通常在 30 ～ 40 厘米；距地表最浅 20 厘米，最深 40 厘米；最宽处为 10.5 米。有护坡一侧墙体的坡度约为 67°。

墙体堆土为褐色或灰褐色，土质较坚硬，包含有较多龙山文化的碎陶片。堆土经过夯打后形成平行状分布的夯层，夯层厚度在 8 ～ 15 厘米。夯层表面可见清晰的夯窝痕迹，有圆形、椭圆形和馒头形等数种，直径多在 5 ～ 10 厘米。

护坡仅在墙体外侧出现。在北墙外侧另有一种黄褐土，出露高度与墙体在同一平面，与墙体有明显的分界线，与基槽填土和文化层也明显不同，似乎也经过夯实，质地十分硬实，靠近墙体的部分夯层较清晰，呈平行相叠，层厚 15 ～ 20 厘米，而远离墙体的部分夯打痕迹并不清楚，推测其应为墙体护坡。残存长度总计不足 5 米，宽度在 0.8 ～ 2.2 米，残存厚度 65 厘米左右。护坡之下便是生土面（图三一，A-A'）。

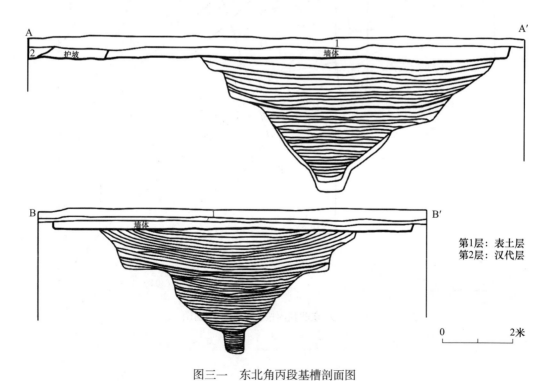

第1层：表土层
第2层：汉代层

0　　　　　2米

图三一　东北角丙段基槽剖面图

基槽形制 基槽呈西北—东南走向，开口边缘较规整，开口宽度 7～7.4 米。基槽断面呈倒三角形，两坡坡度约为 45°，基槽底部挖有一窄沟，窄沟宽 55、深 62 厘米，故基槽总深度达 3.55 米。

基槽北坡自开口向下便为一较陡峭的斜坡，坡高 105 厘米。而在 T3242 内，基槽开口之下为四级台阶，台阶宽 20、层高 15 厘米。斜坡之下连接一上土平台，该上土台距基槽开口深 105 厘米，台面平坦，形状并不规则，最宽处 85、最窄处 35 厘米。台面边缘之下为一大斜坡与基槽底部窄沟相连，斜坡宽 70～85、高约 160 厘米。基槽南坡自开口向下亦为一小斜坡，坡面较缓，坡高 110 厘米。斜坡之下为一上土台面，台面略呈缓坡状，台宽 80 厘米，台面边缘之下为一斜坡与基槽底部的窄沟相连。

基槽填土 基槽在夯筑时先于下半部夯打一层护坡土，厚 9～25 厘米，土色灰绿，夯打坚实。基槽护坡筑好之后便向上分层平筑，夯层清晰，呈垂弧状分布，薄者 6 厘米，厚者 20 厘米，下部夯层坚硬结实，上部由于含灰较多略显松软。据土质土色的变化可将基槽夯土分为 3 大层，以下面 2 个剖面为例做一简介。

剖面 1：T3242～T3442 东壁剖面（图三一，A-A'）。

第 1 层：黑灰土，厚 120 厘米，土质较松软。可分为 10 个小夯层，夯层略呈垂弧状分布，中间较薄而边缘较厚，层厚 10～20 厘米。该层出土陶片和石块很多。

第 2 层：黄褐土，厚 125 厘米，土色纯净，土质紧密。可分为 16 个小夯层，夯层略呈垂弧状分布，层厚 8～13 厘米。该层内出土的包含物较少。

第 3 层：黄色砂土，厚 45 厘米，即基槽底部窄沟内夯土，沟底另有一层较薄的砂质淤土。可分为 5 个小夯层，平行相叠，层厚 7～12 厘米。

剖面 2：布方时特意预留的与基槽大体垂直的 T3143～T3343 剖面（图三一，B-B'）。

基槽内填土经过夯打后形成 47 个小夯层，夯层与基槽两坡脱边十分清楚。依据土质土色的不同可将基槽内夯土分为 4 大层。

第 1 层：黑灰土，含大量草木灰，土质松软，厚 100～125 厘米。共包含 13 个小夯层，略呈垂弧状，每层厚 10～13 厘米。夯层平面上可见馒头状夯窝，夯窝直径在 8～10 厘米。含大量龙山文化陶片。

第 2 层：灰褐土，土质较硬，含砂粒及料姜石块，厚 70 厘米。夯层关系清晰，层与层之间的界线十分明显，可分为 9 个小夯层，平行状分布，夯层较第 1 层稍薄些，厚度在 8～10 厘米。夯窝稍大些，直径在 15 厘米左右。在 T3244 内，坐标 60×30—230 厘米，揭露出面积约 2 平方米的夯窝，用手铲刮试，手感忽软忽硬，硬部呈长条状，长 15～20、宽 5～8 厘米，不规则排列，硬面间距约 5 厘米。此现象推测为夯筑基槽时用棍棒夯打所致，硬部即是棍夯痕迹。本层出土陶片较少。

第 3 层：黄褐土，土质硬实，内含有细小的砂粒，厚 95 厘米。共包含 14 个小夯层，平行相叠，每层厚约 6 厘米。夯窝较第 1、2 层更密集些，夯窝径长 8 厘米左右。该层出土陶片数量较少。

第 4 层：黄砂土，即基槽底部窄沟内夯土，土质坚硬，厚 80 厘米。可划分为 11 个小夯层，层厚 5～7 厘米，最底部有一层厚约 5 厘米的细砂淤土。

夯筑技术　在逐层揭露中，常于夯层表面发现清晰的夯窝，形状、尺寸不一，排列无规律，分布密度较大。有圆形、馒头形、椭圆形和长椭圆形。在 T3244 内，还发现了排列比较规则的长条形夯窝，应是用棍棒作为夯具而形成的痕迹。

奠基现象　本段发现两处奠基现象，即 D26、D27，牺牲分别为狗、猪（略）。

（3）丁段墙体、基槽及奠基坑　该段基槽西接丙段，南接戊段，是东北角基槽最东边北侧的一段，分布在 T3045～T3245、T3046～3146 和 T3047、T3048 等探方内，保存有小范围的墙体和护坡。该段城垣被 M75、M121、M107 等晚期墓葬打破（图三二）。

墙体及护坡　仅在城垣外侧发现一小段，墙体叠压表土层下，上部被汉代地层，即第 2 层打破，外侧叠压在东周层，即第 3 层下，表明东周时期还存在一定高度的城垣。向内至基槽宽度 1/3 处亦被汉代地层破坏，直至基槽开口深度。外侧墙体坡度约 66°，残存墙体比基槽开口向外拓展 95 厘米，残存厚度 75 厘米，残存 6 个夯层。护坡残存厚度 40 厘米，残存 2 个夯层，宽 210 厘米（图三二，A-A'）。

基槽形制　呈西北—东南走向，其南部边缘较规整，北部边缘的基槽现存开口线则弯弯曲曲不成形状，推测可能为后期破坏所致。开口最宽处 8.05 米，最窄处 6.45 米。基槽断面呈不规则的倒三角形，两坡设有宽窄不一的台阶和上土台，坡度约为 30°～40°。底部挖有一窄沟，呈倒梯形，口宽 75～80、底宽 60～65、深 95 厘米，基槽总深度达 320 厘米。

基槽北坡自开口向下为一较平的缓坡，此缓坡也可当上土台使用，缓坡的形状并不规则，最宽处可达 300、最窄处仅 130、坡高 135 厘米。而在 T3345 内，开口向下为五级台阶，台阶宽 17～30、层差 10～15 厘米。缓坡之下为一大一小两个半圆形的上土台，台面平坦，距地表深 135 厘米，较大的上土台长 370、宽 145 厘米，较小的上土台长 280、宽 70 厘米，上土台之下便是一斜坡与基槽底部的窄沟相连。基槽南坡自开口向下为二级台阶，台阶宽 20～30、层差 20 厘米。台阶向下为一缓一陡两个斜坡，缓坡高 85、陡坡高 95 厘米。斜坡之下为一上土台面，该上土台距开口深 210 厘米，台面平坦，最宽达 115 厘米，台面下缘为另一小斜坡与基槽底部窄沟相连。

基槽填土　夯层清晰，层与层之间有较硬的夯面，硬面之上系一层薄薄的细砂。夯层厚薄不均，最厚者可达 20 厘米以上，最薄仅 7 厘米，一般层厚 10 厘米左右。夯层表面分布着密集的夯窝，夯窝底部脱边明显。

基槽底部及两壁夯筑有基槽护坡土，经解剖发现，该层夯土厚薄不一，夯打的紧

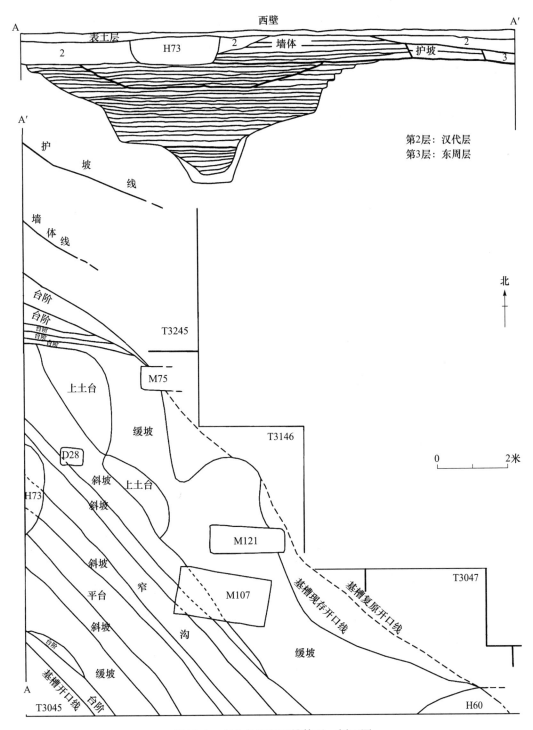

第2层：汉代层
第3层：东周层

北

0   2米

图三二　东北角丁段基槽体平、剖面图

密硬实，系用棍棒和不规则石头由内向外斜向夯打，夯窝直径约 8 厘米。原始记录称："手铲难以做动，用小镐才可以刨动，这层护坡土脱边非常明显，做边时常常是成片地脱落。"基槽护坡土筑好后，便自下而上分层夯筑。据土质土色的不同可将基槽内夯土分为 3 大层。以 T3045 ～ T3245 西壁剖面（图三二，A-A'）为例，介绍如下。

第 1 层：黑灰土，厚 55 ～ 65 厘米，可划分为 7 小层，薄者约 5 厘米，厚者约 15 厘米，一般 6 ～ 9 厘米。夯打较密实，有较大黏性，结构紧密，干后坚硬，内含红烧土、少许夯打石具和大量龙山文化陶片。在该层顶面，即距地表深 60 ～ 65 厘米处，铺有一层陶片，部分陶片已被夯具打碎，散落得十分均匀、平整，应是有意置入基槽填土之上的。夯层表面可见明显且密集的夯窝，有圆形、椭圆形、不规则形数种，有的似用棍棒夯打，有的似用不规则的石头砸实。圆形夯窝直径为 3 ～ 6、深 4 ～ 5 厘米；椭圆形夯窝长径为 5 ～ 7、短径为 3 ～ 4、深 4 ～ 5 厘米；不规则形夯窝应系自然石块乱砸形成，尺寸不一。

第 2 层：黄褐土，偶间杂黄土、灰褐土等数种土色，厚 40 ～ 135 厘米，可分为 22 小层。结构紧密，内含少许陶片及破碎的兽骨、人骨，偶见红烧土颗粒。夯层略薄，密实度较好。每层厚 10 厘米左右，最厚者不超过 18 厘米。夯层表面可见棍棒和石制工具夯打后留下的夯窝，前者径长 8 厘米左右，后者径长 10 ～ 12 厘米。在第 21 夯层，清理出一片夯窝，夯窝作圆形带柄状，形似蝌蚪，直径 12.5、深 3 厘米。原始记录称："夯窝的把或称柄的形成，当系棍棒与夯具缚在一起进行大力打击后的痕迹，此可作为使用夯具的证据。"

第 3 层：黄砂土，厚约 100 厘米，为基槽底部窄沟内夯土，可分为 7 小层，夯打十分坚实，层厚 0.8 ～ 13 厘米。底部和沟壁有一层硬土加工凹形面。包含陶片很少。

夯筑技术　先用纯净的黄土夯筑基槽护坡，继之以黄褐土或灰褐土向上分层平筑，然后从基槽两坡边缘开始向上平筑直至基槽开口处。之后，再用含灰分较多的土夯筑基槽内中间部分，直至与基槽开口平齐。

奠基现象　本段发现奠基现象 1 例。

D28，在 T3145 内。平面长方形，直壁平底，长 0.62、宽 0.5、深 0.31 米。填黄色土，经夯打，结构硬实，土质较纯。底部有狗骨架一具，头向北，头骨破碎，四肢与躯干分离（图三三；图版五，2）。

北

0　　　　　20厘米

图三三　D28 平面图

（四）龙山文化房址、灰坑

5次发掘共发现龙山文化房址2座，灰坑（包括窖穴）32个。其中房址均位于第Ⅱ发掘区，第Ⅰ～Ⅳ、Ⅵ、Ⅶ发掘区分别发现灰坑3、13、4、2、7、2个。第Ⅴ、Ⅷ发掘区没有发现龙山文化城垣基槽以外的龙山时代遗存。现举例介绍如下。

1. 房址

F1（H12），位于Ⅱ区T0538北部，约1/2进入T0638，开口于第1层下，被M15打破，打破第4层和H10。半地穴式平面近似圆角方形，斜壁平底，坑口直径316、底径248、深60厘米。西南部有近似门道的长三角形二层台，进深20～60、宽174、高22～24厘米。坑内填灰色土，土质松软，内含木炭屑、红烧土颗粒、大红烧土块、石器、骨器和罐、鬲等大陶片。由于后世人类活动，F1的开口层位已非当年情况，上部结构不明（图三四）。

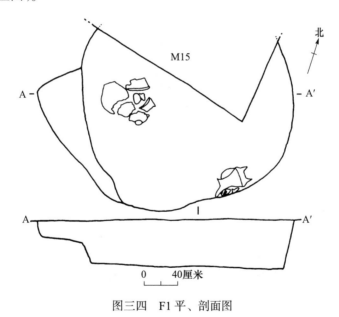

图三四　F1平、剖面图

2. 灰坑（窖穴）

依形态而论，可分为袋状、筒状、锅底状、盆状和其他5类，其中，筒状又可分为圆形和近圆形2种。现按上述顺序进行介绍。

（1）袋状坑　1个。

H3，位于Ⅰ区T2830西北角，开口于第1层下，打破生土。仅残存下部。平面呈

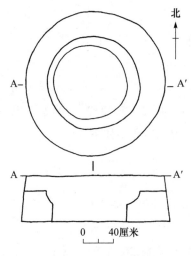

图三五　H3 平、剖面图

圆形，周壁设熟土二层台，二层台坚实致密，上窄下宽，西北部被扰动。坑口直径200、底径212、深60厘米，二层台宽30～60、高40厘米（图三五）。坑内堆积分3层：第1层，厚10厘米，黑灰土，土质疏松，除被扰动部分外，含有大量陶器、陶片，另有少许禽、兽和鱼类骨骼，据陶器出土情况观察，这些陶器应放置在二层台上（图三六）；第2层，厚10～40厘米，黑褐土，土质硬实，含少量陶片；第3层，厚10～30厘米，黑色灰烬，质松且纯净。

（2）筒状坑　17个。平面呈圆形或近似圆形，直壁、平底，或近似直壁、平底。

圆形　13个。包括 H2、H9、H10、H13、H17、H33、H34、H36、H37、H78、H80、H83、H85。

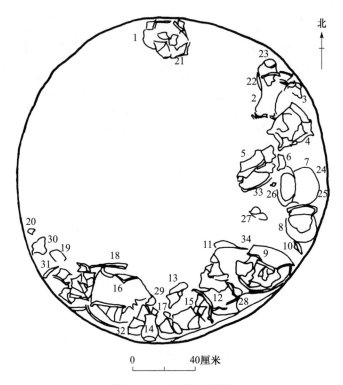

图三六　H3 陶器位置图

1、16. 高领罐　2、12. 甗　3、20、26. 陶片　4、6～8、11、13、15、25、27. 罐形鼎
5、9、24. 盆形鼎　10、17、23. 罐　14. 单耳环　18. 匜　19、22、30. 器盖　21. 瓶
28. 鬶残片　29. 圈足盘　31、33. 罐残片　32. 杯残片　34. 蛋壳陶杯残片

H2，位于Ⅰ区 T2929 北部，开口于第 1 层下，打破生土层，被 M1 和 M10 打破。仅残存下部。平面呈圆形，近直壁，平底，坑口直径 306、底径 294、深 50 厘米。填土为黄褐色砂质土，结构硬实，内含龙山文化陶片、蚌器及烧土块、草木灰、草拌泥等（图三七）。

近似圆形　直壁或下部略弧，平底。共 5 个。包括 H11、H61、H67、H68、H69。

H11，位于Ⅱ区 T0538 西北角，开口于第 1 层下，打破第 4 层，被 H10 和 M24 打破。平面呈椭圆形，斜壁，平底，坑口长径 275、短径 200、坑底长径 275、短径 186、残深 35 厘米。坑内填黑灰土，土质松软，内含少量龙山文化陶片及兽骨等（图三八）。

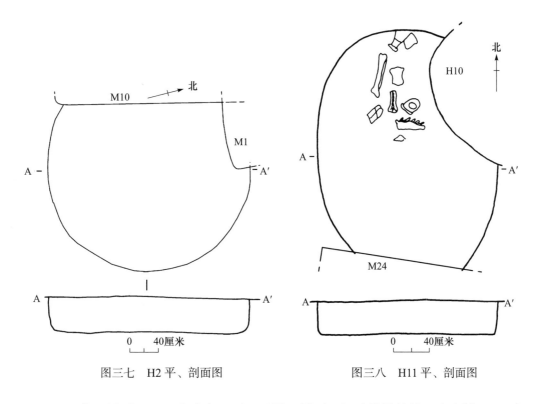

图三七　H2 平、剖面图　　　　　　　图三八　H11 平、剖面图

H61，位于Ⅲ区 T2947 东南角，开口于第 3 层下，打破外城基槽，本身被 M117 打破。平面呈半圆形，壁微斜，一侧下部呈弧状内收，平底，口径 200、底径 140、深 160 厘米。内填灰黑色土，土质松软，出土较多龙山文化陶片（图三九）。

（3）锅底状坑　平面呈圆形或近似圆形，圜状底。共 4 个，包括 23、H59、H62、H82。

H23，位于Ⅱ区 T0438 西南部，开口于第 3 层下，打破内城基槽和生土，被 M78 打破。平面呈圆形，口径 112、深 25 厘米。出土少量陶片（图四〇）。

（4）盆状坑　平面呈圆形或椭圆形，斜壁，平底。共 3 个，包括 H48、H49、H51。

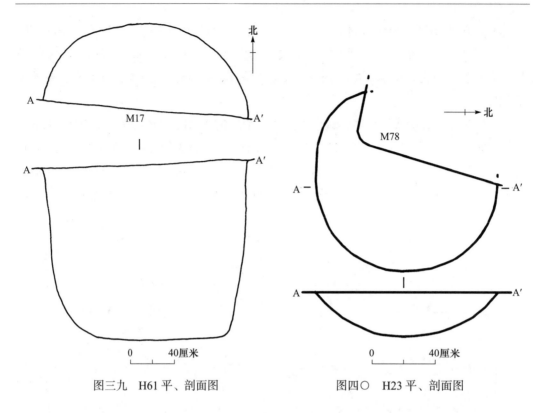

图三九　H61 平、剖面图　　　　　　　图四〇　H23 平、剖面图

　　H48，位于Ⅱ区 T-0140 中部，开口于第 4 层下，打破生土层。平面呈不规则圆形，斜壁平底，坑口直径 148、底径 113、深 40 厘米。内填黑灰色土，土质上部较硬实，下部松软，含龙山文化陶片、兽骨等（图四一）。

　　（5）其他类　平面形状不一。共 3 个，包括 H4、H24、H70。

　　H4，位于Ⅰ区 T2930 西北角，开口于第 1 层下，被 M5 打破。平面为圆角方形，直壁，平底，长 192、宽 125、残深 45 厘米。坑内填褐色土，土质疏松，内含少量龙山文化陶片（图四二）。

四、遗　　物

　　龙山文化的遗物包括生产工具（如骨、角、蚌器、石器）和生活用具（如陶器等）。

　　由于地层堆积和遗迹现象的大部分已被后世破坏，边线王遗址出土的生产工具多见于内城、外城基槽的填土中，故而很少完整器，本次报道不予介绍。

　　出于同样的原因，陶器中完整器和可复原者都比较少，主要见于 F2 和 H3 等单位。此外，内外城垣基槽出土了大量陶器残片，部分可以复原；奠基坑也出土了部分可复原陶器。本次报道的主要是 H3、内城南门奠基坑和内城西门出土的部分标本。由于还

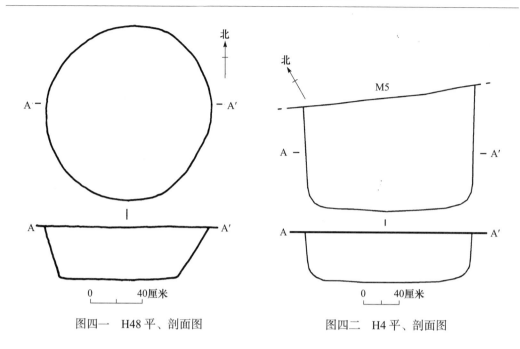

图四一　H48平、剖面图　　　　　图四二　H4平、剖面图

没有进行系统的排比分析，有关型式的划分只是初步的，最终结果以正式出版的发掘报告为准。

陶质以夹砂陶为主，泥质陶次之，陶色以黑陶为主，红褐陶、灰陶次之，磨光黑陶、红陶再次之，有少量白陶和磨光红陶。以H3为例，夹砂陶约占79.2%，泥质陶约占20.8%；其中，夹砂黑陶占60.2%，夹砂灰陶占8.1%，夹砂红褐陶占10.1%，夹砂白陶占0.6%，夹砂磨光黑陶0.3%；泥质磨光黑陶占6.5%，泥质黑陶占1%，泥质灰陶占12.5%，泥质磨光红陶占0.1%，泥质红陶占0.6%（见附表）。

纹饰以素面为主，有少量的凸棱纹、凹弦纹、篮纹、压印纹、盲鼻；在成型器物中可见个别的乳钉纹。

器类主要有罐形鼎、盆形鼎、罐、盆、鬶、甗、匜、圈足盘、瓦足盆、杯、瓶和器盖等。

罐形鼎　11件。鼎身呈罐形，侈口，鼓腹，平底，三足为凿形。可分四型。

A型　3件。侈口，斜折沿，圆唇或方唇，腹由浅变深，口径由略大于腹径向略小于腹径演变，器表素面或加饰篮纹，凿形足。可分三式。

Ⅰ式：1件。方圆唇，腹微鼓，较瘦，直径明显小于口径，下腹斜直内收。T0621NJD2∶1，夹砂灰黑陶。足下端残失。复原口径13.6、残高13.6厘米（图四三，1；图版六，1）。

Ⅱ式：1件。圆唇，腹较胖，外鼓不明显，直径略小于口径，下腹弧状内收。T0818NJD4∶1，夹砂灰黑陶，下部略泛灰褐色。凿形足。素面。复原口径18.2、高

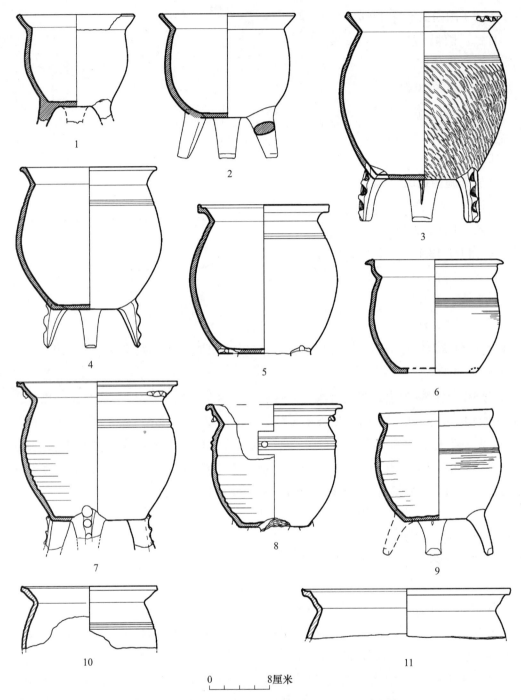

0   8厘米

图四三　龙山文化罐形鼎

1. A型Ⅰ式（T0621NJD2∶1）2. A型Ⅱ式（T0818NJD4∶1）3. A型Ⅲ式（H3∶15）4. B型Ⅰ式
（H3∶7）5、11. B型Ⅲ式（H3∶8、H3∶6）6. C型Ⅰ式（H3∶13）7. B型Ⅳ式（H3∶4）8. C型Ⅱ式
（H3∶11）9. D型（H3∶27）10. B型Ⅱ式（H3∶25）

18.5 厘米（图四三；2；图版六，2）。

Ⅲ式：1件。方唇较厚，鼓腹，最大径在中腹，直径略大于口径。H3：15，夹砂黑陶。口沿外施四组鸡冠形装饰，肩部施两道凹弦纹，以下饰篮纹，鼎足施一条纵向附加堆纹。口径 20.8、高 27.2 厘米（图四三，3；图版六，3）。

B 型　5件。侈口，斜折沿或平折沿，鼓腹较深，口径小于或大于腹径，器表多饰凹弦纹，凿形足。可分四式。

Ⅰ式：1件。圆唇，平折沿，腹径略大于口径。H3：7，夹砂灰黑陶，足略呈灰褐色。肩部施两道凹弦纹，鼎足呈铲形，施一条纵向附加堆纹。口径 18.4、高 19.8 厘米（图四三，4；图版六，4）。

Ⅱ式：1件。方唇，折沿微斜。H3：25，夹砂红褐陶。肩部施三周凹弦纹，下部残。复原口径 18.4 厘米（图四三，10）。

Ⅲ式：2件。平折沿，外缘上耸成尖唇或尖圆唇，沿面有一周浅凹槽。H3：8，夹砂灰黑陶。方圆唇，肩部施两道凹弦纹，足残，残留部分显示为施附加堆纹的凿形足。口径 17.5、残高 19 厘米（图四三，5；图版七，1）。H3：6，夹砂灰陶。尖唇，素面，仅存口沿部。复原口径 27.8 厘米（图四三，11）。

Ⅳ式：1件。方唇，平折沿，沿面有一周凹槽，口径略大于腹径。H3：4，夹砂黑陶。口沿外侧施两组鸡冠形饰，肩部施两道凹弦纹，鼎足施纵向附加堆纹一道。口径 21～21.6、高 21.6 厘米（图四三，7；图版七，2）。

C 型　2件。侈口，卷沿，尖圆唇或圆唇，鼓腹，口径略大于腹径。可分二式。

Ⅰ式：1件。弧折沿，尖圆唇，略下斜，腹较鼓。H3：13，夹砂灰褐陶。内壁和底部呈黑色，肩部施数道浅凹弦纹，鼎足残。复原口径 18.4、残高 14.6 厘米（图四三，6；图版七，3）。

Ⅱ式：1件。斜折沿，圆唇下翻，腹壁较直。H3：11，夹砂灰褐陶。沿外侧施两组鸡冠形饰，肩部施两道凹弦纹及若干乳钉。复原口径 18.2、高 16.2 厘米（图四三，8；图版七，4）。

D 型　1件。弧折沿，尖唇向上耸立，腹较鼓，铲形足。H3：27，夹砂黑褐陶。上腹部施数道浅凹弦纹，足素面。复原口径 16.8、高 18.2～18.8 厘米（图四三，9；图版八，1）。

盆形鼎　5件。鼎体作曲腹盆或双腹盆，下附鸟喙形或倒梯形扁足。可分三型。

A 型　3件。敞口或微敛，卷沿，圆唇或尖圆唇。均有明显的双腹，腹壁倾斜弧曲，上腹略浅，下腹略深，均为素面。T2302WJ：1，泥质磨光黑陶。体型较大，卷沿，圆唇，口微敛，上腹中部施鸡冠状装饰及乳钉若干，鸟首形足。复原口径 31.8、底径 17.5、通高 24.1 厘米（图四四，1；图版八，2）。T2101WJ：12，泥质灰陶。

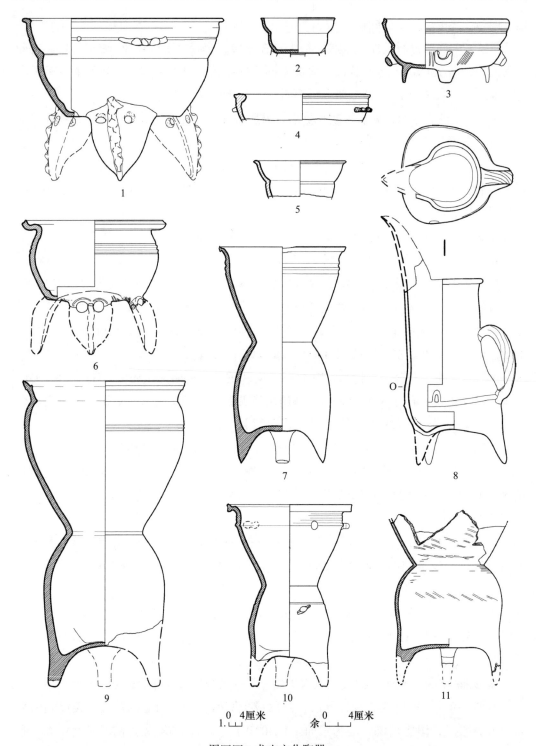

1、2、5. A 型盆形鼎（T2302WJ：1、T2101WJ：12、H3：9）3、4. B 型盆形鼎（T0621NJ：2、H3：5）
6. C 型盆形鼎（H3：24）7. Ⅱ式甗（T2001WJ：8）8. 鬶（T2402WJD13：1）9. Ⅰ式甗（T2102WJD7：1）
10. Ⅲ式甗（H3：2）11. 残甗（H3：12）

体型较小，小卷沿，尖圆唇，直口，足残。口径11.3、残高5.2厘米（图四四，2）。H3：9，泥质灰褐陶。体型较小，小卷沿，圆唇，下腹下半部以下残失。复原口径14.2厘米（图四四，5）。

B型　2件。敛口，曲腹。T0621NJ：2，泥质磨光黑陶。体型较小，口沿斜内收，方唇，双腹。倒梯形扁足。上腹中部施三道凹弦纹；下腹上部施两道凹弦纹，下部施多组竖向刻划纹并有三个环状附耳。复原口径19.5、高9.4厘米（图四四，3；图版八，3）。H3：5，夹砂灰陶。体型较大，口沿部明显增粗，形成外卷内敛的平口，外壁施两组短錾，下部残失。复原口径21.2厘米（图四四，4）。

C型　1件。斜方唇，盘形口，鼓腹，鸟喙形足。H3：24，夹砂灰陶。上腹部施三道凹弦纹。口径22.6、残高13.4厘米（图四四，6）。

鬶　4件。敞口，卷沿，方唇或尖唇，有颈。甑部和鬲部分体制作再黏接而成，甑部比鬲部体型稍大，鬲的腹径大于足距。均为素面、弧裆、款足。可分三式。

Ⅰ式：1件。尖唇，斜折沿，内口有一周小平台，颈部内束；甑部、鬲部均呈弧状外鼓，鬲部最大径在上部。T2102WJD7：1，夹砂红褐陶。肩部施两道凹弦纹，足尖残失。复原口径25.4、通高45.2厘米（图四四，9；图版九，1）。

Ⅱ式：1件。小卷沿，尖方唇，甑腹微弧内收；鬲腹弧曲微鼓，腹径大于足距，铲形足尖。T2001WJ：8，夹砂红陶。口沿不甚平整，肩部施两道凹槽。口径19.6、通高32.3厘米（图四四，7；图版九，2）。

Ⅲ式：1件。圆唇，大卷沿形成盘形口，直颈，甑腹斜直内收，鬲部最大径在下腹，腹径略大于足距，足尖残失。H3：2，夹砂黑褐陶，肩部施3个环状把手及3个乳钉。鬲部上腹施3个斜向鸡冠状饰。口径19.2、通高27.2厘米（图四四，10；图版九，3）。

此外，残鬶H3：12甑的上部残失，夹砂红褐陶。其鬲部近似于Ⅰ式，器表施数组浅篮纹，足尖残。腹径16.2、残高24.2厘米（图四四，11；图版九，4）。

鬶　1件。流残失，从残存部分观察，应为冲天流。圆唇，口微侈，无颈，直腹，下腹部微鼓，浅袋足，圆锥形实足。T2402WJD13：1，夹细砂黄褐陶。下腹部施一道附加堆纹和一对盲鼻，前腹施一乳钉纹，背部安装绞索状把手。素面。口径10.3、残高37.4厘米（图四四，8；图版八，4）。

深腹罐　3件。圆唇，折沿，侈口，溜肩，鼓腹，平底微内凹。可分三式。

Ⅰ式：1件。圆唇，折沿斜直。H3：17，夹砂黑陶。肩部施两道凹弦纹，其下施篮纹。复原口径16、高20.7厘米（图四五，2；图版一〇，1）。

Ⅱ式：1件。斜折沿，中部略向外弧曲，最大腹径上移。H3：23，夹砂灰褐陶。肩部施两道凹弦纹，以下素面。复原口径14.6、高16.2厘米（图四五，4；图版一〇，2）。

Ⅲ式：1件。斜折沿，中部向外弧曲明显，内侧有竖立的颈部，最大腹径上移。H3：10，夹砂红褐陶。肩部施一道凹弦纹。口径17.7、高22.7厘米（图四五，1；图版一〇，3）。

高领罐　4件。高领，卷沿，束颈，鼓腹。可分二型。

A型　1件。小卷沿，束颈，颈下部略外张，溜肩，平底略内凹。H3：16，泥质

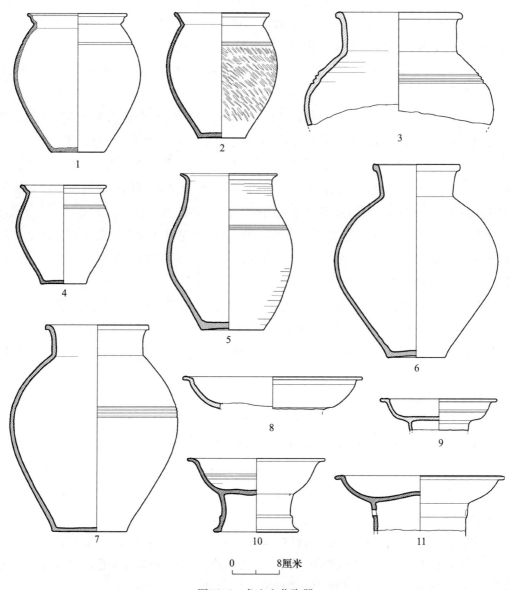

0　　　　8厘米

图四五　龙山文化陶器

1. Ⅲ式深腹罐（H3：10）　2. Ⅰ式深腹罐（H3：17）　3. B型Ⅰ式高领罐（H3：1）　4. Ⅱ式深腹罐（H3：23）
5. A型高领罐（H3：16）　6. B型Ⅲ式高领罐（T2001WJ：9）　7. B型Ⅱ式高领罐（T2001WJ②：7）
8、10. Ⅰ式圈足盘（T2001WJ：20、H3：29）　9、11. Ⅱ式圈足盘（T2302WJ：25、T2402WJD12：8）

灰陶。薄圆唇，颈肩分界处施一道凹弦纹，肩部施三道凹弦纹，腹部施两道凹弦纹。素面。口径16.5、腹径22、底径10.5、高25.6厘米（图四五，5；图版一〇，4）。

B型 3件。卷沿，方唇或圆唇，颈壁向下略内收，广肩。可分三式。

Ⅰ式：1件。圆唇较厚，最大腹径偏上，广肩明显。H3：1，泥质（磨光）黑陶。肩部施数周凹弦纹，下腹残失。复原口径10.8厘米（图四五，3）。

Ⅱ式：1件。方唇，最大腹径下移，广肩不甚明显，平底。T2001WJ②：7，夹砂红陶，局部灰黑色。大部残，可复原。素面，肩部施数道凹弦纹。口径15.9、腹径29、底径13、通高34厘米（图四五，7；图版一一，1）。

Ⅲ式：1件。方圆唇较厚，最大腹径移至中腹，广肩较明显，底部略内凹。T2001WJ：9，夹砂红陶，局部灰黑。素面。口径14.6、腹径28.3、底径10.9、通高31.8厘米（图四五，6；图版一一，2）。

圈足盘 4件。敞口，浅盘状，圆唇，卷沿或平折沿，有较粗的圈足，素面。可分二式。

Ⅰ式：2件。圆唇，卷沿。H3：29，泥质灰黑陶。盘内壁施三道凹弦纹，盘底平，圈足较粗，中下部变粗呈台状，底端外张。口径23.1、高12厘米（图四五，10；图版一二，1）。T2001WJ：20，泥质灰陶。圈足残失。复原口径30.6厘米（图四五，8）。

Ⅱ式：2件。圆唇，平折沿。T2302WJ：25，泥质黑陶。折沿平直，盘的外壁中部施两周凹弦纹，圈足大部残失。复原口径19.8厘米（图四五，9）。T2402WJD12：8，泥质灰陶。折沿微下卷，圈足上部有圆穿，下部残。口径28.8、残高9厘米（图四五，11）。

瓦足盆 2件。敞口或敛口，浅腹，平底，下附3个板瓦形矮足。可分二型。

A型 1件。圆唇，大卷沿，敞口，腹壁向内弧曲，瓦足呈倒梯形。T2101WJ：9，泥质磨光黑陶。素面，外壁施数道凹弦纹。口径40.4、底径28.4、通高11.7厘米（图四六，1）。

B型 1件。尖唇，敛口，口部外缘有一周飞沿，形成子母口，腹壁斜内收，略向内曲。T2402WJ：1，夹砂黑陶。素面。瓦足残失。口径32.4、高9.8厘米（图四六，4）。

盆 2件。敞口、浅腹、平底。腹壁斜内收，微内曲。可分二型。

A型 1件。大卷沿，尖圆唇下翻。T2402WJ②：3，泥质磨光黑陶。素面。底残损。口径33、高8.7厘米（图四六，7）。

B型 1件。厚圆唇，致使内口略显内敛。T2101WJ：25，夹砂灰陶。素面。口径32.9、高9厘米（图四六，3）。

小盆 2件。体型较小，敞口，平底或矮圈足。可分二型。

A型 1件。尖圆唇，小卷沿，腹较深，腹壁中上部内外各有一道折棱。

T2302WJ：11，夹砂红褐陶。平底较大。素面。口径13.8、高7.7厘米（图四六，10）。

B型　1件。造型不甚规整，尖方唇，大敞口，腹较浅，中腹有一道凹弦纹，矮圈足。T2001WJ：6，夹砂红陶。素面。口径13、高4厘米（图四六，11；图版一二，2）。

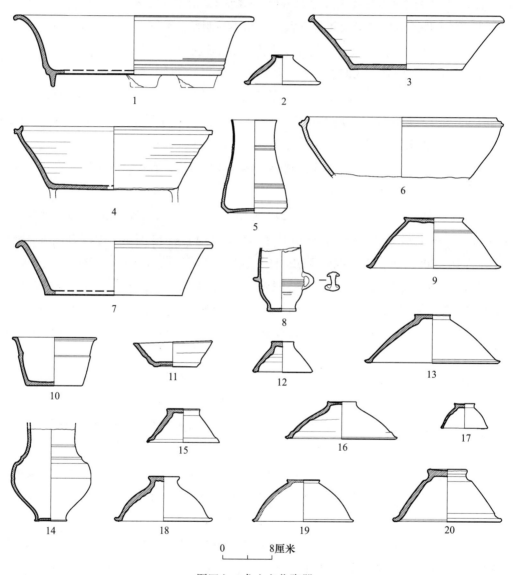

图四六　龙山文化陶器

1. A型瓦足盆（T2101WJ：9）　2. Ab型Ⅱ式器盖（T2301WJ：2）　3. B型盆（T2101WJ：25）　4. B型瓦足盆（T2402WJ：1）　5. A型杯（T0818NJD3：1）　6. 匜（H3：18）　7. A型盆（T2402WJ②：3）　8. B型杯（H3：14）　9. B型器盖（H3：19）　10. A型小盆（T2302WJ：11）　11. B型小盆（T2001WJ：6）　12. Aa型Ⅰ式器盖（T2001WJ：1）　13. Ab型Ⅲ式器盖（T2401WJ：5）　14. 瓶（H3：21）　15. Aa型Ⅱ式器盖（T2402WJ：2）　16. Ab型Ⅰ式器盖（T2301WJ：1）　17. Ac型Ⅰ式器盖（H3：22）　18. Ac型Ⅲ式器盖（T2302WJ：2）　19. Ac型Ⅱ式器盖（H3：30）　20. Aa型Ⅲ式器盖（T2402WJD12：1）

匜　1件。圆唇，敛口，口沿外缘有一周凸棱，腹壁微向外弧，下部残。H3：18，夹砂灰陶。素面。复原口径33.2、残高9.6厘米（图四六，6）。

杯　2件。体型一般较小，多为泥质磨光陶。可分二型。

A型　1件。圆唇，敞口，长颈内束，下部外张，底部斜内收，凹底。T0818NJ-D3：1，泥质磨光黑陶。器壁较薄，颈部施两道凹弦纹，腹部施两道凹弦纹，底部施一道凹弦纹。口径7.5、高14.7厘米（图四六，5；图版一一，3）。

B型　1件。腹微鼓，下腹部有相对的桥状耳和泥凸状鋬，腹底弧状内收，小平底。H3：14，泥质磨光黑陶。口部残，腹部施两道凹弦纹。腹径7.3、残高9.3厘米（图四六，8；图版一一，4）。

瓶　1件。H3：21，泥质磨光黑陶。口部残，长颈，折肩，鼓腹，下腹弧状内收，小平底略内凹。外壁施数道凹弦纹。腹径13.4、残高14.5厘米（图四六，14）。

器盖　10件。多数器盖可反过来作碗一类的盛器使用。可分二型。

A型　9件。总体呈覆碗形，敞口，小平顶，素面。可分三亚型。

Aa型　3件。尖唇或圆唇，腹壁较直，顶略大。可分三式。

Ⅰ式：1件。体型较小，粗圆唇，口微敛。T2001WJ：1，夹粗砂褐陶。盖顶略下凹。口径9.3、高4.8厘米（图四六，12）。

Ⅱ式：1件。体型较小，尖唇，斜折沿。T2402WJ：2，夹砂灰陶。口径12、高5.2厘米（图四六，15）。

Ⅲ式：1件。体型较大，圆唇，小卷沿，顶部弧曲内收，顶面略下凹。T2402WJD-12：1，夹砂红褐陶。口径17.3、高8.2厘米（图四六，20；图版一二，3）。

Ab型　3件。敞口微敛，尖唇或尖圆唇，腹壁微外曲。可分三式。

Ⅰ式：1件。大敞口，顶较小。T2301WJ：1，夹砂黑陶。尖圆唇。口径18、高7.7厘米（图四六，16）。

Ⅱ式　1件。体型较小，口沿部变粗，形成敞口微敛，尖圆唇，小卷沿。T2301WJ：2，夹砂黑陶。沿面突起。口径12.1、高4.6厘米（图四六，2）。

Ⅲ式　1件。大敞口，沿部略直，尖唇，卷沿。T2401WJ：5，夹砂灰褐陶。口径22.2、高8.1厘米（图四六，13）。

Ac型　3件。圆唇，直口或卷沿，腹壁弧曲较明显，顶部略外张。可分三式。

Ⅰ式：1件。体型较小，直敞口。H3：22，夹砂灰黑陶。圆唇。口径7.6、高3.8厘米（图四六，17；图版一二，4）。

Ⅱ式：1件。体型较大，直口，微卷。H3：30，夹砂黑褐陶。尖圆唇。口径15.4、高6.6厘米（图四六，19；图版一二，6）。

Ⅲ式：1件。体型较大，圆唇，卷沿，顶部外张明显。T2302WJ：2，泥质红褐陶。圆唇。口径 16、高 7 厘米（图四六，18）。

B 型　1 件。顶较大，总体略呈覆盆形，尖圆唇，敞口，素面，顶部外张。H3 ： 19，夹砂灰陶。腹壁微外曲。口径 21.5、高 8 厘米（图四六，9；图版一二，5）。

五、几点初步认识

（一）基槽的属性问题

自边线王城址发现以来，学界对其基槽的性质就提出了质疑，由于没有进行资料整理，笔者也存有某种程度的疑虑：龙山文化时期的城址为什么要挖这么深的基槽？会不会是认识出了偏差？资料整理期间，我们也把这一问题作为整理过程中需要解决的重要问题而予以特别关注。现在整理工作进入尾声，得出了"基槽无误"的基本结论。主要证据如下。

1. 基底高差揭示的基槽属性

如前所述，边线王遗址所在地号称"北埠岭"，是一处高地。就现有地貌情况推断，内城大部分应筑于高地之上，外城则大部分筑于高地外围的平地上。地表高程差别较大，基槽各段高程则是随地表高程的变化而变化，显示出其只能是"城垣基槽"而"非环壕"的特点。

如图四七所示，内城北墙残存部分的地表高程 43.64 米，基槽开口于表土层下，残存深度 1.25 米；东门周边地表高程 42.1 米，基槽开口于表土层下，残存深度 1.7 米；南门周边地表高程 43.38 米，基槽开口于表土层下，残存深度 0.25 ～ 0.6 米。以表土层平均深度 20 厘米计算，基槽底部高程相差 2.07、2.38 和 2.93 米，超过了内城基槽的最大深度（1.7 米）（图四七）。毋庸置疑，如果内城基槽是一道灌水的环壕，这样的基底高差显然是无法通水的，南门两侧基槽的形态也显示了同样的特点（参见图一三）。

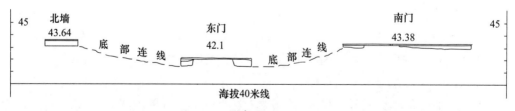

图四七　内城基槽高程示意图

外城基槽基底的高差比内城略小，但同样难以作为灌水的环壕使用。如图四八所示：外城西门周边地表高程 40.7 米，北门周边地表高程 41.37 米，东北角戊段基槽周边地表高程 41.46 米，东南角基槽地表高程 41.56 米；西门基槽残存深度 2.8～3 米，北门基槽残存深度 2.6～2.75 米，东北角戊段基槽残存深度 2.75～3 米，东南角基槽残存深度 3.2～3.7 米。除东北角基槽外，其余基槽戊段都直接和表土层发生了关系。均以基槽最大深度，按前面的方法计算，可得出 37.7、38.62、38.46 和 37.86 米 4 个高程数据，基底高差亦达 0.96 米，相当于外城基槽最大深度的 1/3。这样的基底连线，显然也不宜作为灌水的环壕使用。

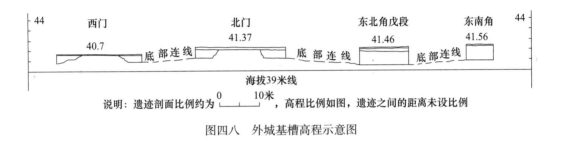

图四八　外城基槽高程示意图

2. 基底水沟集水坑揭示的属性

边线王城址内、外城垣基槽的结构是不同的；内城为倒梯形，平底；外城为倒三角形，底部有窄沟，在窄沟的底部还有集水坑。这种现象在外城东北角，即第Ⅲ发掘区有较好的体现。

该区是铁路占压地段，是发掘面积最大、揭露长度最长的发掘区。也正是由于这个原因，我们将该区分为 5 个分段进行介绍，在甲段（图二四）和戊段各发现 1 个集水坑，编号分别为 K1、K2。

甲段基槽位于东北角揭露基槽的最西端，基槽底部挖有一窄沟，沟底另有一椭圆形的集水坑，编号 K1，长径 1.54、短径 1 米，比窄沟沟底深约 0.3 米（图二五）。

戊段基槽的情形大致与甲段相同，位于东北角揭露基槽的最东端，呈西北—东南走向，西部边缘较规整，东部边缘则略显弯曲，基槽开口最宽处 750 米，最窄处 650 米。基槽断面呈不规则的倒三角形，两坡留有宽窄、大小不一的台阶和上土台。基槽底部为一窄沟，窄沟呈倒梯形，上口宽 0.8、沟底宽 0.6～0.9、深 0.65～0.9 米，基槽总深度 2.75～3 米（图四九）。

在 T2946 东隔梁中部，基槽底部窄沟处，有一个较窄沟略宽、略深的梯形集水坑，编号 K2。坑长边 75、窄边长 55、宽 75、自深 87～92 厘米，比窄沟沟底深约 30 厘米（图五〇）。

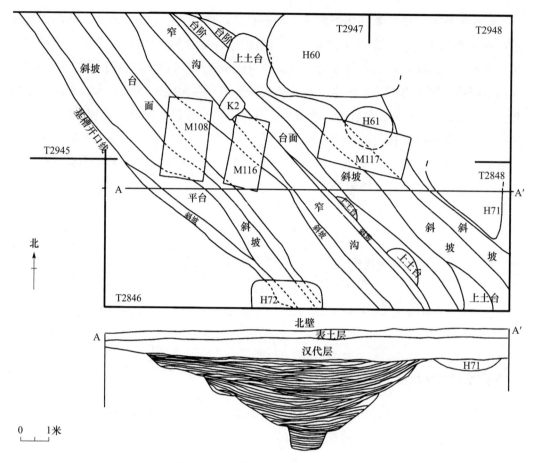

图四九　东北角戊段基槽平、剖面图

从基槽底部的窄沟与 K1、K2 的相互关系观察，应是施工过程中通过窄沟收集地层中渗出来的水，当坑内积水达到一定程度时，用盛具向外提取，以保证施工可以在无水的情况下进行。反之，如果作为环壕使用，这样的窄沟和集水坑既没有设置的必要，也不可能在长期水浸的过程中保存下来。内城基槽没有这样的设置，可能是因其修筑在高地上，基本没有渗水。

3. 基槽形制与夯筑技术

前文给出的基槽平、剖面图显示，在基槽不同的区段，存在着为数众多的斜坡和平台，这些斜坡和平台构成了基槽边坡的基本形态。尤其值得注意的是，这些大小不一、形状各异的平台，从功能上说应是开挖基槽时用于上土的平台。如果作为壕沟使用，这些平台只能存在于环壕开挖期间，施工结束时一定会对其进行修整，使之成为斜坡而不会永久保留。

夯筑技术是判断遗迹性质的重要依据。内城基槽填土为不同颜色的花土，夯层清楚，外城有花土、灰土等，内含较多龙山时代陶片，说明后者更多地使用了遗址原有的文化堆积层作为填土。发掘揭示的夯窝有长条形、圆形或形状各异的不规则形，说明当时的夯筑技术还没有定型。

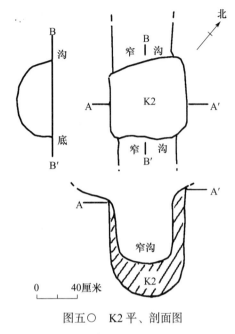

图五〇　K2平、剖面图

如果是作为环壕使用，壕内填土只能在环壕废弃之后才能完全形成，夯筑自然是不可能的。其包含物，至少是在上层，应该有晚于环壕使用时期的遗存。就整理的情况而言，边线王城址最早可到龙山文化早中期，最晚可能到龙山文化晚期偏早的阶段。很难设想，使用城墙或者是环壕设防的聚落，会在如此之短的时间内荒废，且没有晚于使用时期的包含物；发现的各类夯窝更难做出合理的解释。如果一定要把基槽看成是环壕，唯一可能的解释就是发掘者认识上的错误。但是这一点似乎也不成立，因为发掘当日，先后有严文明、吴玉喜、李先登、郑笑梅、张学海、罗勋章、蔡凤书、于海广和国家文物局兖州考古领队班全体考核委员专程到现场进行考察和验收，一致认可"边线王龙山文化城堡，是山东省第一座经科学发掘印证的龙山文化城址"。

4. 奠基祭祀坑的设置

边线王龙山文化城址基槽共发现31个奠基祭祀坑，分布于城门两侧和其他基槽段落的不同深度。奠基牺牲有人、猪、狗等，另有一定数量的器物。这些牺牲多数是完整、带肉埋入的。外城西门北侧基槽还出土一具跪姿、作捆绑状的人牲（图二二，1）。奠基祭祀坑的发现，从一个侧面反映了边线王龙山文化居民特有的宗教信仰和民俗风情。如果边线王遗址发现的龙山文化城址基槽确为环壕，这些牺牲的存在就有些让人难以理解了。

5. 残存城墙的证明

在第Ⅲ发掘区，即外城东北角部东半段，亦即乙段东部、丙段及其与丁段的结合部，原始地面的海拔较低，因而保存了少量断断续续的残存墙体基部和护坡。墙体最大宽度约10.5米，一般在8.1～9.5米。残存墙体在各探方内断续存在，残存总长度

约 16.5 米。这些墙体有力地证明了边线王龙山文化的两道基槽是城垣基础而不可能是
"环壕"。

（二）城址的年代问题

从以上公布的出土器物观察，边线王遗址龙山文化内城南门出土的 2 件陶鼎年代
最早，约当龙山文化早中期，基本可以说明该城址内城的构筑年代。由内城基槽大量
使用"文化层"填土的现象分析，内城构筑时，龙山文化的居民在这里居住已久。

H3 和外城南门出土的标本，如盆形鸟喙足鼎、款足甗的年代则已进入龙山时代的
中晚期阶段，表明外城构筑的时间晚于内城，H3 则属于外城存续期间形成的窖穴。就
目前掌握的情形而论，有几个灰坑分别打破内城和外城，似乎说明外城构筑时期，内
城已逐渐废弃；而外城的存续时间也不到龙山文化最晚阶段。当然这只是初步的印象，
随着整理的深入，这种认识或许还会发生变化。

（三）基本结论

边线王龙山文化城址是 20 世纪 80 年代山东地区经科学发掘证实的第一座龙山文
化城址，由内外两个城圈组成，是当时全中国仅见的一例。

边线王龙山文化城址内城面积约 2 万平方米，外城总面积约 5.5 万平方米，是继河
南登封王城岗、淮阳平粮台之后，中国发现的第 3 座龙山文化城址，也是当时所知的
面积最大的龙山文化城址。

内城大约构筑于龙山文化早中期，城垣基槽断面呈倒梯形，破坏严重。东城垣基
槽和中部门道保存基本完整；北城垣基槽仅存东部和中部一小段，未见门道；南城垣
仅残存中部的一小段基槽及南门门道；西城垣基槽全部损毁。

外城大约构筑于龙山文化中晚期，城垣基槽断面略呈倒三角形，保存基本完整。
东、西、北三面各有一处门道，南城垣因村庄叠压情况不明，北部城垣东北部保留部
分墙体。基槽坡壁上有多层上土台面，应是基槽开挖时的遗留。

基槽奠基坑现象普遍，内有陶器、猪、狗、人殉现象更是耐人寻味，特别是 D14
的跪姿人骨架，表明死者是被捆绑活殉的，或意味着阶级或特殊"公共权力"，亦即
"合法暴力"的出现。若果则说明边线王龙山文化城址已步入文明的门槛。

器物绘图：刘相文　张圣现　杨新寿（清绘）

器物照相：王书德

执　　笔：王永波　梅圆圆　袁庆华　王德明

附表　H3 陶片统计表

泥质陶

纹饰	磨光黑陶 数量（片）	磨光黑陶 重量（克）	黑陶 数量（片）	黑陶 重量（克）	灰陶 数量（片）	灰陶 重量（克）	磨光红陶 数量（片）	磨光红陶 重量（克）	红陶 数量（片）	红陶 重量（克）	合计 数量（片）	合计 重量（克）
素面	35	230	7	240	75	1265	1	8	2	10		
凹弦纹	6	280			10	1755			1	5		
凸棱纹	5	210			2	25			1	15		
附加堆纹					1	5						
篮纹												
压印纹												
圆窝纹												
盲鼻												
合计 数量	46		7		88		1		4		146	
合计 重量	.	720		240		3050		8		30		4048
百分比（%）	6.5	3.7	1	1.2	12.5	15.6	0.1	0.1	0.6	0.2	20.8	20.8

夹砂陶

纹饰	黑陶 数量（片）	黑陶 重量（克）	灰陶 数量（片）	灰陶 重量（克）	红褐陶 数量（片）	红褐陶 重量（克）	白陶 数量（片）	白陶 重量（克）	磨光黑陶 数量（片）	磨光黑陶 重量（克）	合计 数量（片）	合计 重量（克）	总计 数量（片）	总计 重量（克）
素面	412	5920			41	1775	3	30					576	9478
凹弦纹	2	35	45	4130	1	40			2	35			67	6280
凸棱纹	2	50	3	890			1	5					14	1195
附加堆纹	4	60	7	130	8	260							20	455
篮纹	2	550			21	495							23	1045
压印纹	1	945											1	945
圆窝纹			1	50									1	50
盲鼻			1	10									1	10
合计 数量	423		57		71		4		2		557		703	
合计 重量		7560		5210		2570		35		35		15410		19458
百分比（%）	60.2	38.9	8.1	26.7	10.1	13.2	0.6	0.2	0.3	0.2	79.2	79.2	100	100

烟台市照格庄遗址2008年度炭化植物遗存分析报告*

王育茜[1] 王富强[2] 赵 娟[2]

徐明江[2] 张 博[3] 张凌波[3] 靳桂云[4、5]

（1. 安徽博物院；2. 烟台市博物馆；3. 牟平区博物馆；

4. 山东大学历史文化学院；5. 山东大学文化遗产研究院）

继照格庄遗址 2007 年炭化植物遗存分析之后[1]，为进一步了解岳石文化时期该遗址的植物利用情况，我们对 2008 年 4～8 月发掘过程中采集的浮选样品进行鉴定分析，样品年代均为岳石文化时期。此结果为探讨胶东半岛岳石文化时期农作物选择等问题补充了新的资料。

一、采样及浮选

2008 年发掘共采集浮选样品 34 份，其中 28 份取自灰坑。我们采用水波浮选仪和常规浮选方法[2]对土样进行浮选，收取轻浮、重浮部分的分样筛分别是 0.2 毫米和 2 毫米，将标本在阴凉处干燥后进行分类和植物种属鉴定[3]，使用 Nikon SMZ—645 显微镜进行观察和测量。

二、浮选结果

照格庄遗址的炭化植物遗存可以分为木炭、种子（果实）两大类。我们对大于 1

---

* 本文由国家自然科学基金（项目编号：41072135）、国家社科基金重点项目（项目编号：11AZD116）和山东大学人文社会科学重大项目（项目编号：12RWZD09）共同资助

毫米的炭屑进行了称重并记录，其中 4 毫米以上炭块的种属鉴定有待进一步开展；对种子（果实）进行了分拣、鉴定和统计。

34 份样品中仅 1 份未发现植物种子，其余 33 份，共出土植物种子 1128 粒，其中 749 粒可以进行种属鉴定[4]。考虑到样品定量分析中数据的统一性，以 749 粒和 34 份样品，分别作为植物种子相对数量百分比和出土概率的计算基数。

照格庄遗址共发现粟（*Setaria italica*（L.）*Beauv.*）、黍（*Panicum miliaceum* L.）、大豆（*Glycine* sp.）、黍亚科（Panicoideae）、豆科（Leguminosae）、唇形科（Labiatae）、藜科（Chenopodiaceae）、蓼科（Polygonaceae）、马齿苋属（*Portulaca* L.）、禾本科（Poaceae）、苍耳属（？）（*Xanthium* L.）、葡萄属（*Vitis* sp.）、果壳等植物种子（果实）遗存。

1. 农作物

农作物包括粟（*Setaria italica*（L.）*Beauv.*）、黍（*Panicum miliaceum* L.）两种，共 394 粒，占植物种子的 52.6%，出土概率为 73.5%。

粟，344 粒，占植物种子的 45.9%，出土概率为 64.7%。粟形态完整，多粒小而圆鼓，直径为 1～1.5 毫米，表面较光滑，胚区约占粒长的 2/3，呈窄卵状（彩版一，1）。

黍，47 粒，占植物种子的 6.2%，出土概率为 41.1%。保存较为完整，呈圆鼓状，表面较粗糙，多长 1.8、宽 1.5 毫米，胚区约占粒长的 1/2 以下，爆裂的胚区呈"V"状（彩版一，2）。

大豆，3 粒，占植物种子的 0.4%，出土概率为 2.9%，集中出土于 H54。由于炭化严重，残缺明显，根据种子的形态特征初步鉴定为大豆属（表一；彩版一，3）。

2. 杂草类

杂草类种子黍亚科（Panicoideae）、豆科（Leguminosae）、唇形科（Labiatae）、藜科（Chenopodiaceae）、蓼科（Polygonaceae）、马齿苋属（*Portulaca* L.）、禾本科（Poaceae）、苍耳属（？）（*Xanthium* L.）等，共出土 350 粒，占植物种子的 46.7%，出土概率为 94.1%（图一）。

黍亚科，253 粒，占植物种子的 33.7%，出土概率为 82.3%。黍亚科种子在非农作物遗存中的出土数量最多，出土概率最高。

豆科，11 粒，占植物种子的 1.5%，出土概率为 2.9%。

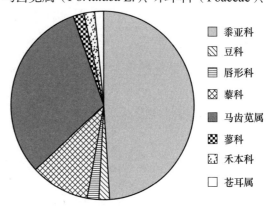

图例：
- □ 黍亚科
- ⬓ 豆科
- ☰ 唇形科
- ☒ 藜科
- ■ 马齿苋属
- ▨ 蓼科
- ▨ 禾本科
- □ 苍耳属

图一　照格庄遗址杂草类种子出土概率统计图

表一　照格庄遗址大豆属种子尺寸及特征统计表

序号	残长（毫米）	残宽（毫米）	特征
1	3.6	2.6	有较为明显的细缝状脐沟
2	3.4	2.3	种子表面较为光滑，顶端圆钝，细缝状脐沟略明显
3	5.2	2.9	种子呈长椭圆形，表面较为光滑，两端较为圆钝，种脐处已经破坏

唇形科，8 粒，占植物种子的 1%。集中出土于 H54，出土概率为 2.9%。种子为圆形或卵圆形，表面粗糙，密布不规则的粗网状纹，顶端圆（彩版一，4）。

苍耳属（？），1 粒，占植物种子的 0.1%，仅出土于 H48。苍耳仁残长 4.1、残宽 2.5 毫米，种子呈卵形，背部略鼓，腹部平，表面较为粗糙，有细条纹，基部较尖（彩版一，5）。

3. 果实类

葡萄属，1 粒，保存较为完整，出土于 H17②。种子呈橘子瓣状，倒宽卵形，长 2.9、宽 3 毫米，顶端圆钝，基部有短喙，钝尖。腹部纵脊两侧各有 1 条宽沟。表面略粗糙。种脐位于腹部纵脊末端，圆形（彩版一，6）。

果壳残块，1 片，表面较粗糙，有网状突起，由于形态不完整、特征残缺难以鉴定种属。

4. 未知

除了以上可鉴定出种属的植物种子（果实），由于种子保存状况及鉴定水平的限制，另有 3 粒种子暂时难以鉴定出种属，我们将这些种子归于未知，以下对它们的具体形态进行详细描述。

H2，1 粒，保存较为完整，种子近倒卵形，一面圆鼓，长 2.8、宽 2.5 毫米，表面具颗粒状突起。

H18，1 粒，保存较为完整，种子近圆形，直径 1.5 毫米，扁平，表面较平滑。

H26⑨，1 粒，保存较为完整，种子呈圆鼓状，长 2.1、宽 1.8 毫米，表面较平滑，胚区呈椭圆形，周边有褶皱。

三、分析与讨论

根据 2008 年照格庄遗址植物种子浮选结果，并结合 2007 年浮选鉴定的相关数据，本文试对胶东半岛岳石文化时期农作物的选择进行分析，并对野生食物资源的丰富利用进行讨论。

1. 岳石文化时期的农作物选择

根据照格庄遗址农作物所占比重，可以发现农业生产在岳石文化时期的生业经济中占有重要位置；农作物以粟、黍为主，同时包括小麦、大麦、大豆和水稻；照格庄遗址2008年的浮选结果为研究胶东半岛岳石文化时期农作物的选择等问题补充了资料。

2008年出土农作物种子共394粒，占植物种子的52.6%，出土概率为73.5%。2007年出土农作物种子共7951粒，占植物种子的52.2%[5]。两次的浮选结果显示，农作物的出土数量及相对数量百分比均较高，这在一定程度上反映出农业在生业经济中占有相当大的比重。

2008年出土的农作物包括粟、黍和大豆三种，粟的出土数量最多，出土概率也最高，共344粒，占植物种子的45.9%，出土概率为64.7%；黍47粒，占植物种子的6.2%，出土概率为41.1%；大豆3粒。该数据与2007年浮选结果相吻合，在93份样品中，同样发现了相当比例的粟和黍，其中粟共出土7505粒，占出土种子的51.7%，出土概率为83.8%；黍仅次于粟，出土421粒，占出土种子的2.9%，出土概率为32.5%[6]；另发现4粒栽培大豆。

粟和黍作为我国北方传统的农作物，在兴隆沟遗址[7]、磁山遗址[8]、月庄遗址[9]、大地湾遗址[10]等都有发现，说明距今8000～7000年前粟作农业在中国就已经开始。胶东半岛地区进行系统植物考古研究的遗址较少，早年曾在胶县三里河、栖霞杨家圈、莱阳于家店等遗址[11]发现了粟壳，在长岛北庄遗址[12]发现黍壳，胶州西庵寺[13]遗址发现粟、黍的颖壳植硅体。此外，在胶东半岛西南部，日照南屯岭遗址发现北辛时期的黍，徐家村遗址发现大汶口文化时期的粟和黍[14]，东海峪、前水车沟、胶南丁家柳沟[15]以及两城镇遗址[16]均发现龙山文化时期的粟或黍。粟和黍在胶东半岛及其邻近地区的出土，说明它们可能一直是该地区重要的粮食作物。

杂草是伴随着人类的出现而形成的、依附于人类的生产和生活而存在于某种人工生态环境的一类特殊植物。其中，田间杂草被人类视为危害，主要因为其生长环境十分特殊，属于人类耕种的农田，与人类所种植的农作物伴生。所以，在考古遗址的浮选结果中所发现的田间杂草植物种子，如果出土数量十分显著，其所反映的应该是农耕生产活动状况[17]。照格庄遗址发现了包括黍亚科、豆科、莎草科、藜科、苋科、唇形科、菊科、蓼科和马齿苋属等在内的杂草类种子。其中黍亚科种子出土数量最多，出土概率也最高，2008 年浮选出土 253 粒，出土概率为 82.3%，2007 年浮选更高达 6392 粒，出土概率为 50%。绝大多数黍亚科种子来自 H63，其中 5000 多粒黍亚科与 6000 多粒粟同时出土[18]。而粟和黍的伴生杂草恰以黍亚科品种为多[19]。试对本次浮选的部分样品单位进行统计，结果发现同一样品单位中，黍亚科和粟、黍的出土数量呈现明显的正相关[20]（图二）。这些杂草种子很可能是混杂在收获的农作物中被人带入聚落，因而黍亚科种子的大量发现，也在一定程度上暗示了照格庄遗址岳石文化时期粟和黍的大量种植，及其在农业生产中的重要位置。

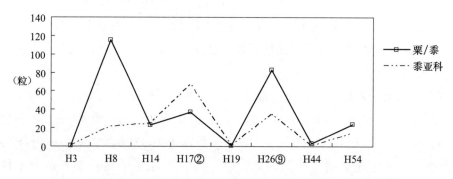

图二　照格庄遗址部分采样点黍亚科与粟/黍出土数量相关性统计图

　　除了粟、黍和大豆等农作物以外，2007 年的浮选中还发现了水稻、小麦和大麦，可见当时农作物的种类已经较为齐全[21]。这些农作物在此次浮选中并没有发现，可能原因有三：一是由于本次样品采集数量较少，仅 34 份，远少于 2007 年发掘的 93 份样品；二是由于样品采集单位的不同，不同的堆积情况造成植物遗存埋藏的具体差异；三是植物遗存保存状况的差异，本次浮选有约 30% 的种子，因炭化严重或爆裂严重而难以鉴定。这些难以确定的种子，可能直接影响到植物种属的种类统计。

　　照格庄遗址共出土 16 粒小麦，出土概率为 7.5%，出土数量和出土概率仅次于粟和黍。水稻、大豆和大麦的出土数量则相对较少。通过水稻和小麦等农作物在尺寸、出土概率等方面的细致分析，并结合胶东半岛、山东半岛及整个黄河中游地区农业发展情况，靳桂云等学者推测[22]，胶东半岛在岳石文化时期，农作物以粟、黍为主，同时包括小麦、大麦、大豆和水稻，其中粟是最主要的粮食作物，黍的地位次之。从龙山到岳石文化时期，水稻在农作物中的分量逐渐减少，而小麦可能已经取代了水稻成为比较重要的粮食作物。本次照格庄遗址出土的炭化种子遗存结果，也在一定程度上印证了上述判断。

2. 野生植物类食物资源的丰富利用

除多种农作物以外，照格庄遗址还出土了葡萄属的种子和果壳残片，说明野生植物可能进一步丰富着先民的食物资源。

东亚葡萄种群是葡萄种群中种类最为丰富的一个，我国是东亚葡萄种群重要的原产国家。"葡萄"为舶来词，中国本土生长的野生葡萄，被称为"葛藟"（*Vitis flexuosa* Thunb.）、"蘡薁"或"薁"（*Vitis bryoniaefolia* Bunge）。《诗经·豳风·七月》："六月食郁及薁，七月烹葵及菽。"《诗经·周南·樛木》："南有樛木，葛藟累之。乐只君子，福履绥之。南有樛木，葛藟荒之。乐只君子，福履将之。南有樛木，葛藟萦之。乐只君子，福履成之。"这是史籍有关采食野生葡萄的最早记录。欧洲葡萄（*Vitis vinifera* L.）是现在最重要的栽培种，原产于欧洲中部及南部等地区，在中西文化交流中被引入中国，逐渐得到广泛种植，洋海墓地发现公元前400～前200年属于欧洲种的葡萄藤[23]，将《史记》中记载的葡萄栽培史提早了200年左右。公元前3000～前1500年闪米特人或亚利安人开始栽培葡萄，并创造了依靠发酵制取葡萄酒的方法[24]。

早在距今8000年的河南舞阳贾湖[25]、湖南澧县八十垱遗址[26]中就已经发现了葡萄种子，此后浙江平湖庄桥坟、余杭卞家山、诸暨尖山湾、湖州钱山漾[27]、山东日照两城镇[28]、临淄桐林[29]、滕州庄里西[30]以及河南驻马店杨庄[31]遗址中均出土多粒葡萄种子。照格庄遗址出土的葡萄属种子长2.9、宽3毫米，尺寸明显小于湖南澧县八十垱[32]、浙江平湖庄桥坟、余杭卞家山、诸暨尖山湾和湖州钱山漾[33]遗址出土的种子，仅与滕州庄里西遗址[34]出土葡萄种子的尺寸（长3.2～4、宽2.4～3毫米）较为接近。通过对陶器标本进行多项化学分析，研究者认为山东日照两城镇[35]和河南舞阳贾湖遗址[36]的葡萄可能参与酿酒。那么在粮食作物种类丰富的情况下，照格庄遗址发现的葡萄属种子，在一定程度上反映了该地区食物资源的有关状况。

先民对于野生植物资源的利用由来已久，众多考古遗址果实类遗存的发现说明早至七八千年前，先民就已经采集野生果实类及茎块类遗存作为主要的食物来源之一。贾湖遗址发现大量坚果类植物和茎块类植物[37]，裴李岗遗址发现梅核、酸枣核、核桃壳等[38]，水泉遗址发现核桃楸果壳、栓皮栎果核、酸枣核等[39]。据统计，我国新石器时代来自采集的野生果实类植物遗存包括榛子、枣核、桃核、橡子、葡萄、菱角、芡实、莲子、葫芦、酸枣、核桃楸等[40]。此外，大量杂草类种子中可能也有部分构成了古人的食物来源，如蓼科的酸模（*Rumex acetosa* L.）、马齿苋（*Portulaca oleracea* L.）等野生植物的地上幼嫩部分也均可作为野生蔬菜食用[41]。藜科的种子含胚乳丰富，可榨油，磨碎可做糕点、烙饼[42]。伴随着农业生产水平的进一步发展，这些野生植物资源可能作为食物资源的重要补充，丰富了先民的饮食生活。

四、结　　语

综合 2007～2008 年照格庄遗址浮选结果，胶东半岛在岳石文化时期，农作物以粟、黍为主，同时包括小麦、大麦、大豆和水稻。从龙山到岳石文化时期，水稻在农作物中的分量逐渐减少，而小麦可能已经取代了水稻成为比较重要的粮食作物。从出土的葡萄属种子和果壳残片来看，众多的野生植物可能在一定程度上丰富了先民的食物资源。

致谢：感谢中国社会科学院考古研究所赵志军研究员、杨金刚工程师在种子鉴定和拍照方面给予的帮助！

注　释

［1］　靳桂云等学者曾经对照格庄遗址 2007 年发掘中提取的炭化植物遗存进行了鉴定分析。靳桂云、赵敏、王传明等：《山东烟台照格庄岳石文化遗址炭化植物遗存研究》，《东方考古》第 6 集，科学出版社，2009 年，331～343 页。

［2］　赵志军：《植物考古学的田野工作方法——浮选法》，《考古》2004 年 3 期，80～87 页。

［3］　在对比现代植物种子标本的同时，参考相关书籍进行鉴定，如：刘长江、靳桂云、孔昭宸：《植物考古——种子和果实研究》，科学出版社，2008 年；关广清、张玉茹、孙国友等：《杂草种子图鉴》，科学出版社，2000 年。

［4］　379 粒种子因炭化严重或爆裂严重而难以鉴定，占植物种子总数的 33.5%。

［5］　同［1］。

［6］　同［1］。

［7］　赵志军：《从兴隆沟遗址浮选结果谈中国北方旱作农业起源问题》，《东亚古物（A 卷）》，文物出版社，2004 年，188～199 页。

［8］　河北省文物管理处、邯郸市文物保管所：《河北武安磁山遗址》，《考古学报》1981 年 3 期，305～338 页。

［9］　Gary W. Crawford、陈雪香、王建华：《山东济南长清区月庄遗址发现后李文化时期的炭化稻》，《东方考古》第 4 集，科学出版社，2006 年，247～251 页。

［10］　甘肃省文物考古研究所：《秦安大地湾——新石器时代遗址发掘报告》，文物出版社，2006 年，914～916 页。

［11］　吴诗池：《山东新石器时代农业考古概述》，《农业考古》1983 年 2 期，165～171 页。

［12］同［11］。

［13］靳桂云、赵敏、王传明等：《山东莒县、胶州植物考古调查》，《东方考古》第6集，科学出版社，2009年，344～349页。

［14］陈雪香：《山东日照两处新石器时代遗址浮选土样结果分析》，《南方文物》2007年1期，92～94页。

［15］陈雪香、方辉、Gary Feinman 等：《鲁东南几处先秦遗址调查采样浮选结果分析》，《东方考古》第6集，科学出版社，2009年，354～357页。

［16］凯利·克劳福德、赵志军、栾丰实等：《山东日照市两城镇遗址龙山文化植物遗存的初步分析》，《两城镇遗址研究》，文物出版社，2009年，268～278页。

［17］赵志军、张居中：《贾湖遗址2001年度浮选结果分析报告》，《考古》2009年8期，83～93页。

［18］同［1］。

［19］陈雪香、方辉：《从济南大辛庄遗址浮选结果看商代农业经济》，《东方考古》第4集，科学出版社，2008年，47～68页。

［20］在黍亚科、粟或黍同出的单位中，选择出土黍亚科种子数量最多的5个单位，即H8、H14、H17②、H26⑨、H54；以及出土黍亚科种子数量最少的3个单位，即H3、H19、H44。统计过程中对粟和黍的出土数量进行了叠加。

［21］同［1］。

［22］同［1］；赵志军：《中华文明形成时期的农业经济发展特点》，《中国国家博物馆馆刊》2011年1期，19～31页。

［23］蒋洪恩：《中国早期葡萄栽培的实物证据：吐鲁番洋海墓地出土2300年前的葡萄藤》，《新疆（吐鲁番）若干重要遗址植物考古学研究》，博士后研究工作报告，2008年。

［24］郑云飞、游修龄：《新石器时代遗址出土葡萄种子引起的思考》，《农业考古》2006年1期，156～168页。

［25］同［17］；河南省文物考古研究所：《舞阳贾湖》，科学出版社，1999年，899～900页。

［26］湖南省文物考古研究所：《彭头山与八十垱》，科学出版社，2006年，518～544页。

［27］同［24］。

［28］同［16］。

［29］宋吉香：《山东桐林遗址出土遗存分析》，中国社会科学院研究生院硕士学位论文，2007年。

［30］孔昭宸、刘长江、何德亮：《山东滕州市庄里西遗址植物遗存及其在环境考古学上的意义》，《考古》1999年7期，59～62页。

［31］北京大学考古系、驻马店市文物保护管理所：《驻马店杨庄——中全新世淮河上游的文化遗存与环境信息》，科学出版社，1998年，192～194页。

［32］同［26］。

［33］同［24］。

［34］同［30］。

［35］麦戈文、方辉、栾丰实：《山东日照市两城镇遗址龙山文化酒遗存的化学分析——兼谈酒在史前时期的文化意义》，《考古》2005年3期，73～85页。

［36］ McGovern P E, Zhang J, Tang J, et al. Fermented beverages of pre-and proto-histic China. *PNAS*, 2004, 101 (51):17593 ～ 17598.

［37］ 同〔25〕。

［38］ 中国社会科学院考古研究所河南一队：《1979 年裴李岗遗址发掘报告》，《考古学报》1984 年 1 期，63 ～ 64 页。

［39］ 中国社会科学院考古研究所河南一队：《河南郏县水泉新石器时代遗址发掘简报》，《考古学报》1995 年 1 期，39 ～ 77 页。

［40］ 刘长江、靳桂云、孔昭宸：《植物考古——种子和果实研究》，科学出版社，2008 年，188 ～ 191 页。

［41］ 赵金光、韦旭斌、郭文场：《中国野菜》，吉林科学技术出版社，2004 年，129 ～ 139 页。

［42］ 同〔41〕。

阳信李屋遗址2003年出土动物遗存分析报告*

宋艳波[1]　　燕生东[2]

（1. 山东大学文化遗产研究院、山东大学考古系；2. 山东师范大学齐鲁文化研究院、齐鲁文化传承与山东文化强省建设协同创新中心）

一、引　言

李屋遗址位于山东省阳信县水落坡乡李屋村西南 1 千米，东距现海岸 40 余千米。2003 年夏天，为配合滨大高速公路建设，山东省文物考古研究所与滨州市文物处、阳信县文体局组成联合考古队对阳信李屋遗址进行了考古钻探和发掘。发现了晚商时期聚落遗存和一批东周、汉代、宋元墓葬。

商代聚落遗存分布在两个台地上，北部台地面积约 3500 平方米，东南部台地近 2000 平方米。发掘区位于北部台地中部，揭露面积 400 平方米。清理出商代墓葬 5 座、灰坑 42 个及单独编号的 12 个层状堆积等遗迹。所见灰坑充填物可分两种情况：一是像 H22、H33、H38、H43、H46、H48 以及 H20 底部等，出土大量制盐工具——盔形器及残片，盔形器的数量占陶器总数的 70% 以上，陶质生活用具较少，填充物以生产垃圾为主；二是像 H12、H24、H20、H31 等属于横跨几个探方的大灰坑，填充物为松软的灰土，以生活垃圾为主，包含大量动物骨骼和骨角蚌器，出土陶质生活用具如鬲、甗、豆、罐、簋、盆瓮等所占比例较高。从房屋和院落、窖藏、墓葬、生产和生活垃圾倾倒区分布情况而言，北台地上居住着 3 个社群单位。发掘者还根据遗址所在环境与堆积特点，认为李屋聚落为盐工在夏、秋、冬三季及亲属人员全年的居住地，居民

---

    * 本文为国家社科基金青年项目（项目编号：14CKG003）与一般项目"东方地区商代考古研究"（项目编号：13BKG008）、国家社科基金重大招标项目"邹平丁公遗址发掘报告"（项目编号：12&ZD194）及国家自然科学基金青年项目（项目编号：41303004）阶段性成果之一

专门烧制盔形器为盐场准备煮盐工具，平时饲养家畜、渔猎动物为春季制盐筹备肉食[1]。

本次整理的动物遗存即为此次发掘所获，大部分属于晚商时期，少数出自东周的墓葬中。我们在鉴定、测量和统计的过程中主要参照了山东大学考古系动物考古实验室的现生动物标本和一些遗址里出土的古代标本，同时也参考了部分文献[2]。

二、动物遗存概况

本次整理的动物遗存共 5518 件，包括骨角蚌贝制品 143 件，时代分为商代晚期和东周时期。下面按时期进行描述。

（一）商代晚期

出土动物遗存共 5452 件，包括骨角制品 132 件。其中可鉴定标本[3]5225 件，至少代表 211 个个体。已鉴定的动物种属包括猪、牛、狗、麋鹿、斑鹿、獐、貉、猫、仓鼠、兔子、竹鼠、其他啮齿类、雉科、鸟、龟、鳖、草鱼、鲤鱼、青鱼、螃蟹、文蛤、青蛤、毛蚶、螺、宝贝、细纹丽蚌等（图一）。此外，部分哺乳动物的头骨残块、

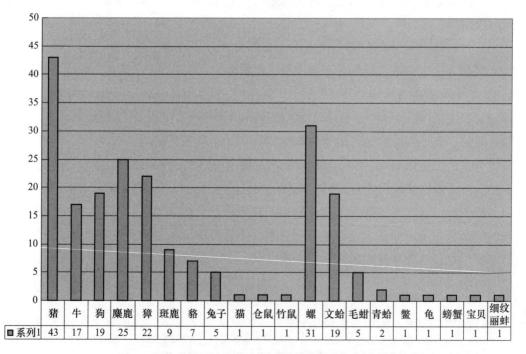

	猪	牛	狗	麋鹿	獐	斑鹿	貉	兔子	猫	仓鼠	竹鼠	螺	文蛤	毛蚶	青蛤	鳖	龟	螃蟹	宝贝	细纹丽蚌
■系列1	43	17	19	25	22	9	7	5	1	1	1	31	19	5	2	1	1	1	1	1

图一　阳信李屋遗址晚商时期动物种类构成分布示意图

肢骨残片、脊椎残块、肋骨残段等无法明确判断种属，只简单分为大、中、小型哺乳动物 3 个类别。

1. 软体动物门 Mollusca

1.1　瓣鳃纲 Lamellibranchia

共 943 件，可以区分为海洋种类和淡水种类。

1.1.1　海生种类

数量较多，共 57 件，可鉴别的种类为毛蚶、青蛤、文蛤等。

1.1.1.1　蚶科 Arcidae

1.1.1.1.1　毛蚶属 *Scapharca*

6 件（图二，1），其中左侧 5 件，右侧 1 件，至少代表 5 个个体。

图二　李屋遗址出土晚商时期软体动物遗存
1. 毛蚶属　2. 文蛤属　3. 宝贝属

1.1.1.2　帘蛤科 Veneridae

1.1.1.2.1　青蛤属 *Cyclina sinensis*

2 件，均为右侧，代表 2 个个体。

1.1.1.2.2　文蛤属 *Meretrix*

38 件（图二，2），左侧 11 件，右侧 12 件，残片 15 件，综合测量尺寸来看，这些标本至少代表 18 个个体。其中 10 件壳顶有磨出的小孔（山东大学考古系动物考古实验室曾经做过此类实验，挑选遗址中出土的保存较好的文蛤壳进行类似的加工，实验结果证明在比较短的时间内就可以将壳顶磨穿，其周围的磨痕与遗址中发现的非常相似），推测为装饰品。

1.1.1.3　残片

11 件，种属不明确，可能为制作贝制品过程中留下的废料。

1.1.2　淡水种类

发现有 886 件（包括 15 件蚌制品），绝大部分属于难以判别种属的薄片碎屑，推测多为制作蚌制品过程中留下的废料，目前仅确定 1 件为丽蚌（可能为细纹丽蚌）。

1.1.2.1　蚌科 Unionidae

1.1.2.1.1　丽蚌属 *Lamprotula*

1 件，代表 1 个个体。

1.2　腹足纲 Gastropoda

标本共 32 件，代表 32 个个体，可以区分为海生种类与淡水种类。

1.2.1　海生种类

1.2.1.1　宝贝科 Cypraeidae

1.2.1.1.1　宝贝属 *Cypraea*

1 件（图二，3），代表 1 个个体。

1.2.1.2　马蹄螺科 Trochidae

1.2.1.2.1　托氏昌螺 *Umbonium thomasi*

3 件，代表 3 个个体。

1.2.1.3　螺壳残块

4 件，种属不明确，代表 4 个个体。

1.2.2　淡水种类

1.2.2.1　田螺科 Viviparidae

1.2.2.1.1　中华圆田螺 *Cipangopaludina cahayensis*

1 件，代表 1 个个体。

1.2.2.1.2　螺壳残块

23 件，种属不明确，代表 23 个个体。

2. 节肢动物门 Arthropoda

2.1　甲壳纲 Crustacea

2.1.1　十足目 Decapoda

仅发现 1 件蟹螯残块，重 0.3 克，代表 1 个个体。

3. 脊椎动物门 Vertebrata

3.1　鱼纲 Pisces

鱼类的遗存很多，共 1328 件，部位包括鳃盖骨、脊椎骨、支鳍骨、咽齿骨（图三，1）、鳍棘（图三，2）、颌骨和肋骨等。通过咽齿的形态特征可以判断出有青鱼、草鱼、鲤鱼等淡水鱼类的存在。

图三　李屋遗址出土晚商时期鱼骨遗存
1. 咽齿骨　2. 鳍棘

3.2　爬行动物纲 Reptilia

3.2.1　龟鳖目 Testudoformes

发现的材料不多，包括龟的背、腹甲和鳖的背甲等，共7件。

3.2.1.1　龟科 Emydidae

主要为腹甲，全部都以卜甲的形式出现，另外还有1件背甲，至少代表1个个体。

3.2.1.2　鳖科 Trionychidae

只发现1件背甲残块，代表1个个体。

3.3　鸟纲 Aves

主要材料包括残破的四肢骨（图四）、胸骨和综荐骨等，共58件。少量标本可以判断出属于雉科，其他大部分标本的种属还有待进一步研究。按照完整关节端的测量尺寸可将其分为大小两种体型，以体型小者为多。

图四　李屋遗址 H24 出土雄性雉科跗跖骨

3.4　哺乳动物纲 Mammalia

3.4.1　偶蹄目 Artiodactyla

3.4.1.1　牛科 Bovidae

3.4.1.1.1　牛属 Bos

3.4.1.1.1.1　黄牛 Bos domestica

主要的材料包括残破的角、上下颌骨、脊椎和肢骨等（表一），共89件，代表至少 17 个个体。部分不能确定种属的大型哺乳动物头骨残块、脊椎和肋骨残块等也属于牛的遗存；部分人工制品原材料经鉴定为大型哺乳动物的肢骨片和肋骨片，这部分标本也应属于牛的遗存。

表一　李屋遗址出土晚商时期牛主要骨骼一览表

骨骼名称	遗迹	重量（克）	尺寸（毫米）	描述	人工痕迹	动物咬痕
右侧髌骨	H34	118.1			表面砍痕	表面食肉动物啃咬痕迹
右侧尺骨	H15	324			骨体多处砍痕和切割痕	
左侧尺骨	H17	333.2			接桡骨关节面处有砍痕和切割痕	
尺骨近端残块	H22	95.2			表面切割痕	
右侧尺骨残块	H27	28.5				表面食肉动物啃咬痕迹
右侧尺骨残块	H38	69.4				近端关节食肉动物啃咬痕迹
左侧尺桡骨	H17	612.8	桡骨近端长 42.97、宽 81.75；远端长 41.97、宽 74.65		桡骨近端关节砍痕，远端后侧切割痕	桡骨远端关节食肉动物咬痕
左侧尺桡骨残块	H43	375.7	桡骨远端长 43.27、宽 76.68			
右侧跟骨	H12⑧	92.7				结节处食肉动物啃咬痕迹
左侧跟骨	H44	201.9		结节未愈合		啮齿类咬痕
右侧跟骨	C16	131.3		结节脱落	表面有切割痕	
右侧跟骨残块	H20②	57.3				食肉动物啃咬痕迹
右侧跟骨残块	H24④	94.9		局部烧黑		
左侧肱骨远端	H20③	212.4			内侧面数道切割痕	关节断裂处食肉动物咬痕
右侧肱骨远端	C14	255.7	长 79.97、宽 71.07			
近端趾骨残块	H22	34.7				食肉动物啃咬痕迹
近端趾骨	H16	42.5	近端长 36.73、宽 33.45；远端长 23.89、宽 31.85；高 59.84			

续表

骨骼名称	遗迹	重量（克）	尺寸（毫米）	描述	人工痕迹	动物咬痕
近端趾骨	H12①	96.8	近端长 44.99、宽 41.32；远端长 26.85、宽 38.47；高 75.86		背面切割痕	两端关节食肉动物啃咬痕迹
近端趾骨	H12①	56.6	近端长 42.82、宽 38.55；远端长 26.89、宽 35；高 63.48		近端关节切割痕	两端关节食肉动物啃咬痕迹
近端趾骨	H20①	91.2	近端长 45.72、宽 40.49；远端长 29.09、宽 38.64；高 70.84			近端关节食肉动物啃咬痕迹
近端趾骨	H29	91.6	近端长 46.27、宽 38.57；远端长 30.77、宽 39.49；高 75.66		骨体砍痕	近端食肉动物啃咬痕迹
近端趾骨	H24②	74.7	远端长 28.22、宽 38.85			近端食肉动物啃咬痕迹
近端趾骨	H31②	41.8	近端长 35.63、宽 31.85；远端长 24.81、宽 29.68；高 65.25			啮齿类咬痕
近端趾骨	H31②	96.6	近端长 44.15、宽 45.57；远端长 30.5、宽 39.22；高 70.91			
近端趾骨	H43	37	近端长 30.7、宽 28.68；远端长 25.8、宽 27.75；高 59.53	接完整掌骨与中间趾骨		
近端趾骨	H43	37.5	近端长 31.02、宽 29.42；远端长 24.43、宽 27.84；高 60	接完整掌骨与中间趾骨		
颈椎残块	H17	57		未愈合		
左侧胫骨近端残块	C7	118.3		关节脱落		
右侧距骨	H31②	186.3	外长 81.9、内长 73.44、前宽 57.85、后宽 55.86、厚 44.31		内侧后端砍痕，内侧面、外侧背面多处切割痕	
末端趾骨	H43	18.8	高 61.13	与中间趾骨完整相连		

续表

骨骼名称	遗迹	重量（克）	尺寸（毫米）	描述	人工痕迹	动物咬痕
末端趾骨	H43	17.3	高 59.01	与中间趾骨完整相连		
末端趾骨	C2	70.5	近端长 48.06、宽 45.24、高 58.36		切割痕	
炮骨远端残块	H20①	28.9		关节脱落		
炮骨远端残块	C7	420.1	长 43.35、宽 78.39	局部有烧痕	砍痕	
右侧桡骨（图五，2）	C2	363.2	近端长 46.49、宽 89.12	远端关节脱落	切割痕	
右侧桡骨远端残块	H2	125.1	长 49.93、宽 75.07			
右侧桡骨近端残块	H15	299	长 55.49、宽 102.74			
右侧桡骨远端关节	H16	65.6				关节面有食肉动物啃咬痕迹
右侧桡骨远端	H17	457	长 57.81、宽 87.91		骨体砍痕和切割痕	
左侧桡骨近端残块	H20①	191	长 49.83、宽 97.29			
左上臼齿	C2	43.9	长 28.52、宽 24.82			
右侧上颌带 $M^2 \sim M^3$ 残块	H26	45.8	$M^2 \sim M^3$ 长 48.52			
完整腕骨	H43	84.1		接完整尺桡骨与掌骨		
右侧下臼齿	H2	45.3	长 31.06、宽 14.72			
右侧下臼齿	H2	23.6	长 24.67、宽 14.92			
左侧下臼齿	H2	42	长 29.12、宽 20.83			
左侧下臼齿	C7	21.7	长 29.48、宽 15.08			
右侧下臼齿	H20	43.4	长 33.85、宽 14.13			
右侧下 M_2 残块	H36②	44.8	长 31.47、宽 15.76			
右侧下 M_3 残块	C7	55.1	长 40.43、宽 14.78			
下颌骨残块	H26	77.9			砍痕	
腰椎残块	H17	62.7		前后相连		
腰椎残块	H17	76		前后相连		
腰椎残块（图五，1）	H17	108.2		前后相连	侧脊有切割痕	

续表

骨骼名称	遗迹	重量（克）	尺寸（毫米）	描述	人工痕迹	动物咬痕
腰椎残块（图五，1）	H17	136.3		前后相连	侧脊有切割痕	
腰椎残块（图五，1）	H17	149		前后相连	侧脊有切割痕	
腰椎残块（图五，1）	H17	155.2		前后相连	侧脊有切割痕	
腰椎残块（图五，1）	H17	158		前后相连	侧脊有切割痕	
腰椎残块（图五，1）	H17	158		前后相连	侧脊有切割痕	
左侧掌骨	H43	221.2	近端长 33.54、宽 57、远端长 33.08、宽 59.83；高 194.32	远端未愈合；接腕骨和近端趾骨		
左侧掌骨	H2	208	近端长 33.47、宽 58.1；远端长 32.16、宽 58.8；高 186.79		砍痕	
左侧跖骨远端	C2	119	长 33.07、宽 53.26			
中间趾骨	H16	26.8	近端长 36.51、宽 34.54；远端长 30.85、宽 30.01；高 41.44			两端关节面食肉动物啃咬痕迹
中间趾骨	H29	72.1	近端长 44.94、宽 44.62、高 58.95			远端食肉动物啃咬痕迹
中间趾骨	H24 ④	59.4	近端长 44.87、宽 41.64；远端长 44.37、宽 33.9；高 54.61			
中间趾骨	H24	30.2	近端长 36.3、宽 33.56；远端长 35.1、宽 27.81；高 47.89			
中间趾骨	H31 ②	22.4	近端长 34.47、宽 32.11；远端长 29.06、宽 25.26；高 42.97		砍痕	

续表

骨骼名称	遗迹	重量（克）	尺寸（毫米）	描述	人工痕迹	动物咬痕
中间趾骨	H43	22.8	近端长 33.61、宽 30.11；远端长 t30.16、宽 25.35；高 41.15	连接近端趾骨与末端趾骨		
中间趾骨	H43	29.7	近端长 32.5、宽 30.1；远端长 29.6、宽 25；高 42.87	连接近端趾骨与末端趾骨		
中间趾骨	C11	33.8	近端长 36.66、宽 33.46；远端长 31.43、宽 28.79；高 47.37			
完整籽骨	H43	11.1		与趾骨相连		
卜骨	M28：01			肩胛骨	表面可见清晰砍、磨制、凿和烧灼的痕迹	
卜骨	H12⑨			肩胛骨	表面可见清晰锯、凿和烧灼痕迹	
卜骨	H2：2			肩胛骨	表面可见清晰凿、磨制、切割和烧灼痕迹	

1　　　　　　　　　　　　　　　　2

图五　李屋遗址出土晚商时期牛的遗存
1. 腰椎残块　2. 右侧桡骨

3.4.1.2　鹿科 Cervidae

材料共 428 件，包括有残破的鹿角、上下颌骨、牙齿和四肢骨等，我们根据鹿角特征、犬齿和完整肢骨端测量数据等将其区分为麋鹿、斑鹿和獐。

3.4.1.2.1　鹿属 Cervus

3.4.1.2.1.1　麋鹿 Elaphurus

主要的材料包括残破的角、上下颌骨和四肢骨等（表二），共 313 件，代表至少 25

个个体。我们认为部分不能明确种属的大型哺乳动物肢骨残片、头骨残块等也属于麋鹿的遗存；另外部分以不能明确种属的鹿角和以大型哺乳动物肢骨残片为原材料制作的人工制品也应该属于麋鹿的遗存。

表二　李屋遗址出土晚商时期麋鹿主要骨骼一览表

骨骼名称	遗迹	重量（克）	尺寸（毫米）	描述	人工痕迹	动物咬痕
右侧尺骨残块	C9	29				食肉动物咬痕
左侧尺骨残块	C15	31.1				食肉动物咬痕
右侧尺骨桡骨近端	H20 ③	141.3	桡骨近端宽 60.39		尺骨体上有切割痕	
左侧尺骨桡骨近端	H31 ①	178.9	桡骨近端长 40.54、宽 57.05			
左侧尺骨桡骨近端	H31 ②	156.8	桡骨近端宽 57.93			
左侧跟骨	H17	110.4			前端砍痕，侧面切割痕	
右侧跟骨	H31	58.3				食肉动物咬痕
右侧跟骨	H12 ⑩	92.8				近端食肉动物咬痕
右侧跟骨	H24 ④	67.3				食肉动物咬痕
左侧跟骨残块	H31 ②	43.3				食肉动物咬痕
右侧跟骨残块	C17	78.5		载距突烧黑		
右侧肱骨远端	H20 ①	103.2	宽 66.72			食肉动物咬痕
右侧肱骨远端	C3	182.5			砍痕	食肉动物咬痕
右侧肱骨远端	C7	63			砍痕	食肉动物咬痕
左侧肱骨远端	H24 ②	138.9	长 59.89、宽 58.79		切割痕	食肉动物咬痕
右侧股骨远端	H31 ③	105.7			切割痕	食肉动物咬痕
右侧股骨远端	C6	251.9		关节脱落		
肩胛骨残块	H14	17.4			边缘磨痕	

续表

骨骼名称	遗迹	重量（克）	尺寸（毫米）	描述	人工痕迹	动物咬痕
左侧肩胛骨残块	H20①	64.5			肩胛岗被削掉	断裂处食肉动物咬痕
右侧肩胛骨残块	H20③	96.4			肩胛岗被削掉	
左侧角	H12⑨	1200		自然脱落	表面多处砍痕	
角残段	H21	388.2			表面砍痕	
角残块	H12⑧	80.4			表面砍痕	
角残段	H12⑩	440.6			表面砍痕	
角残段（图六，1）	H20③	218.4			表面多处砍痕	
角残段	H38	265.4			表面砍痕	
角残段	H31②	1400			表面砍痕，削痕	
角残段	H31①	261.5			表面砍痕，削痕	
角残段	C8	550			表面削痕	
近端趾骨	H3	20.8	近端长 23.62、宽 20.45；远端长 17.16、宽 19.86；高 66.85			近端食肉动物咬痕
近端趾骨	H2	37.6	近端长 33.78、宽 27.15；远端长 20.11、宽 24.67；高 77.82		远端关节面砍痕	表面布满食肉动物咬痕
近端趾骨	H15	32.6	近端长 29.9、宽 25.3；远端长 19.69、宽 22.85；高 74.99		骨体上多处切割痕	
近端趾骨	H12①	39.2	近端长 34.29、宽 29.97；远端长 25.53、宽 28.63；高 60.94			远端关节食肉动物咬痕
近端趾骨	H12⑤	28.2	近端长 27.87、宽 24.09；远端长 18.48、宽 20.88；高 71.12		背面切割痕	远端关节食肉动物咬痕
近端趾骨	H20②	31.6	近端长 30.55、宽 24；远端长 18.37、宽 22.16；高 73			食肉动物咬痕
近端趾骨	H20	34.3	近端长 31.63、宽 24.19；远端长 19.33、宽 22.68；高 71.72		远端砍痕	
近端趾骨	H20	36.3	近端长 32.73、宽 24.19；远端长 19.28、宽 22.7；高 73			远端啮齿类咬痕
近端趾骨	H25	27.3	近端长 28.84、宽 23.67；远端长 18.39、宽 22.28；高 67.93			近端食肉动物咬痕

续表

骨骼名称	遗迹	重量(克)	尺寸（毫米）	描述	人工痕迹	动物咬痕
近端趾骨 （图六，2）	H33	32.3	近端长 31.12、宽 25.46；远端长 18.99、宽 22.45；高 76.36		切割痕	食肉动物咬痕
近端趾骨	H31②	27.2	近端长 30.18、宽 22.58；远端长 18.34、宽 22.16；高 73			食肉动物咬痕
近端趾骨	H31②	35.6	近端长 30.1、宽 25.29；远端长 19.7、宽 23.22；高 76.51			近端食肉动物咬痕
近端趾骨	H31②	26.5	近端长 28.14、宽 23.81；远端长 17.86、宽 23.85；高 72.56			远端食肉动物咬痕
近端趾骨	C3	24.4	近端长 28.77、宽 23.03；远端长 17.87、宽 21.95；高 69.77		切割痕	
近端趾骨远端	C8	14	长 19.67、宽 21.62		切割痕	食肉动物咬痕
近端趾骨远端	H13③	22.6	长 19.6、宽 22.67	骨质增生	切割痕	
右侧胫骨远端	H13②	43.3	长 36.12、宽 45.77			关节布满食肉动物咬痕
右侧胫骨远端	H20③	109.1	长 42.97、宽 58.15			关节端食肉动物咬痕
左侧胫骨远端	H31①	104.1	长 39.55、宽 51.27			断裂处食肉动物咬痕
左侧胫骨近端	H14	31				食肉动物咬痕
左侧胫骨近端	H15④	59.7				食肉动物咬痕
右侧胫骨近端	H25	110.4		关节脱落		
右侧胫骨近端	H24②	178.3				食肉动物咬痕
右侧胫骨残块	M7	56.3			砍痕	食肉动物咬痕
左侧距骨	H2	50.5	外长 59.79、内长 55.14、前宽 35.72、后宽 34.69、厚 30.55		内侧面多道切割痕，前端外侧砍痕	前端内侧食肉动物咬痕
左侧距骨	H31②	47.3	外长 57.41、内长 53.55、前宽 36.78、后宽 34.3、厚 29.28		砍痕	

骨骼名称	遗迹	重量(克)	尺寸（毫米）	描述	人工痕迹	动物咬痕
右侧距骨	H12⑩	79.5	外长 63.23、内长 58.32、前宽 37.88、后宽 35.94、厚 34.58		内侧面切割痕，前端及后面砍痕	
炮骨远端残块	H20②	30.3			断裂处切锯痕	
炮骨远端残块	H20②	21.8			断裂处切锯痕	滑车处食肉动物咬痕
炮骨远端残块	H24①	28.3			切锯痕、砍痕	
右侧前颌骨残块	H20②	19.7			切割痕	
右侧前颌骨残块	H20②	18.6				食肉动物咬痕
左侧桡骨远端	H20②	128.5	长 42.07、宽 56.95		外侧砍痕，断裂处切割痕	
右侧桡骨远端	H20③	145.7	长 48.17、宽 63.64			
左侧桡骨远端内侧	H20②	56.2				食肉动物咬痕
右侧桡骨近端	H12⑩	169.4	长 45.45、宽 87.65		多处砍痕、切割痕	
右侧桡骨近端	H20③	102.3	长 33.45、宽 63.48			
右侧桡骨近端	H31②	70.4	长 34.04、宽 61.21		砍痕、切割痕	
右侧上颌带 $DM^3 \sim M^2$	C11	94.7	$DM^3 \sim M^2$，长 91.78	M^2 刚萌出		
右侧上颌带 $M^1 \sim M^2$	H31③	60.2	$M^1 \sim M^2$，长 53.18	M^2 刚萌出		
左侧上颌带 $M^1 \sim M^3$	H31②	69	$M^1 \sim M^3$，长 70.65			
左侧上颌带 $P^4 \sim M^1$	H31①	26.3	$P^4 \sim M^1$，39.47；M1 长 21.78、宽 21.37			
右侧下颌带 $DM_3 \sim M_2$	H20②	81.9	$DM_3 \sim M_2$，长 71.5			骨体食肉动物咬痕

续表

骨骼名称	遗迹	重量（克）	尺寸（毫米）	描述	人工痕迹	动物咬痕
右侧下颌带 $DM_3 \sim M_1$	H31②	56.1	$DM_3 \sim M_1$，长53.91			
右侧下颌带 $M_1 \sim M_3$	H20①	75.3			切割痕	
左侧下颌带 $P_2 \sim M_1$	H2	57.5		磨蚀比较严重		前端 P_2 下方有食肉类咬痕
右侧下颌带 $P_4 \sim M_3$	H20①	162.3	$P_4 \sim M_3$，长101.64			
右侧下颌骨残块	H12⑤	50			髁突处砍痕	
右侧掌骨远端	H14	66.3	长31.81、宽48.53		外侧滑车有切割痕	
右侧掌骨近端	H13④	50.4	长27.64、宽41.45		关节面砍痕	
右侧掌骨近端	C13	31.9			切割痕	
左侧掌骨近端	H25	66.6	长28.21、宽44.16			
左侧中央跗骨	H20②	33.5			削切痕	食肉动物咬痕
右侧中央跗骨	H31②	38.9				食肉动物咬痕
中间趾骨	H20①	21.1	近端长33.47、宽24.65；远端长26.23、宽18.4；高55.74	远端烧黑		
中间趾骨	H20①	19.3	近端长30.76、宽21.54；远端长28.23、宽18.08；高52.3		骨体切割痕	远端食肉动物咬痕
中间趾骨	H20	23.9	近端长33.43、宽23.49；远端长28.13、宽19.82；高56.24		近端砍痕，骨体切割痕	远端食肉动物咬痕
中间趾骨	H24③	22.9	近端长33.47、宽25.75；远端长26.93、宽19.26；高61.42		切割痕	
中间趾骨	H38	18	近端长31.96、宽24.58；远端长29.15、宽18.74；高54.63			食肉动物咬痕

骨骼名称	遗迹	重量（克）	尺寸（毫米）	描述	人工痕迹	动物咬痕
中间趾骨	H31①	16.1	近端长26.1、宽20.85；远端长26.1、宽16.63；高53.83			食肉动物咬痕
中间趾骨远端	H20①	18.3	长29.32、宽17.8		切割痕	啮齿类咬痕
角残片	H36：1			应为角料	砍痕、削切痕迹	
卜骨	M44：01			肩胛骨	磨制、凿、烧灼痕迹	
卜骨	M44：02			肩胛骨	钻凿、烧灼痕迹	
卜骨	H24			肩胛骨	钻凿、烧灼痕迹	
卜骨	H24③：6			肩胛骨	劈削、切割、钻凿、烧灼痕迹	

1　　　　　　　　　　　　2

图六　李屋遗址出土晚商时期麋鹿遗存

1.角残段　2.近端趾骨

3.4.1.2.1.2　斑鹿 *Cervus nippon*

材料包括残破的角、上下颌骨、牙齿和四肢骨等（表三），共 33 件，代表至少 9 个个体。我们认为部分不能明确种属的中型哺乳动物头骨残块、肢骨片、脊椎和肋骨残块等也属于斑鹿的遗存；另外部分角料和以中型哺乳动物肢骨残片为原料制作的人工制品也应属于斑鹿的遗存。

表三　李屋遗址出土晚商时期斑鹿主要骨骼一览表

骨骼名称	遗迹	重量（克）	尺寸（毫米）	描述	人工痕迹	动物咬痕
左侧肱骨近端	C14	29.3	宽51.13			
左侧角（图七）	H31②	140.7		保留角环，自然脱落		

骨骼名称	遗迹	重量（克）	尺寸（毫米）	描述	人工痕迹	动物咬痕
右侧角残块	H37	94		保留角环，自然脱落		
近端趾骨残块	H12①	16.9	远端长 18.36、宽 21.78			近端关节食肉动物咬痕严重
左侧胫骨残块	C16	155.6	长 39.36、宽 50.5			
末端趾骨	C5	8.8	高 50.12			啮齿类咬痕
炮骨远端	H12⑨	17.8				啮齿类咬痕
右侧上颌带 $M^1 \sim M^2$	H31③	16.7	$M^1 \sim M^2$，长 40.41	磨蚀非常严重		
右侧上颌带 $DM^3 \sim M^3$	H31③	66.5		M3 刚萌出		
右侧下颌带 M_1	H31③	14	M_1 长 20.32、宽 14.32	磨蚀非常严重		
右侧下颌带 $M_1 \sim M_3$	C7	96	$M_1 \sim M_3$，长 79.01			
右侧下颌带 M_3	H24②	33.2	M_3 长 32.45、宽 15.43			
右侧掌骨近端	H31③	53.1	长 28.27、宽 44.59			食肉动物咬痕
左侧跗骨	H31③	134.8	近端长 36.2、宽 36.05	远端关节脱落		
跗骨远端	C17	122.3	长 30.39、宽 44.64			

图七 李屋遗址出土晚商时期斑鹿角残段

3.4.1.2.2 獐属 *Hydropotes*

3.4.1.2.2.1 獐 *Hydropotes inermis*

主要材料包括残破的犬齿（图八，1）、上下颌骨、牙齿和四肢骨等（表四），共 82

件，代表至少22个个体。我们推测部分种属不明的小型哺乳动物肢骨残片、脊椎和肋骨残块等应该属于獐的遗存。

表四　李屋遗址出土晚商时期獐主要骨骼一览表

骨骼名称	遗迹	重量（克）	尺寸（毫米）	描述	人工痕迹	动物咬痕
右侧髌骨	H12⑥	7.7			切割痕	
左侧尺骨	H12⑥	9.5				啮齿类咬痕
左侧跟骨残块	H20	6.3				啮齿类咬痕
左侧肱骨远端	H15	9.3	长 23.02、宽 21.32			
左侧肱骨远端	H32	7.1				食肉动物咬痕
右侧肱骨远端	H24②	12.1	长 24.77、宽 22.94		砍痕	
右侧肱骨远端	H24③	15.5	长 23.61、宽 22.67		切割痕	食肉动物咬痕
右侧肱骨远端	C16	4.1		烧黑		
右侧股骨近端	H22	14.6			颈部切割痕	股骨头食肉动物咬痕
左侧股骨近端	C12	13		关节脱落		食肉动物咬痕
左侧股骨远端	C2	32.4	长 45.91、宽 34.28			食肉动物咬痕
近端趾骨	H16	3.5	近端长 14.02、宽 10.67；远端长 8.15、宽 8.63、高 37			
近端趾骨	H25	2.9	近端长 13.16、宽 10.54；远端长 7.99、宽 8.82、高 36.71			
近端趾骨	H31	3	近端长 14.48、宽 11.5；远端长 8.18、宽 9.18、高 38.5			
左侧胫骨远端	H18	19.7	长 20.03、宽 25.14			关节面食肉动物咬痕
左侧胫骨远端	H31①	8.1	长 19.87、宽 25.3			
右侧胫骨远端	H20③	14	长 18.63、宽 23.86		骨体切割痕	
右侧胫骨远端	H20	4.1	长 18.58、宽 22.63			
左侧胫骨近端	C11	17.1	长 33.62、宽 31.2			
右侧距骨	H12⑧	9.7	外长 31.78、内长 30.74、前宽 19.24、后宽 19.38、厚 19.25		前端砍痕	
左侧距骨	H20①	7.9	外长 29.68、内长 26.77、前宽 18.15、后宽 17.75、厚 15.84		前端内侧砍痕	
左侧距骨残块	H12⑤	3.8	内长 25.41	局部烧黑		
炮骨远端	H20②	8.8	宽 19.43			食肉动物咬痕
炮骨远端	H20	10.4	长 12.9、宽 19.5			
左侧桡骨远端	H31①	7.8	长 11.3、宽 20.12			

续表

骨骼名称	遗迹	重量（克）	尺寸（毫米）	描述	人工痕迹	动物咬痕
右侧桡骨近端	C17	3.8	长 13.26、宽 20.8			
左侧上颌带 $P^3 \sim M^3$	H27	7.7	$P^3 \sim M^3$，长 43.42			
左侧上颌带 $P^3 \sim P^4$	C11	2.5	$P^3 \sim P^4$，长 17.86			
右侧上颌带 $P^4 \sim M^3$	C16	7.3	$P^4 \sim M^3$，长 36.94			
右侧上犬齿	H12⑨	5.3				
右侧下颌带 $DM_1 \sim DM_3$	H2	2.5		M_1 未萌出		
右侧下颌带 $DM_1 \sim DM_3$	H31①	5.4	$DM_1 \sim DM_3$，长 23.94			
右侧下颌带 $DM_1 \sim M_2$	H33	13.9	$DM_1 \sim M_2$，长 44.98	M3 未萌出		食肉动物咬痕
右侧下颌带 $DM_2 \sim M_1$	H20②	8.7	$DM_2 \sim M_1$，长 30.21			骨体食肉动物咬痕
左侧下颌带 $DM_2 \sim M_2$	H15④	11.9	$DM_2 \sim M_2$，长 40.65			
右侧下颌带 $DM_2 \sim M_3$	H20③	13	$DM_2 \sim M_2$，长 41.43			
右侧下颌带 $M_1 \sim M_2$	H31②	7.4	M_1-M_2，长 20.94			
右侧下颌带 $M_1 \sim M_3$	H12⑨	6.4	M_1-M_3，长 34.25	磨蚀比较严重		
左侧下颌带 $P_2 \sim M_3$	H2	7.3	$P_3 \sim M_3$，长 51.28			
左侧下颌带 $P_2 \sim M_3$	H38	17.5	$P_2 \sim M_3$，长 57.32	磨蚀非常严重		
左侧下颌带 $P_2 \sim M_3$（图八，2）	C2	17	$P_2 \sim M_3$，长 57.53	轻微磨蚀		食肉动物咬痕
右侧下颌带 $P_2 \sim M_3$	H27	20.6	$P_2 \sim M_3$，长 58.7			
右侧下颌带 $P_2 \sim M_3$	H33	17.1	$P_2 \sim M_3$，长 58.03	磨蚀比较严重		
右侧下颌带 $P_2 \sim M_3$	C2	16	$P_2 \sim M_3$，长 54.2	磨蚀比较严重		
右侧下颌带 $P_2 \sim M_3$	C4	13.4	$P_2 \sim M_3$，长 56.42	轻微磨蚀		

续表

骨骼名称	遗迹	重量（克）	尺寸（毫米）	描述	人工痕迹	动物咬痕
左侧下颌带 $P_2 \sim P_3$	H12⑨	3.6	$P_2 \sim P_3$，长 14.26	磨蚀比较严重		
右侧下颌带 $P_3 \sim M_3$	H7	17.3	$P_4 \sim M_3$，长 42.36			前后端骨体食肉动物咬痕
右侧下颌带 $P_3 \sim M_3$	H20②	7.2	$P_3 \sim M_2$，长 27.52	磨蚀非常严重		
左侧下颌带 $P_4 \sim M_3$	H31②	10	$P_4 \sim M_3$，长 41.35			
右侧掌骨	H15④	21.9	近端长 13.89、宽 20.35；远端长 12.68、宽 19.99；高 138.17			
右侧掌骨近端	H16	12.7	长 17.01、宽 23.4			关节处食肉动物咬痕
右侧跖骨近端	H15①	12.7	长 20.03、宽 18.37			
右侧跖骨近端	H20②	13.2	长 17.57、宽 18.69			食肉动物咬痕

图八　李屋遗址出土晚商时期獐的遗存
1. 犬齿　2. 左侧下颌带 $P_2 \sim M_3$

3.4.1.3　猪科 Suidae

3.4.1.3.1　猪属 *Sus*

3.4.1.3.1.1　家猪 *Sus domestica*

主要材料包括残破的脊椎（图九，1）、四肢骨、头骨、上下颌骨和牙齿等，共 221 件（表五），代表至少 43 个个体。我们认为部分不能明确种属的中型哺乳动物头骨残块、肢骨片、脊椎和肋骨残块等属于猪的遗存；部分以中型哺乳动物肢骨残块为原料的人工制品也应属于猪的遗存。

根据牙齿的萌出和磨蚀，四肢骨关节端愈合情况等对猪的死亡年龄进行分析，大概可以分为 5 个年龄段。其中 2 岁以上有 14 头，1 岁～2 岁有 8 头，1 岁～1 岁半有 8 头，6 个月～1 岁半有 5 头，不足 6 个月者有 8 头（图一〇）。

图九 李屋遗址出土晚商时期猪的遗存
1.脊椎 2.右侧距骨 3.右侧上颌带 $DM^2 \sim M^1$

表五 李屋遗址出土晚商时期猪主要骨骼一览表

骨骼名称	遗迹	重量（克）	尺寸（毫米）	描述	人工痕迹	动物咬痕
右侧尺骨	H2	14				断裂处食肉动物咬痕
左侧尺骨	H2	35.9				近端关节食肉动物咬痕
左侧尺骨	H20①	32.9				远端断裂处食肉动物咬痕
左侧肱骨远端	H25	125.1	长39.64、宽40.03			两端断裂处食肉动物咬痕
右侧肱骨远端	H25	31.9				两端断裂处食肉动物咬痕
左侧肱骨	C7	69.9	远端长33.78、宽31.31	近端关节脱落		

续表

骨骼名称	遗迹	重量（克）	尺寸（毫米）	描述	人工痕迹	动物咬痕
左侧股骨残块	H15	6.5				骨体布满啮齿类咬痕
右侧股骨远端	H12⑥	20.8				断裂处食肉动物咬痕
右侧肩胛骨	H15	13.6				后端断裂处食肉动物咬痕，两侧骨体边缘啮齿类咬痕
近端趾骨	H14	7.7	近端长 18.65、宽 11.66；远端长 17.3、高 35.72		腹面多处切割痕	
右侧胫骨远端	H10	27.5	长 25、宽 26.92		关节颈部切割痕数道	
左侧胫骨残块	H12⑤	1.7		两端关节均脱落，骨质疏松		
右侧距骨（图九，2）	H31②	17.3	外长 40.08、内长 36.63、前宽 25.13、后宽 21.71、厚 20.55		砍痕	食肉动物咬痕
左侧桡骨	C11	27.7	近端长 17.8、宽 25.08	远端关节脱落		
左侧桡骨近端	H36②	48.8	长 20.59、宽 31.85		切割痕	
左侧上颌带 $C \sim P^2$	H42	21.6		犬齿发育，应为雄性		
右侧上颌带 $DM^3 \sim M^2$	H12⑦	32.2	$DM^3 \sim M^2$，长 48.43	P^4 正要萌出		
右侧上颌带 $DM^1 \sim M^1$	H14	20.1	$DM^1 \sim M^1$，长 52.86	M^2 未萌出		
左侧上颌带 $DM^1 \sim M^1$	C2	15.9	$DM^1 \sim M^1$，长 41.2			
右侧上颌带 $DM^2 \sim M^1$ 残（图九，3）	H12⑩	16		M^2 未萌出		骨体上食肉动物咬痕
右侧上颌带 $DM^2 \sim M^2$	H31②	36.1	$DM^2 \sim M^2$，长 59.43			
左侧上颌带 $M^1 \sim M^2$	H15④	16.6	M^1 长 17.83、宽 13.15	M^2 正在萌出		
右侧上颌带 $M^1 \sim M^2$	H20②	18.3	$M^1 \sim M^2$，长 33.14	P^4 未萌出		

续表

骨骼名称	遗迹	重量（克）	尺寸（毫米）	描述	人工痕迹	动物咬痕
左侧上颌带 $M^1 \sim M^3$	H45	45.4	$M^1 \sim M^3$，长 60.64	磨蚀比较严重		
左侧上颌带 $P^2 \sim M^3$	H24③	69.5	$P^2 \sim M^3$，长 86.47	M^3 磨蚀比较严重		
右侧上颌带 $P^2 \sim P^4$	C14	17.3	$P^2 \sim P^4$，长 35.01			
左侧上颌带 $P^3 \sim M^1$	H20②	18.6	$P^3 \sim M^1$，长 39.45	磨蚀非常严重		
左侧上颌带 P^4	C11	7.1	P^4 长 12.38、宽 13.34			
左侧上颌带 $P^4 \sim M^1$	C5	25	$P^4 \sim M^1$，长 28.88	磨蚀比较严重		
右侧上颌带 $P^4 \sim M^3$（图九，3）	H20①	71.6	$M^1 \sim M^3$，长 65.63	磨蚀比较严重		
右侧下颌带 $C \sim M_1$	H29	32.2	$DM_1 \sim M_1$，长 45.12	P_4 未萌出		
左侧下颌带 $C \sim M_1$	H16	66.2	$DM_1 \sim M_1$，长 41.56	M_1 正在萌出		
右侧下颌带 DM_3	H15	3.5	DM_3 长 19.67、宽 8.56	M_1 未萌出		骨体布满食肉动物咬痕
右侧下颌带 DM_3	H12⑨	16.7	DM_3 长 20.16、宽 9.6	M_1 未萌出		啮齿类咬痕
右侧下颌带 DM_3	H31②	9.6	DM_3 长 19.11、宽 8.29	M_1 未萌出		
左侧下颌带 DM_3	H24③	5.5	DM_3 长 17.58、宽 8.5	M_1 未萌出		
右侧下颌带 $DM_3 \sim M_1$	H20	23	$DM_3 \sim M1$，长 33.65	M_1 未萌出		
左侧下颌带 DM_3	H12⑤	8.4	DM_3 长 19.94、宽 8.87	M_1 未萌出		
右侧下颌带 $DM_1 \sim M_1$	H20③	38.2	$DM_1 \sim M_1$，长 55.06	M_1 未萌出		
右侧下颌带 $DM_1 \sim M_1$	H24②	36.5	$DM_2 \sim M_1$，长 44.04			食肉动物咬痕
左侧下颌带 $I_1 \sim M_1$	H24②	109	$I_1 \sim M_1$，长 121.35	P_4 未萌出		
左侧下颌带 $M_1 \sim M_2$	H2	33.3	M_1 长 19.28、宽 13.04			

续表

骨骼名称	遗迹	重量（克）	尺寸（毫米）	描述	人工痕迹	动物咬痕
左侧下颌带 $M_1 \sim M_2$	H12⑤	80.9	$M_1 \sim M_2$，长 39.27	P_4 未萌出		
左侧下颌带 $M_1 \sim M_2$ （图九，3）	H20③	73.4	$M_1 \sim M_2$，长 38.31	M_3 未萌出		
右侧下颌带 $P_1 \sim M_1$	H12⑦	98	$P_1 \sim M1$，长 70.81		骨体砍痕	
中间趾骨	H10	5.3	近端长 18、宽 16.81；远端长 16.34、宽 15.08；高 25.53			

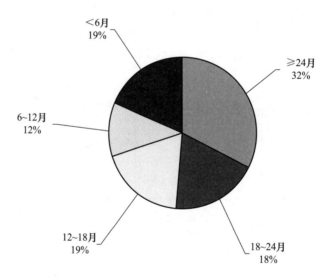

图一〇　李屋遗址出土晚商时期猪死亡年龄分布示意图

3.4.2　食肉目 Carnivora

材料共 327 件，大部分为四肢骨残块、残破的头骨、上下颌骨、牙齿、脊椎和肋骨等，可以明确的种属包括狗、貉和猫。

3.4.2.1　犬科 Canidae

3.4.2.1.1　犬属 Canis

3.4.2.1.1.1　狗 Canis familiaris

主要的材料包括残破的头骨（图一一，1）、脊椎（图一一，3）、上下颌骨、四肢骨等（表六），共 144 件，代表至少 19 个个体。我们认为部分不能明确种属的中小型哺乳动物头骨残块、肢骨片、脊椎和肋骨残块等也属于狗的遗存。

图一一 李屋遗址出土晚商时期狗的遗存
1. 头骨 2. 左下颌带 $I_3 \sim M_2$ 3. 脊椎

表六 李屋遗址出土晚商时期狗主要骨骼一览表

骨骼名称	遗迹	重量（克）	尺寸（毫米）	人工痕迹	动物咬痕
右侧尺骨	H38	12.5		砍痕	
右侧尺骨残块	H2	9.5			两端食肉动物咬痕
左侧肱骨	H31①	46.6	近端长 38.44、宽 38；远端长 25.51、宽 33.19；高 168.51		
右侧肱骨	H31③	45.2	近端长 37.79、宽 29.69；远端长 25.53、宽 33.79；高 168.15		
左侧肱骨残块	H14	22.8			远端关节多处食肉动物咬痕，表面多处啮齿类咬痕
右侧肱骨远端	H21	12.5	长 22.95、宽 27.51		食肉动物咬痕
右侧肱骨远端	H24	33.2	长 23.76、宽 31.24	切割痕	
左侧肱骨远端	H33	12.6	长 21.69、宽 29.63	砍痕	
右侧肱骨远端	C16	21.5	长 22.33、宽 28.41	切割痕	啮齿类咬痕
左侧胫骨	H20③	40.6	近端长 35.12、宽 33.7；远端长 15.59、宽 24.04	远端关节颈切割痕	
右侧胫骨远端	H31②	20.6	长 14.36、宽 21.11		断裂处食肉动物咬痕
右侧胫骨远端	C14	16.2	长 14.04、宽 20.58		
右侧桡骨近端	H20②	8.7	长 10.62、宽 16	关节颈部砍痕	
右侧桡骨	H31③	22.1	近端长 11.66、宽 18.06；远端长 13.57、宽 24.85		
右侧上颌带 $P^3 \sim M^2$	H31③	14.9	$P^3 \sim M^2$，长 46.72		

续表

骨骼名称	遗迹	重量（克）	尺寸（毫米）	人工痕迹	动物咬痕
右侧上颌带 $P^2 \sim M^1$	H20②	19.7	$P^2 \sim M^1$，长 45.13		
左侧上颌带 $P^3 \sim M^2$	H33	9.9	$P^3 \sim M^2$，长 41.04		
右侧上颌带 $P^3 \sim M^2$	C7	17.9	$P^3 \sim M^2$，长 38.36		
左侧上颌带 $P^4 \sim M^1$	H14	13.5	$P^4 \sim M^1$，18.25；P^4 长 18.13、宽 8.36		
右侧上颌带 $P^4 \sim M2$	H12⑨	17.2	$P^4 \sim M^2$，长 33.89		
左侧上颌带 $P^4 \sim M^2$	H20②	7.8	$P^4 \sim M^2$，长 31.11		
左侧下颌带 $C \sim M_2$	H20	40.6	$C \sim M_2$，长 84.72		
右侧下颌带 $C \sim M_3$	H31③	44.2	$C \sim M_3$，长 91.97		
右侧下颌带 $I_1 \sim M_2$	C8	49	$I_1 \sim M_2$，长 89.05		
左侧下颌带 $I_3 \sim M_2$（图一一，2）	H24②	50.1	$I_3 \sim M_2$，长 88.46		
左侧下颌带 $M_1 \sim M_2$	H24①	25.4	$M_1 \sim M_2$，长 25.51		
右侧下颌带 $P_2 \sim M_1$	H12⑩	31.4	$P_2 \sim M_1$，48.62；M_1 长 20.28、宽 8.5		
左侧下颌带 $P_2 \sim M_2$	H38	28.5	$P_2 \sim M_2$，长 56.25		
左侧下颌带 $P_3 \sim M_2$	C14	54.4	$P_3 \sim M_2$，长 51.28	砍痕	
左侧下颌带 $P_4 \sim M_1$	C13	28	$P_4 \sim M_1$，长 37.43		

3.4.2.1.1.2　貉 *Nyctereutes procyonoides*

发现的材料包括头骨、上下颌骨（图一二，2）、脊椎骨和四肢骨（图一二，1）等（表七），共 53 件，代表至少 7 个个体。我们认为部分不能明确种属的小型哺乳动物头骨残块、肢骨残片、脊椎和肋骨残块等也属于貉的遗存。

图一二　李屋遗址出土晚商时期貉的遗存
1. 四肢骨　2. 上、下颌骨

表七　李屋遗址出土晚商时期貉主要骨骼一览表

骨骼名称	遗迹	重量（克）	尺寸（毫米）	人工痕迹
左侧股骨	H34	7	近端长 10.52；远端长 18.01；高 99.33	
右侧股骨	H34	6.5	近端长 10.9；远端长 17.84	
左侧胫骨	H34	6	近端长 18.08、宽 17.25；远端长 10.05、宽 9.58；高 100.05	
右侧胫骨	H34	6.2	近端长 18.29、宽 18.66；远端长 13.34、宽 13.14；高 98.1	
右侧桡骨	H15	2.5	近端长 6.37、宽 10；远端长 7.61、宽 12.81	骨体切割痕
右侧桡骨	H34	3	近端长 7.14、宽 9.69；远端长 10.15、宽 13.83；高 70.7	
左侧桡骨	H34	3.5	近端长 7.14、宽 9.68；远端长 9.38、宽 14.35；高 82.31	
右侧上颌带 $C \sim M^1$	H12 ⑨	3.7	$C \sim M^1$，长 35.55	
右侧下颌带 $C \sim M_2$	H20 ①	6.3	$C \sim M_2$，长 48.33	
左侧下颌带 $C \sim M_2$	H31 ①	6.6	$C \sim M_2$，长 48.16	
右侧下颌带 $I_1 \sim M_1$	H34	4.8	$I_1 \sim M_1$，长 48.98	
右侧下颌带 $I_2 \sim M_2$	H15	5.3	$I_2 \sim M_2$，长 51.07	
右侧下颌带 $P_2 \sim M_2$	H15	8.2	$P_2 \sim M_2$，长 35.96	前端断裂处切割痕

续表

骨骼名称	遗迹	重量（克）	尺寸（毫米）	人工痕迹
左侧下颌带 $P_2 \sim M_2$	H31②	5.8	$P_2 \sim M_2$，长 36.41	
右侧下颌带 $P_4 \sim M_2$	H31①	4.8	$P_4 \sim M_2$，长 24.38	

图一三　李屋遗址出土小型猫科下颌骨残块

3.4.2.2　猫科 Felidae

能够确定的材料只有 1 件下颌骨（图一三），出自 H12①，左侧下颌带 $P_4 \sim M_1$，重 3 克，$P_4 \sim M_1$ 长 14.7 毫米。代表 1 个个体。我们认为部分不能明确种属的小型哺乳动物头骨残块、肢骨片、脊椎和肋骨残块等应该属于猫科遗存。

3.4.2.3　其他

另有 129 件食肉动物的肢骨残块、脊椎和肋骨残块等无法明确具体的种属，只能大概区分为中型和小型食肉动物。

3.4.3　兔形目 Lagomorpha

3.4.3.1　兔科 Leporidae

发现的材料包括残破的头骨、上下颌骨（图一四，2）和四肢骨（图一四，1）等（表八），共 18 件，代表至少 5 个个体。

1　　　　　　　　　　　　　　　　　2

图一四　李屋遗址晚商时期出土兔的遗存

1. 四肢骨　2. 上、下颌骨

表八　李屋遗址出土晚商时期兔主要骨骼一览表

骨骼名称	遗迹	重量（克）	尺寸（毫米）	人工痕迹或动物咬痕
右侧尺骨	H10	0.2	高 32.7	
右侧肱骨	H22	2.5	长 6.68、宽 9.23	砍痕
右侧股骨	H14	5.7	近端长 10.43、宽 18.5；远端宽 17.94	
掌骨残块 4	H12⑤	2.4		2 件有啮齿类咬痕

3.4.4　啮齿目 Rodentia

发现的材料包括残破的头骨、上下颌骨、牙齿和四肢骨（图一五，1）等，共 55 件。我们根据上下颌骨和门齿的特征判断出有仓鼠和竹鼠（图一五，2）的存在（各 1 件），绝大部分骨骼还未判别出具体的种属。

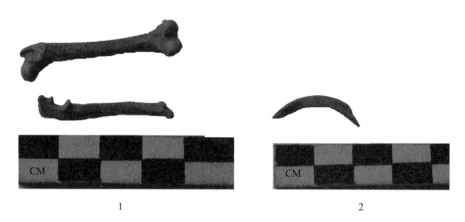

图一五　李屋遗址出土晚商时期啮齿类遗存
1. 四肢骨　2. 门齿

（二）东周时期

全部动物遗存均出自墓葬中，共 66 件（包括骨角制品 11 件），动物种属包括狗、鹿和猪，至少代表 5 个个体。

1. 脊椎动物门 Vertebrata

1.1　哺乳动物纲 Mammalia

1.1.1　偶蹄目 Artiodactyla

1.1.1.1　鹿科 Cervidae

共 2 件，均为鹿角残块，其中 1 件为残破的角锥。

1.1.1.2　猪科 Suidae

1.1.1.2.1　猪属 Sus

####### 1.1.1.2.1.1　家猪 Sus domestica

共 31 件，其中 11 件出自 M48 的随葬陶盘内，其余均出自墓葬内。

陶盘内材料包括：右侧髌骨 1 件，左侧前肢（尺骨、桡骨、腕骨）1 件，右侧腓骨 1 件，右侧关节（跟骨、距骨、跗骨）1 件，左侧肱骨 1 件，右侧股骨 1 件，左侧肩胛骨 1 件，右侧胫骨 1 件，右侧髋骨 1 件，左侧前蹄骨（掌骨、趾骨等）1 件，右侧后蹄骨（跖骨、趾骨等）1件。部分材料出土时保持相互连接的状态，说明当时是带肉埋藏的；肢骨的两端大都没有愈合，说明这些材料大都取自年龄较小的猪（乳猪）。全部材料可以分为乳猪的左侧完整前肢和右侧的完整后肢，至少代表1个个体。

其他材料包括：左侧肩胛骨2件，左侧1件，左侧肱骨、尺骨近端1件，左侧尺骨1件，左侧桡骨1件，左侧第三掌骨1件，左侧第四掌骨1件，左侧第二掌骨1件，左侧髋骨2件，左侧股骨2件，左侧胫骨1件，左侧髌骨1件，左侧跟骨、距骨、胫骨远端1件，左侧跖骨1件，趾骨残块3件。部分材料出土时保持相互连接的状态，说明当时是带肉埋藏的；肢骨的两端大都没有愈合，说明这些材料大都取自年龄较小的猪（乳猪）。全部材料至少代表2个未成年猪的个体。

1.1.2　食肉目 Carnivora

1.1.2.1　犬科 Canidae

1.1.2.1.1　犬属 *Canis*

1.1.2.1.1.1　狗 *Canis familiaris*

共23件（部分保存状态较差的骨骼未统计在内），全部出自腰坑中。出土时完整骨架比较清楚，但是由于部分骨骼保存状态不好，导致取回实验室后骨骼破碎情况比较严重。我们结合出土照片分析，这些材料应该代表2个完整的个体（其中1个为未成年个体）。

三、讨论与分析

（一）商代晚期

1. 动物构成及其所反映的环境

这一时期遗址的动物构成比较复杂，动物种属非常丰富。从可鉴定标本数来看，以哺乳动物为主，占了56%，鱼类、软体动物和爬行动物等水生种属也占了43%（图一六），而从哺乳动物的最小个体数构成来说，虽然是以家养动物为主，但是野生动物的比例也达到了47%（图一七）。

文蛤生活在河口附近的砂质区；青蛤为我国沿岸广分布种；毛蚶在全国沿海各省除海南外都有分布[4]；托氏昌螺生活在潮间带中、下区泥滩、沙滩或泥沙滩上；丽蚌属的生活习性相似，多分布于安徽、江苏、浙江、江西、湖北、湖南等长江中下游地区的大中型湖泊及与其相通的河流中。遗址中这些软体动物的发现除了表明当时遗址所在的区域离海较近外，还显示出当时的气候条件要比现在温暖湿润。

哺乳动物中的鹿类[5]和小型食肉动物均为林栖种属，说明遗址附近有着一定面积的森林或树林；其中獐这种小型鹿类的存在说明遗址当时的气候要较现在更加温暖湿润。

综合来看，李屋遗址在商代晚期距海比较近，同时遗址周围还有一定面积的树林和淡水水域，气候要比现在温暖湿润。先民们很好地利用了周围丰富的野生动物资源，以狩猎、捕捞等方式从自然界中获取肉食。

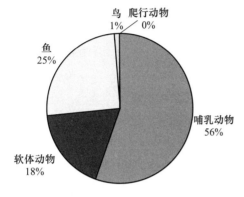

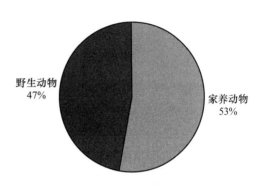

图一六　李屋遗址出土晚商时期　　　　　图一七　李屋遗址出土晚商时期哺乳动物
主要动物数量分布示意图　　　　　　　　　　　最小个体数分布示意图

2. 人类行为及人工制品分析

李屋聚落中牛和麋鹿的数量比较多，而且在保留的关节端、肋骨和鹿角上往往会留下一些人工痕迹（砍痕、切割痕、削痕和磨痕等），这是人们对骨角进一步利用的重要证据。

H43中发现有完整连接的牛左侧前肢，H34中发现有基本完整的貉骨架，推测这些可能是属于比较特殊的埋藏行为，是当时先民特殊意识的体现。

遗址中发现的爬行动物数量不多，且均为甲壳，未见相应的四肢骨出现，推测这些标本可能是由外地运到遗址中去的，表现了当时先民们的一种交换或其他的行为。

遗址中还出土了数量较多的骨角蚌制品和占卜工具等，从保留下来的特征可以推断出它们多是利用大型哺乳动物的肢骨、大型食草动物的肋骨、鹿角和大型淡水蚌壳等加工而成的；部分则是直接利用中小型哺乳动物的肢骨稍经加工制作而成。

（1）卜骨，共发现22件。

其中2件的原材料可以明确为牛的肩胛骨，其制作过程应为将肩胛骨由肩胛窝中部处锯开，对骨体边缘及断裂处进行磨制，在骨体中间部分凿成长方形或长圆形坑，坑边烧灼占卜；4件的原材料可以明确为大型鹿的肩胛骨，其制作过程与前者相似；另有16件由于骨骼特征不明显，我们无法明确其具体的种属，但是可以大概将其区分为大型和中型哺乳动物肩胛骨残块，其中7件为大型哺乳动物，推测为牛或大型鹿（麋鹿）；9件为中型哺乳动物，推测为大中型鹿类动物（麋鹿或斑鹿）。

（2）卜甲，共5件，均为龟腹甲，有钻凿烧灼痕迹。

（3）骨制品，共发现75件。

骨管，2件，是利用中型哺乳动物（推测为鹿）的掌骨或跖骨骨体部分截断后磨制而成，通体磨光，呈现玉质光泽。

骨珠，2件，是利用中小型哺乳动物肢骨残块削成雏形，再经磨制而成。

骨镞，1件，是利用大中型哺乳动物肢骨残块削成雏形，再经磨制而成。

骨匕，9件，均较残，是利用大型食草动物肋骨作原料，剖开后磨制而成，有的还有钻孔。

骨镖，1件，是利用食草动物肋骨为原料，剖开后磨制而成。

骨簪，11件，是利用大中型哺乳动物肢骨残块，削成雏形，再经磨制而成。

骨锥，23件，大部分都是利用大中型哺乳动物肢骨残块，削成雏形，再经磨制而成；1件是利用大中型食草动物肋骨作原料，剖开后磨制而成。

骨盖，1件，是利用大型食草动物肋骨作为原料，剖开后削成雏形，再经磨制而成。

骨梳，1件，是利用大中型哺乳动物肢骨关节端骨体部分骨片，削成需要的形状，磨制加工，切锯成齿。

装饰品，2件，原料均为人胸骨，表面钻孔，可以佩戴。

不明骨制品，9件，均为利用大中型哺乳动物肢骨残块或大中型食草动物肋骨残块制作而成。

骨料（图一八，1）及加工中的半成品，13件，骨表面有明显砍痕（图一八，2）、切锯痕或磨痕等。

1　　　　　　　　　　　　　　　　　2

图一八　李屋遗址出土晚商时期有人工痕迹的骨骼遗存
1.骨料　2.砍痕

（4）角制品，共13件。

角锥，3件，将鹿角砍断、削平、磨制而成，表面观察有砍削痕迹与磨痕。

角铲，1件，将鹿角砍断后，边缘削薄，磨制而成。

角簪，1件，取料后一端削成近圆形，通体磨光，另一端磨尖。

不明角制品，4件，表面有明显砍痕、劈削痕、磨痕等。

角料，4件，鹿角中部剖开，部分稍经磨制。

（5）蚌贝制品，共17件。

蚌铲，4件，大型淡水蚌壳边缘磨制，有的有穿孔。

蚌镰，6件，大型淡水蚌壳切锯、磨制而成，边缘有锯齿状刃，有的有穿孔。

不明蚌制品，3件，均有明显磨痕。

蚌料，2件，大型淡水蚌壳残块，有切锯痕和磨痕。

贝饰，2件，分别为1件钻孔宝贝和1件壳顶磨孔的文蛤。

3. 生物量推断

参照有关动物资料，结合古代猪、牛、羊饲养情况，可大体算出一些动物出的肉量标准[6]：成年黄牛平均出肉250公斤、猪119公斤、狗10公斤、麋鹿80公斤、斑鹿60公斤、獐7.5公斤、貉2.5公斤、兔子1公斤。从哺乳动物的肉食量分布情况来看，居民的肉食来源主要是家养的牛（37%）、猪（38%）和野生的鹿类（23%）（图一九）。虽然家养动物的肉量占据主要地位，但野生动物肉量也占了非常重要的地位。如果将野生的其他种属如鱼类、软体动物、爬行动物和鸟都统计进来，野生动物的肉量比重将会更高。

而内陆地区像桓台县唐山、前埠等农耕聚落出土的动物遗骸表明，家养动物的比例占到90%左右。如果把李屋某些大型灰坑垃圾里出土的动物遗骸折合成出肉量的话，李屋居民在单位时间内所消耗的肉量还能超过内陆地区具有高等级聚落性质的唐山聚落的15倍。由于这里不适合农业种植，居民的生计来源除了从内陆地区进口粮食外，家畜养殖和狩猎采集等经济活动在生活中也占有很大比重。这应是李屋聚落出土动物属种多、野生动物比重大、居民消费肉量高的主要原因。李屋聚落牛肉消费的比例与猪基本相当，若在内陆农耕聚落内，居民消费肉食结构中牛肉的消费比例如此之高的现

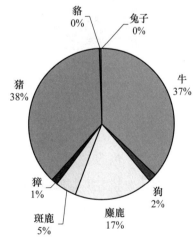

图一九　李屋遗址出土晚商时期主要
哺乳动物肉量分布示意图

象则出现在晚商时期高等级聚落内[7]。

4. 大型灰坑统计

李屋遗址中发现 4 座大型灰坑，编号 H24、H20、H31、H12。年代上 H31 属殷墟二期，H20、H24、H12 均属于殷墟三期，后 3 个灰坑还分属于 A、B、C3 个社群。这 4 个灰坑最初为取土坑，后被填充生活垃圾和生产垃圾。坑内出土动物遗存比较丰富，其中 H20、H31、H12 出土的动物遗存标本均超过千件，4 个灰坑之和占所获总数的 70%。其所出土的动物遗存应是各社群在不长时间内食用肉食后倾倒的生活垃圾。因此，我们将这 4 个灰坑的动物遗存分别进行统计、分析，来看看不同时期以及同一时期不同社群的食肉情况。

（1）H12　除东部、南部小部分被晚期墓葬打破外，其余部分保存较好，存长度约 7、宽 5、存深 0.8 米，清理面积 35 平方米。填土堆积可分 9 层，各层均出土数量较多的动物遗存。共获动物遗存标本 1350 件，包括 22 件骨角制品，其中可鉴定标本 1328 件，代表至少 51 个个体（不含多数未鉴定的鱼类）。种类有猪、牛、狗、麋鹿、斑鹿、獐、貉、兔子、猫、仓鼠、啮齿类、鸟、龟、螺、文蛤、毛蚶、草鱼、鲤鱼等。

从可鉴定标本数来看，鱼类和软体动物等水生种属占了 54%，哺乳动物占了近 46%（图二〇）；按最小个体数统计，主要的哺乳类动物包括猪 11 头、牛 3 头、狗 2 只、麋鹿 6 头、獐 4 只、斑鹿 3 头、兔子 2 只、貉 1 只等（图二一）；从哺乳动物肉食结构来看（标准见上文），猪最多，次为牛和鹿类，野生动物占了 26%（图二二）。

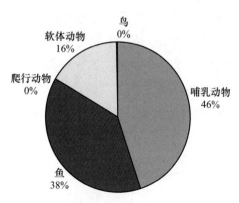

图二〇　李屋遗址 H12 出土主要动物
种类可鉴定标本数分布示意图

（2）H31　保存较好，仅少部分被晚期堆积打破。存长约 6、宽 5、深 0.7 米，清理面积约 30 平方米。坑内填充物可分 6 层，系用生活垃圾铺垫的房基部分。获动物骨骼 1041 件，包括 19 件骨角蚌制品，至少代表 49 个个体（不包括未鉴定出种属的鱼类等）。种类有猪、牛、狗、麋鹿、斑鹿、獐、兔子、竹鼠、啮齿类、鸟、螺、文蛤、青蛤、鲤鱼、青鱼等。

从可鉴定标本数来看，鱼类、爬行动物和软体动物等水生种属占了 59%，哺乳动物占了 40%（图二三）；按最小个体数统计，主要的哺乳动物有猪 10 头、牛 2 头、狗 3 只、麋鹿 6 头、斑鹿 5 头、獐 5 只、貉 3 只、竹鼠 1 只等（图二四）；从哺乳动物的

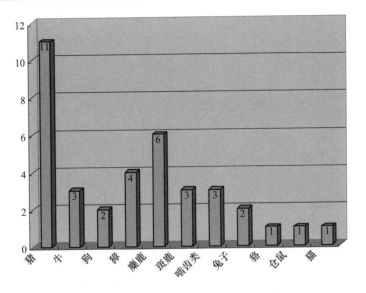

图二一　李屋遗址 H12 主要哺乳动物最小个体数分布示意图

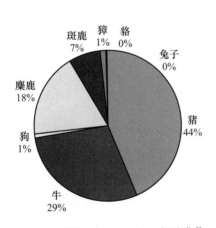

图二二　李屋遗址 H12 出土主要哺乳
动物肉量分布示意图

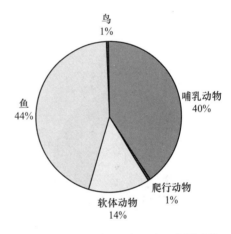

图二三　李屋遗址 H31 出土主要动物
可鉴定标本数分布示意图

肉食结构来看（标准见上文），猪最多，次为牛和鹿类，野生动物占了总肉量的 36%（图二五）。

（3）H20　可分 4 大层，尽管有多座晚期墓葬和灰坑打破，但整体部分保存好。长13、宽 11、存深约 1 米，面积超过 140 平方米，清理面积达 100 平方米，获动物标本1071 件，包括 20 件骨角蚌制品，至少代表 52 个个体。种类有猪、牛、狗、麋鹿、斑鹿、獐、貉、兔子、鸟、螺、贝、毛蚶、文蛤、青蛤、蚌、草鱼、鲤鱼等。

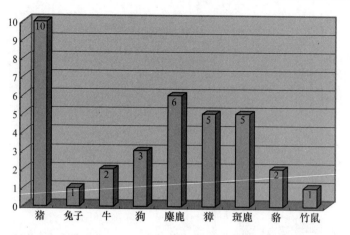

图二四　李屋遗址 H31 主要哺乳动物最小个体数分布示意图

　　从可鉴定标本数来看，哺乳动物最多，占了 63%，鱼类和软体动物等水生种属占了 35%（图二六）；按最小个体数统计，主要的哺乳动物有猪 10 头、牛 4 头、狗 4 只、麋鹿 7 头、獐 6 只、斑鹿 1 头、貉和兔子各 1 只（图二七）；从哺乳动物的肉食结构来说（标准见上文），牛、猪和鹿类比例相当，野生动物占总肉量的 24%（图二八）。

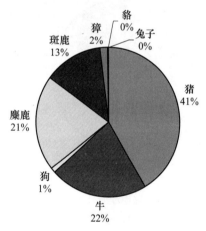

图二五　李屋遗址 H31 出土主要哺乳
动物肉量分布示意图

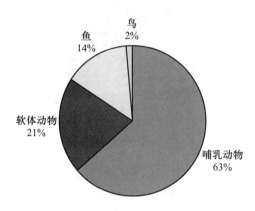

图二六　李屋遗址 H20 出土主要动物
可鉴定标本数分布示意图

　　（4）H24　暴露长 6、宽 4.5、深近 1 米，坑内堆积可分 4 层。清理面积 27 平方米，占总面积的 2/5。获动物标本 355 件，包括了 14 件骨蚌制品，至少代表 23 个个体。种类有猪、牛、狗、麋鹿、獐、啮齿类、鸟、毛蚶、文蛤、蚌、鱼等。

　　从可鉴定标本数来看，哺乳动物为主占了 55%，软体动物和鱼类等水生种属占了 44%（图二九）；按照最小个体数统计，主要的哺乳类动物有猪 5 头、牛 3 头、狗 4

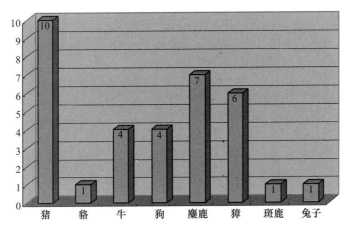

图二七　李屋遗址 H20 出土主要哺乳动物最小个体数分布示意图

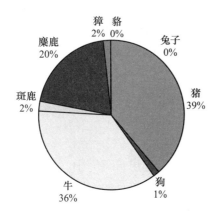

图二八　李屋遗址 H20 出土主要哺乳
动物肉量分布示意图

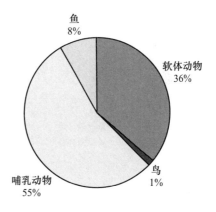

图二九　李屋遗址 H24 出土主要动物
可鉴定标本数分布示意图

只、麋鹿 4 头、獐 2 只等（图三〇）；从哺乳动物的肉食结构来看（标准见上文），以牛最多，次为猪和鹿类，野生动物占了 21%（图三一）。

对这 4 个灰坑出土动物遗存的整理结果说明，李屋居民肉食的来源在不同时期有所侧重。殷墟二期阶段，野生动物种类提供的肉量占 36%，到殷墟三期明显下降（24%、26% 和 21%），说明人们的食肉量中，家养的比重在逐渐上升。动物种类构成数据与整个遗址的统计所得并无矛盾之处，因此可以说以大型垃圾灰坑出土的动物骨骼为单位进行统计，其结果应是可信的，相关的分析也是有价值的。

同属殷墟三期，隶属于 3 个社群的 3 个单位（H20、H24 和 H12）出土动物遗存统计表明（H24，清理面积小，出土动物骨骼少，影响了统计结果），各社群食用肉量都偏高。H12 代表的 C 区社群食用的哺乳类野生动物比例达 26%，高于其他两个社群

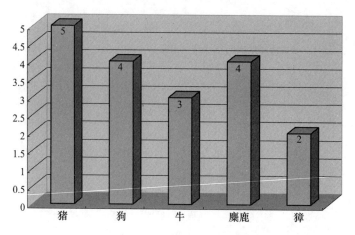

图三〇　李屋遗址 H24 主要哺乳动物最小个体数分布示意图

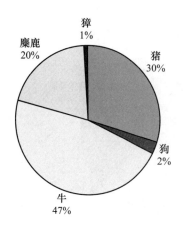

图三一　李屋遗址 H24 出土主
要哺乳动物肉量分布示意图

（24% 和 21%），而消耗牛肉的比例（22%）低于 A、B 社群（36% 和 47%）。3 个社群间在食用动物方面的差异，反映的是不同的社会分工还是社会等级因素，还有待进一步的探讨。

（二）东周时期

这一时期的动物遗存全部出自墓葬中。从种属来看，除了鹿角制品外主要为狗和猪。狗主要发现于腰坑中，虽然部分保存状态较差，但是根据出土时的照片可以断定当时是整体埋入腰坑中的；猪主要发现于随葬器物内和墓葬中，多为年龄较小的乳猪完整前肢或后肢。这一随葬形式与山东地区其他周代墓葬随葬动物的特征是一致的[8]。

注　释

［1］　山东省文物考古研究所、北京大学中国考古学研究中心、山东师范大学齐鲁文化研究中心等：《山东阳信县李屋遗址商代遗存发掘简报》，《考古》2010 年 3 月；燕生东：《商周时期渤海南岸地区的盐业》第六章，文物出版社，2013 年。

［2］　李明德：《鱼类分类学》，海洋出版社，1998 年；伊丽莎白·施密德著，李天元译：《动物骨骼图谱》，中国地质大学出版社，1992 年；安格拉·冯登德里施著，马萧林、侯彦峰译：《考古遗址出土动物骨骼测量指南》，科学出版社，2007 年；徐凤山等：《中国海产双壳类图志》，科学出版社，2008 年。

［3］ 标本包含了仅能鉴定为哺乳动物的肋骨、脊椎等。

［4］ 徐凤山等:《中国海产双壳类图志》,科学出版社,2008年。

［5］ 盛和林:《中国鹿类动物》,华东师范大学出版社,1992年。

［6］ 关于各种哺乳动物肉量的计算参照 White T. E. 的计算方法（Elizabeth J Reitz and Elizabeth S Wing. *Zooarchaeology*, Cambridge University Press, 1999: 223）。体重数据参考以下文献:高耀亭等:《中国动物志·兽纲》,科学出版社,1987年;夏武平等编著:《中国动物图谱（兽类）》,科学出版社,1988年;寿振黄:《中国经济动物志（兽类）》,科学出版社,1962年;盛和林:《中国鹿类动物》,华东师范大学出版社,1992年;邱怀:《中国黄牛》,农业出版社,1992年。

［7］ 宋艳波、燕生东等:《桓台唐山、前埠遗址出土的动物遗存》,《东方考古》第5集,科学出版社,2009年;《鲁北地区殷墟时期遗址出土的动物骨骼》,《海岱考古》第四辑,科学出版社,2011年。

［8］ 袁靖、杨梦菲:《前掌大遗址出土动物骨骼研究报告》,《滕州前掌大墓地》,文物出版社,2005年;宋艳波等:《小邾国墓葬出土动物鉴定报告》,《海岱考古》第四辑,科学出版社,2011年;宋艳波:《山东济南仙人台遗址 1995 年出土动物遗存分析》,《东方考古》第6集,科学出版社,2009年;宋艳波等:《即墨北阡遗址 2007 年出土动物遗存分析》,《考古》2011 年 11 期;宋艳波:《山东地区几个周代墓葬随葬动物分析》,《考古与文物》2011 年 5 期。

滕州朱洼汉代墓葬发掘报告

山东省文物考古研究所

枣 庄 市 博 物 馆

滕 州 市 博 物 馆

滕州市位于山东省南部，东临枣庄市山亭区，南临薛城区，西濒济宁市微山县，北部和邹城市接壤。地理坐标在北纬 34° 51′ ～ 35° 17′、东经 116° 48′ ～ 117° 23′ 之间。海拔 33.5 ～ 620 米。境内地势具有山区、丘陵、平原、湖洼间有的特点，北、东、南三面环山，属于鲁中南山区向西南麓延伸地带，可划分为低山丘陵区、山前平原区和滨湖区。主要河流有界河、北沙河、城河、郭河、薛河等，属淮河、京杭大运河水系，分别注入南四湖和大运河。气候为温暖带季风型大陆性气候，四季分明、光照充足、雨量适中、温和湿润，非常适合古代人类的生存和发展。

滕，古为塍，是古代东夷炎族后裔——滕、邾、薛、蕃等氏族和商始祖的发祥地。战国时滕被誉为"善国"。秦废分封置郡县，设滕县，属薛郡。西汉初年，改滕县为蕃县。汉武帝时，滕县改为公邱县。三国时滕境各县属魏。西晋仍沿魏制。南北朝置阳平县，属兖州部鲁郡。隋代，复名滕县。唐代滕县属河南道彭城郡，县城移至今城区。五代因之。北宋兼置滕阳郡。金属山东西路，设滕阳州，后复改为滕州，辖滕县。元代因之。明代，废滕州为县。清沿明制。民国初年，滕县属岱南道，1915 年改属济宁道，后又改属兖州道；1928 年撤道，直属山东省。新中国成立后以后，一度改为麓水县，不久仍为滕县；1950 年属滕县专区，专员公署驻滕县；1953 年又改属济宁专区；1979 年划归枣庄市管辖；1988 年改为滕州市至今。

一、墓 地 概 况

墓地位于山东省滕州市东郭镇朱洼村西北约 300 米处的丘陵上（当地俗称为墓石沟），南距东郭镇约 1 千米（图一；图版一三）。北面是延绵不断的低山丘陵，东、南、

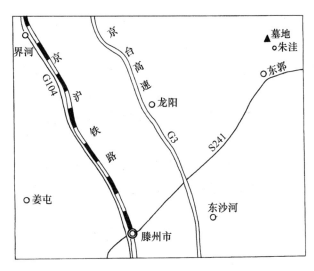

图一　朱洼墓地位置示意图

西三面为广阔平原。其所在丘陵地势较高，犹如一座低矮的山峰，海拔在 240 米以上。

早在 20 世纪 60 年代，这里就曾发现许多汉代时期的墓葬。到 70 年代，由于当时附近村民挖掘石板修建房屋，致使丘陵南北两侧墓葬遭到严重破坏，大部分石板被挖掉而丢失，文物亦损失殆尽。

2005 年 3 ~ 4 月，为做好国家西气东输——陕（陕西）京（北京）二线联络线重点建设工程的考古工作，山东省文物考古研究所、枣庄市博物馆、滕州市博物馆等单位组成联合考古队对位于滕州朱洼附近的墓葬进行了发掘，地点在长约 320、宽约 25 米的输气管道占地范围内[1]。参加此次工作的业务人员较多，主要有山东省文物考古研究所何德亮，枣庄市博物馆苏昭秀，滕州市博物馆李鲁滕、孙柱财，山东省文物考古研究所技工苏凡秋、崔猛、魏慎军、陈桥、陈涛等，领队何德亮。在枣庄市文物管理委员会办公室、滕州市博物馆、东郭镇党委政府以及朱洼村两委会的大力支持与协助下，发掘得以顺利完成，在此一并表示衷心感谢。

此次田野工作规模较大，时间亦长，共清理汉代墓葬 69 座（图二），出土陶、石、铜、铁器等各类文物 100 多件。从发掘情况看，丘陵顶部墓葬分布密集，南北两侧边缘地带比较稀疏，特别是丘陵南侧一批带墓道的墓葬早年已被取石破坏。

这批墓葬规模较小，一般长 3、宽 1.5 米左右，较浅的一般在 1.5 ~ 3 米，最深的达 4 米以上。有的墓壁上挖有脚窝。墓内大部分填黄褐色砂土，中间夹杂一些碎石块，且多数经过夯打；有的一层细砂土夹一层碎石块，相当结实。多数夯窝不明显，夯层一般厚 0.15 ~ 0.2 米，夯层上面十分坚硬，下面较为疏松。

墓葬结构比较简单，均为长方形土坑竖穴墓，形制比较规整，其中以石椁墓为主，土坑墓较少。石椁墓多为单层石盖板，较大型的使用双层石盖板，第 2 层加工精细、非常规整，个别石板上面还钻有起吊用的圆孔。许多墓葬椁的四周不使用石挡板，仅在墓底和墓口上面各铺盖一层石板，有的则随意放置几块碎石块。个别有头龛；有些随葬品较多的墓葬，专门在椁外设边箱放置器物。有些带斜坡式墓道，一般长 3～5、宽 1～1.2 米，这类墓葬多在丘陵南面下坡处，由于地势较低，破坏相当严重。

墓向主要分南北向和东西向两类；头向以朝北和西向者居多，也有少数朝东者，未见死者朝南的墓例。墓内埋葬死者以单人为主，亦发现双人合葬墓。石椁内多数有木棺，均已经腐烂，仅发现一些灰黑或褐色木质及漆皮腐朽痕迹，形制与结构不详。葬式多为仰身直肢葬，亦见有屈肢葬。还有的墓葬发现侧室，个别主室两侧使用双侧室，侧室内多埋葬有人骨架，有的还放置少量随葬品，一般为 1～2 件陶罐。人骨架保存较差，大部分已经腐朽，葬式、面向和性别不明，个别保存较好。

少数墓内发现有随葬品，一般 1～3 件，多者 7～8 件。仅一座墓葬（M29）随葬器物丰富，有陶器 27 件。整体来看，随葬品种类较多，品种较齐全，其质地有陶、石、铁、铜四类。其中以陶质生活用品为主，还有部分陶礼器和一些小型明器；主要器形有鼎、壶、罐、钫、匜、盒、仓、勺、杯、磨、灶、釜、井、磨、猪、猪圈、器盖、研磨器等；器表多素面，个别器物绘有红、白色彩绘。石器主要是黛板、口琀、鼻塞和耳塞等。铁器仅有刀和削。铜器则是铜镜、指环和部分铜钱。随葬器物的放置部位有一定规律，陶器多陈放在边箱内，有的置于头龛中；铁、铜器等多在椁内。

二、墓 葬 举 例

此次配合国家西气东输管道建设工程中所清理的墓葬，大多数分布在丘陵的高埠上。由于管道施工，均遭到一定程度破坏，埋藏较浅的破坏比较严重，而部分埋藏较深的则保存相对完整。下面选择部分墓葬举例进行介绍。

（一）M11

开口于第 1 层下，打破基岩。墓口距地表 0.2 米。方向 352°。形制为长方形土坑竖穴石椁墓。口长 2.7、残宽 1.1、底长 2.7、宽 1.3、深 2.3 米。墓内填棕褐色花土，含有风化砂岩，比较坚硬。

椁呈长方形，两侧板被两挡板夹于中间，无铺底石板。盖板 3 块，厚 0.15 米；挡板厚 0.1～0.12、侧板厚 0.06～0.12 米。椁内人骨 1 具，保存较差，头向北，面向不清，侧身直肢，两上肢平行放于盆骨处，躯干侧右翻，下肢交叉，左下肢放于右下肢上面。未见随葬品（图三）。

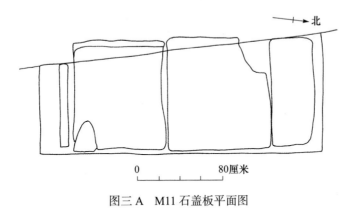

图三A　M11 石盖板平面图

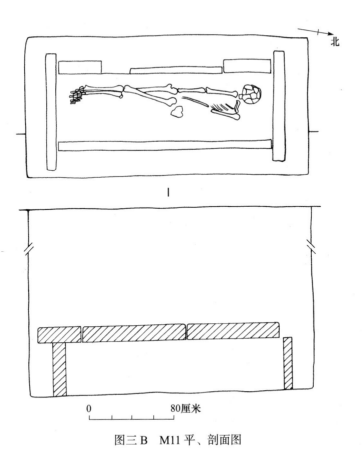

图三B　M11 平、剖面图

（二）M17

开口于第 1 层下，打破 M46 至生土。墓口距地表 0.4 米。方向 95°。形制为长方形土坑竖穴石椁墓。墓圹直壁、平底，长 2.3、宽 1.5、深 1.55 米。墓内填灰褐色粉砂花土，夹杂有较多石块。

椁为长方形，保存较差，两侧板以及两端挡板、盖板均已遭到破坏，仅余底板。未见人骨及随葬品，仅在填土中发现 1 件环首铁削（图四）。

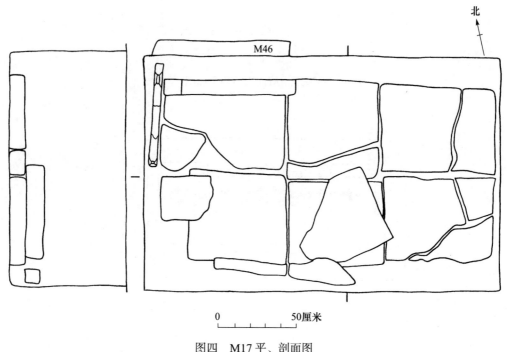

图四　M17 平、剖面图

（三）M20

开口于第 1 层下，打破基岩。墓口距地表 1.3 米。方向 290°。形制为长方形土坑竖穴石椁单侧室墓。墓圹直壁、平底，长 2.5、宽 1.4、深 2.35 米。有生土二层台，宽 0.15～0.4、高 0.7 米。墓口上面盖有 3 块不规则石板。墓内填棕褐色花土。人骨 1 具，保存较好，仰身直肢，头向西，面向上，上肢放于躯干两侧，下肢平行放置。侧室长 2.2、宽 0.6、高 0.3～0.5 米，有人骨 1 具，头向西，保存较差，仅见两段下肢骨。随葬品为 1 件残陶罐和 6 枚铜钱；其中陶罐陈置侧室东南角，铜钱放在侧室人骨左手位置（图五；图版一四，1、3）。

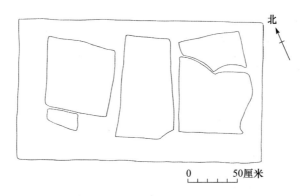

图五 A　M20 石盖板平面图

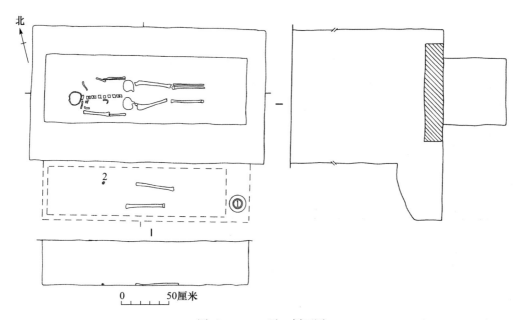

图五 B　M20 平、剖面图
1. 陶罐　2. 铜钱

（四）M21

开口于第 1 层下，打破基岩。墓口距地表 1 米。方向 13°。形制为长方形土坑竖穴石椁墓。口长 2.7、宽 1.32、底长 2.56、宽 1.2、深 3.75 米。有生土二层台，宽 0.1 ～ 0.47、高 0.65 米。仅在墓口上面盖 3 块不规则石板。墓内填棕褐色粉砂黏花夯土，夯层厚 0.12 ～ 0.18 米。墓底人骨 1 具，严重腐朽，头向北，仅见两下肢，平行摆放。随葬 3 枚铜钱，放置于墓室中北部右侧（图六；图版一四，2）。

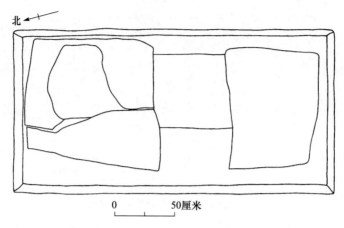

图六 A　M21 石盖板平面图

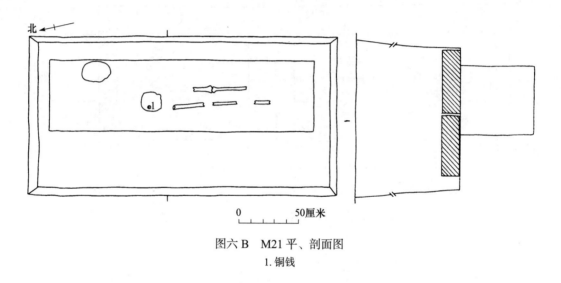

图六 B　M21 平、剖面图
1. 铜钱

（五）M22

开口于第 1 层下，打破 M23 和生土。墓口距地表 0.2 米。方向 15°。形制为长方形土坑竖穴石椁墓。口长 2.5、宽 0.9、底长 2.6、底宽 0.9、深 2.35 米。仅在墓口覆盖 3 块不规则石板。墓内填浅灰褐色砂质花土，未经夯打，但比较坚硬。墓底埋葬人骨 1 具，骨骼保存较差，头向北，面向上，仰身直肢，两手放于躯干两侧。随葬铜钱 6 枚，铜镜、铜指环各 1 件；其中铜镜放在头骨附近，铜钱置于骨架上面，铜指环在右手处（图七；图版一七，1、2）。

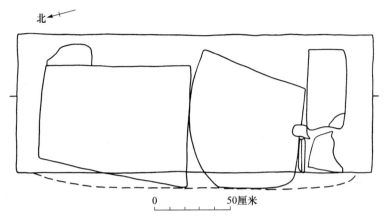

图七 A　M22 石盖板平面图

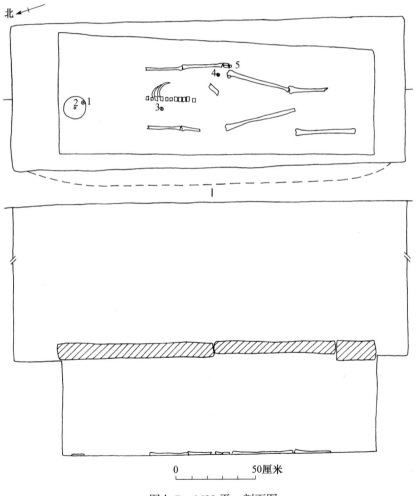

图七 B　M22 平、剖面图
1、3、4.铜钱　2.铜镜　5.铜指环

（六）M23

开口于第 1 层下，打破基岩。墓口距地表 0.2 米。方向 301°。形制为长方形土坑竖穴石椁单侧室墓。墓圹直壁、平底，长 2.75、宽 1.4、深 2.2 米。墓内填棕褐色花土，未经夯打，比较疏松。墓口上面放有 2 块石板，其中一块已经破碎。

主室石椁为长方形，保存较差，用 6 块石板组成，其中左右两侧各用 2 块、前后两端分别置 1 块石板。构筑方式是先放两端挡板，后放两侧板夹住挡板，最后放上盖板，底部未铺石板。椁内人骨 1 具，头向西，保存较差，四肢散乱。侧室呈长方形，长 2～2.3、高 0.6～0.65、进深 0.5 米。有人骨 1 具，头向西，骨架保存差，仅存下肢，平行放置。随葬品共 5 件（组），其中石砚板、陶研磨器各 1 件，放于主室死者头骨左右两侧；陶罐 2 件，置于主室石椁左侧与侧室之间；铜钱 21 枚，分别放于主室和侧室死者腹部（图八）。

（七）M24

开口于第 1 层下，叠压在基岩上。墓口距地表 0.4 米。方向 20°。形制为长方形土坑竖穴石椁墓。墓圹直壁、平底，长 2.9、宽 1.6、深 3.4 米。墓内填棕褐花土，相间粉砂黏土，经夯打，比较坚硬，夯窝不明显，夯层厚 0.1～0.2 米。

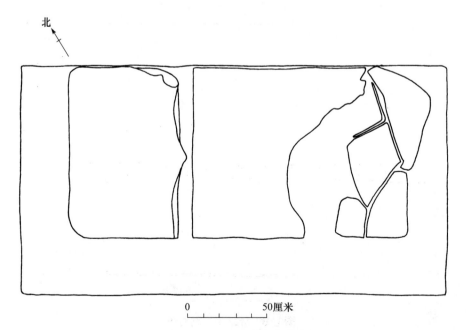

北

0　　　　　50厘米

图八 A　M23 石盖板平面图

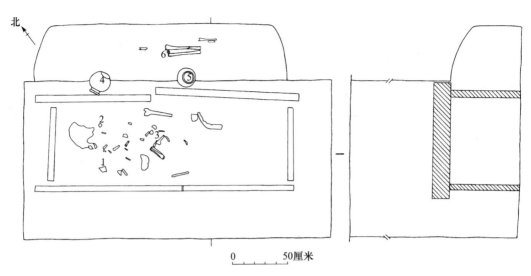

图八 B　M23 平、剖面图

1.石砚板　2.陶研磨器　3、6.铜钱　4、5.陶罐

椁呈长方形，形制规整，保存较好。顶部置 3 块比较规整的石板，底部及四周各用一完整石板。构筑方式是先铺底板，后放两端挡板，两侧板夹两挡板。墓内埋葬人骨 1 具，保存较差，头向北，面向西，右上肢放于胸前，左上肢平放于躯干一侧，下肢骨散乱。随葬陶器 8 件，均放于椁外西侧，其中鼎、盒各 2 件，罐、钫、壶、器盖各 1 件（图九；图版一五，1、3）。

（八）M25

开口于第 1 层下，叠压基岩上。墓口距地表 1.2 米。方向 10°。形制为长方形土坑

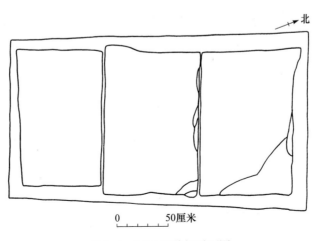

图九 A　M24 石盖板平面图

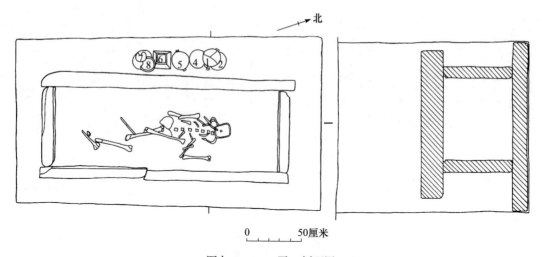

图九 B　M24 平、剖面图
1、5.陶鼎　2、4.陶盒　3.陶罐（压在 1 下）　6.陶钫　7.陶壶　8.陶器盖（残）

竖穴石椁墓。墓圹直壁、平底，长 2.7、宽 1.2、深 2.3 米。墓室北壁有一头龛，呈长方形，宽 0.6、高 0.4、深 0.4 米。墓内填棕褐色花土，相间粉砂黏土，质较松软。

椁呈长方形，保存较差，长 2.47、宽 0.98、深 0.68 米。顶部和底分别使用 2～3 块石板，四周用 4 块石板组成。构筑方式是先在墓底铺上石板，后放四周挡板，用两侧石板夹住两端挡板，最后再盖上顶板。椁内埋葬人骨 1 具，保存较差，头向北，四肢散乱。随葬品仅 1 件陶罐，放置于头龛西侧（图一〇；图版一五，2）。

（九）M26

开口于第 1 层下，打破生土。墓口距地表 1.3 米。方向 360°。形制为长方形土坑

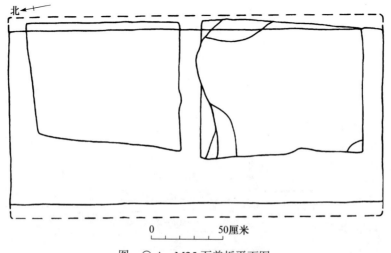

图一〇 A　M25 石盖板平面图

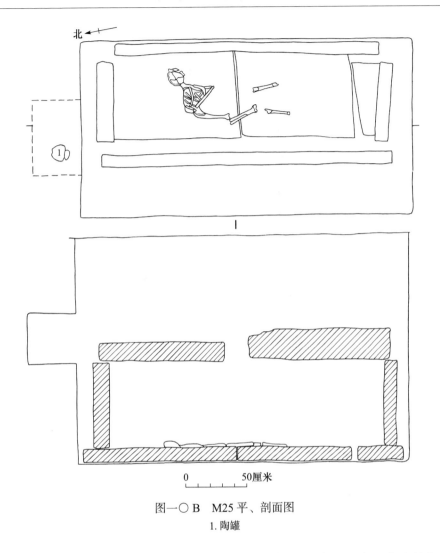

图一○B　M25 平、剖面图
1. 陶罐

竖穴石椁墓。墓口长 2.9、宽 1.6 ~ 1.7、底长 2.9、宽 1.6、深 4.1 米。墓内填灰褐砂花土，经夯打，比较坚硬，夯窝不清晰，夯层厚 0.18 ~ 0.2 米。

椁呈长方形，形制规整，保存较好，顶和底各使用 1 块石板，四周由 4 块石板组成。椁内埋葬人骨 1 具，头向北，腐朽严重，未见头骨，仅见零星肢骨。边箱内放置陶器 3 件，其中鼎、钫、盒各 1 件（图一一；图版一六）。

（十）M27

开口于第 1 层下，打破生土。墓口距地表 0.3 米。方向 356°。形制为长方形土坑竖穴石椁墓。口长 2.8、宽 1.73、底长 2.7、宽 1.61、深 2.35 米。墓内填红褐色五花土，未经夯打，较松软。

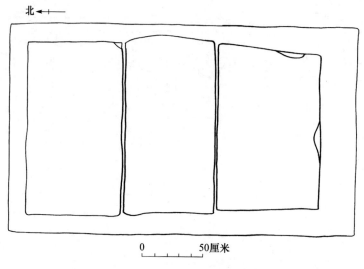

0 _____ 50厘米

图一一 A　M26 石盖板平面图

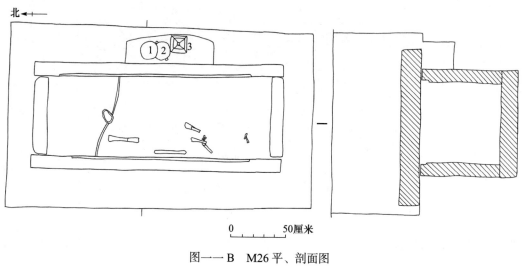

0 _____ 50厘米

图一一 B　M26 平、剖面图
1. 陶盒　2. 陶鼎　3. 陶钫

　　椁呈长方形，形制整齐，保存完好，长 2.06、宽 0.74、高 0.64 米。顶和底各用 1 块石板，四周用 4 块石板扣合而成。椁内埋葬人骨 1 具，保存相对较好，仰身直肢，头朝北，面向西，左手抚盆骨处，下肢平行放置。无随葬品（图一二；图版一九，1）。

（十一）M29

　　开口于第 1 层下，打破基岩。墓口距地表 0.55 米。方向 10°。形制为长方形土坑竖穴石椁墓。口长 3、宽 1.8、底长 3、宽 1.8 ～ 1.9、深 4.05 米。墓内填棕褐色花土，

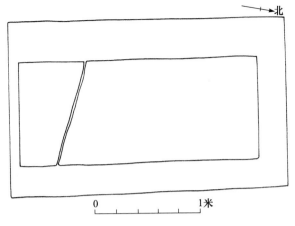

图一二 A　M27 石盖板平面图

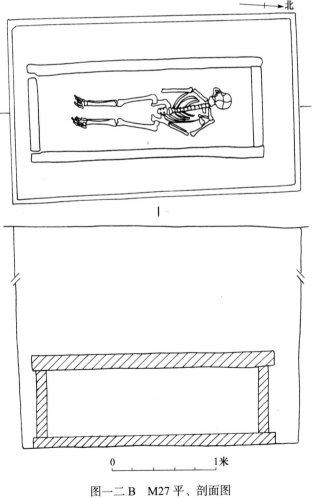

图一二 B　M27 平、剖面图

经夯打，质坚硬，夯窝不明显，夯层厚 0.15～0.2 米。

椁呈长方形，形制规整，保存完好。有双层石盖板，第 1 层用 3 块不规整的大型石板组成；第 2 层盖板亦为 3 块石板，制作精细，加工痕迹明显，在中间板上，有一近圆形孔洞，可能是为方便起吊石板而设置的。椁东侧中部有长 1.21～1.24、宽 0.4、深 0.6 米的边箱。椁底和四壁均用整块石板组成。构筑方式是先铺底石板，后放置两边挡板，两端石板卡住挡板，再放置第 2 层石盖板，最后摆放第 1 层石盖板。墓内埋葬人骨 1 具，头向北，仰身直肢，骨架保存较差，上肢平放于身体两侧，下肢平行放置。随葬陶器 27 件，均放于边箱内；其中有壶 4 件、罐 3 件，鼎、匜、仓、盒、勺、杯、器盖各 2 件，磨、灶、釜、井、猪、猪圈各 1 件（图一三；图版一八）。

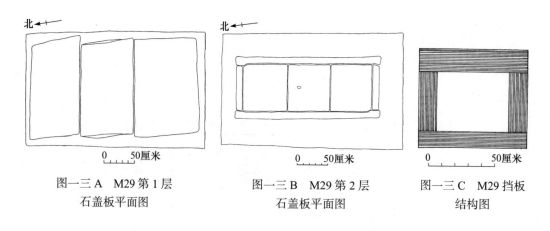

图一三 A　M29 第 1 层　　　　图一三 B　M29 第 2 层　　　　图一三 C　M29 挡板
石盖板平面图　　　　　　　　　石盖板平面图　　　　　　　　　结构图

（十二）M30

开口于第 1 层下，打破生土。墓口距地表 0.6 米。方向 101°。形制为长方形土坑竖穴石椁墓。墓口长 2.6、宽 1.6～1.7、底长 2.6、宽 1.18～1.28、深 4.6 米。底部两侧有生土二层台，宽 0.19～0.23、高 0.76 米。

椁为长方形，保存较好，长 2.4、宽 0.7、高 0.66 米。共有 2 层石盖板，均已塌陷。第 1 层石盖板不甚规整，厚约 0.1 米，已碎成 7 块；第 2 层石盖板较薄，制作十分精细，共有 3 块，厚约 0.03 米。椁室底部铺一块大型石板，周围为四石板组成。为安装第 2 层石盖板，两端挡板上部内侧有宽 0.02、深 0.06 米的凹槽；两侧挡板前后端也有宽 0.09、深 0.02 米的凹槽，以此卡住两挡板。墓内填灰褐色粉砂土，中间夹杂有碎石块，经过夯打，比较坚硬，夯窝不明显，夯层厚 0.16～0.2 米。椁内人骨架 1 具，腐朽严重，无随葬品（图一四；图版一七，3；图版一九，2）。

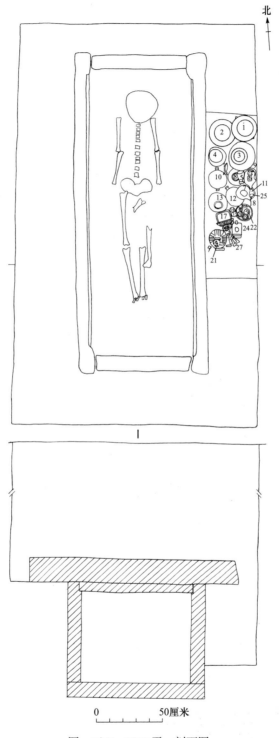

图一三 D M29 平、剖面图

1～4.陶壶 5、14.陶杯 6、7.陶匜 8、13.陶盒 9、17.陶仓 10、12.陶鼎 11.陶井 15、22.陶勺
16、23、25.陶罐 18.陶磨 19、20.陶器盖 21.陶猪 24.陶灶 26.陶釜 27.陶猪圈

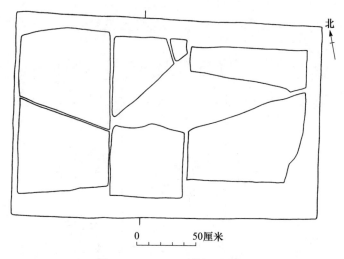

图一四 A　M30 石盖板平面图

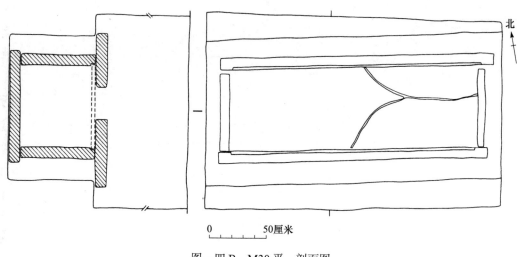

图一四 B　M30 平、剖面图

（十三）M31

开口于第 1 层下，打破基岩。墓口距地表 1.2 米。方向 292°。形制为长方形土坑竖穴石椁合葬墓，无石板，仅墓口上部用碎石铺盖。分为南北两个室，南室打破北室。

南室口长 2.64、宽 1.25、底长 2.09～2.13、宽 0.66～0.72、深 3.2 米。有生土二层台，宽 0.22、高 0.66 米。室内埋葬 1 具人骨架，头向西，面向不清，头骨与躯干已腐朽，葬式不详，两下肢略弯曲。

北室口长 2.6、宽 1.05、底长 1.89～2.03、宽 0.64～0.7、深 3.4 米。有生土二层

台，宽 0.11～0.38、高 0.7～0.8 米。室内发现 1 具腐朽人骨架，头向西，面向不详，左上肢平放于躯干一侧。

墓内填棕褐色粉砂花土，未夯打，比较疏松。未见随葬品，仅在填土中发现 1 枚铜钱及 1 件残陶罐（图一五）。

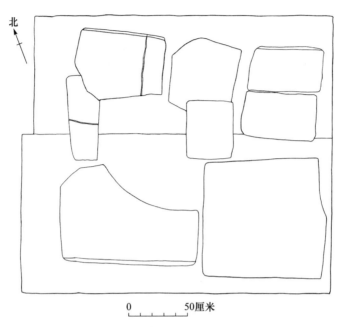

北

0 　　　50厘米

图一五 A　M31 石盖板平面图

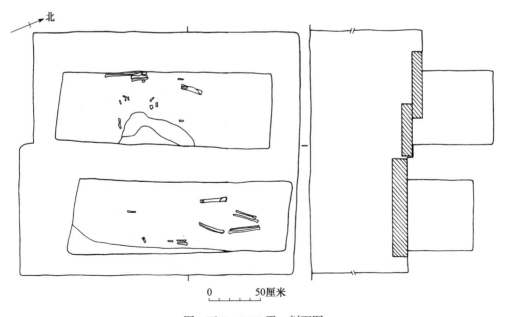

北

0 　　　50厘米

图一五 B　M31 平、剖面图

（十四）M32

开口于第 1 层下，叠压在基岩上。墓口距地表 0.8 米。方向 95°。形制为长方形土坑竖穴石椁墓。墓圹直壁、平底，长 2.5、宽 1.3、深 2.7 米。墓口上面盖 3 块不规则石板，厚约 0.15 米。墓内填浅红褐色粉砂黏花土，致密，经过夯打，较坚硬，夯层厚0.1 ～ 0.14 米。墓底埋葬人骨 1 具，保存较差，头向西，左上肢与躯干平行，右上肢腐朽，下肢散乱。随葬陶罐 1 件，放在头部左侧；2 枚铜钱置于左臂处（图一六；图版一九，3）。

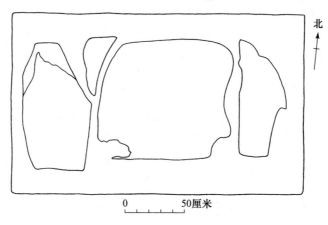

0 　　　　 50厘米

图一六 A　M32 石盖板平面图

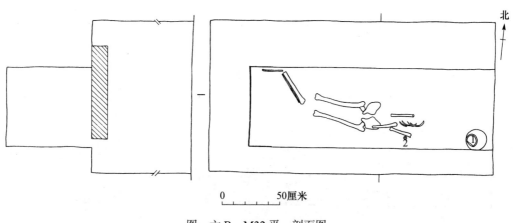

0 　　　　 50厘米

图一六 B　M32 平、剖面图

1. 陶罐　2. 铜钱

（十五）M33

开口于第 1 层下，打破生土。墓口距地表 0.4 米。方向 265°。形制为长方形土坑竖穴石椁墓。墓圹直壁、平底，长 2.9、宽 1.7、深 2.85 米。墓内填黄褐花土，包含物有陶片、瓦片、石块等。

椁为长方形，形制规整。有 2 层石盖板：第 1 层有 3 块不规则石板，厚约 0.12 米；第 2 层盖板被破坏。两侧挡板长 2.3 米，两端挡板长 0.75 米。椁室及底部石板较薄，厚 0.05 ～ 0.06 米。墓底埋葬人骨 1 具，头向西，面向上，仰身直肢，两手放于躯干两侧，两腿伸直，下肢凌乱。无随葬品（图一七；图版一九，4）。

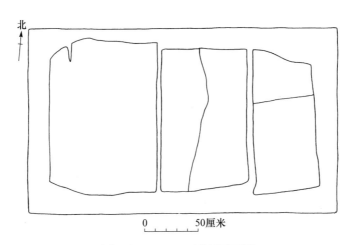

0 ——————— 50厘米

图一七 A　M33 石盖板平面图

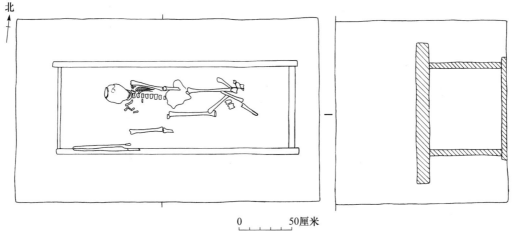

0 ——————— 50厘米

图一七 B　M33 平、剖面图

（十六）M35

开口于第 1 层下，打破生土。墓口距地表 0.6 米。方向 104°。形制为长方形土坑竖穴石椁单侧室墓。墓圹直壁、平底，长 2.6、宽 1.6、深 4.6 米。

椁为长方形，保存较好，长 2.35、宽 0.7、高 0.74 米。共有 2 层石盖板：第 1 层盖板有 3 块，已经残破；第 2 层盖板也已经脱落。墓底用整块石板铺垫。两端挡板上部均有宽 0.02、深 0.04 米的凹槽，以此卡住第 2 层盖板，两侧挡板也有宽 0.09、深 0.02 米的凹槽，来卡住两端挡板。椁内发现有木棺，长 1.9、宽 0.65 米，仅存灰褐色木质腐朽痕迹，其高度不详。墓葬内填灰褐色粉砂土，经过夯打，相当坚硬，夯窝不明显，夯层厚 0.16～0.2 米。

主室内发现 1 具人骨架，腐朽严重，头向东，面向不清，仰身直肢，上肢放于躯干两侧，下肢伸直平放。侧室位于主室北面，长 2.2、进深 0.7、高 0.4～0.88 米，侧室口有 1 块长 2.49、高 0.65、厚 0.09 米的封门石板。侧室内埋葬 1 具人骨架，头向东，面向不详，仰身直肢葬。主室及侧室内均未见随葬品（图一八；图版一七，3；图版二〇，1、3）。

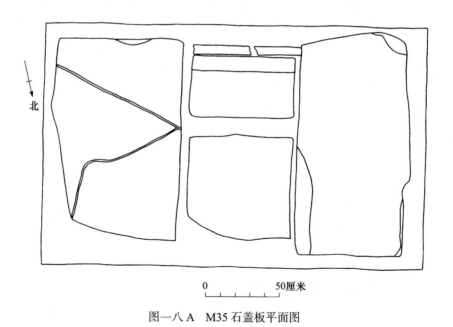

0　　　　　　　50厘米

图一八 A　M35 石盖板平面图

（十七）M36

开口于第 1 层下，叠压在基岩上。墓口距地表 0.2 米。方向 85°。形制为长方形土

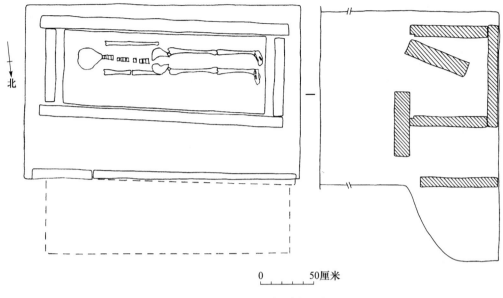

图一八 B　M35 平、剖面图

坑竖穴石椁墓。口长 2.7、宽 1、底长 1.9、宽 0.5、深 1.1 米。墓内填棕褐色花土，相间粉砂黏土，质致密，经过夯打，较坚硬，夯窝不明显，夯层厚 0.18～0.21 米。椁为长方形，仅有东西两侧板，盖板残成数块。木棺长方形，已腐朽，长 1.9、宽 0.5、残高 0.1 米。棺内人骨 1 具，头向东，面向北，仰身直肢，保存较好，两上肢平行于躯干两侧，两下肢较直。随葬品 8 件，其中 2 件陶罐放于盖板上面西北部；2 件石耳塞放在头部两侧；2 件石鼻塞置上额骨处，其中 1 件鼻塞朽成粉末，未能提取；48 枚铜钱置于右上肢外侧（图一九）。

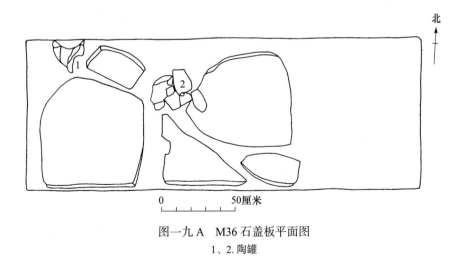

图一九 A　M36 石盖板平面图
1、2. 陶罐

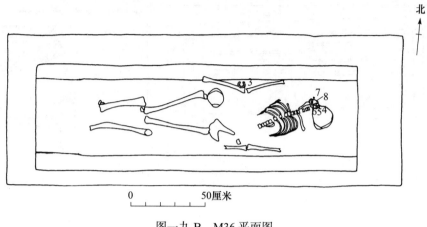

图一九 B　M36 平面图
3. 铜钱　4、5. 石耳塞　6、7. 石鼻塞　8. 石口琀

（十八）M37

开口于第 1 层下，打破基岩。墓口距地表 0.4 米。方向 4°。形制为长方形土坑竖穴石椁墓。墓口长 2.51、宽 1.73、底长 2.51、宽 1.11、深 3.74 米。墓内填灰褐色砂岩土，夹有较多碎石块，经过夯打，十分坚硬，夯层厚 0.18～0.22 米。

椁为长方形，保存较好，长 2.06、宽 0.7、高 0.7 米。底部和周边石板均为整块。顶部有 2 层石盖板：第 1 层由 3 块近似长方形石块组成，厚约 0.09 米；第 2 层盖板形制规整、制作精细，为 3 块较薄的石板，厚 0.06 米，其中最北面一块石板上有直径 0.01 米的圆洞，可能是为方便起吊石板而钻凿的。构筑方式是先铺底板，再立挡板。两端挡板上部有宽 0.02、深 0.06 米的凹槽，以此卡住第 2 层石盖板，两侧挡板前后端亦有宽 0.09、深 0.02 米的凹槽，用来卡住两边挡板。椁内埋葬 1 具人骨架，腐朽较严重，头向北，面向不清。头部仅见一些头骨残片，上肢骨、盆骨及躯干已朽，下肢骨平行垂直摆放，保存较完整。从残存下肢骨分析，死者为仰身直肢葬。墓室西南角有一边箱，长 0.55、宽 0.26、高 0.43 米。随葬品均放置于边箱内，共有陶器 7 件，鼎、壶、罐、盒、匜、勺、器盖各 1 件（图二〇；图版二〇，2）。

（十九）M38

开口于第 1 层下，打破生土。墓口距地表 0.5 米。方向 250°。形制为长方形土坑竖穴石椁墓。墓圹直壁、平底，长 2.3、宽 1.4、深 2.4 米。墓内填灰褐色砂花土，未经夯打，质较致密。

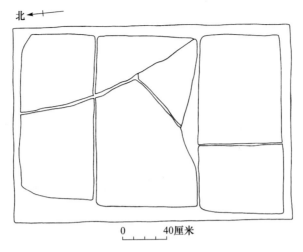

图二〇 A　M37 第 1 层石盖板平面图

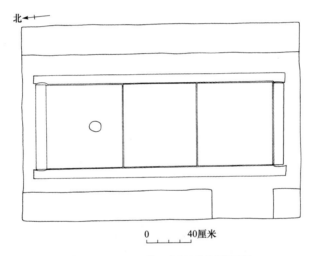

图二〇 B　M37 第 2 层石盖板平面图

　　椁呈长方形，保存较差，盖板、底板和侧板均被破坏。椁内人骨架 1 具，头向西，面向不明，侧身直肢，骨架凌乱，保存较差，死者两手放于躯干上，两腿向下伸直。随葬品仅 1 件残铁刀，斜置于骨盆处；填土中还发现 2 枚残铜钱（图二一）。

（二十）M39

　　开口于第 1 层下，叠压在基岩上。墓口距地表 0.35 米。形制为长方形土坑竖穴石椁合葬墓。方向 298°。墓口上面用碎石铺盖。墓内填棕褐黏花土，经夯打，非常坚硬，夯窝不明显，夯层厚 0.18 ～ 0.21 米。

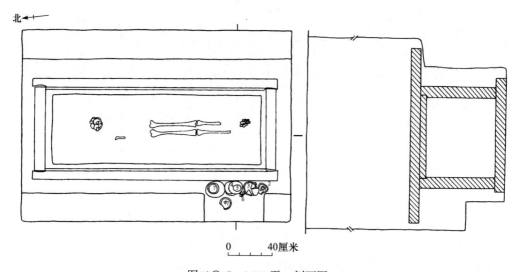

图二〇 C　M37 平、剖面图

1.陶勺　2.陶匜　3.陶鼎　4.陶盒　5.陶器盖　6.陶罐　7.陶壶

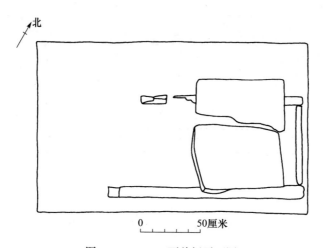

图二一 A　M38 石盖板平面图

椁室用石板构筑，其方式是先铺底板，然后用两侧板夹住两挡板，再设盖板。南室口长 2.75、底长 2.65、均宽 1.25、深 3.3 米。椁保存较好，长 2.1、宽 0.75、高 0.64 米。椁内埋葬人骨 1 具，头向西，骨骼保存较差。随葬铜钱 6 枚，陶罐 2 件，陶钵、陶器盖、铁刀各 1 件。其中，铜钱置于左上肢外侧，刀在椁室中部，陶器在椁室东南部。

北室墓口长 2.75、宽 0.9、底长 2.65、宽 1.1、深 2.93 米。椁保存较好，长 2.25、宽 0.76、高 0.51 米。椁内埋葬人骨 1 具，头向西，骨架保存较差，未见随葬品（图二二）。

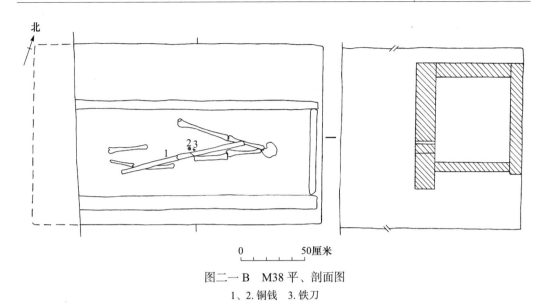

图二一 B　M38 平、剖面图

1、2.铜钱　3.铁刀

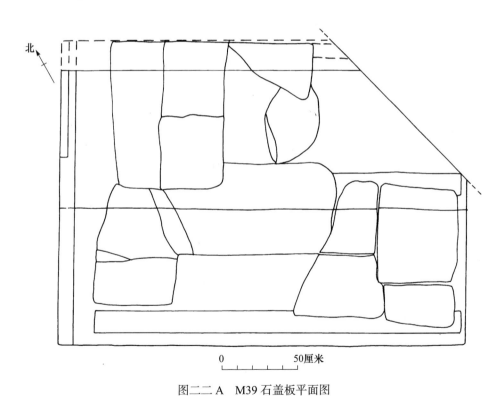

图二二 A　M39 石盖板平面图

（二十一）M41

开口于第 1 层下，打破基岩。墓口距地表 0.5 米。方向 275°。形制为长方形土坑

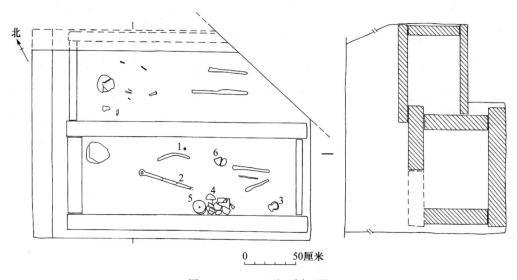

图二二 B　M39 平、剖面图
1. 铜钱　2. 铁刀　3、6. 陶罐　4. 陶钵　5. 陶器盖

竖穴石椁墓。墓口长 2.6、宽 1.7、底长 2.6、宽 1.35、深 3.85 米。两侧有生土二层台，宽 0.15～0.2、高 0.85 米。墓内填浅红褐色粉砂黏花土，未经夯打，质较疏松。

椁为长方形，底部和周边均使用石板，顶部盖 2 块石板。构筑方式是先在椁底铺上石板，用两侧板夹住挡板，最后再盖上石板。椁内埋葬 1 具人骨架，保存较差，头向西，面向不清，仰身直肢，左上肢已严重腐朽，右上肢平直放在躯干外侧，下肢平行垂直摆放。无随葬品（图二三；图版二二，1）。

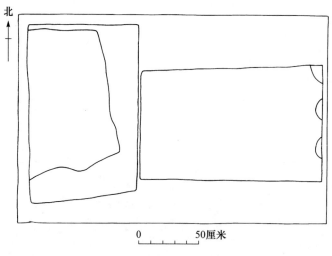

图二三 A　M41 石盖板平面图

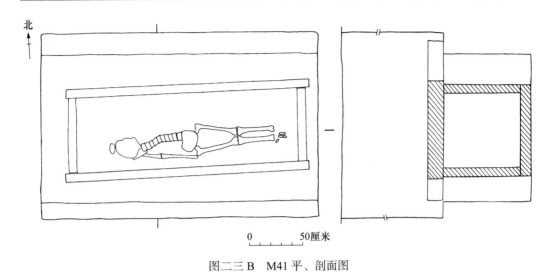

图二三 B　M41 平、剖面图

（二十二）M43

开口于第 1 层下，打破至生土。墓口距地表 1.2 米。方向 280°。形制为长方形土坑竖穴石椁双侧室墓。墓圹直壁、平底，长 2.5、宽 1.4 ~ 1.6、深 3.8 米。北侧室长 2.1、进深 0.54、高 0.43 ~ 0.65 米。南侧室长 2.1、进深 0.5、高 0.45 ~ 0.75 米。墓内填黄褐色粉砂花土，夹有碎石块，未经夯打，但比较坚硬。

椁上面用碎石铺盖，无铺底石板。构筑方式是先置两挡板，再置两侧板夹住挡板，后盖石板，石盖板已经塌落。椁内发现 1 具人骨架，保存较差，头向北，面向上，上肢弯曲放于胸前，下肢较凌乱。随葬 1 件陶罐，放置于椁内东北角处；5 枚铜钱放置于死者腰间、膝盖处、脚部及骨骼下面。两侧室内未见埋葬有人骨和随葬品（图二四）。

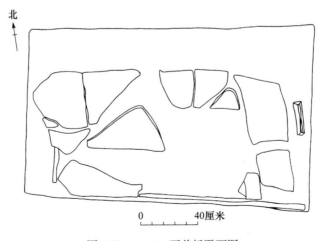

图二四 A　M43 石盖板平面图

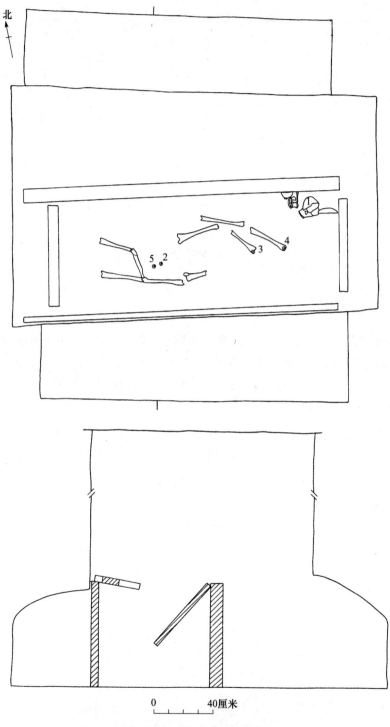

图二四 B　M43 平、剖面图

1. 陶罐　2～5. 铜钱

（二十三）M45

开口于第 1 层下，打破基岩。墓口距地表 0.4 米。方向 7°。形制为长方形土坑竖穴石椁墓。口长 2.63、宽 1.63、底长 2.63、宽 1.22、深 4 米。墓壁光滑整齐。墓内填棕褐色粉砂黏土，经过夯打，非常坚硬，夯窝不明显，夯层厚 0.18～0.21 米。

椁呈长方形，保存完好，形制非常规整，长 2.07、宽 0.69、高 0.66 米。椁室四壁和底部均使用石板。顶部 2 层石盖板：第 1 层盖板由 3 块近似长方形的石板组成，厚 0.18 米；第 2 层为 2 块长方形石板，加工精细、制作精良，厚 0.04 米。椁室侧板上面有凹槽，以此卡住盖板。

椁内埋葬人骨 1 具，头向北，骨架已经腐朽，仅见痕迹。边箱位于椁外东侧，进深 0.26、高 0.66 米。随葬品为 8 件陶器，均置于边箱内；其中器盖 3 件，罐、鼎、盒、匜、壶各 1 件（图二五；图版二一）。

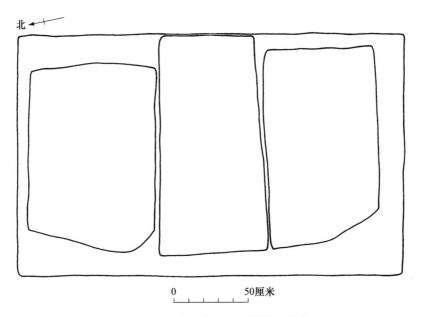

图二五A　M45 第 1 层石盖板平面图

（二十四）M48

开口于 1 层下，打破至生土。墓口距地表 0.2 米。方向 285°。形制为长方形土坑竖穴石椁单侧室墓。墓圹直壁、平底，长 2.5、宽 1.4、深 2.3 米。侧室长 2.3、进深 0.6、高 0.4～0.78 米，用一块长 2.16、高 0.7、厚 0.06 米的石板封门。墓内填棕褐色

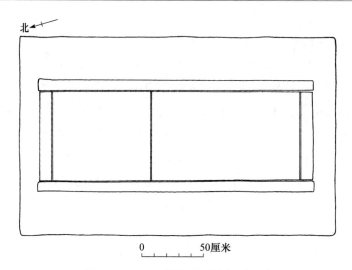

图二五 B　M45 第 2 层石盖板平面图

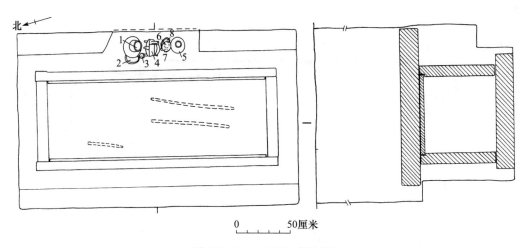

图二五 C　M45 平、剖面图
1.陶壶　2、6、7.陶器盖　3.陶罐　4.陶鼎　5.陶盒　8.陶匜

粉砂花土，较疏松。

椁为长方形，保存较好，用碎石块垒砌而成，仅见左右两侧挡板，两端未发现挡板，未设底板及盖板。主墓及侧室内均未发现埋葬人骨架和随葬品（图二六）。

（二十五）M49

开口于第 1 层下，打破基岩。墓口距地表 0.2 米。方向 270°。形制为长方形土坑竖穴石椁墓。墓圹直壁、平底，长 2.6、宽 1.6、深 1.2 米。墓内填棕褐色粉砂花土，夹杂许多岩石块，相当坚硬。

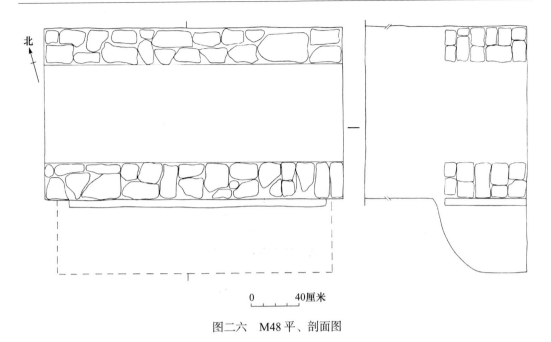

图二六　M48 平、剖面图

椁呈长方形，保存完好，盖、底和周边均使用石板。椁盖为 3 块长方形石板，厚 0.15 米。底和周边挡板厚度各不相同。椁内埋葬人骨 1 具，头向西，面向上，仰身直肢，保存较好。无随葬品（图二七；图版二二，2）。

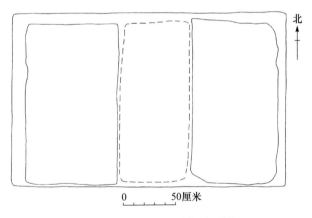

图二七 A　M49 石盖板平面图

（二十六）M50

开口于第 1 层下，打破 M51，并被 M44 打破。墓口距地表 0.6 米。方向 12°。形制为长方形土坑竖穴石椁墓。墓口长 2.55、宽 1.7、底长 2.55、宽 1.6、深 3 米。墓壁

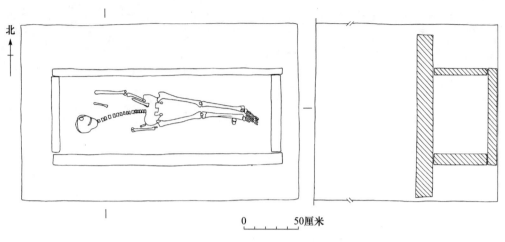

图二七 B　M49 平、剖面图

经过加工，比较规整，有生土二层台，宽 0.25 米。墓内填灰褐花土，未经夯打，质较致密。

椁呈长方形，保存较好，椁盖、底和周边都使用石板。其中盖板由 2 块石板组成，厚 0.17 米。周围用 4 块石板，其中脚部挡板倒塌。椁内埋葬人骨 1 具，头向北，面朝上，骨架保存较好，葬式零乱。无随葬品（图二八；图版二二，3）。

（二十七）M52

开口于第 1 层下，打破基岩。墓口距地表 0.4 米。方向 11°。形制为长方形土坑竖穴石椁墓。墓圹直壁、平底，长 2.76、宽 1.6、深 1.4 米。墓内填棕褐粉砂黏土，经过夯打，十分坚硬，夯窝不明显，夯层厚 0.17～0.22 米。

石椁呈长方形，保存较好。长 2.14、宽 0.67、高 0.68 米。椁盖、底和四周均使用石板组成。盖为 2 块石板，破碎成数块。底部用 1 块石板，而两侧板前后端各有宽 0.01 米的凹槽，以此卡住两端挡板。

椁内木棺长方形，已经腐朽，仅存灰褐色痕迹，长 1.9、宽 0.5、残高 0.3 米。棺内埋葬人骨 1 具，头向北，面向上，仰身直肢，骨架保存较好，上肢及躯干自然下垂，下肢平行放置，仅右下肢稍微弯曲。无随葬品（图二九；图版二三）。

（二十八）M69

开口于第 1 层下，打破生土。墓口距地表 0.2 米。方向 5°。形制为长方形土坑竖穴双侧室合葬墓。墓圹直壁、平底，长 2.3、宽 1.4、深 1.7 米。有生土二层台，宽

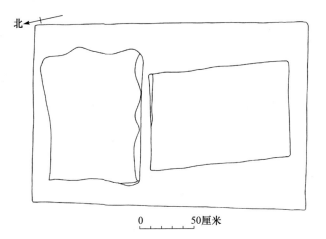

0　　　　50厘米

图二八 A　M50 石盖板平面图

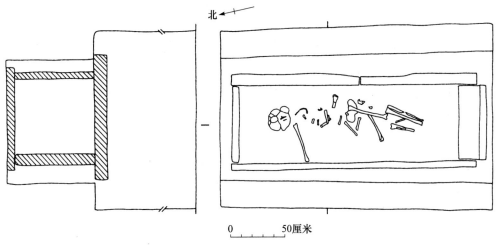

0　　　　50厘米

图二八 B　M50 平、剖面图

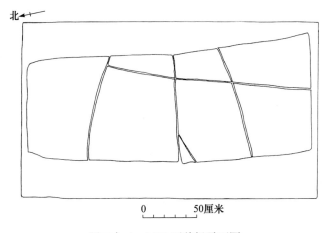

0　　　　50厘米

图二九 A　M52 石盖板平面图

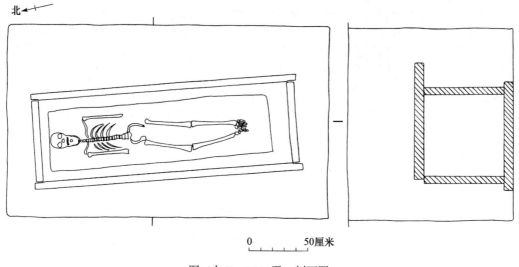

图二九 B　M52 平、剖面图

0.01 ～ 0.28、高 0.6 米。墓内填棕褐色粉砂花土，经过夯打，非常坚硬，夯窝不明显，夯层厚 0.12 ～ 0.15 米。无葬具。

　　右侧墓室长 1.9、宽 0.52、深 0.6 米。室内发现 1 具人骨架，已严重腐朽，仅存少量肢骨和盆骨。葬式为仰身直肢，头朝北，头骨已挪动错位，面向不详。

　　左侧墓室长 1.85、宽 0.4、深 0.6 米。室内埋葬 1 具人骨架，腐朽严重，仅清理其大致轮廓。葬式为仰身直肢，头骨亦挪动错位，上肢垂直，紧靠躯干两侧，下肢平行放置。无随葬品（图三〇）。

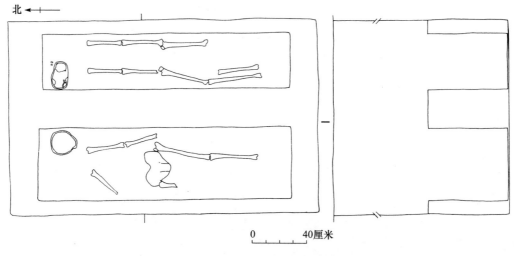

图三〇　M69 平、剖面图

三、随 葬 品

此次发掘出土器物较多，其中以陶器为主，器类有鼎、盒、罐、壶、钫、匜、盘、勺、杯、井、仓、灶、磨、猪圈、猪、研磨器和器盖等。铜器有镜、指环和五铢钱等，石器有黛板、口琀、耳塞和鼻塞，铁器仅见刀和削。

（一）陶器

73件。质地多为泥质，少量夹砂陶。陶色以灰陶和褐陶为主，器表多为素面，有少量彩绘陶。线条流畅，色泽鲜艳，其中以条带纹和云纹为主。生产工艺多为轮制，鼎足、耳等多黏贴在器物上面，小型器物多用手捏塑而成。

鼎　7件。均为泥质陶，素面。覆碗形盖，鼎身子口内敛，长方形竖耳，圜底，马蹄形足。根据器物整体形状，共分为二型。

A型　4件。深折腹，双耳外撇。M37：3，浅黄褐陶。盖平顶微凹。口径11、通高13厘米（图三一，1；图版二四，1）。M29：12，灰褐陶。双耳长方形凹槽未透。口径10.8、通高12.8厘米（图三一，2；图版二四，2）。M29：10，灰褐陶。口径10.8、通高13.6厘米（图三一，3；图版二四，3）。M45：4，盖为灰褐陶，鼎呈红褐陶。口径10.6、通高14厘米（图三一，4；图版二四，4）。

B型　3件。浅腹。M24：1，灰褐陶。盖弧顶。双耳长条形凹槽已透，腹微折。盖上轮旋纹痕迹明显，腹部饰1周凹弦纹，近底处2周凹弦纹。口径11.1、通高13.6厘米（图三一，5；图版二四，5）。M24：5，盖为灰褐陶，鼎为红褐陶。盖弧顶，身圜底内凹。口径14.4、通高12.8厘米（图三一，6）。M26：2，红褐陶。双耳较矮，长条形凹槽未透。口径13.8、通高13.6厘米（图三一，7；图版二四，6）。

壶　7件。均泥质陶，素面。根据器物整体形状以及圈足和平底的不同，分为二型。

A型　3件。圈足壶。浑圆体。弧顶盖。喇叭口，束颈，鼓腹。M29：3，褐陶。覆盘式盖。圆唇，平沿，广肩，下部斜内收。腹饰2组3周凹弦纹，肩部按2个对称铺首。口径9、圈足径9.5、通高30厘米（图三二，1；图版二五，1）。M29：2，灰褐陶。覆碗式盖，方唇，口微侈，广肩。肩部按2个对称铺首，腹下部5周饰凹弦纹。口径9、圈足径10.2、通高29.6厘米（图三二，2；图版二五，2）。M24：7，褐陶。覆碗式盖。圆唇，溜肩。口径9.8、圈足径12、通高28.8厘米（图三二，3；图版二五，3）。

B型　4件。假圈足壶。体修长。覆碗式弧顶盖。侈口，细长颈，折肩，平底。

M29：1，灰褐陶。圆唇，平沿。腹部按2个对称铺首，腹部2周凹弦纹。口

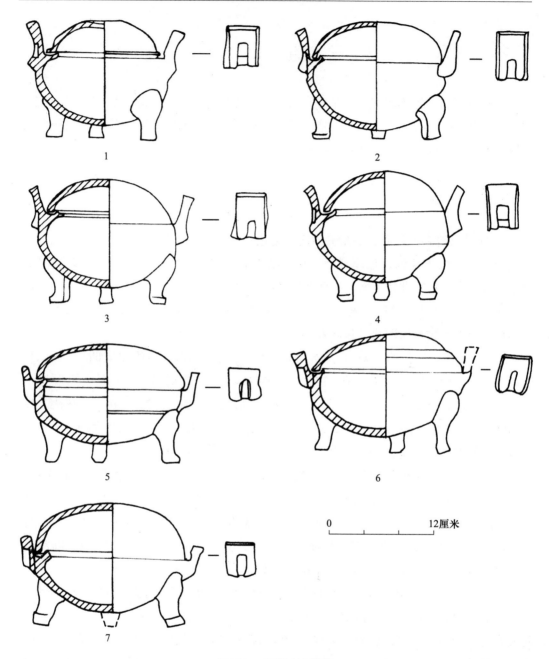

0 ————————————— 12厘米

图三一　汉墓出土陶鼎

1～4. A 型（M37∶3、M29∶12、M29∶10、M45∶4）　5～7. B 型（M24∶1、M24∶5、M26∶2）

径 9.5、底径 9、通高 24.1 厘米（图三三，1；图版二五，4）。M45∶1，灰褐陶。方唇，束颈，鼓腹，底微凹。肩部按 2 个对称铺首。口径 9.9、底径 9.2、通高 27.2 厘米（图三三，2；图版二五，5）。M37∶7，灰褐陶。方唇，圆鼓腹。腹部饰 3 周凹弦纹。口径 10.2、底径 10.6、通高 26.8 厘米（图三三，3；图版二六，3）。M29∶4，灰陶。

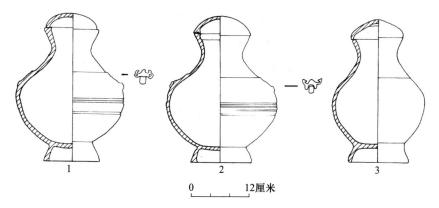

0 　　　　12厘米

图三二　汉墓出土 A 型陶壶
1. M29 : 3　2. M29 : 2　3. M24 : 7

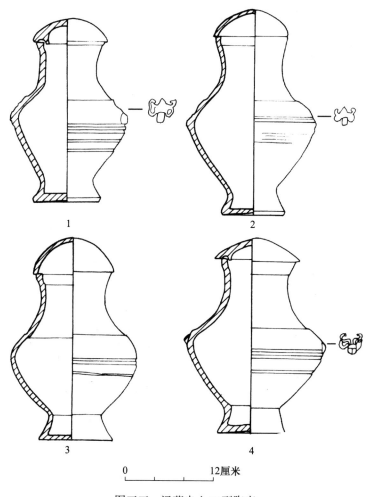

0 　　　　12厘米

图三三　汉墓出土 B 型陶壶
1. M29 : 1　2. M45 : 1　3. M37 : 7　4. M29 : 4

平沿，束颈，鼓腹，底微凹。上腹部按 2 个对称铺首，腹中部饰 2 周凹弦纹。口径 20、底径 9、通高 25.8 厘米（图三三，4；图版二五，6）。

钫 2 件。均泥质灰陶，素面。方口，体瘦长，侈口，束颈，鼓腹，方形圈足。M26：3，覆斗形盖。平沿，方唇，细长颈。唇外侧 1 周凸棱。口边长 8.5、直径 12、通高 34.8 厘米（图三四，1；图版二六，1）。M24：6，盖残缺。口边长 10.4、直径 11.2、通高 30.6 厘米（图三四，2；图版二六，2）。

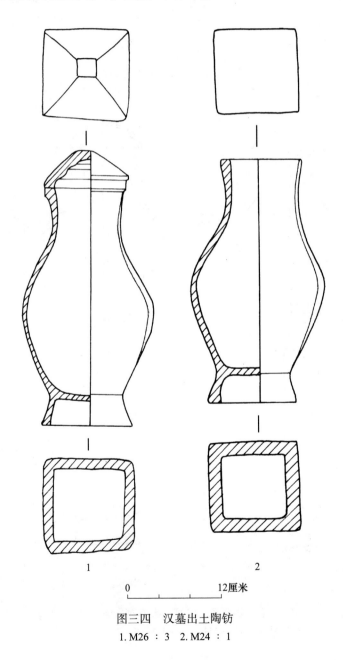

0　　　　　　　　12厘米

图三四　汉墓出土陶钫

1. M26：3　2. M24：1

罐 22件（可分型者6件）。根据器形的不同，可以分为四型和其他型五类。

A型 1件（M28：1）。泥质青灰陶。盘口微敛，圆唇，束颈，圆鼓腹，平底微内凹。肩及腹中部各饰1周凹弦纹。腹及底部饰绳纹，其中上腹部饰竖行绳纹，下腹部饰横绳纹。口径14、底径6、通高26.2厘米（图三五，4；图版二六，4）。

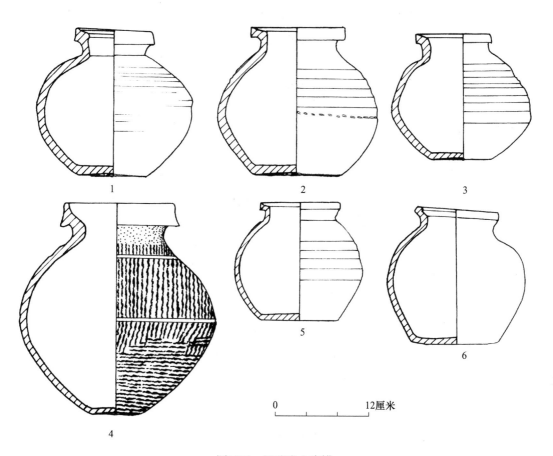

0   12厘米

图三五 汉墓出土陶罐

1～3、5. B型（M1：1、M23：4、M43：1、M23：5）4. A型（M28：1）6. C型（M25：1）

B型 4件。均泥质陶，素面。束颈，平底。M1：1，灰陶。方唇，斜平折沿，鼓腹，底微内凹。腹部有10周轮旋痕迹。口径10、底径11.2、通高18.4厘米（图三五，1；图版二六，5）。M23：4，灰褐陶。方唇，斜平折沿，鼓腹，底微凹。上腹部有4周轮旋纹痕迹，下腹部饰1周戳印纹。口径12、底径11.8、通高18.4厘米（图三五，2；图版二六，6）。M43：1，浅灰陶。小口，平沿微斜，方唇，束颈，溜肩，圆鼓腹，最大腹径在下腹部，底微内凹。腹部有8周轮旋纹痕迹。口径9.6、底径8、通高15.6厘米（图三五，3；图版二七，1）。M23：5，灰陶。小口，卷沿，方唇，束颈，鼓腹。腹部有4周轮旋纹。口径10、底径10、通高14.6厘米（图三五，5；图版二七，2）。

C 型　1 件（M25 : 1）。夹砂灰陶。侈口，卷沿，方唇，束颈，鼓腹，平底微弧。器表粗糙，素面。口径 10.4、底径 11.2、通高 16.8 厘米（图三五，6；图版二七，3）。

D 型　4 件。均泥质陶，素面。扁腹，平底。M39 : 3，青灰陶。圆唇，斜折沿，束颈，鼓腹。口径 9.2、底径 7.2、通高 9.2 厘米（图三六，1）。M40 : 1，灰陶。方唇，斜平沿，小口，束颈，鼓腹，大平底。口径 10、底径 11.3、通高 10 厘米（图三六，2；图版二七，4）。M20 : 1，青灰陶。方唇，小口，窄平沿，束颈，鼓腹，底微内凹。器表饰 4 周轮旋纹。口径 10.8、底径 11.8、通高 16 厘米（图三六，3；图版二七，5）。M32 : 1，灰陶。圆唇，小口，卷沿，束颈，圆鼓腹。器表脱落。口径 11.8、底径 12、通高 16 厘米（图三六，4；图版二七，6）。

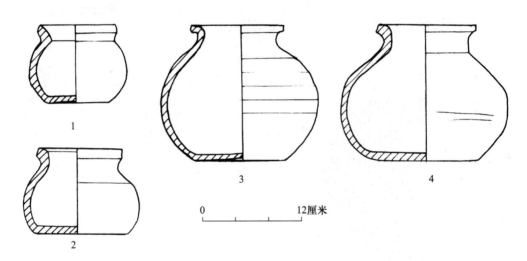

0　　　　　　　　12厘米

图三六　汉墓出土 D 型陶罐
1. M39 : 3　2. M40 : 1　3. M20 : 1　4. M32 : 1

其他型罐　6 件。形体较小，形态各异。均泥质陶，素面，小平底。M37 : 6，褐陶。覆碟式盖，平顶，浅腹。小口，方唇，束颈，圆鼓腹，底部微外凸。口径 1.6、底径 3.4、通高 5 厘米（图三七，1）。M28 : 2，灰陶。侈口，平沿，圆唇，颈微束，扁鼓腹。口径 5.6、底径 5、通高 6.3 厘米（图三七，2）。M29 : 16，灰陶。侈口，圆唇，束颈，鼓腹。口径 2.1、底径 1.9、通高 2.7 厘米（图三七，3）。M29 : 25，褐陶。覆盘式盖，平顶，直壁。小口，圆唇，广肩，鼓腹，底部外凸。口径 3、底径 3、通高 4.4 厘米（图四四，6；图版三一，4）。M29 : 23，褐陶。小口，圆唇，溜肩，鼓腹。腹中部 1 周凹槽。口径 3.6、底径 3.2、通高 3.8 厘米（图三七，4；图版三一，5）。M24 : 3，灰陶。侈口，圆唇，束颈，鼓腹，下腹部微内凹。底内凹。口径 3.2、底径 3.6、通高 6 厘米（图三七，5；图版三一，6）。

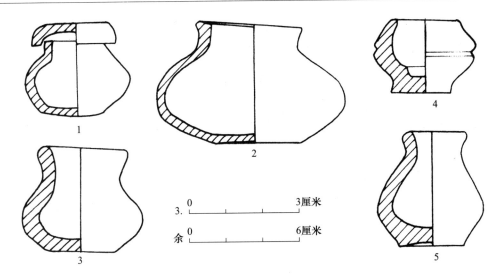

图三七　汉墓出土其他型陶罐
1. M37：6　2. M28：2　3. M29：16　4. M29：23　5. M24：3

盒　7件。均泥质陶，素面。带盖。口内敛，沿呈宽子母状，平底。根据器形的不同，可以分为二型。

A型　3件。深腹。圈足形抓手。M29：8，褐陶。覆碗式盖。口径11.8、底径5.2、通高12.2厘米（图三八，1；图版二八，1）。M29：13，盖为灰褐陶，盒呈红褐陶。覆盘式盖，平顶微内凹。方唇，底内凹。上腹饰2周红白相间的色彩波浪条带纹。口径11.4、底径5.6、通高10.6厘米（图三八，2；图版二八，2）。M45：5，灰陶。覆碗式盖。方唇，底内凹。盖上饰2周凹弦纹。腹部饰2周凹弦纹。口径12.6、底径5.6、通高12.6厘米（图三八，3；图版二八，3）。

B型　4件。根据腹部深浅不同，分为三式。

Ⅰ式：1件（M37：4）。深腹。灰陶。侈口，圆唇，深腹，小平底。上腹部2周凹弦纹。口径11.9、底径4.4、通高12.4厘米（图三八，4；图版二八，4）。

Ⅱ式：1件（M24：2）。腹较Ⅰ式浅。褐陶。覆碗式盖，弧顶。口部微侈，鼓腹，平底假圈足，微内凹。口径15、底径8.2、通高12厘米（图三八，6；图版二八，5）。

Ⅲ式：2件。浅腹。M24：4。灰陶。覆碗式盖，弧顶。大平底内凹。口径14.8、底径5.9、通高11.4厘米（图三八，5）。M26：1，灰陶。弧顶盖。圆唇，底内凹。顶部2周凹弦纹。口径13.7、底径8、通高10厘米（图三八，7；图版二八，6）。

匜　4件。均泥质陶，素面。平面均呈圆角长方形，半圆形短流，平底。M45：8，灰陶。圆唇，口微敞，深弧腹，下腹部斜内收，小平底。口径11.8、底径4.2、通高4.6

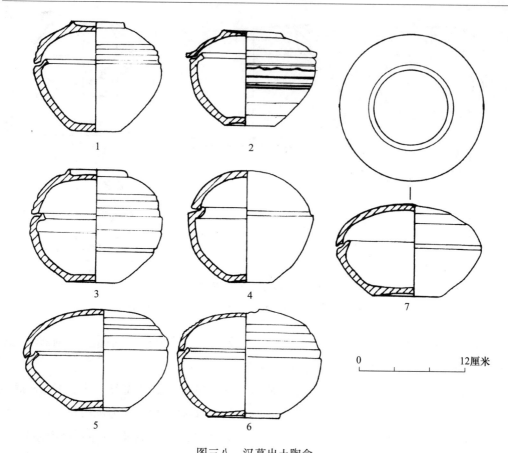

图三八　汉墓出土陶盒

1～3.A 型（M29：8　M29：13　M45：5）　4.B 型 I 式（M37：4）

5、7.B 型Ⅲ式（M24：4　M26：1）　6.B 型Ⅱ式（M24：2）

厘米（图三九，1；图版二九，1、2）。M37：2，青灰陶。侈口，圆唇，浅腹，弧壁，大平底。口径 11.8、底径 3.1、通高 3.7 厘米（图三九，2；图版二九，3）。M29：7，灰褐陶。口微敛，方唇，腹较深，平底微内凹。壁内近底处绘有红、白彩相间的云纹。口径 11.8、底径 3.2、通高 4.4 厘米（图三九，3；图版二九，4）。M29：6，红褐陶。口微侈，方唇，腹较浅，上腹斜直，下腹部急斜内收，底微内凹。壁内近底处绘有红、白彩相间的云纹，红彩多数脱落。口径 13.8、底径 3.2、通高 4.4 厘米（图三九，4；图版二九，5、6）。

仓　2 件。均泥质陶，素面，平底。M29：9，红褐陶。仓与盖均为圆形。盖呈四面坡形瓦顶。仓大口，平沿微凹，方唇，侈口，深腹，斜直壁，假圈足，近底外凸。器表饰 8 周轮旋纹。盖径 14、仓口径 12、底径 9.4、盖与仓通高 12.6 厘米（图四〇，1；图版三〇，1）。M29：17，灰褐陶。仓与盖均为长方形。盖呈四面坡形瓦顶。仓为侈口，平沿，方唇，弧腹，下收为圆形底，底微内凹。下腹部发现 5 周轮旋纹。盖长

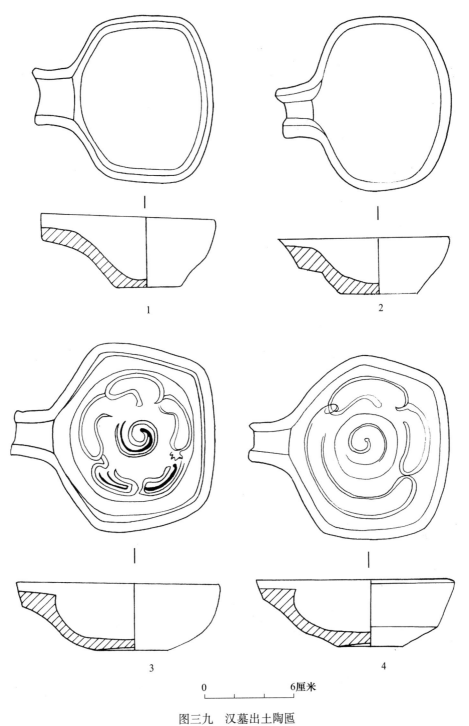

图三九　汉墓出土陶匜

1. M45 ∶ 8　2. M37 ∶ 2　3. M29 ∶ 7　4. M29 ∶ 6

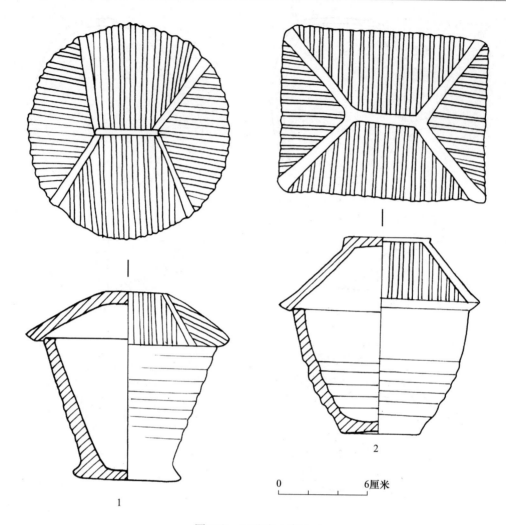

图四〇　汉墓出土陶仓
1. M29：9　2. M29：17

13.8、宽11、仓口长12、短9.6、高9、仓与盖通高13厘米（图四〇，2；图版三〇，2）。

灶　1件（M29：24）。泥质黑陶。灶体呈长方形，火膛中空，半圆形灶门，长方形火墙，椭圆形火眼，斜弧烟道顶端为兽头。素面。灶体长12、宽6.8、高5.4、灶门宽3.2、高2.4、火眼直径3.8～4.4厘米（图四一，1；图版三〇，3）。

釜　1件（M29：26）。泥质褐陶。敞口，窄平沿，圆唇，腹壁斜直，下收为小平底。底部有一未穿透的小圆孔。素面，腹部有刮削痕迹。口径7、通高2.8厘米（图四一，2；图版三〇，3）。

杯　2件。均泥质陶，素面，平底假圈足。M29：5，红褐陶。直口，圆唇，深腹，壁近直，下腹部急内收。器表有轮旋痕迹。口径6、通高8.2厘米（图四二，1；

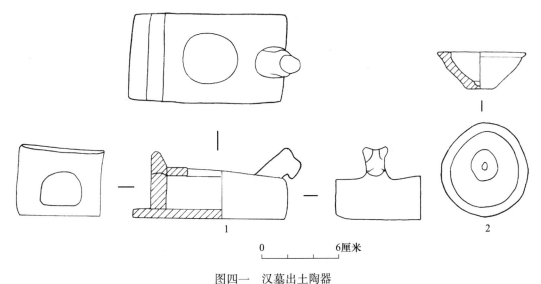

图四一　汉墓出土陶器

1.陶灶（M29：24）　2.陶釜（M29：26）

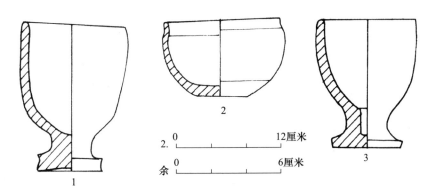

图四二　汉墓出土陶器

1、3.杯（M29：5　M29：14）　2.钵（M39：4）

图版三一，1）。M29：14，青灰陶。大口，腹较深。口径5.6、通高7.1厘米（图四二，3；图版三一，2）。

钵　1件（M39：4）。泥质灰陶。口微敛，尖圆唇，腹较深，下腹急收为小平底。素面，近底处有刮削痕迹。口径13.2、底径6、通高8.4厘米（图四二，2）。

勺　3件（复原2件）。均为泥质红褐陶，质软，圆柱形把手，素面。M29：15，平面呈桃形。敞口，圆唇，浅腹，圜底。口径4.9～5.4、通高3.1厘米（图四三，1；图版三一，3）。M37：1，平面近圆形。敞口，圆唇，浅腹，平底微外弧。把残。口径4.3～4.6、残高2.7厘米（图四三，2）。

盘　1件（M63：1）。泥质灰陶。圆唇，沿斜直，浅腹，直壁，大平底微凸。素面。口径37.4、通高3.2厘米（图四三，3）。

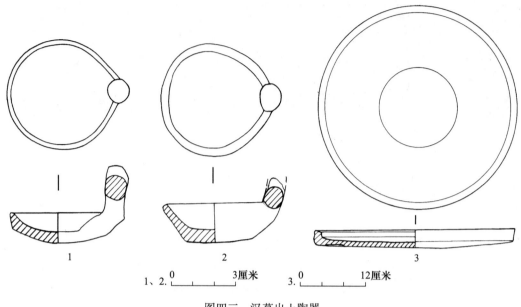

1、2. 0　　　　3厘米　　　3. 0　　　　12厘米

图四三　汉墓出土陶器

1、2. 勺（M29：15　M37：1）3. 盘（M63：1）

井　1件（M29：11）。泥质褐陶，质软，部分器表已经脱落。尖圆唇，口微侈，斜平沿，颈微束，深腹，底内凹。沿面一周凹槽，腹部有轮旋痕迹，底部饰编织纹。口径 8.4、底径 7.8、通高 10 厘米（图四四，1；图版三〇，4）。

磨　1件（M29：18）。泥质褐陶。平面呈圆形。口微侈，平沿，浅腹，圜底。中间呈柱状凸起。素面。口径 10.8、通高 3.1 厘米（图四四，5；图版三〇，5）。

猪　1件（M29：21）。泥质灰陶。捏制而成，造型生动逼真。嘴粗短，微前伸，两耳直立，体态浑圆，短足作站立状，短尾。素面。长 7、通高 3 厘米（图四四，4；图版三二，1）。

猪圈　1件（M29：27）。泥质红褐陶。平面呈不规则长方形，由厕所、猪舍和围墙组成。猪舍与厕所均为四面坡式瓦顶，四周有墙，墙上顶部为两面坡式瓦檐。长 14.4、宽 12.4、高 8 厘米（图四五；图版三二，1）。

器盖　8件（复原 7件）。均泥质陶，素面。根据整体形状以及大小不同可以分为二型。

A 型　2件。形体较大。覆碗式，圈足形抓手。M37：5，红褐陶。尖唇，斜平沿。器表饰 2 周弦纹。口径 14.5、顶径 7.4、通高 4.8 厘米（图四四，2；图版三〇，6）。M39：5，灰褐陶。弧顶，斜平沿，尖圆唇。腹较深，上腹部饰 3 周凹弦纹。口径 14.8、顶径 5.8、通高 4.4 厘米（图四四，3）。

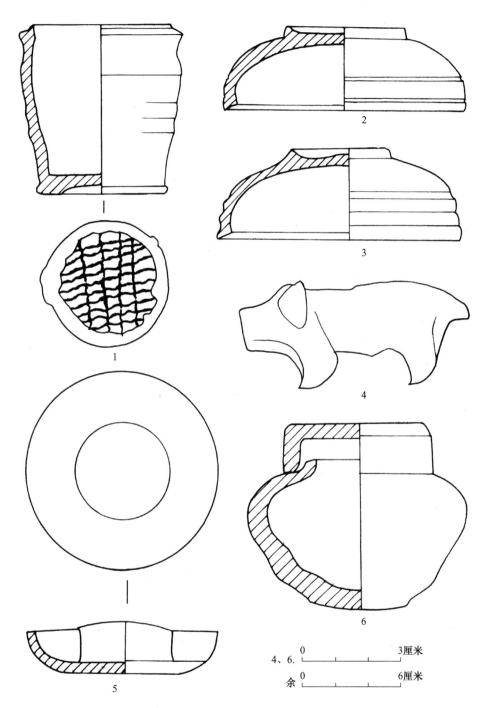

图四四　汉墓出土陶器

1.井（M29：11）　2、3.A 型器盖（M37：5　M39：5）　4.猪（M29：21）　5.磨（M29：18）

6.其他型罐（M29：25）

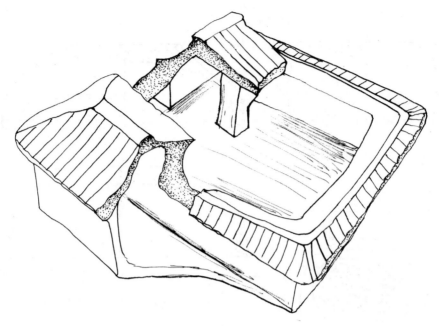

图四五　陶猪圈透视图

B 型　5 件。形体较小。均手制。覆碟式，平顶。 M45：7，褐陶。方唇，腹壁斜直。口径 5、顶径 3、通高 1.6 厘米（图四六，1）。M45：6，褐陶。圆唇，折腹。口径 5.4、顶径 3.5、通高 1.6 厘米（图四六，2）。M29：19，灰褐陶。平顶微内凹，浅腹。盖顶 2 个长条形镂孔。口径 5.2、顶径 4.8、通高 1.2 厘米（图四六，3）。M45：2，灰陶。平沿，圆唇，腹较浅。口径 4.7、顶径 3.4、通高 1.5 厘米（图四六，4）。M29：20，褐陶。圆唇，腹较深。口径 4.6、顶径 4.2、通高 1.5 厘米（图四六，5）。

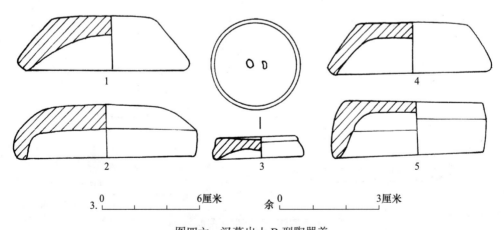

图四六　汉墓出土 B 型陶器盖
1. M45：7　2. M45：6　3. M29：19　4. M45：2　5. M29：20

研磨器　1件（M23：2）。泥质青灰陶。圆饼形，器形规整，边缘中间微内凹。素面。直径 2.4～2.8、厚 1.3 厘米（图四七，7）。

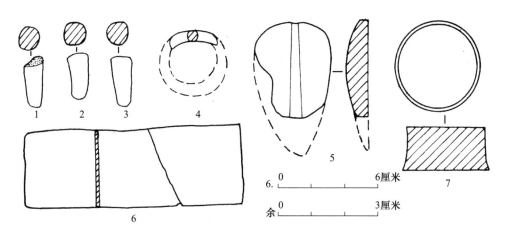

图四七　汉墓出土器物

1、2. 石耳塞（M36：4、M36：5）3. 石鼻塞（M36：6）4. 铜指环（M22：5）5. 石口琀（M36：8）
6. 石砚板（M23：1）7. 陶研磨器（M23：2）

（二）石器

6件。主要有耳塞、鼻塞、口琀和黛板。

耳塞　2件。形制近同。乳白色，圆锥体。M36：4，上部微残。长 1.5 厘米（图四七，1）。M36：5，长 1.3 厘米（图四七，2）。

鼻塞　2件（1件完整）。M36：6，乳白色，圆锥体。长 1.5 厘米（图四七，3）。M36：7，形制相似，残碎，不能复原。

口琀　1件（M36：8）。质较软。乳白色，蝉形。残长 2.9 厘米（图四七，5）。

石砚板　1件（M23：1）。长方形，磨制光滑。长 13.2、宽 4.6～4.8、厚 2 厘米（图四七，6）。

（三）铜器

3件（组）。仅有指环、铜镜和铜钱。

指环　1件（M22：5）。残，圆形。复原直径 1.9 厘米（图四七，4）。

铜镜　1面（M22：2）。四神博局纹镜。保存完好，镜面局部光鉴照人。圆形，圆纽，柿蒂纹纽座，四蒂间分布 4 个小圆圈。座外 1 周凹面方框，方框各边中心点外有"T"形纹，两边各一圆座乳钉，"L"形纹与"T"形纹对置，方框四角各对一"V"

形纹。方框与 T、L、V 纹将内区分为四方八区，每区各置一神兽、羽人或禽鸟，两两隔 "V" 形纹相对，其配置分别为：青龙对羽人，白虎、朱雀各对一禽鸟，玄武对蟾蜍。外区 2 周凸弦纹之间为铭文 "作佳镜成真大好，上有仙人不知老，渴饮玉泉饥食枣，寿如金石为国保"，铭文外为 1 周栉齿纹，边缘三角形锯齿纹及云气纹。直径 14.2 厘米（图四八；图版三二，2）。

0 ———— 3厘米

图四八　汉墓出土铜镜（M22：2）

铜钱　111 枚。五铢钱 108 枚，大部分锈蚀严重，残破者甚多，完整者较少。货泉 3 枚，其中 2 枚保存较好，字迹清楚。现选出品相较好的 19 枚标本介绍。

五铢　17 枚。根据外郭有无磨损情况，分为二型。

A 型　9 枚。外郭完整，部分铸有不同形式的记号。根据钱文字形变化分三式。

Ⅰ式：4 枚。"五" 字中间两笔较直，略带弯曲。"铢" 字的 "金" 字头呈镞形，"朱" 字头方折。M20：2-1，有穿上一横记号。直径 2.5、穿径 1 厘米（图四九，

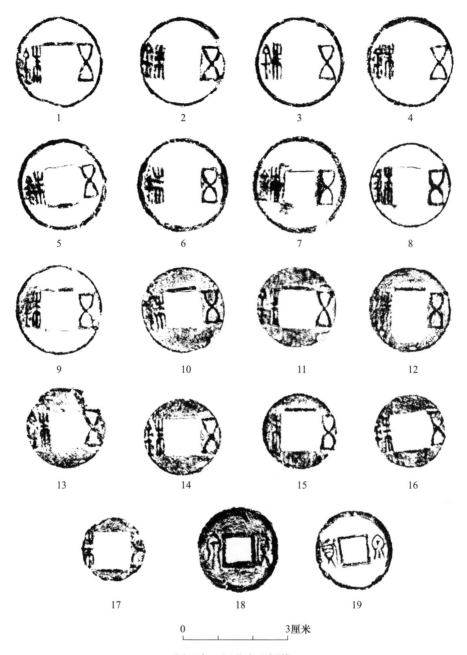

图四九　汉墓出土铜钱

1～4.A 型 I 式五铢（M20：2-1、M20：2-2、M22：1-1、M32：2）5.A 型 II 式五铢（M23：3）6～9.
A 型 III 式五铢（M39：1-1、M39：1-2　M43：4-2　M43：4-3）10～17.B 型五铢（M23：6-1、
M23：6-2　M36：3-1、M40：2-1、M36：3-2、M36：3-3、M43：4-1、M23：6-3）
18、19.货泉（M22：1-2、M22：1-3）

1）。M20：2-2，直径2.5、穿径1厘米（图四九，2）。M22：1-1，直径2.5、穿径1厘米（图四九，3）。M32：2，直径2.5、穿径1厘米（图四九，4）。

Ⅱ式：1枚。"五"字中间两笔缓曲，"铢"字的"金"字头呈三角形，"朱"字头方折。M23：3，有穿下一星记号。直径2.6、穿径1厘米（图四九，5）。

Ⅲ式：4枚。"五"字中间两笔弯曲，个别上下两横较长，"铢"字的"金"字呈三角形，"朱"字头方折。M39：1-1，直径2.6、穿径1厘米（图四九，6）。M39：1-2，直径2.65、穿径0.9厘米（图四九，7）。M4：4-2，直径2.35、穿径1厘米（图四九，8）。M43：4-3，直径2.5、穿径1厘米（图四九，9）。

B型　8枚。磨郭五铢。其外郭磨损，部分完全磨去，有的甚至钱肉也被磨去大半。M23：6-1，有穿上一横记号。直径2.35、穿径1厘米（图四九，10）。M23：6-2，有穿上一横记号。直径2.25、穿径1厘米（图四九，11）。M36：3-1，有穿上一横记号。直径2.3、穿径1厘米（图四九，12）。M40：2-1，直径2.3、穿径0.9厘米（图四九，13）。M36：3-2，直径2.2、穿径1厘米（图四九，14）。M36：3-3，有穿上一横记号。直径2.1、穿径1厘米（图四九，15）。M43：4-1，有穿下半月记号。直径2、穿径1厘米（图四九，16）。M23：6-3，直径1.8、穿径1厘米（图四九，17）。

货泉　2枚。M22：1-2，直径2.3、穿径0.7厘米（图四九，18）。M22：1-3，"货泉"两字左右倒置，且两字铸反。直径2.2、穿径0.7厘米（图四九，19）。

（四）铁器

3件。均残，锈蚀严重。

刀　2件。M39：2，圆形环首，刀身细长，直背，直刃，断面呈三角形。残长52、宽2～2.8厘米（图五〇，1）。M38：1，残为数段，不能复原。

削　1件（M17：1）。形体短小，半圆形环首，直背，直刃。残长11.3厘米（图五〇，2）。

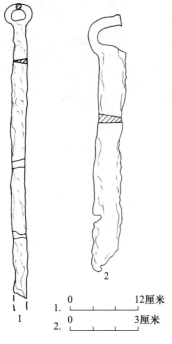

图五〇　汉墓出土铁器
1.刀（M39：2）2.削（M17：1）

四、结　语

通过对朱洼汉墓这批资料的整理与初步研究，我们对此有如下认识。

此墓地墓葬形制以石椁墓为主，土坑墓仅发现1座（M69），墓圹均为长方形土坑竖穴。椁底多铺设石板，周边多用石板围砌，顶部用石板铺盖。大部分为单层石盖板，有些较大型墓葬使用双层石盖板（M29、M30、M37、M45）。有的底部未铺设石板（M11、M23、M36、M43等）。个别椁室四周及底部均未见石板，仅在墓口盖一层石板或碎石块（M20～M22、M31、M32）。M48椁室未用石板，而是碎石垒砌。少数墓带有单侧室（M20、M23、M35），个别设双侧室（M43），其内多埋葬人骨架，并放置1～2件陶罐和少量铜钱。以单人葬墓为主，另发现少量双人合葬墓（M31、M39、M69）。

随葬陶器多为泥质，仅少量夹砂陶。陶色以灰、褐和灰褐为主。主要器物有鼎、壶、钫、罐、盒、匜、勺、仓、猪圈、猪、灶、釜、磨、盘、钵、杯、器盖等。制作工艺多为轮制，器形规整，美观大方，大多器物表面及底部留有轮旋痕迹。鼎足、长方形耳的构件等多用模具制作，然后黏贴在器物上面。小罐、器盖、猪、圈、匜、勺等则多捏制成。大部分陶器质地坚硬、不易破碎，有的则质地较软、一触即碎，个别器物外表已经脱落。器表多为素面，个别罐饰绳纹，2件匜内壁发现用红、白色彩相间绘制的云纹，有的陶盒器表则用红、白彩绘制条带纹。

纵观这批墓葬，其形制结构、面貌特征与郯城麦坡[2]、滕州东小宫[3]、滕州封山[4]、滕州东郑庄[5]、滕州顾庙[6]、曲阜柴峪[7]等地的汉代墓葬基本一致，属于同一个文化区域，陶器组合均有壶、钫、罐、盒、匜、勺、仓、猪圈、猪、灶、釜、磨、盘、钵、杯、器盖等。

通过对比发现，朱洼与上述墓地中出土的陶器，存在着许多共性和地域性特点。如朱洼的A型罐、其他型罐与麦坡的A型罐、小型罐相仿；D型罐（M20：1、M32：1）与麦坡的中型罐A型Ⅱ式（M87：1）、A型Ⅳ式（M63北：2）雷同；钫与麦坡的Ⅱ式陶钫近似；盒、杯、匜、勺、圈、仓、灶等也与其同类器物相似。朱洼的A型陶鼎（M37：3、M29：12、M29：10、M45：4）与柴峪一期的A型Ⅱ～Ⅳ式鼎（M215：4、M154：7、M80：4）近同；A型盒（M29：8、M45：4）与柴峪二期的Ab型Ⅰ、Ⅱ式盒（M215：6、M154：5、M80：7）酷似；B型盒（M29：1、M45：1、M37：7、M29：4）与柴峪Ba型Ⅰ～Ⅲ式盒（M218：7、M215：13、M154：4、M80：11）大致相同。朱洼墓葬中出土的许多陶器，如鼎、壶、罐、盒、钫、匜、杯、勺、灶、猪圈等，还与东小宫、顾庙等墓葬中的同类器形几乎完全一样。

作为一处公共墓地，由于长期在此埋葬死者，年代跨度大，延续时间长，墓葬之间的打破叠压关系又少，可以进行类型学分析的陶器也不多，为分期研究与年代判断增添了困难。

从随葬品所反映的时代特征分析，可以大概推断出这批墓葬的年代框架，时间上与麦坡、东小宫第一至三期，顾庙、封山第一、二期等年代相近。从铜钱观察，Ⅰ式五铢为武帝时期，属于西汉中期；Ⅱ式五铢为昭帝、宣帝时期，大致为西汉中期或偏晚；Ⅲ式五铢可能已经到宣帝及其以后的西汉晚期。而磨郭五铢大多出现在西汉晚期，货泉则为新莽时期所铸。综合上述分析可知，此次发掘的墓葬年代从西汉中期延续至新莽时期。

此次发掘与整理，对研究鲁南枣滕地区汉代墓葬形制、埋葬习俗、面貌特征以及历史文化等又增添了一批重要的实物资料，因而具有非常重要的意义。

附记：本报告在整理与编写过程中，得到济南市考古研究所房振、章丘市城子崖遗址博物馆徐霞副馆长的一些帮助，在此表示衷心感谢。

绘　图：王站琴　许　珊

摄　影：何德亮

拓　片：李胜利

执　笔：何德亮　王秀伟　徐　霞

　　　　李鲁滕　苏昭秀　孙柱才

注　释

［1］ 何德亮、李鲁滕、苏昭秀等：《配合西气东输工程山东滕州朱洼发掘汉代墓地》，《中国文物报》2005 年 6 月 8 日第一版。

［2］ 山东省文物考古研究所、郯城县文物管理所：《郯城县麦坡汉代墓地发掘报告》，《海岱考古》第六辑，科学出版社，2013 年。

［3］ 山东省文物考古研究所、滕州市博物馆：《山东滕州市东小宫周代、两汉墓地》，《考古》2000 年 10 期；山东省文物考古研究所、滕州市博物馆：《滕州东小宫墓地》，《鲁中南汉墓》，文物出版社，2009 年。

［4］ 山东省文物考古研究所、滕州市博物馆：《滕州封山墓地》，《鲁中南汉墓》，文物出版社，2009 年。

［5］ 山东省文物考古研究所、滕州市博物馆：《滕州东郑庄墓地》，《鲁中南汉墓》，文物出版社，2009 年。

［6］ 山东省文物考古研究所、滕州市博物馆：《滕州顾庙墓地》，《鲁中南汉墓》，文物出版社，2009 年。

［7］ 山东省文物考古研究所、曲阜市文物局：《曲阜柴峪墓地》，《鲁中南汉墓》，文物出版社，2009 年。

附表　汉代墓葬登记表

墓号(M)	方向(度)	墓扩尺寸(厘米)			葬具	骨架与葬式	随葬品	保存状况	备注
		墓道	墓口	墓底					
1	257		120×140	120×140—267	石椁		陶罐B	被破坏	
2	96		260×220—20	260×220—220		填土中有骨骼		严重破坏破坏	
3	283		320×220	330×220				破坏严重	
4	264	400×130—160	300×260—20	300×260—180	石椁			破坏严重	
5	7		340×240—20	340×240—224				破坏严重	
6	78	290×180—160	320×280	320×280—160			铜钱（填土）	破坏严重	
7	79	280×130—180	280×210—20	280×210—160				破坏严重	
8	86	400×140—160	350×250—20	350×250—160				破坏严重	
9	88	290×200—170	300×240—20	300×240—170				破坏严重	
10	264	380×134—25	286×132—25	286×132—173				破坏严重	
11	352		270×110—20	270×130—230	石椁	侧身直肢		破坏严重	无椁底板
12	79		残100×260—25	残100×260—240		填土中有骨骼		被破坏掉	
13	87		残10×120—25	残10×120—210				破坏严重	
14	82		残270×126—25	残270×126—98				破坏严重	
15	274	330×97—120	残210×148—25	残210×148—120		填土中有骨骼		被破坏	
16	94		残160×148—25	残160×148—86		填土中有骨骼	陶罐	被破坏	
17	95		230×150—40	230×150—155			铁削（填土）	被破坏，打破M46	
18	5		270×140—40	270×140—360				扰乱严重	
19	20		240×120—40	240×120—150				破坏严重	
20主室	290		250×140—130	215×70—235	石椁	仰身直肢		被破坏	仅有椁盖板
20侧室	290		220×60—50	220×60—50	石椁		陶罐D；铜钱6	被破坏	仅有椁盖板

续表

墓号（M）	方向（度）	墓圹尺寸（厘米）			葬具	骨架与葬式	随葬品	保存状况	备注
		墓道	墓口	墓底					
21	13		270×132—100	256×120—375	石椁	仰身直肢	铜钱3	被破坏	仅有椁盖板
22	15		250×90—20	260×90—235	石椁	仰身直肢	铜镜、铜指环，铜钱8	打破M23	仅有椁盖板
23主室	301		275×140—20	275×140—220	石椁	四肢散乱	石砚板；陶研磨器；铜钱21		无椁底板
23侧室	301			230×50—65	石椁	下肢平行	陶罐B2		无椁底板
24	20		290×160—40	290×160—340	石椁	四肢散乱	陶鼎B2、壶A、其他型罐、钫A、盒BⅡ、BⅢ、器盖	被破坏	椁盖、底、挡板俱全
25	10		270×120—120	270×120—230	石椁	四肢散乱	陶罐C		有头龛。椁盖、底、挡板俱全
26	360		290×170—130	290×160—410	石椁	骨骼零散	陶鼎B、钫、盒BⅢ	被破坏	椁盖、底挡板俱全
27	356		280×173—30	270×161—235	石椁	仰身直肢	陶罐B2	被破坏	椁盖、底、挡板俱全
28	353		残74×72—20	残74×72—140	石椁		陶罐A、其他型罐	被M4打破生土二层台	
29	10		300×180—55	300×190—405	石椁	仰身直肢	陶鼎A2、匜2、杯2、B2、其他型罐3、器盖2、其他型罐B2、磨、灶、釜、猪圈、猪、仓2、井	上部被破坏	双层石盖板，有边箱
30	101		260×170—60	260×128×460	石椁			被破坏	双层石盖板
31南室	292		264×125—120	213×72—320	石椁	上肢无，下肢平行放置		被破坏	仅有椁盖板

续表

墓号（M）	方向（度）	墓圹尺寸（厘米）			葬具	骨架与葬式	随葬品	保存状况	备注
		墓道	墓口	墓底					
31 北室	292		260×105—120	203×70—340	石椁	骨骼零散	陶罐；铜钱（填土）	被破坏	仅有椁盖板
32	95		250×130—80	250×130—270	石椁	四肢散乱	陶罐D；铜钱2	被破坏	仅有椁盖板
33	265		290×170—40	290×170—285	石椁	仰身直肢		被破坏	椁盖、底、挡板俱全
34	20		260×130—40	260×130—220				破坏严重	
35 主室	104		260×160—60	260×160—460	石椁木棺	仰身直肢			椁、盖、底、挡板俱全
35 侧室	104			220×70—88	石椁木棺			塌方严重	椁、盖、底、挡板俱全
36	85		270×100—20	190×50—110	石椁木棺	仰身直肢	陶罐2；耳塞2，鼻塞2，口玲；铜钱48	被破坏	无椁底板
37	4		251×173—40	251×111—374	石椁木棺	仰身直肢	陶鼎A，其他型罐，盒BⅠ，匜，壶B，勺，器盖A	被破坏	双层石盖板，有边箱
38	250		230×140—50	230×140—240	石椁	侧身直肢	铁刀；铜钱2（填土）	部分被破坏	椁、盖、底、挡板俱全
39 北室	298		275×90—35	265×110—293	石椁		铜钱	墓葬一角被破坏	椁、盖、底、挡板俱全
39 南室	298		275×125—35	265×125—330	石椁	仰身直肢	陶罐D，钵，器盖A；铜钱6；铁刀		右室早于左室。椁盖、底、挡板俱全
40	281		残194×122—25	残177×110—245	石椁	仅见头部，左上肢	陶罐D；铜钱10	破坏严重	

续表

墓号(M)	方向（度）	墓圹尺寸（厘米）			葬具	骨架与葬式	随葬品	保存状况	备注
		墓道	墓口	墓底					
41	275		260×170—50	260×135—385	石椁	四肢零散		破坏一角	椁、盖、底、挡板俱全
42	15		260×140—25	260×140—110				破坏严重	无椁底板
43主室	280		250×160—120	250×160—380	石椁	上臂放于胸前、下肢零散	陶罐B；铜钱5		无椁底板
43南侧室				210×50—75				塌方严重	无椁底板
43北侧室				210×54—65				塌方严重	无椁底板
44	15		250×120—60	250×120—220	木棺			M44打破M50	
45	7		263×163—40	263×122—400	石椁		陶鼎A，壶B，罐，盒A，匜，器盖B3	上部破坏	双层盖板，有边箱
46	20		330×180—40	330×180—240				破坏严重	被M17打破
47	274		残200×110—35	残173×60—146	石椁	仰身直肢		打破M67和M68	生土二层台
48主室	285		250×140—20	250×140—230	石椁			破坏严重	椁用碎石垒砌
48侧室	285			230×60—78		骨骼零乱			塌方未清理
49	270		260×160—20	260×160—120	石椁	仰身直肢		破坏严重	椁、盖、底、挡板俱全
50	12		255×170—60	255×160—300	石椁			被M44打破、打破M51	椁、盖、底、挡板俱全
51	15		残230×20—60	残230×20—140				被M50打破严重	
52	11		276×160—40	276×160—140	石椁木棺	仰身直肢			椁、盖、底、挡板俱全
53	96		200×180—20	200×180—140		填土中有骨骼		破坏严重	

续表

墓号(M)	方向(度)	墓圹尺寸(厘米)			葬具	骨架与葬式	随葬品	保存状况	备注
		墓道	墓口	墓底					
54	100		残320×350—20	残320×350—160				破坏严重	
55	108		240×130—20	240×130—120				破坏严重	
56	115		130×120—20	130×120—100				破坏严重	
57	95		200×190—20	200×190—120				破坏严重	
58	105		200×180—20	200×180—220			铜钱(填土)	破坏严重	
59	125	190×170—200	210×200—20	210×200—180				破坏严重	
60	90		200×140—20	200×140—180	石椁			被破坏	
61	110		180×110—20	180×110—100				被破坏	
62	295	290×120—200	残160×240—20	残160×240—200				破坏严重	
63.	95		残340×360—20	残340×360—210			陶盘	破坏严重	
64	108		残320×360—20	残320×360—190				破坏严重	
65	100	残200×270—120	残280×310—20	残280×310—120				破坏严重	
66	78		残150×205—20	残150×205—100				破坏严重	
67	30		140×95—55	140×95—165		上肢无，下肢直放		被M47打破	
68	110		残50×130—40	残50×130—252				被M47打破	
69	5		230×140—20	230×140—170	木棺	仰身直肢		被破坏	土坑合葬墓

济南市魏家庄汉代墓葬发掘报告

济南市考古研究所

魏家庄遗址位于济南市市中区魏家庄街道办事处，具体范围在经二路之南、经四路以北、纬一路以东、顺河高架路以西（图一）。为配合该片区的棚户区改造工程，2009～2010年济南市考古研究所在此进行了考古发掘。根据所处位置的地理环境并结合建设单位的规划，整个发掘区被划分为6区，即A、B、C、D、E区和大商业区，后者又可分为东、西两区（图二），共发现汉代至明清时期墓葬168座，其中汉墓95座；以及各时期灰坑、水井、窑址等遗迹若干。本文现仅对所发现的汉代墓葬报告如下。

图一　济南市魏家庄遗址位置图

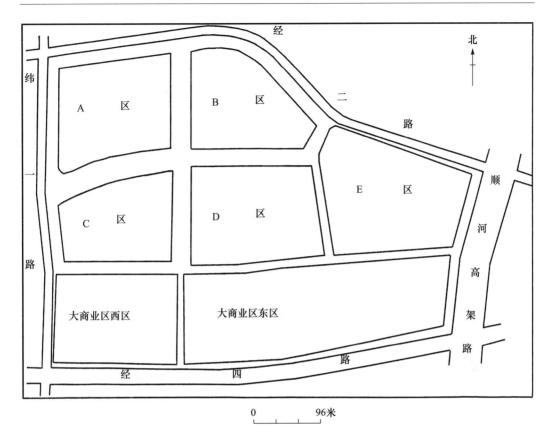

图二　魏家庄遗址发掘区分布图

一、墓葬概况

　　这批墓葬分布在 B 区、D 区和大商业区东、西两区,其中 B 区和大商业区西区较少,其他两区分布集中,部分成对排列(图三)。由于地处市区中心,历代以来的不断取土和重复建筑对遗址破坏程度很大,以致绝大部分遗迹开口于近现代建筑基础之下的生土层。汉墓多为南北向,头向北;规模较小,一般长 2.5 ～ 3.8、宽 1.3 ～ 2 米,最长的可达 5 米,最短的仅有 2.1 米,最宽的有 2.5 米,最窄者仅为 0.84 米,深度多在距地表 4 米以下,最深近 8 米;有些墓壁上挖有脚窝;大部分填土黄褐色,个别夹有砾石块,且多数土质较硬,似经夯打,但夯窝及夯层不明显。

　　墓葬结构比较简单,从形制上可分为土坑竖穴墓、土坑竖穴砖椁墓和土坑竖穴石椁墓三种。前者数量较多,占总数的一半以上,仅在竖直墓圹内置棺,部分棺外有椁,有些墓内还设器物箱,少数带壁龛或二层台。砖椁墓约占总数的一小半,在墓底用青

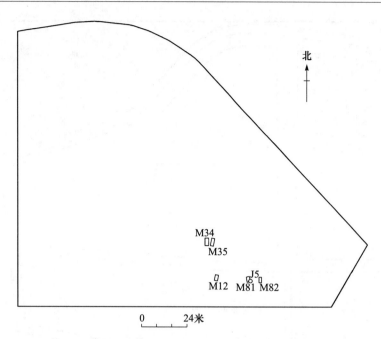

图三 A 魏家庄遗址 B 区汉代墓葬分布图

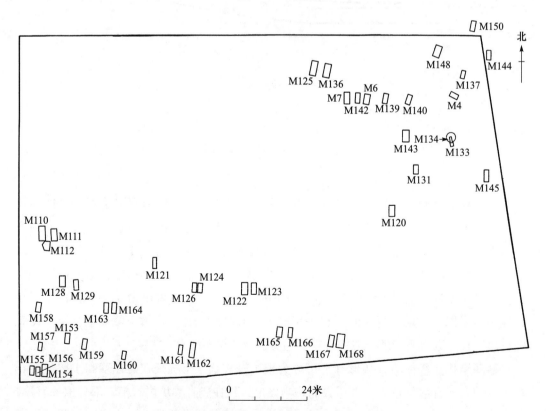

图三 B 魏家庄遗址 D 区汉代墓葬分布图

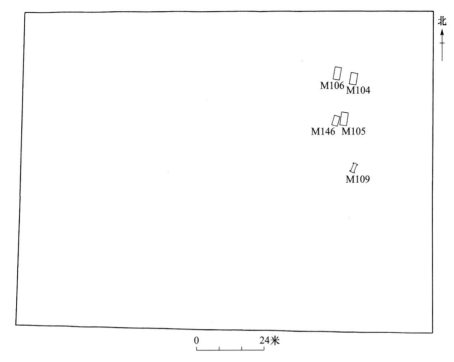

图三 C　魏家庄遗址大商业区西区汉代墓葬分布图

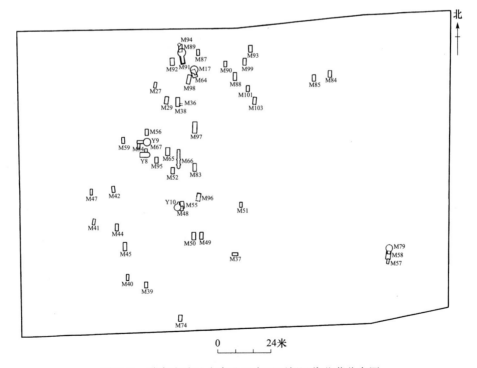

图三 D　魏家庄遗址大商业区东区西部汉代墓葬分布图

砖砌筑椁室，其内置棺，个别见二层台、壁龛或器物箱。石椁墓仅 2 座，用规整大石板砌椁，椁内单棺，外侧南端有器物箱，部分椁壁上阴线刻有简单纹饰。

随葬品种类丰富、数量较多、部分颇具特色，共出土陶、铁、铜、玉器等各类文物 630 余件（组）。其中陶器为主流，除个别为泥质白陶外，其余均为泥质灰陶；绝大多数器形为壶和罐，二者基本不同出，一般每墓 3 ~ 5 件。部分墓葬出有铁、铜和漆器（均已腐朽，仅余铜构件），主要铁器有鼎、釜、剑、削；铜器有鼎、壶、鐎壶、熏炉、带钩、镜等。约 1/3 的墓葬有带钩，过半数的有镜，其余器物则数量较少；大部分墓随葬有铜钱，个别数量较多；少数还有铜印章、铜镇、玉剑璏、玉剑首、石砚板等器物。随葬品的放置有一定规律，陶器、铁容器、铜容器和漆器绝大多数置于器物箱、壁龛中，无此类设施者则置于棺外南端（有椁者绝大多数为椁内棺外南端）；其余器物多置于棺内，其中铜镜、铜刷柄、玉剑首、石砚板等多位于墓主头部附近，铁剑、削多位于墓主身体两侧，铜带钩、印章则多在腰部，铜钱散布于棺内。

二、土坑竖穴墓

土坑竖穴墓共 53 座，其中 M29、M66、M123 三座被严重破坏，M112 为空墓，但均可据其残存形制特征判断为汉墓。其余大多保存完整，除 2 座为双人合葬墓外，均为单人葬。葬具可辨者多数为木质单棺，另有约 1/3 为一椁一棺，均仅存朽痕、个别留有红色漆皮。人骨大多腐朽严重，可辨者皆仰身直肢葬，头向北。超过 1/3 的墓葬设有木质器物箱，绝大多数为脚箱，个别还有边箱，有椁的墓葬器物箱均位于椁内棺外。

（一）M4

M4 位于 D 区东北角，开口距地表约 0.4 米，被破坏至墓底。形制为土坑竖穴墓，方向 133°。墓圹平面呈长方形，直壁、平底，长 2.3、宽 1.3、残深 0.2 米。填土黄褐色，质略松，含料姜石。墓底北壁东端有一平面近方形壁龛，边长 0.4、残高 0.2 米。墓内葬具仅存少量灰痕，有人骨架 2 具，保存较差，仰身直肢葬，头向东南。随葬品共 9 件（组），其中陶壶 3 件、陶碗 2 件、铁鐎斗 1 件，均置壁龛内；铜钱 2 枚，分别位于两人腰部；铜印章 1 件，发现于南侧人骨中部；铜钗 1 件，在北侧人骨头端（图四 A）。

陶壶　3 件。均泥质灰陶。M4：1，侈口，宽折沿，方唇，长束颈，鼓肩，斜直腹，平底。肩部饰 2 组波浪纹，每组上下各 1 周凹弦纹。口径 8、通高 22 厘米（图四 B，4；图版三七，1）。M4：2，盘口，尖唇，长束颈，鼓肩，弧腹，假圈足。肩及上

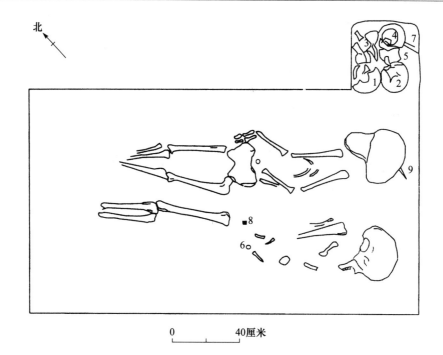

图四 A　M4平面图

1～3.陶壶　4、5.陶碗　6.铜钱　7.铁鐎斗　8.铜印章　9.铜钗

腹部呈曲折状。口径14、通高27.4厘米（图四 B，1；图版三七，2）。M4：3，口颈部残缺，圆肩，斜腹，平底。残高20.4厘米（图四 B，6）。

陶碗　2件。均泥质白陶。M4：4，敞口，圆唇，深斜腹微弧，平底，饼足。口径15、通高7.6厘米（图四 B，3；图版五一，4）。M4：5，微直口，尖圆唇，浅弧腹，圜底。口径10.8、通高4厘米（图四 B，2；图版五一，5）。

铁鐎斗　1件（M4：7）。敞口，尖圆唇，斜直腹，平底微鼓，腹部一曲状把手，三实足微向外撇。锈蚀严重。口径19、通高18.8厘米（图四 B，5）。

铜钗　1件（M4：9）。细长铜条折成"U"形，头端圆钝。长15.5厘米（图四 C，1）。

铜印章　1件（M4：8）。覆斗形印体，印面方形，鼻纽。印文"曹王鉢"。边长1.7、通高1.2厘米（图四 C，2～4；图版五〇，1）。

铜钱　2枚（M4：6）。锈蚀严重，字迹不清。

（二）M6

M6位于 D 区东北部，开口距地表约1.4米。形制为土坑竖穴墓，方向5°。墓圹平面呈长方形，直壁、平底，长2.8、宽1.4、深4.2米。填土灰褐色，土质较硬，结构紧

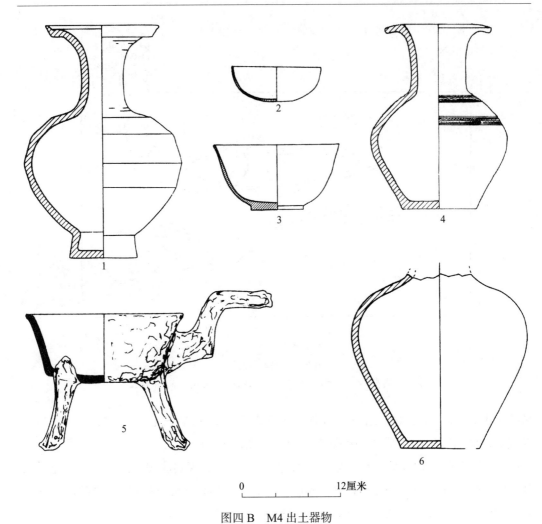

0 _____ 12厘米

图四 B　M4 出土器物

1、4、6.陶壶（M4：2、M4：1、M4：3）2、3.陶碗（M4：5、M4：4）5.铁镊斗（M4：7）

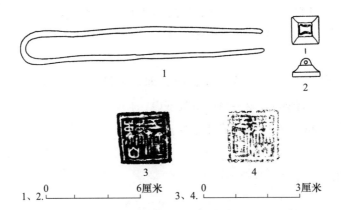

1、2. 0 _____ 6厘米　　3、4. 0 _____ 3厘米

图四 C　M4 出土器物

1.铜钗（M4：9）2.铜印章（M4：8）3.铜印章（M4：8）拓本　4.铜印章（M4：8）钤本

密。北壁西侧及西壁北侧各有一排半圆形脚窝。南壁下有一平面半圆形壁龛，弧形顶、弧壁、平底，高 1.2、宽 1.4、进深 0.62 米。墓底有葬具 1 椁 1 棺，均已朽，平面长方形。椁长 2.72、宽 1 米，棺长 2.2、宽 0.8 米。棺内有人骨架 1 具，腐朽严重，葬式不清。随葬品共 6 件（组），其中陶罐 2 件、陶壶 3 件，置于壁龛内；铜钱 3 枚，位于棺内北端（图五 A）。

陶罐　2 件。均泥质灰陶。M6：2，侈口，卷沿，圆唇，短颈，溜肩，鼓腹，平底微鼓。肩部饰 2 周凹弦纹，中腹部饰 2 周戳印纹，下腹部至底饰交错绳纹。口径 12.6、通高 31.4 厘米（图五 B，1）。M6：6，形制与 M6：2 相似，平底微凹，肩部无凹弦纹。口径 14.8、通高 30.4 厘米（图五 B，2）。

陶壶　3 件。均泥质灰陶。形制相近，盘口，方唇，短束颈，鼓腹，圜底，矮圈

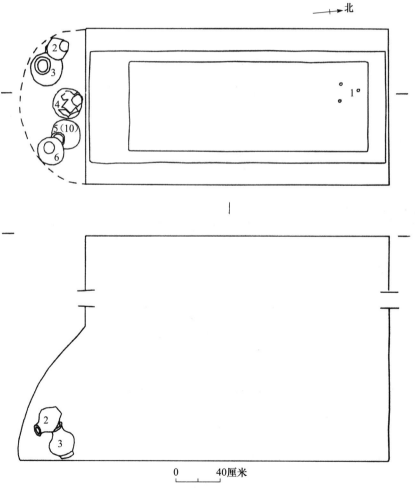

图五 A　M6 平、剖面图
1. 铜钱　2～6. 陶壶

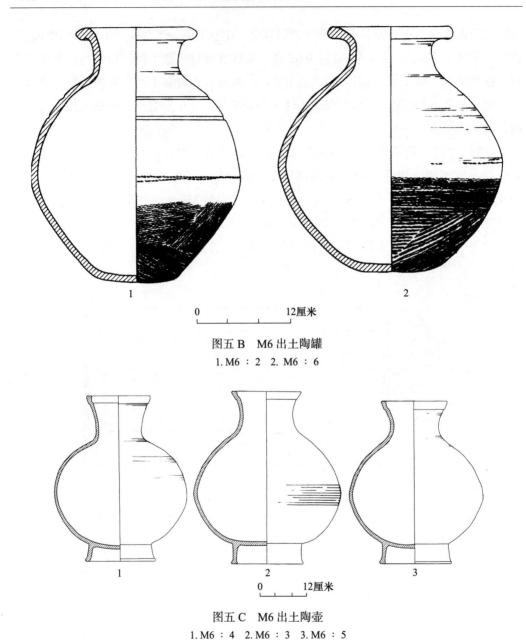

0　　　　　　12厘米

图五 B　M6 出土陶罐

1. M6：2　2. M6：6

0　　　　12厘米

图五 C　M6 出土陶壶

1. M6：4　2. M6：3　3. M6：5

足微撇。M6：3，口径 17.6、通高 43.8 厘米（图五 C，2）。M6：4，束颈稍长，鼓腹较扁。口径 16.4、通高 42 厘米（图五 C，1）。M6：5，口径 18.4、通高 41 厘米（图五 C，3）。

　　铜钱　3 枚。均为五铢。形制相近，字体较瘦，"五"字中间两笔缓曲，"铢"字的"金"字头呈三角形或镞形，"朱"字头方折。M6：1-1，直径 2.5、穿径 1 厘米（图五 D）。

（三）M34

M34 位于 B 区南部，开口距地表 1.6 米。形制为土坑竖穴墓，方向 350°。墓圹平面呈长方形，直壁、平底，长 3.7、宽 1.6、深 4 米。填土灰褐色，土质较疏松。墓底有葬具 1 棺，已朽，残留较多红色漆皮，平面长方形，长 2.46、宽 0.8 米。棺内人骨架 1 具，保存较差，可辨头向北。随葬品共 8 件（组），其中铁鼎 1 件、陶壶 3 件，置棺外南端；铜镜 1 件，位于棺内西北部；水晶饰品 1 件，位于人骨颈部；铜盆 1 件，在棺内中部；铜钱 7 枚，散见于棺内（图六 A）。

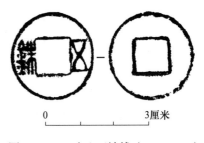

图五 D　M6 出土五铢钱（M6：1-1）

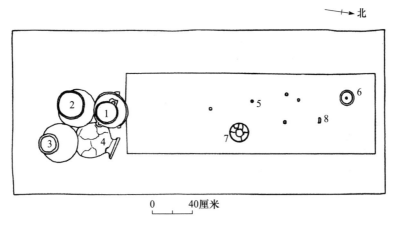

图六 A　M34 平面图
1.铁鼎　2～4.陶壶　5.铜钱　6.铜镜　7.铜盆　8.水晶饰品

铁鼎　1 件（M34：1）。锈蚀较重。敛口，方唇，溜肩，深弧腹、圜底，三蹄足瘦高。肩下部两长方形附耳微外撇，其下一周凸棱。口径 19、通高 33.6 厘米（图六 B，3）。

陶壶　3 件。均泥质灰陶。器形相似，盘口，方唇，束颈，溜肩，鼓腹略垂，圜底，矮圈足外撇。颈、腹部见轮制痕迹，下腹近底部饰斜向绳纹。M34：2，下腹 2 周戳印纹。口径 13.8、通高 29.2 厘米（图六 B，4）。M34：3，下腹 1 周戳印纹。口径 15.6、通高 33.6 厘米（图六 B，1）。M34：4，口外侧有 2 组凹槽。口径 15.6、通高 33.4 厘米（图六 B，2）。

铜盆　1 件（M34：7）。残碎，未能修复。

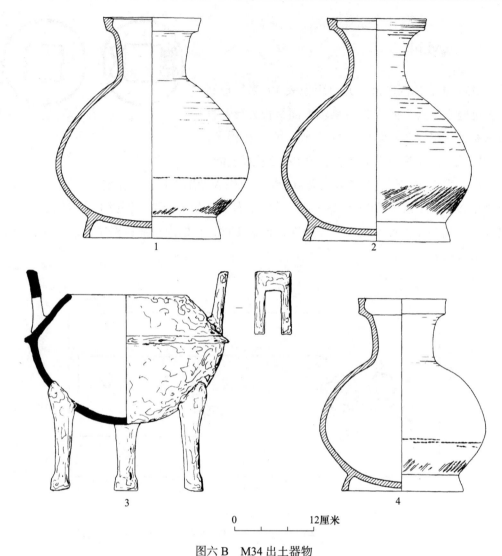

图六 B　M34 出土器物

1、2、4.陶壶（M34：3、M34：4、M34：2）　3.铁鼎（M34：1）

铜镜　1 件（M34：6）。星云镜。圆形，连峰纽，圆纽座，座内均匀分布短线纹。座外 1 周内向十六连弧纹圈带。其外 2 周凸弦纹内为主纹，4 枚联珠座的大乳钉分为 4 区，每区内各有 7 枚小乳钉。内向十六连弧纹缘。直径 9.3 厘米（图六 C，1）。

水晶饰品　1 件（M34：8）。残断，呈弧形。

铜钱　7 枚。均为五铢。形制相近，"五"字中间两笔较直而略弯，"铢"字的"金"字头呈三角形，"朱"字头方折。M34：5-1，直径 2.4、穿径 1 厘米（图六 C，2）。M34：5-2，直径 2.5、穿径 1 厘米（图六 C，3）。

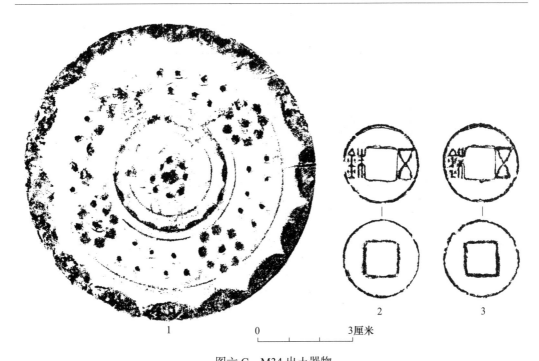

图六 C　M34 出土器物
1. 铜镜（M34：6）2、3. 五铢钱（M34：5-1、M34：5-2）

（四）M35

M35 位于 B 区南部，西距 M34 约 1.2 米，开口距地表 1.5 米。形制为土坑竖穴墓，方向 355°。墓圹平面长方形，直壁、平底，长 3.4、宽 1.5、深 4 米。填土为灰褐色，土质较疏松。葬具和人骨仅见少量朽痕。随葬品共 9 件（组），其中陶壶 3 件，置棺外南端；陶俑 1 件，置棺内西南角；铁剑 1 件，在棺内东侧；铁削 1 件，位于棺内西侧；铜带钩 1 件，位于棺内中部；铜镜 1 件，棺内东北部；铜钱 4 枚，散见于棺底（图七 A）。

陶壶　3 件。均泥质灰陶。弧顶盖，盘口，方唇，短束颈，溜肩，鼓腹，圜底，折圈足较矮。M35：1，盖纽残。盖径 21.6、残高 5 厘米；壶口径 17.6、高 40.8 厘米（图七 B，1）。M35：2，盖残未能修复。壶口径 17.6、高 41 厘米（图七 B，2）。M35：3，蘑菇形盖纽。盖径 20、高 8.6 厘米；壶口径 18、高 46.4 厘米（图七 B，3；图版三八，4）。

陶俑　1 件（M35：8）。泥质灰陶。残，仅存上半身。椭圆形脸，面部不甚清晰，可见眼、鼻、口轮廓，着右衽长袍。残高 12.2 厘米（图七 C，1）。

铁削　1 件（M35：6）。残，仅存刀身，长条形，截面呈三角形。残长 20、宽 2厘米（图七 C，3）。

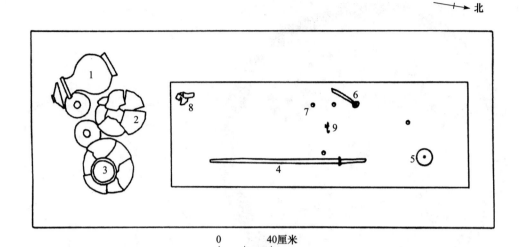

图七 A　M35 平面图
1～3.陶壶　4.铁剑　5.铜镜　6.铁削　7.铜钱　8.陶俑　9.铜带钩

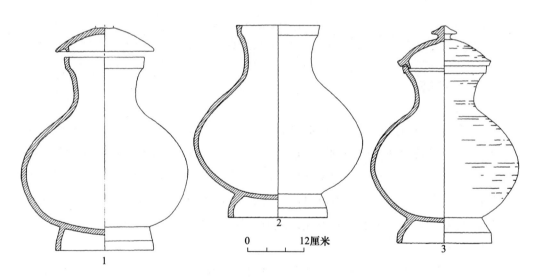

图七 B　M35 出土陶壶
1. M35：1　2. M35：2　3. M35：3

　　铁剑　1 件（M35：4）。长条形茎，方肩，凹形铜剑格，剑身窄长、断面呈菱形，前锋残。残有木柄及木质剑鞘痕迹。茎长 17、剑身残长 90 厘米（图七 C，2）。

　　铜带钩　1 件（M35：9）。整体呈琵琶形，钩首残，体较宽、薄，鼓腹、断面近半圆形，圆形纽位于钩体背面中部。残长 6.6 厘米（图七 C，4）。

　　铜镜　1 件（M35：5）。星云镜。圆形，连峰纽，圆纽座，座内均匀分布弧线及短线纹。座外 1 周内向十六连弧纹圈带。其外 2 周凸弦纹内为主纹，4 枚并蒂联珠座

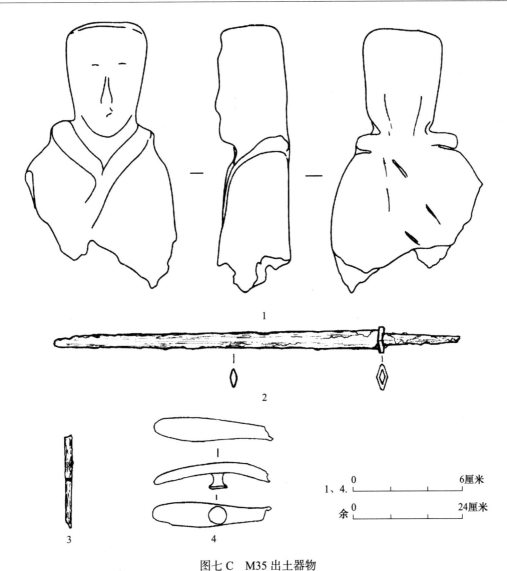

图七 C M35 出土器物
1.陶俑（M35：8） 2.铁剑（M35：4） 3.铁削（M35：6） 4.铜带钩（M35：9）

的大乳钉分为四区，每区内各有 8 枚小乳钉，以曲线相连。内向十六连弧纹缘。直径 10.3 厘米（图七 D，1）。

铜钱　4 枚。均为五铢。其中 2 枚字迹较清，字形一致，字体稍宽，"五"字中间两笔缓曲，"铢"字的金字头呈三角形，"朱"字头方折。M35：7-1，直径 2.4、穿径 1.1 厘米（图七 D，2）。M35：7-2，直径 2.45、穿径 1 厘米（图七 D，3）。

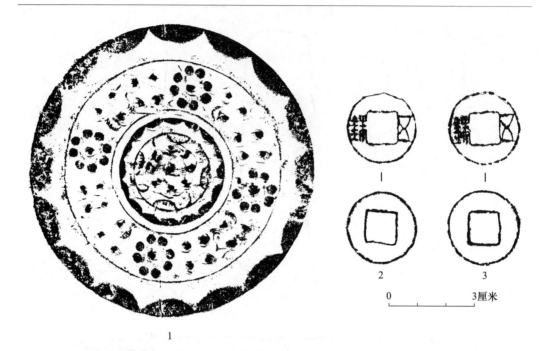

图七 D　M35 出土器物

1. 铜镜（M35 ∶ 5）　2、3. 五铢钱（M35 ∶ 7-1、M35 ∶ 7-2）

（五）M47

　　M47 位于大商业区东区西部，开口距地表 1.3 米。形制为土坑竖穴墓，方向 5°。墓圹平面长方形，直壁、平底，长 2.9、宽 0.92、残深 0.6 米。填土黄褐色，土质较松。墓底葬具 1 棺，已朽，平面长方形，长 2.02、宽 0.64 米。棺内人骨架 1 具，仰身直肢葬，头向北。随葬品共 2 件，其中陶罐 1 件，置棺外北端；铜镜 1 件，在墓底东南角（图八 A）。

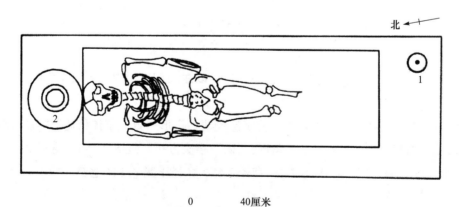

图八 A　M47 平面图

1. 铜镜　2. 陶罐

陶罐　1件（M47：2）。泥质灰陶。直口，斜折沿，方唇，短颈，溜肩，鼓腹近折，小平底。肩部饰1周宽凹弦纹，腹中部饰3周戳印纹，下部及底部饰竖绳纹。口径20、通高38.8厘米（图八B，1）。

铜镜　1件（M47：1）。圈带蟠螭镜，锈蚀严重。圆形，弦纹纽，纽外凹面圈带。纹饰由主纹和地纹组成，地纹为稀疏的圆涡纹；主纹是四组涡化的螭纹，一端为"C"字形，"C"字形中有一乳钉纹，另一端为不完整的"C"字形。其外为内向十六连弧纹圈带。凸缘。直径12.1厘米（图八B，2；图版四五，1）。

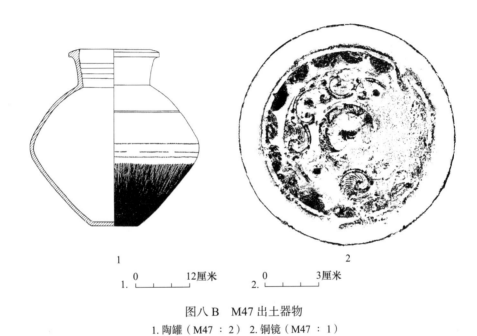

图八B　M47出土器物
1.陶罐（M47：2）　2.铜镜（M47：1）

（六）M49

M49位于大商业区东区西南部，距M50约2米，开口距地表1.3米。形制为土坑竖穴墓，方向0°。墓圹平面长方形，直壁、平底，长3.2、宽1.5、深3.3米。填土灰褐色，土质略硬。西壁北端和北壁西侧各有5个半圆形脚窝，间距0.4米。南壁下有一平面近半圆形壁龛，弧形顶、弧壁、平底，高0.74、底宽1.5、进深0.4米。墓底有葬具1棺，已朽，平面长方形，长2.68、宽1.04米。棺内人骨架1具，腐朽严重，可辨头向北。随葬品共10件（组），其中陶壶5件、柿蒂形铜饰1组5件，置壁龛内；铁鼎1件、铜熏炉1件，位于棺外西南角；铜盆1件，见于棺内东北角；铜钱1枚，位于棺内东侧（图九A）。

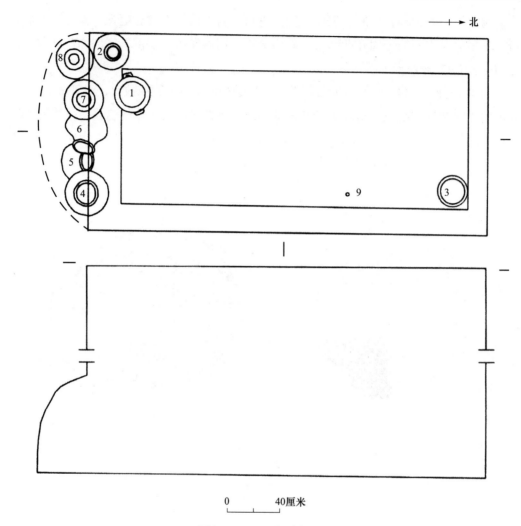

图九 A M49 平、剖面图
1.铁鼎 2.铜熏炉 3.铜盆 4～8.陶壶 9.铜钱 10.柿蒂形铜饰（压在 6 下）

陶壶 5件。均泥质灰陶。M49：4，盘口，方唇，口内侧内凹、外侧 2 周凹槽，束颈较短，溜肩，鼓腹略扁，圜底，矮圈足。上腹见快轮旋痕，下腹饰 4 周戳印纹。口径 17.8、通高 39.4 厘米（图九 B，1）。M49：5，形制与 M49：4 相同，下腹饰 2 周戳印纹。口径 17.6、通高 39.2 厘米（图九 B，2）。M49：6，器形亦相近，下腹饰 3 周戳印纹。口径 18、通高 38.6 厘米（图九 B，3）。M49：7，盘口，方唇，口内侧微凹，短束颈，溜肩，鼓腹，最大腹径居下，圜底近平，矮圈足。周身见快轮旋痕，下腹部饰 2 周戳印纹。口径 15.6、通高 30 厘米（图九 B，4）。M49：8，形制与 M49：7 相近，唯鼓腹较圆。口径 16、通高 31.4 厘米（图九 B，5）。

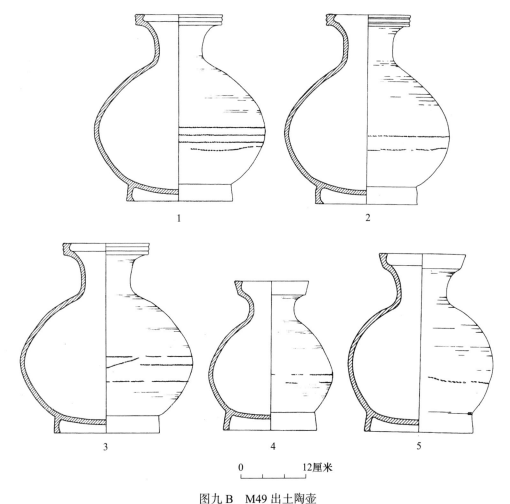

图九 B　M49 出土陶壶

1.M49：4　2.M49：5　3.M49：6　4.M49：7　5.M49：8

铁鼎　1件（M49：1）。锈蚀较重。敛口，卷圆唇，圆肩，深弧腹，圜底，三蹄足较高。肩下部两长方形立耳外撇，其下一周凸棱。口径18、通高32厘米（图九C，2）。

铜熏炉　1件（M49：2）。由盖、身、柄、座和承盘五部分组成。盖与身以子母口相扣合，盖为直壁母口，顶部鼓起作博山状，其上重叠山峰和镂孔交错分布。盖与身口部设枢轴以扣接。炉身为子口微敛，圆唇，圆腹，圜底；腹中部饰一周凸圈带，其上侧对饰两铺首衔环，环均残失。身底设圈足状结构套入柄内。柄、座皆中空，与承盘接为一体。柄近管状，中部鼓起。座呈矮喇叭形圈足。承盘敞口，折沿，折腹，矮圈足，圈足上与炉座相连、内中空。盖径11.2、炉口径10.8、承盘口径23.6、通高16.8厘米（图九C，1；彩版四，1）。

铜盆　1件（M49：3）。锈蚀严重，未能修复。

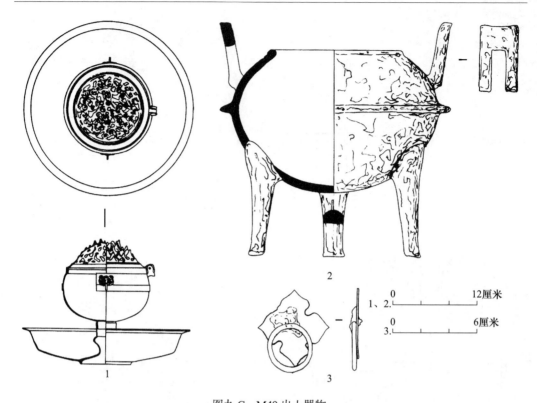

图九 C　M49 出土器物

1.铜熏炉（M49：2）　2.铁鼎（M49：1）　3.柿蒂形铜饰（M49：10-5）

柿蒂形铜饰　1组5件。形制基本相同。整体近方形，扁平四瓣柿蒂状，中部一长方形穿孔，内置较长桥形纽，纽正面内衔一圆环、穿过柿蒂背面后兼有插榫作用。部分柿蒂纽及衔环残失。M49：10-5，孔内附桥形纽，纽内衔环。边长约3.6、环径3.2厘米（图九 C，3）。

铜钱　1枚（M49：9）。锈蚀严重，字迹不清。

（七）M52

M52 位于大商业区东区西部，开口距地表约 1.5 米。形制为土坑竖穴墓，方向5°。墓圹平面长方形，直壁、平底，长3、宽1.3、深5.5 米。填土灰褐色，土质松软。墓葬中北部有一扰坑打穿墓底。未见葬具及人骨痕迹。随葬器共6件，其中陶壶5件、铁鼎1件，均置于墓底南端（图一〇 A）。

陶壶　5件。均泥质灰陶。M52：2，侈口外侧近似盘口状，方唇、唇外侧1周尖凸棱，短束颈，溜肩，鼓腹，圜底近平，折圈足较矮。周身见快轮旋痕，腹部饰2周戳印纹。口径18、通高39厘米（图一〇 B，1）。M52：3，侈口外侧近似盘口

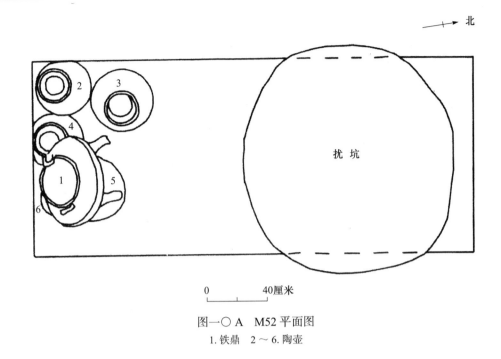

图一〇 A　M52 平面图

1. 铁鼎　2～6. 陶壶

状，方唇、唇面有 1 周凹槽，短束颈，溜肩，圆鼓腹，圜底，折圈足较矮。腹部饰 1
周戳印纹。口径 18.2、通高 39.8 厘米（图一〇 B，2；图版三七，3）。M52：4，侈
口外侧近似盘口状，方唇，颈部之下与 M52：2 相似。口径 18、通高 39 厘米（图
一〇 B，3）。 M52：5，形制与 M52：2 相似，鼓腹略扁。口径 18、通高 38.4 厘
米（图一〇 B，4）。M52：6，侈口，方唇，束颈较短，溜肩，圆鼓腹，平底。周
身见快轮旋痕，腹部饰 1 周戳印纹。口径 10.2、通高 12.8 厘米（图一〇 C，2；图版
三七，4）。

　　铁鼎　1 件（M52：1）。锈蚀严重。敛口，尖唇，圆肩，浅弧腹，圜底，三蹄足较
高。肩中部两环形立耳微外撇，下部 1 周凸棱。口径 26、通高 34.8 厘米（图一〇 C，1）。

（八）M55

　　M55 位于大商业区东区西部，开口距地表 1.5 米。形制为土坑竖穴墓，方向 0°。
墓圹平面长方形，直壁、平底，长 3.4、宽 1.2、深 4 米。填土深灰褐色，致密，含少
量石块、陶片。墓底有葬具 1 棺，已朽，平面长方形，长 2.3、宽 0.86 米。棺内人骨架
1 具，腐朽严重，可辨头向北。棺南侧有器物箱 1 具，已朽，长方形，长 0.8、宽 0.7
米。随葬品共 9 件（组），其中陶壶 4 件、铜构件 1 组，位于器物箱内；铜镜 1 件，置
棺内东北部漆奁内，漆奁已朽，仅余部分银箍；铜熏炉 1 件、铜带钩 1 件，见于棺内

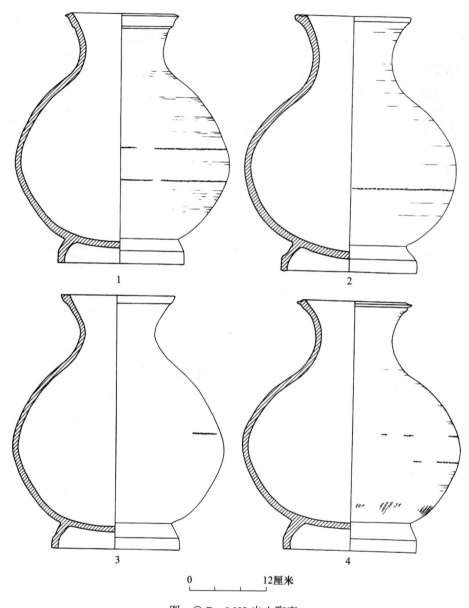

0   12厘米

图一○ B　M52 出土陶壶

1. M52：2　2. M52：3　3. M52：4　4. M52：5

中西部；铜钱 14 枚，散布于棺内中部（图一一 A）。

陶壶　4件。均泥质灰陶。M55：5，口残，束颈，溜肩，圆鼓肩，圜底，矮圈足。腹部饰 3 周戳印纹。残高 35.4 厘米（图一一 B，1）。M55：6，盘口，方唇，短束颈，溜肩，鼓腹略垂，圜底近平，矮圈足。腹部饰 1 周戳印纹。口径 17.6、通高 38.4 厘米（图一一 B，4）。M55：7，形制与 M55：6 相似，周身见快轮旋痕，腹中部饰 1 周戳印纹，底部饰斜向绳纹。口径 18.4、通高 36.6 厘米（图一一 B，3）。M55：

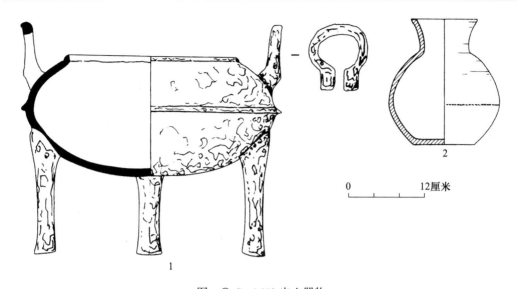

图一○C　M52 出土器物
1. 铁鼎（M52：1）　2. 陶壶（M52：6）

→ 北

图一一A　M55 平面图
1. 铜熏炉　2. 铜镜　3. 铜钱　4. 铜带钩　5～8. 陶壶　9. 铜构件

8，盘口，方唇，短束颈，颈上部 1 周凸棱，圆肩，球腹，矮圈足。颈部见快轮旋痕，腹下部饰 1 周戳印纹。口径 14.8、通高 16.3 厘米（图一一B，2）。

铜熏炉　1 件（M55：1）。由盖、身、柄和座四部分组成。盖与身以子母口相扣合，盖为母口，呈高耸博山形，饰层峦叠嶂，中有诸多镂孔。身为子口微敛，弧腹，圜底，矮圈足；腹中上部饰一周凸圈带，其下一周凸棱。柄为一昂首、展翅的站立仙鹤，其顶上置一矮筒形结构、套入炉身圈足中。座为一昂首、匍匐之乌龟，平底。盖

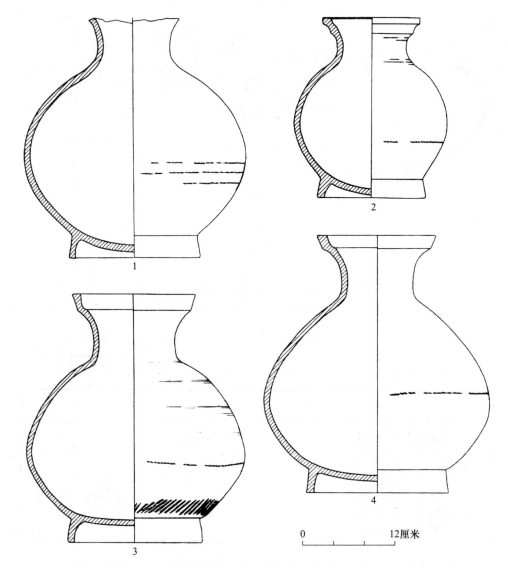

图——B　M55 出土陶壶

1. M55：5　2. M55：8　3. M55：7　4. M55：6

径 9.6、炉身口径 9.2、通高 20.4 厘米（图——C，5；彩版四，2）。

铜带钩　1 件（M55：4）。锈蚀严重，残碎，未能修复。

铜构件　1 组 4 件。M55：9-1，铺首衔环。整体呈倒置梯形的变体兽面纹，双目圆睁，双眉上扬后内卷，头顶两侧各一短尖耳、中部一尖角，鼻下垂后卷呈半环形，内衔一圆环；背面平整，下部一近锥形插榫。部分铺首衔环及插榫残失。铺首长 4、宽 2、环径 3 厘米（图——C，1）。M55：9-2，柿蒂形饰，扁平四瓣柿蒂状，四瓣大小一致，整体近方形，中部一长方形孔，内置较长桥形纽，残断，正面纽内衔一圆环。

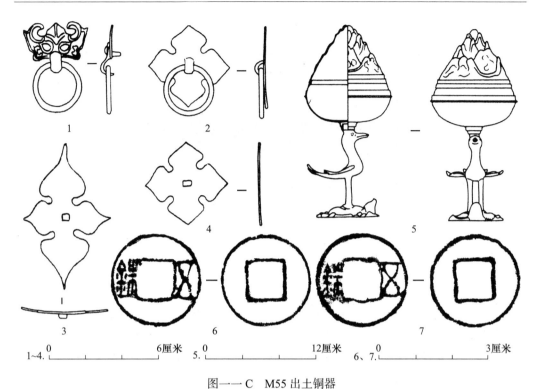

图一一C　M55 出土铜器

1. 铺首（M55：9-1）　2～4. 柿蒂形铜饰（M55：9-2、M55：9-4）　5. 熏炉（M55：1）
6、7. 五铢钱（M55：3-1、M55：3-2）

边长 5、环径 3.1 厘米（图一一C，2；图版四九，4）。M55：9-4，形制同 M55：9-2，唯纽及圆环缺失（图一一C，4）。M55：9-3，柿蒂形饰，两瓣较大，两瓣较小，整体较扁长。长 8.5、宽 5.65 厘米（图一一C，3；图版四九，3）。

铜镜　1 件（M55：2）。残，腐朽严重，纹饰不清。

铜钱　14 枚。均为五铢，其中磨郭五铢 1 枚。M55：3-1，字体较瘦，"五"字中间两笔较直，"铢"字的"金"字头呈三角形，"朱"字头方折。直径 2.5、穿径 1 厘米（图一一C，6）。M55：3-2，字体较瘦，"五"字中间两笔缓曲，末端内收，"铢"字的"金"字头呈镞形，"朱"字头方折。直径 2.6、穿径 1 厘米（图一一C，7）。

（九）M59

M59 位于大商业区东区西部，开口距地表 1.3 米。形制为土坑竖穴墓，方向 0°。墓圹平面长方形，直壁、平底，长 2.3、宽 1.3、残深 0.66 米。填土黄褐色，疏松。墓底有葬具 1 棺，已朽，平面长方形，长 2.03、宽 0.7 米。棺内人骨架 1 具，仰身直肢葬，头向北。随葬品有陶罐 2 件，置于棺外南端（图一二A）。

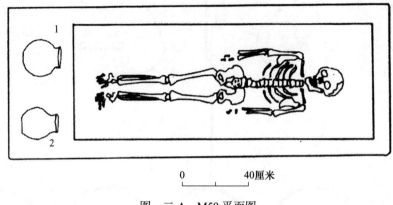

图一二 A　M59 平面图

1、2. 陶罐

陶罐　2件。均泥质灰陶。M59：1，侈口，平折沿，圆唇，短颈，溜肩，鼓腹，平底较小。腹下部饰绳纹，大部磨去。口径 17、通高 32.4 厘米（图一二 B，1）。M59：2，微侈口，折沿稍斜，方唇，短颈，溜肩，圆鼓腹，平底较小。中腹饰 3 周戳印纹，下部至底饰斜向绳纹。口径 17.2、通高 32.8 厘米（图一二 B，2）。

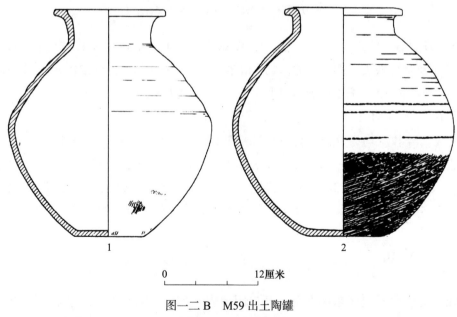

图一二 B　M59 出土陶罐

1. M59：1　2. M59：2

（十）M65

M65 位于大商业区东区西部，开口距离地表 1.5 米。形制为土坑竖穴墓，方向 10°。墓圹平面长方形，直壁、平底，长 3.8、宽 1.8、深 4.4 米。填土灰褐色，土质略松。东西两壁的南北两端距墓底 1.5 米处各有一方形壁龛，边长 0.2、进深 0.2 米。南壁底一长方形壁龛，高 1.5、宽 1.4、进深 0.8 米。墓底有葬具 1 椁 1 棺，均木质，已朽，平面长方形。椁长 3.6、宽 1.64 米；棺长 2.56、宽 0.96 米，残存少量红色漆皮。棺内人骨架 1 具，腐朽严重，可辨头向北。随葬品共 11 件（组），其中陶壶 4 件、铁鼎 1 件，位于椁内棺外南端；铜镜 1 件，置棺内西北处；铁剑 1 件、铁削 1 件、铜带钩 1 件、铜印 1 件见于棺内中部；铜钱 9 枚，散布于棺内（图一三 A）。

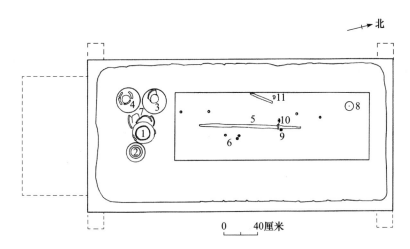

图一三 A　M65 平面图

1. 铁鼎　2~4、7. 陶壶　5. 铁剑　6. 铜钱　8. 铜镜　9. 铜印章　10. 铜带钩　11. 铁削

陶壶　4 件。均泥质灰陶。形制相近，盘口外撇，方唇，束颈较短，溜肩，鼓腹，圜底，矮圈足外撇。M65：2，鼓腹略垂，器身见快轮旋痕，中腹饰 1 周戳印纹。口径 12、通高 25 厘米（图一三 B，1）。M65：3，鼓腹略垂。口径 16.8、通高 35.2 厘米（图一三 B，4）。M65：4，中腹 1 周戳印纹。口径 12.4、通高 26.8 厘米（图一三 B，2）。M65：7，鼓腹较扁，下腹 2 周戳印纹。口径 16、通高 37.2 厘米（图一三 B，3）。

铁鼎　1 件（M65：1）。敛口，圆唇，溜肩，深弧腹，圜底，三蹄足瘦高，肩下部两长方形立耳微外撇，其下一周凸棱。口径 19.2、通高 33.6 厘米（图一三 C，1）。

铁剑　1 件（M65：5）。长条形茎，方肩，"一"字形剑格，剑身窄长、断面呈菱形，断为三截，前锋残。残长 98、茎长 16 厘米（图一三 C，3）。

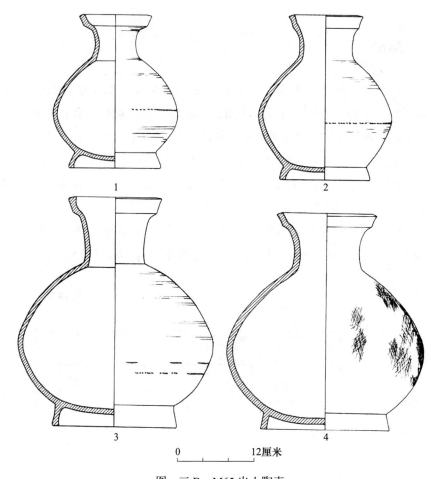

图一三 B　M65 出土陶壶

1. M65 ： 2　2. M65 ： 4　3. M65 ： 7　4. M65 ： 3

　　铁削　1 件（M65 ： 11）。锈蚀严重，残碎，未能修复。

　　铜带钩　1 件（M65 ： 10）。整体呈琵琶形，钩首兽首形，体较粗短，鼓腹、断面近半圆形，圆形纽位于钩体背面近尾部。长 5.5 厘米（图一三 C，2）。

　　铜印　1 件（M65 ： 9）。锈蚀严重，残碎未能修复。

　　铜镜　1 件（M65 ： 8）。日光连弧铭带镜。圆形，圆纽，简化柿蒂纹纽座，蒂间分布短弧线纹（内附 3 条短线）。座外一周内向八连弧纹圈带，其外 1 周短斜线纹和凸弦纹。2 周短斜线圈带（外周内侧附凸弦纹）之间为铭文带"见日月心，□□勿忘"，字体简化，每字间隔一类似涡纹符号。窄素缘。直径 7 厘米（图一三 D，1；图版四五，2）。

　　铜钱　9 枚。均为五铢钱。M65 ： 6-1，"五"字中间两笔斜直，"铢"字的"金"字头呈三角形，"朱"字头方折。直径 2.5、穿径 1 厘米（图一三 D，2）。M65 ： 6-2，

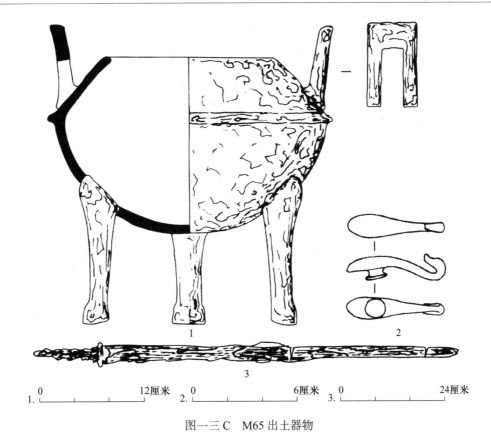

图一三 C　M65 出土器物

1.铁鼎（M65：1）　2.铜带钩（M65：10）　3.铁剑（M65：5）

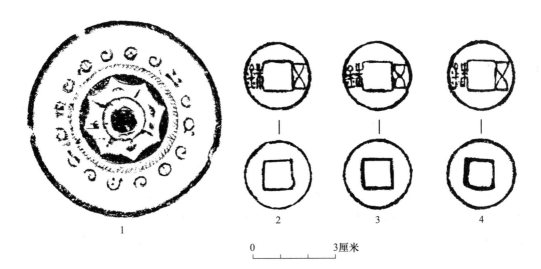

图一三 D　M65 出土器物

1.铜镜（M65：8）　2～4.五铢钱（M65：6-1、M65：6-2、M65：6-3）

"五"字瘦小，中间两笔弯曲，"铢"字的"金"字头呈三角形，"朱"字头方折。直径2.5、穿径1厘米（图一三D，3）。M65：6-3，"五"字中间两笔较直而略弯，"铢"字的"金"字头呈镞形，"朱"字头方折。直径2.5、穿径1厘米（图一三D，4）。

（十一）M83

M83位于大商业区东区西部，开口距地表1.5米。形制为土坑竖穴墓，方向0°。墓圹平面长方形，直壁、平底，长3.5、宽1.5、深4.6米。填土灰褐色，土质略松。墓底有葬具1棺，已朽，残存较多红色漆皮，平面长方形，长2.28、宽0.93米。棺内人骨架1具，朽成粉末，仰身直肢葬，头向北。随葬品共9件（组），其中陶壶2件、铁釜1件，置棺外南端；铜镜1件，位于头骨东侧；铁剑1件，在人骨中部东侧；铁削1件、石砚板1件，见于人骨中部西侧；铜带钩1件，发现于墓主腰部；铜钱8枚，散布于棺内（图一四A）。

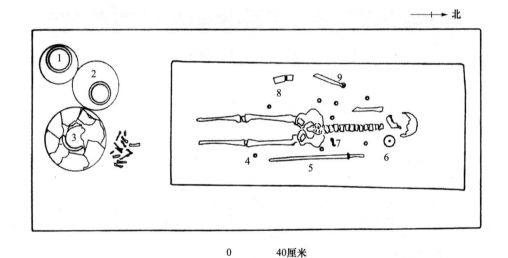

0　　　40厘米

图一四A　M83平面图

1.铁釜　2、3.陶罐　4.铜钱　5.铁剑　6.铜镜　7.铜带钩　8.石砚板　9.铁削

陶壶　2件。均泥质灰陶。形制相近，直口略敞，方唇，口外侧1周凹槽，短束颈，溜肩，鼓腹，圜底，矮圈足。器身见快轮旋痕，下腹施竖向绳纹。M83：2，口径14.8、通高35.2厘米（图一四B，1）。M83：3，口径14.4、通高37厘米（图一四B，3）。

铁釜　1件（M83：1）。侈口，尖唇，束颈，溜肩，鼓腹，圜底。肩部双耳残断。口径21、通高23厘米（图一四B，2）。

铁剑 1件（M83：5）。长条形茎，方肩，凹形铜剑格，剑身窄长、断面呈菱形，前锋残。残长 88.4、茎长 19、剑身宽 3 厘米（图一四 B，4）。

铁削 1件（M83：9）。锈蚀严重，断为两截。椭圆形环首，直柄，直背，直刃，刀柄与刀身基本等宽。长 27.4、宽 2 厘米（图一四 B，6）。

铜带钩 1件（M83：7）。整体呈琵琶形，钩首兽首形，体较粗短，鼓腹，断面近半圆形，圆形纽位于钩体背面近尾部。长 6.3 厘米（图一四 B，5）。

石砚板 1件（M83：8）。页岩制成，制作规整、磨光。扁平长方形，横断面呈梯形，断为两节，一角残缺。底面长 13.2、宽 5.4、厚 0.2 厘米（图一四 B，7）。

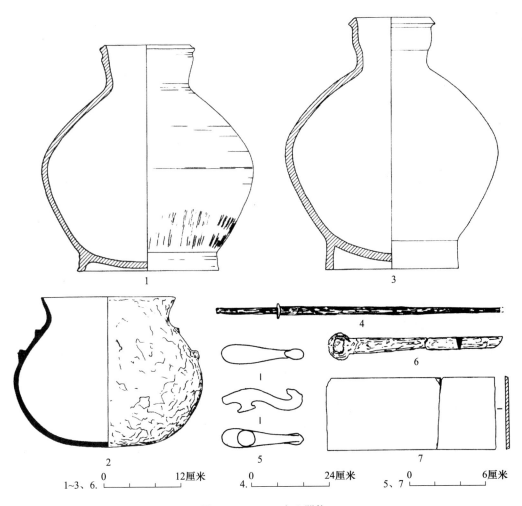

图一四 B M83 出土器物

1、3.陶壶（M83：2、M83：3）2.铁釜（M83：1）4.铁剑（M83：5）5.铜带钩（M83：7）
6.铁削（M83：9）7.石砚板（M83：8）

　　铜镜　1件（M83：6）。星云镜，锈蚀较重。圆形，连峰纽，圆纽座。座外1周内向十六连弧纹圈带。其外2周凸弦纹内为主纹，4枚联珠座的大乳钉分为4区，每区内各有7枚小乳钉。内向十六连弧纹缘。直径9.7厘米（图一四C，1）。

　　铜钱　8枚。均为五铢。M83：4-1，字体瘦长，"五"字中间两笔较直而略弯，"铢"字的金字头呈镞形，"朱"字头方折。直径2.5、穿径1.1厘米（图一四C，2）。M83：4-2，字体瘦长，"五"字中间两笔较直而略弯，"铢"字的金字头呈三角形，"朱"字头方折。直径2.4、穿径1.1厘米（图一四C，3）。M83：4-3，字体瘦长，"五"字中间两笔弯曲、末端近平行，"铢"字的金字头呈三角形，"朱"字头方折。直径2.5、穿径1.1厘米（图一四C，4）。

（十二）M84

　　M84位于大商业区东区中北部，开口距地表1.2米。形制为土坑竖穴墓，方向352°。墓圹平面长方形，直壁、平底，长2.9、宽1.5、深3.6米。填土下部为直径20厘米左右的不规则形料姜石，因坍塌原厚度不详；其上为浅褐色土，土质疏松。南壁距墓底0.8米处有一长方形壁龛，长1.3、高1、进深0.4米。墓底有葬具1椁1棺，已朽，平面长方形。椁长2.78、宽0.8米；棺长2.02、宽0.7米，残存少量红色漆皮。棺内人骨架1具，仰身直肢葬，头向北。随葬品共8件（组），其中陶壶3件，置壁龛

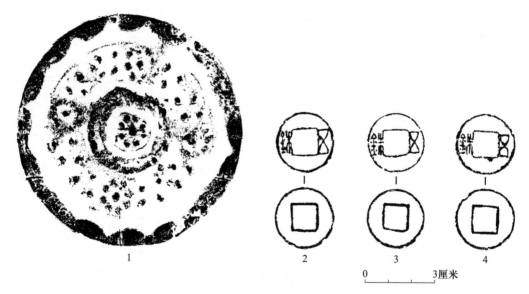

0　　　　　3厘米

图一四C　M83出土器物

1.铜镜（M83：6）　2～4.五铢钱（M83：4-1、M83：4-2、M83：4-3）

内；铜盆 1 件、铜熏炉 1 件，位于椁内棺外南端；铜镜 1 件，在上肢东侧；铁削 1 件，置头骨东；铜钱 30 枚，散布于棺内及两陶壶内；另于椁南端发现较多红色漆皮及禽类骨骼（图一五 A）。

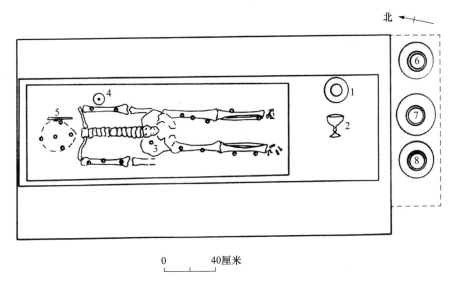

图一五 A　M84 平面图
1. 铜盆　2. 铜熏炉　3. 铜钱　4. 铜镜　5. 铁削　6~8. 陶壶

陶壶　3 件。均泥质灰陶。M84：6，侈口，方唇，唇面微凹，短束颈，溜肩，鼓腹，圜底，矮圈足外撇。颈部残余红色彩绘波纹，中下腹饰 2 周中腹 1 周戳印纹。口径 18、通高 36.8 厘米（图一五 B，1）。M84：7，盘口，方唇，口内侧内凹，短直颈，圆肩，球腹，圜底，矮折圈足。壶身饰红色彩绘，口、颈、腹各一周宽带纹，上腹饰卷云纹，下腹饰波纹。口径 17.6、通高 37.4 厘米（图一五 B，2）。M84：8，侈口，方唇，口外侧一周凸棱，斜直颈，溜肩，圆鼓腹，圜底近平，矮折圈足。颈、腹各一周宽带纹，上腹饰卷云纹，颈及下腹饰波纹。口径 16.8、通高 38.6 厘米（图一五 B，3；图版三八，3）。

铁削　1 件（M84：5）。长条形，锈蚀严重，未能修复。

铜盆　1 件（M84：1）。残碎，未能修复。

铜熏炉　1 件（M84：2）。由盖、身、柄和座四部分组成。盖缺失，炉身略变形。炉身为子口微敛，圆唇，弧腹，圜底，腹中部饰一周凸圈带。柄为实心竹节状，中部一节圆鼓。座为喇叭形圈足，饰一周凸弦纹。口径 9.6、通高 11.8 厘米（图一五 B，4；彩版四，3）。

铜镜　1 件（M84：4）。日光连弧铭带镜。圆形，圆纽，圆纽座。座外 1 周内向八连弧纹圈带。两组凸弦纹和短斜线圈带之间为铭文带"见日之光，天下大明"，每字

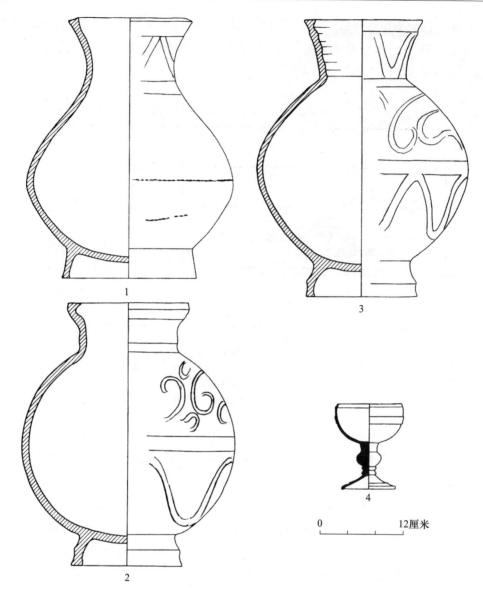

图一五 B　M84 出土器物

1～3.陶壶（M84∶6、M84∶7、M84∶8）4.铜熏炉（M84∶2）

间隔一类似涡纹或带"十"字的菱形纹符号。宽素缘。直径 7.8 厘米（图一五 C，1）。

铜钱　9 枚。均为五铢。M84∶3-1，字体较瘦，"五"字中间两笔缓曲，"铢"字的"金"字头呈三角形，"朱"字头圆折。直径 2.5、穿径 1 厘米（图一五 C，2）。M84∶3-2，字体瘦长，"五"字中间两笔弯曲、末端近平行，"铢"字的"金"字头呈三角形，"朱"字头方折。直径 2.5、穿径 1.1 厘米（图一五 C，3）。M84∶3-3，字体

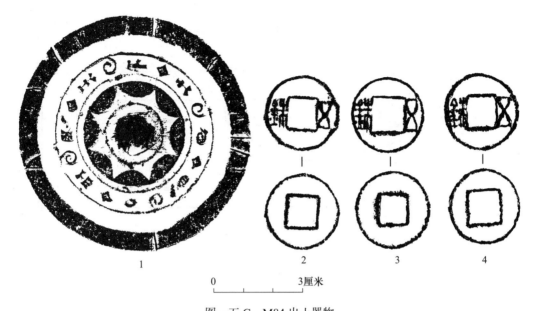

图一五 C　M84 出土器物

1.铜镜（M84：4）　2～4.五铢钱（M84：3-1、M84：3-2、M84：3-3）

较瘦，"五"字中间两笔斜直，"铢"字的"金"字头呈三角形，"朱"字头方折。直径 2.5、穿径 1 厘米（图一五 C，4）。

（十三）M85

M85 位于大商业区东区中北部，东距 M84 约 2 米，开口距地表 1 米。形制为土坑竖穴墓，方向 0°。墓圹平面长方形，直壁、平底，长 2.8、宽 1.4、深 3.6 米。墓底有葬具 1 椁 1 棺，均已朽，平面长方形，椁长 2.8、宽 1.1 米，棺长 2、宽 0.9 米。棺内人骨架 1 具，保存很差，可辨头向北。随葬品共 6 件（组），其中陶壶 3 件、铜盆 1 件，置椁内棺外南端；铜镜 1 件，位于棺内东北角；铜钱 13 枚，散布于棺内北侧（图一六 A）。

陶壶　3 件。均泥质灰陶。形制相近，盘口，方唇，束颈较短，溜肩，鼓腹，圜底，矮折圈足。M85：1，腹中部饰 2 周戳印纹，中腹饰 1 周戳印纹，下部饰斜向绳纹。口径 16.8、通高 41.4 厘米（图一六 B，3）。M85：2，纹饰同 M85：1。口径 16、通高 38 厘米（图一六 B，1）。M85：3，腹中部饰 4 周戳印纹，中腹饰 1 周戳印纹，下部饰少量竖向绳纹。口径 17、通高 40.8 厘米（图一六 B，2；图版三八，1）。

铜盆　1 件（M85：4）。侈口，折沿，尖圆唇，深斜腹微弧，大平底。口径 31.2、通高 12 厘米（图一六 B，4；图版四四，1）。

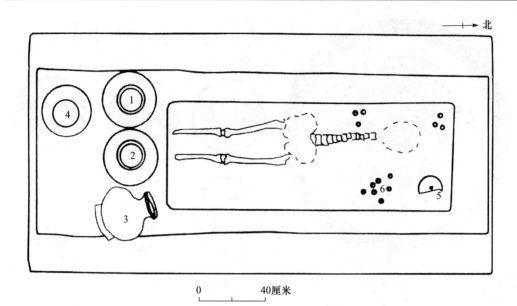

图一六 A　M85 平面图
1～3.陶壶　4.铜盆　5.铜镜　6.铜钱

　　铜镜　1 件（M85 ：5）。星云镜，半面。原为圆形，连峰纽，圆纽座，座面附有弧线及短线纹。座外一周内向十六连弧纹圈带。其外一周凸弦纹和短斜线纹（两侧各附一凸弦纹）圈带内为主纹，4 枚并蒂联珠座的大乳钉分为 4 区，每区内各有 8 枚小乳钉，以曲线相连。内向十六连弧纹缘。直径 15.2 厘米（图一六 C，1）。

　　铜钱　13 枚。均为五铢。字体一致，均较瘦，"五"字中间两笔较直，"铢"字的"金"字头呈三角形，"朱"字头方折。M85 ：6-1，直径 2.5、穿径 1 厘米（图一六 C，2）。M85 ：6-2，直径 2.45、穿径 1 厘米（图一六 C，3）。

（十四）M87

　　M87 位于大商业区东区西北部，开口距地表 1.5 米。形制为土坑竖穴墓，方向 0°。墓圹平面长方形，直壁、平底，长 2.8、宽 1.2、深 1.2 米。填土黄褐色，经夯打，夯层厚 0.25、夯窝直径 0.06 米。墓底有葬具 1 棺，已朽，平面长方形，长 2.1、宽 0.8 米。棺内人骨架 1 具，保存较差，仰身直肢葬，头向北。随葬品 2 件（组），铜镜 1 件位于棺内西北角；铜钱 8 枚，散布于棺内北部（图一七 A）。

　　铜镜　1 件（M87 ：1）。星云镜，锈蚀较重。圆形，连峰纽，圆纽座。纽座与 1 周凸面圈带之间为主纹，4 枚圆座大乳钉分为 4 区，每区内各有 5 枚小乳钉。内向十六连弧纹缘。直径 7.4 厘米（图一七 B，1）。

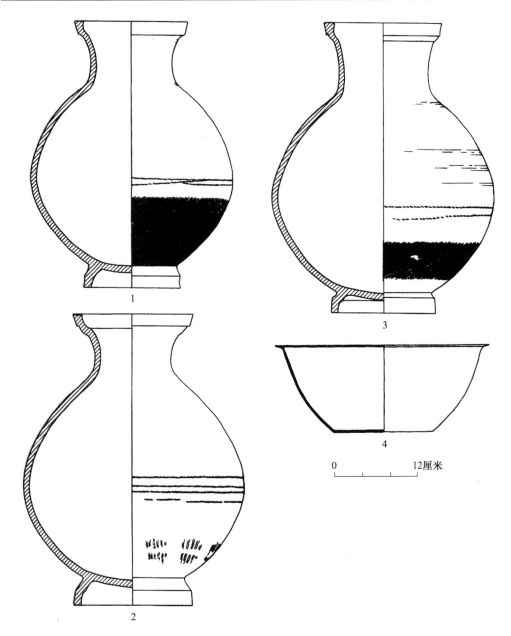

图一六 B　M85 出土器物

1～3. 陶壶（M85：2、M85：3、M85：1）4. 铜盆（M85：4）

铜钱　8 枚。均为五铢。M87：2-1，字体较瘦，"五"字中间两笔缓曲，"铢"字的"金"字头呈三角形，"朱"字头方折。直径 2.5、穿径 1.1 厘米（图一七 B，2）。M87：2-2，字体瘦长，"五"字中间两笔斜直，"铢"字的"金"字头呈三角形，"朱"字头圆折。直径 2.5、穿径 1 厘米（图一七 B，3）。M87：2-3、4，字体较瘦，"五"

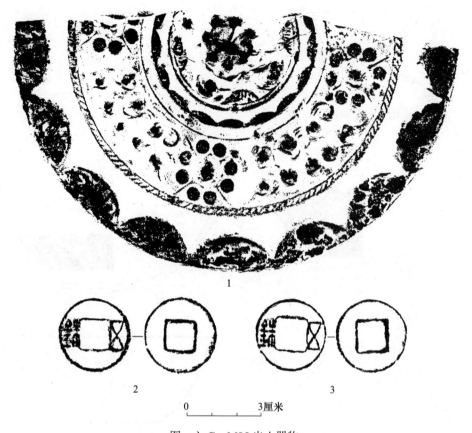

1

0   3厘米

图一六 C　M85 出土器物

1. 铜镜（M85 ：5）　2、3. 五铢钱（M85 ：6-1、M85 ：6-2）

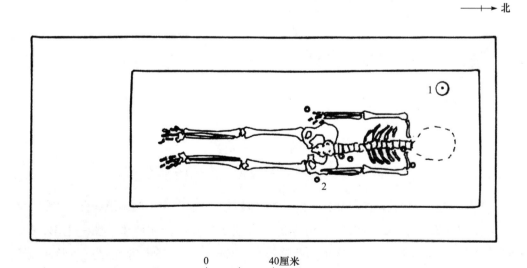

北

0   40厘米

图一七 A　M87 平面图

1. 铜镜　2. 铜钱

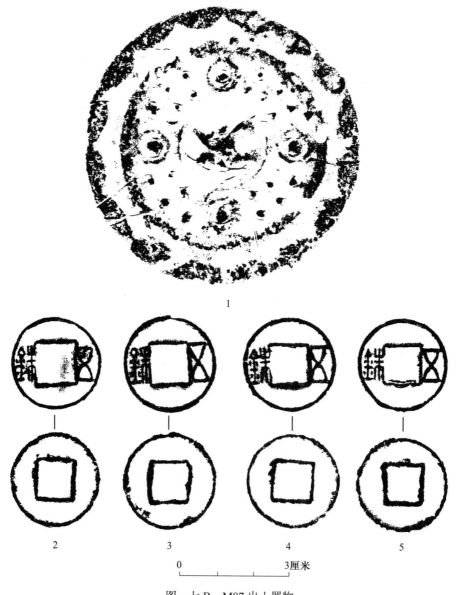

图一七 B　M87 出土器物

1. 铜镜（M87∶1）　2～5. 五铢钱（M87∶2-1、M87∶2-2、M87∶2-3、M87∶2-4）

字中间两笔较直而略弯，"铢"字的"金"字头呈三角形，"朱"字头方折。直径 2.5、穿径 1 厘米（图一七 B，4、5）。

（十五）M91

M91 位于大商业区东区西北部，开口距地表约 1.5 米。形制为土坑竖穴墓，方向

5°。墓圹平面长方形，直壁、平底，长 3.2、宽 1.6、深 3.5 米。填土黄褐色，经夯打，含料姜石。墓底有葬具 1 棺，已朽，长方形，长 2.1、宽 0.8 米。棺内人骨架 1 具，保存较差，仰身直肢葬，头向北。随葬品共 11 件（组），其中陶壶 5 件、铁鼎 1 件、铜盆 1 件，置棺外南端；铜镜 1 件、铜刷柄 1 件，位于棺内东北角；铁器 1 件，在下肢处；铜钱 7 枚，散布于棺内（图一八 A）。

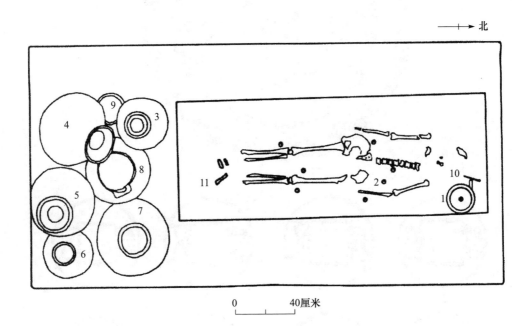

图一八 A　M91 平面图

1. 铜镜　2. 铜钱　3～7. 陶壶　8. 铁鼎　9. 铜盆　10. 铜刷柄　11. 铁器

　　陶壶　5 件，均泥质灰陶。M91：3，盘口，方唇，唇面内凹，直径微束，溜肩，扁鼓腹，圜底近平，矮圈足。周身见轮痕，下腹饰少量绳纹。口径 20.4、通高 41 厘米（图一八 B，3）。M91：4，形制近 M91：3，盘口，方唇，鼓腹近折。口径 20.8、通高 42 厘米（图一八 B，4）。M91：5，盘口，方唇，口外侧微凹，短束颈，溜肩，鼓腹，圜底，矮圈足。器身见快轮旋痕，中腹 2 周戳印纹，下腹饰斜向绳纹。口径 14.2、通高 27 厘米（图一八 B，1）。M91：6，形制近 M91：5，盘口不明显。口径 14.4、通高 26.2 厘米（图一八 B，2）。M91：7，形制近 M91：4。口径 16、通高 37.6 厘米（图一八 C，1）。

　　铁鼎　1 件（M91：8）。敛口，方唇，溜肩，弧腹较深，圜底，三蹄足较粗矮，肩上部两环形立耳外撇耳，耳下 1 周凸棱。口径 20.8、通高 30.6 厘米（图一八 C，2）。

　　铁器　1 件（M91：11）。成短棍状，锈蚀严重。

　　铜盆　1 件（M91：9）。残碎，不能修复。

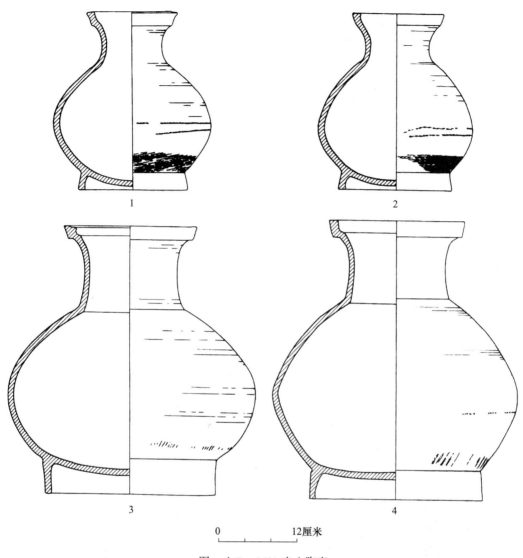

图一八 B　M91 出土陶壶

1. M91 ∶ 5　2. M91 ∶ 6　3. M91 ∶ 3　4. M91 ∶ 4

　　铜刷柄　1件（M91∶10）。细长烟斗状，刷斗呈中空圆筒形，柄近圆柱形，向尾端逐渐变细，尾端做成近鸭首形。长 12.8 厘米（图一八 C，3）。

　　铜镜　1件（M91∶1）。昭明连弧铭带镜，锈蚀较重。圆形，圆纽，联珠纹纽座。座外 1 周凸面圈带，其外 1 周内向八连弧纹圈带。再外为两组凸弦纹和短线纹圈带所夹的铭文带，因锈蚀只能辨认"……质……明……愿忠……"等字。素宽平缘。直径16.4 厘米（图一八 D）。

　　铜钱　7枚，均锈蚀不清。

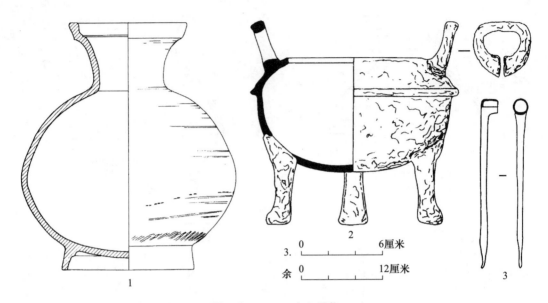

图一八 C　M91 出土器物

1.陶壶（M91：7）　2.铁鼎（M91：8）　3.铜刷柄（M91：10）

图一八 D　M91 出土铜镜（M91：1）

（十六）M92

M92 位于大商业区东区西北部，开口距地表约 1.5 米。形制为土坑竖穴墓，方向357°。墓圹平面长方形，直壁、平底，长 3.2、宽 1.5、深 3.6 米。填土黄褐色，土质松软。墓底有葬具 1 棺，已朽，残存少量红色漆皮，平面长方形，长 2.15、宽 1 米。棺内人骨架 1 具，腐朽严重，可辨头向北。棺南侧有器物箱 1 具，已朽，长方形，长0.88、宽 0.72 米。随葬品共 9 件（组），其中陶壶 4 件、陶罐 1 件、铁釜 1 件、铜盆 1件，置器物箱内；铜镜 1 件，位于棺内西南部；铜钱 10 枚，散布于棺内（图一九 A）。

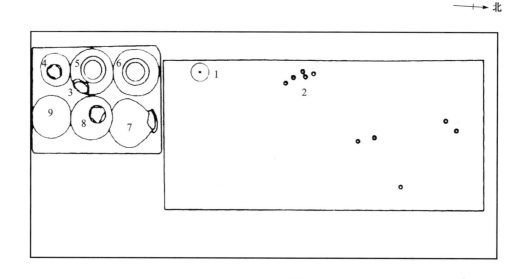

图一九 A　M92 平面图
1. 铜镜　2. 铜钱　3. 铜盆　4. 陶罐　5～8. 陶壶　9. 铁釜

陶罐　1 件（M92：4）。泥质灰陶。微盘口，方唇，短束颈，溜肩，鼓腹，小平底。颈及上腹见快轮旋痕，中腹饰 2 周戳印纹，下腹至底饰斜向绳纹。口径 14.4、通高 26.8 厘米（图一九 B，1；图版四一，1）。

陶壶　4 件。均泥质灰陶。形制相近，近盘口，方唇，束颈较短，溜肩，圆鼓腹，圜底近平，折圈足较矮。器身遍布快轮旋痕，中腹饰 1 周戳印纹，下腹饰少量绳纹。M92：5，口径 18、通高 42.4 厘米（图一九 B，5）。M92：6，残。M92：7，口径 18、通高 40 厘米（图一九 B，3）。M92：8，口残。残高 38.2 厘米（图一九B，4）。

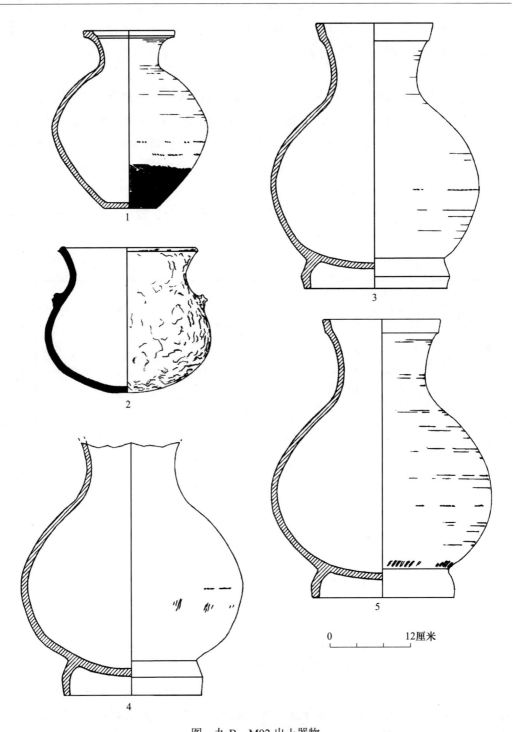

图一九 B M92 出土器物

1.陶罐（M92：4） 2.铁釜（M92：9） 3～5.陶壶（M92：7、M92：8、M92：5）

铁釜　1件（M92：9）。锈蚀严重。侈口，方唇，束颈，溜肩，鼓腹，圜底。肩部对称双耳均残。口径21.8、通高22厘米（图一九B，2）。

铜盆　1件（M92：3）。残碎，不能修复。

铜镜　1件（M92：1）。昭明连弧铭带镜，略锈蚀。圆形，连峰纽，圆纽座。座外1周凸面圈带，其外1周内向八连弧纹圈带。再外两组凸弦纹和短线纹圈带夹铭文带"内清质以昭明，光象夫日月，心忽而忠"。素宽平缘。直径10.6厘米（图一九C，1）。

铜钱　10枚。均为五铢。M92：2-1、M92：2-2，字体瘦长，"五"字中间两笔较直而略弯，"铢"字的金字头呈三角形，"朱"字头方折。直径2.5、穿径1厘米（图一九C，2、3）。M92：2-3、M92：2-4，字体较瘦，"五"字中间两笔缓曲，"铢"字的金字头呈三角形，"朱"字头方折。直径2.5、穿径1厘米（图一九C，4、5）。

（十七）M94

M94位于大商业区东区西北部，西北角被一现代井打破，开口距地表1.6米，被严重破坏。形制为土坑竖穴墓，方向3°。残余墓圹平面近长方形，长2.96、宽1.6、残深0.3米。填土灰褐色，土质略硬。墓内未发现葬具及人骨痕迹。随葬品2件（组），其中陶俑2件，分别位于墓底中部和西南部；铅马衔2件，在墓底中部（图二○A）。

陶俑　2件（M94：1）。残碎，不能修复。

铅马衔　2件。M94：2-1，单节式，两端各一圆环。长7.8厘米（图二○B，1）。M94：2-2，双节式，每节中部呈绳索状，两节以小环相连，两端各一较大圆环。长8.6厘米（图二○B，2）。

（十八）M96

M96位于大商业区东区西部，开口距地表1.8米，墓葬南部被破坏。形制为土坑竖穴墓，方向10°。墓圹平面长方形，直壁、平底，残长2.6、宽1.6、残深0.8米。填土黄褐色，土质松软。墓底有葬具1棺，已朽，平面梯形，长2、宽0.6～0.8米。未见人骨痕迹。随葬品共2件（组），其中陶壶1件，由填土内陶片修复而成；铜钱5枚，散布棺内（图二一A）。

陶壶　1件（M96：1）。泥质灰陶。盘口，短折沿，方唇，直颈微束，鼓肩，弧腹，平底，圈足很矮。器身见快轮旋痕，肩部饰1周戳印纹。口径16.4、通高28.4厘米（图二一B，1）。

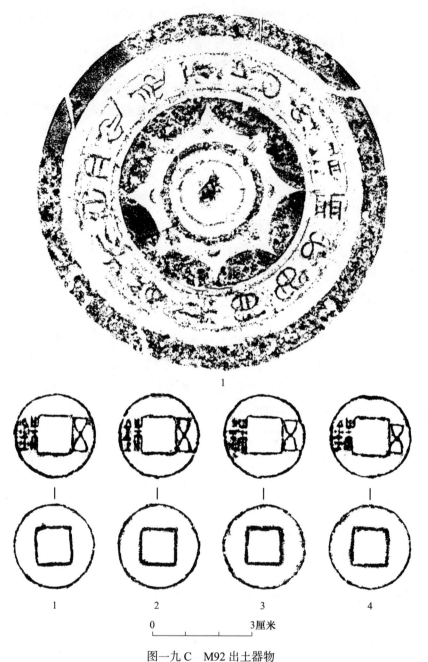

图一九 C　M92 出土器物

1.铜镜（M92：1）　2～4.五铢钱（M92：2-1、M92：2-2、M92：2-3、M92：2-4）

　　铜钱　5枚。均为五铢。M96：2-1，字体较瘦，"五"字中间两笔弯曲、末端近平行，"铢"字的金字头呈三角形，"朱"字头方折。直径2.5、穿径1厘米（图二一B，2）。M96：2-2，字体较瘦，"五"字中间两笔较直，"铢"字的金字头呈三角形，"朱"字头方折。直径2.5、穿径1厘米（图二一B，3）。M96：2-3，字体较瘦，"五"

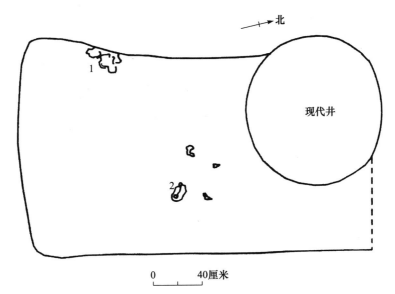

图二〇 A M94 平面图
1. 陶俑 2. 铅马衔

图二〇 B M94 出土铅马衔
1. M94：2-1 2. M94：2-2

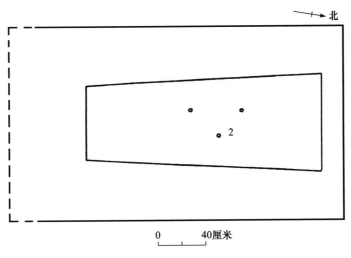

图二一 A M96 平面图
1. 陶壶（填土中） 2. 铜钱

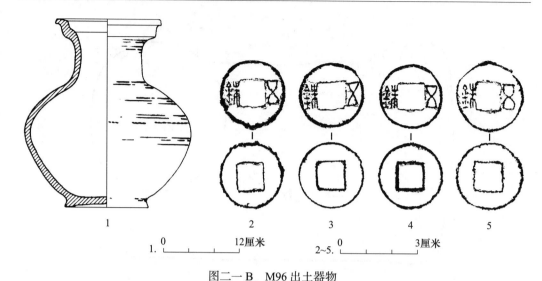

图二一 B　M96 出土器物

1.陶壶（M96：1）　2 ~ 5.五铢钱（M96：2-1、M96：2-2、M96：2-3、M96：2-4）

字中间两笔缓曲，"铢"字的金字头呈三角形，"朱"字头方折。直径 2.45、穿径 1 厘米（图二一 B，4）。M96：2-4，字体较宽，"五"字中间两笔弯曲、末端平行，"铢"字的金字头呈镞形，"朱"字头方折。直径 2.6、穿径 1 厘米（图二一 B，5）。

（十九）M98

M98 位于大商业区东区西北部，开口距地表 1.4 米。形制为土坑竖穴墓，方向 10°。墓圹平面长方形，直壁、平底，长 3.3、宽 1.6、深 3.1 米。填土黄褐色，经夯打，夯层厚 0.3、夯窝直径 0.1 米。墓底有葬具 1 椁 1 棺，已朽，均平面长方形，椁长 3.2、宽 1.1 米；棺长 1.95、宽 0.96 米。棺内人骨架 1 具，仅留少量灰痕，可辨头向北。随葬品共 5 件（组），其中陶壶 1 件、铜构件 1 组 5 件，位于椁内棺外南端；陶壶 1 件、铁削 1 件、铜钱 2 枚，发现于棺内西南侧（图二二 A）。

陶壶　2 件。均泥质灰陶。形制相近，侈口，束颈较短，溜肩，鼓腹，圜底，矮圈足。器身见轮制痕迹，中腹饰 2 周戳印纹。M98：1，口径 16.8、通高 36.2 厘米（图二二 B，1）。M98：2，口径 17.2、通高 36.4 厘米（图二二 B，2）

铁削　1 件（M98：3）。椭圆形环首，直柄，直背，直刃，刀柄与刀身基本等宽，前锋略残。残长 30.4、宽 1.6 厘米（图二二 C，1）。

铜构件　3 件。M98：5-1，铺首，整体呈倒置梯形的变体兽面纹，双目圆睁，双眉上扬后内卷，头顶两侧各一短尖耳、中部一尖角，鼻下垂后内卷呈半环形，内衔一圆环。通高 5.5、兽面宽 4.1、环径 2.5 厘米（图二二 C，2）。M98：5-2，与之形制

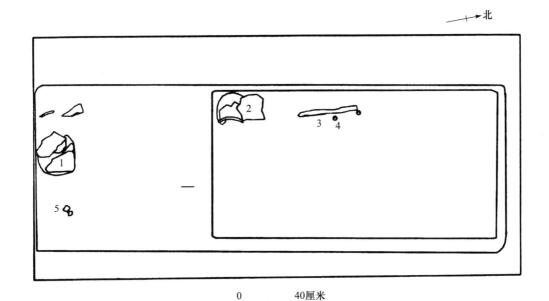

图二二 A　M98 平面图

1、2.陶壶　3.铁削　4.铜钱　5.铜构件

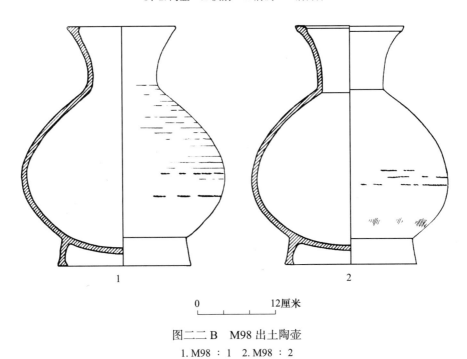

图二二 B　M98 出土陶壶

1.M98：1　2.M98：2

相同（图二二 C，3）。M98：5-3，柿蒂形饰，扁平四瓣柿蒂状，四瓣大小一致，整体近方形，中部一长方形孔，内置较长桥形纽，正面纽内衔一圆环，穿过柿蒂背面后兼有插榫作用。柿蒂边长约 2.8、环径 1.6 厘米（图二二 C，4）。

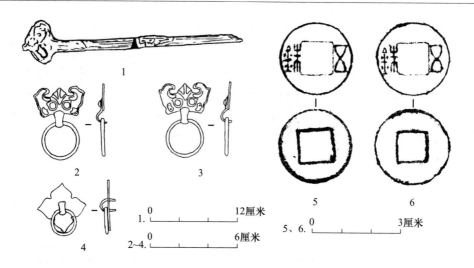

图二二 C　M98 出土器物

1. 铁削（M98：3）　2、3. 铜铺首（M98：5-1、M98：5-2）　4. 柿蒂形铜饰（M98：5-3）
5、6. 五铢钱（M98：4-1、M98：4-2）

　　铜钱　2 枚。均为五铢。M98：4-1，字体瘦长，"五"字中间两笔较直而略弯，"铢"字的"金"字头呈镞形，"朱"字头方折。直径 2.4、穿径 1.1 厘米（图二二 C，5）。M98：4-2，字体较瘦，"五"字中间两笔弯曲、末端内收，"铢"字的金字头呈三角形，"朱"字头方折。直径 2.5、穿径 1.1 厘米（图二二 C，6）。

（二十）M99

　　M99 位于大商业区东区西北部，开口距地表 1.2 米。形制为土坑竖穴墓，方向 352°。墓圹平面长方形，直壁、平底，长 2.9、宽 1.4、深 1.8 米。填土灰白色，土质疏松，含料姜石。墓底有葬具 1 棺，已朽，平面长方形，长 1.9、宽 0.8 米。棺内人骨架 1 具，保存较差，可辨头向北。棺南侧有器物箱 1 具，已朽，长方形，长 1.2、宽 0.6 米。随葬品共 5 件，其中陶壶 3 件，置器物箱内；铜镜 1 件，在棺内西北角；铁锸 1 件，发现于棺外北端（图二三 A）。

　　陶壶　3 件。均泥质灰陶。M99：1，盘口，方唇，束颈较短，溜肩，鼓腹近折，平底，矮圈足。腹部饰 1 周戳印纹。口径 15.2、通高 33.4 厘米（图二三 B，1）。M99：2，形制相近。口径 15.2、通高 35.6 厘米（图二三 B，2）。M99：3，盘口，方唇，束颈较短，溜肩，弧鼓腹，平底。腹部饰 3 周戳印纹。口径 15.2、通高 30.4 厘米（图二三 B，3）。

　　铁锸　1 件（M99：4）。锈蚀严重，平面呈横长方形，长条形銎，侧面长方形，弧形刃，刃部略窄。长 14.4、宽 7.6 厘米（图二三 B，4）。

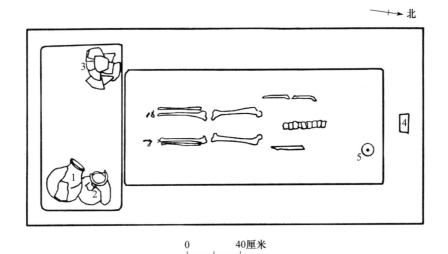

图二三 A　M99 平面图

1～3.陶壶　4.铁锸　5.铜镜

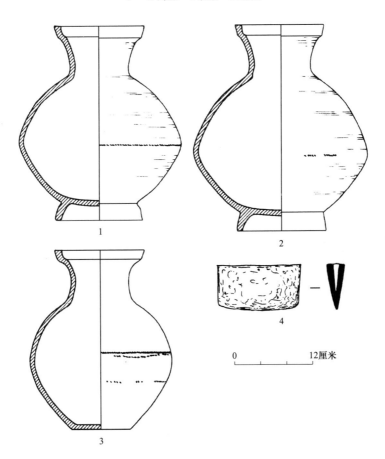

图二三 B　M99 出土器物

1～3.陶壶（M99：1、M99：3、M99：2）　4.铁锸（M99：4）

铜镜　1件（M99：5）。日光连弧铭带镜。圆形，圆纽，圆纽座。座外1周花瓣状弧线，其外2周凸弦纹之间为铭文带"见日之光，长□□忘"，字体简化，每两字之间隔一菱形符号。宽素缘。直径6.1厘米（图二三C；图版四五，3）。

图二三C　M99出土铜镜（M99：5）

（二十一）M103

M103位于大商业区东区西北部，开口距离地表1.2米。形制为土坑竖穴墓，方向190°。墓圹平面长方形，直壁、平底，长3、宽1.5、深1.2米。填土灰褐色，土质略硬，含陶片及大量石块。墓底有葬具1棺，已朽，平面呈梯形，长2、宽0.7～0.88米。棺内未发现人骨。随葬品共3件（组），其中陶罐2件，位于墓室西南角；铜钱5枚，散布棺内北部（图二四A）。

陶罐　2件。均泥质灰陶。M103：1，残，未能修复。M103：2，敛口，卷沿，方唇，短颈，溜肩，斜腹微弧，小平底微内凹。肩部饰细绳纹，腹及底部饰竖向粗绳纹。口径18.4、通高38厘米（图二四B）。

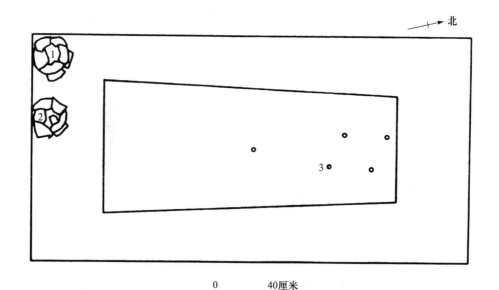

图二四A　M103平面图
1～2.陶壶　3.铜钱

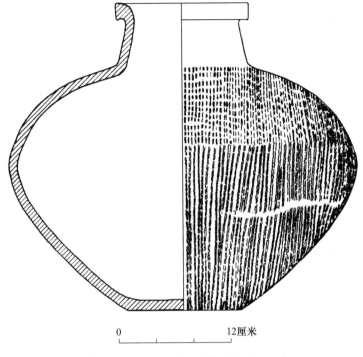

图二四 B　M103 出土陶罐（M103 ：2）

铜钱　5 枚，均锈蚀严重。

（二十二）M105

M105 位于大商业区西区东北部，开口距地表约 2 米。形制为土坑竖穴墓，方向 10°。墓圹平面长方形，直壁、平底，长 4.2、宽 2.4、深 1.74 米。填土黄褐色，夹石块及碎骨，经夯打，夯窝直径 5 ～ 7、夯层厚 15 ～ 20 厘米。墓底有葬具 1 椁 1 棺，均已朽，长方形，椁长 3.3、宽 1.5 米；棺长 2、宽 0.86 米，残余较多红色漆皮。棺内人骨架 1 具，腐朽严重，仰身直肢葬，头向北。随葬品共 8 件（组），其中陶钫 3 件、铁炉形器 1 件、铜釜 1 件，位于椁内棺外南侧，其中铜釜出土时盖在铁炉形器口上；铜镜 1 件，置头骨东侧，见织物包裹痕迹；玉剑首 1 件，见于头骨西侧；铜钱 29 枚，散布于棺内；另于椁内南端发现较多禽类骨骸（图二五 A；图版三三，1）。

陶钫　3 件。均泥质灰陶，形制一致。钫盖方形，弧顶，小圆纽，纽中部内凹。钫身侈口，方唇，束颈，折腹，腹中部 1 周凸棱，平底，矮圈足。M105 ：1，口边长 13.2、钫身高 39.6、通高 44.4 厘米（图二五 B，1；图版四三，4）。M105 ：2，口边长 13.2、高 40 厘米（图二五 B，2）。M105 ：3，残，未能修复。

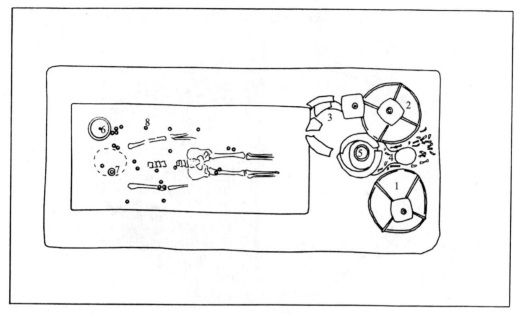

北←

0 ⊢──┴──┤ 40厘米

图二五 A　M105 平面图
1～3.陶钫　4.铁炉形器　5.铜釜　6.铜镜　7.玉剑首　8.铜钱

铁炉形器　1件（M105：4）。炉身近圆筒形，上宽下窄，一侧附长方形火门，对侧出向下弯曲的烟道。炉身口径22、高24、总长50厘米（图二五 C，2）。

铜釜　1件（M105：5）。残，仅余上半部。直口，口沿内卷，溜肩，弧腹，无底，腹末端为子母口之子口。肩部对饰两铺首。上径9.2、底径19.6、通高9.4厘米（图二五 C，1）。

玉剑首　1件（M105：7）。略残，扁圆形，双面均刻划纹饰。一面外缘刻单周凹弦纹，中部刻双周凹弦纹，两组弦纹间饰谷纹，双凹弦纹内饰变体卷云纹三组。另一面中部刻双周凹弦纹，其内外均饰谷纹。直径4、厚0.4厘米（图二五 C，3；图版五一，6）。

铜镜　1件（M105：6）。日光对称单层草叶镜。圆形，圆纽，柿蒂纹纽座。座外一凸弦纹小方格和一凹面大方格（外附一凸弦纹方格）之间为铭文带"见日之光，天下大明"，每边两字，每字间隔一横线，四角各一内含斜线的方格。凹面方格四角各向外伸出双瓣一苞花枝纹；每两花枝纹之间为一圆座乳钉及桃形花苞，乳钉两侧各一单层对称草叶纹。内向十六连弧纹缘。直径13.6厘米（图二五 D，1；图版四五，4）。

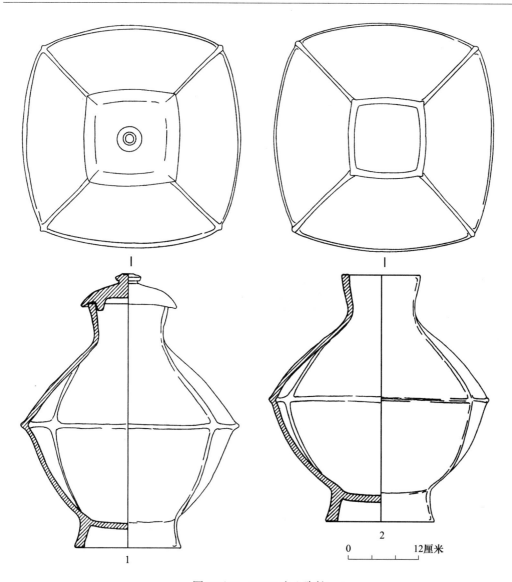

图二五 B　M105 出土陶钫
1. M105：1　2. M105：2

　　铜钱　29 枚。均为五铢，其中磨郭五铢 1 枚。M105：8-1，字体较宽，"五"字中间两笔弯曲、末端平行，"铢"字的"金"字头呈三角形，"朱"字头方折。直径2.6、穿径 1 厘米（图二五 D，2）。M105：8-2，字体较瘦，"五"字中间两笔缓曲，"铢"字的"金"字头呈三角形，"朱"字头方折。直径 2.5、穿径 1 厘米（图二五 D，3）。M105：8-3，字体较瘦，"五"字中间两笔斜直，"铢"字的"金"字头呈三角形，"朱"字头方折。直径 2.5、穿径 1 厘米（图二五 D，4）。M105：8-4，磨郭五铢，字体较瘦，"五"字中间两笔较直而略弯，"铢"字的"金"字头呈三角形，"朱"字头方

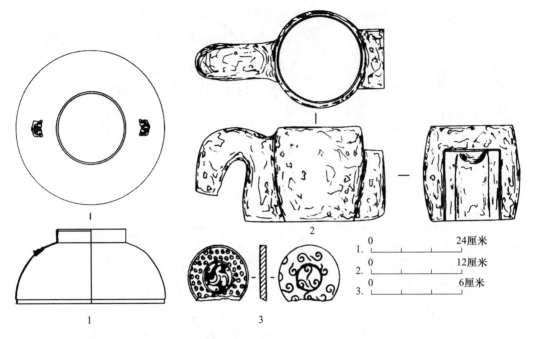

图二五 C　M105 出土器物

1. 铜釜（M105：5）　2. 铁炉形器（M105：4）　3. 玉剑首（M105：7）

折。直径 2.3、穿径 1.1 厘米（图二五 D，5）。

（二十三）M109

M109 位于大商业区西区中东部，开口距地表 2.5 米。形制为土坑竖穴墓，方向 8°。残墓圹平面呈"工"字形，南北两端分别向外伸出，长 3.8、宽 1.7、残深 0.6 米。墓底有葬具 1 椁 1 棺，均已朽，平面长方形，椁长 3.16、宽 0.74 米，棺长 2.2、宽 0.54 米。椁内棺南置器物箱 1 具，长 0.8、宽 0.7 米。棺内人骨架 1 具，腐朽严重，仰身直肢葬，头向北。随葬品共 4 件（组），其中陶罐 2 件，置器物箱内；铜带钩 1 件、铜钱 20 枚，位于棺内东侧中南部（图二六 A）。

陶罐　2 件。均泥质灰陶。M109：1，直口，折沿，方唇，短直颈，溜肩，鼓腹，小平底。肩部见快轮旋痕，下腹及底部饰绳纹。口径 16、通高 36.4 厘米（图二六 B，1；图版四一，2）。M109：2，侈口，方唇，唇面内凹，鼓肩，弧腹缓收，圜底。肩腹部饰 1 周戳印纹，下腹及底部饰绳纹。口径 18、通高 36 厘米（图二六 B，2；图版四一，3）。

铜带钩　1 件（M109：3）。整体呈琵琶形，钩首兽首形，钩体细长，尾端略粗呈椭圆形，鼓腹、断面近半圆形，圆形纽位于钩体背面近尾部。长 6 厘米（图二六 B，3）。

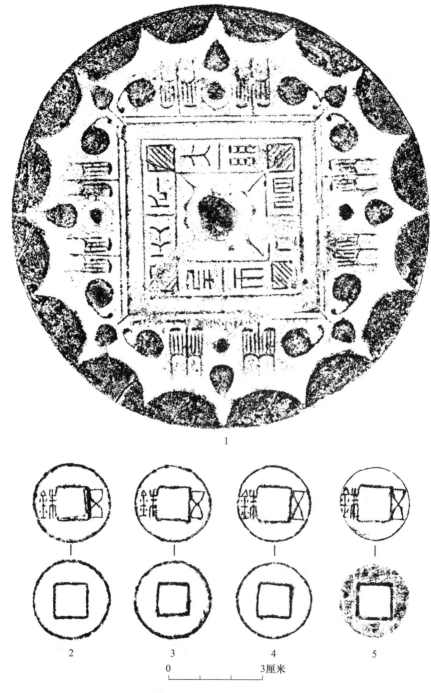

0 　　　　　　3厘米

图二五 D 　 M105 出土器物

1. 铜镜（M105：6）2～5. 五铢钱（M105：8-1、M105：8-2、M105：8-3、M105：8-4）

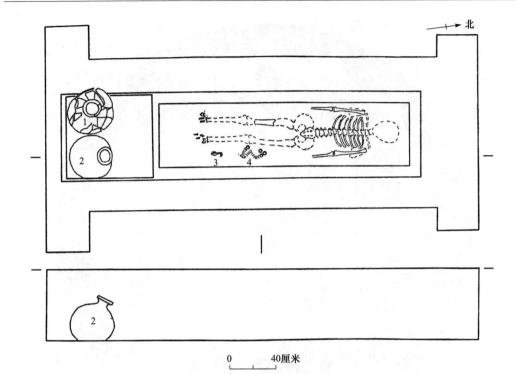

图二六 A　M109 平、剖面图

1、2.陶罐　3.铜带钩　4.铜钱

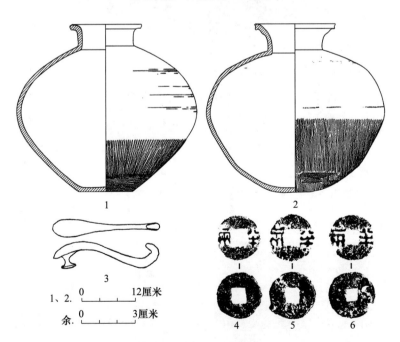

图二六 B　M109 出土器物

1、2.陶罐（M109：1、M109：2）　3.铜带钩（M109：3）

4～6.半两钱（M109：3-5、M109：3-3、M109：3-4）

铜钱　20枚。均为半两。直径2.2～2.5、穿径0.6～0.9厘米。M109：3-5，"两"字内部笔画为"双人式"。直径2.3、穿径0.8厘米（图二六B，4）。M109：3-3，"两"字内部笔画为"连山式"。直径2.4、穿径0.65厘米（图二六B，5）。M109：3-4，"两"字内部笔画为简化，近"十字式"。直径2.4、穿径0.6厘米（图二六B，6）。

（二十四）M110

M110位于D区西南部，开口距地表约2.5米。形制为土坑竖穴墓，方向10°。墓圹平面长方形，直壁、平底，长4.5、宽2、深4.5米。填土黄褐色，经夯打，夯窝直径9～10厘米。墓底有葬具1椁1棺。椁长3.3、宽1.2、残高0.9米。椁板上横梁、椁底枕木尚未完全腐烂，椁四壁木痕清晰可见。棺平面为长方形，尚存少量木块，残存零星红色漆皮，长2.1、宽1米。棺内人骨架1具，保存较好，仰身直肢葬，头向北。随葬品共9件（组），其中陶罐5件、铜盆1件置椁内棺外南部；铜熏炉1件、铜镜1件，位于棺内西北部；铜钱6枚散置于人骨下；另于椁内南端底部发现较多禽类骨骼（图二七A）。

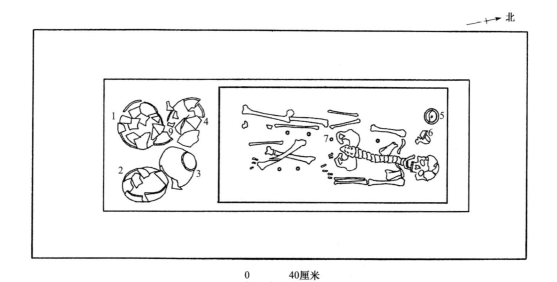

图二七A　M110平面图

1～4、9.陶罐　5.铜镜　6.铜熏炉　7.铜钱　8.铜盆（压在1下方）

陶罐　5件。均泥质灰陶。M110：1，侈口，方唇，短直颈，溜肩，鼓腹近折，平底较小。肩部饰瓦棱纹，中腹饰1周戳印纹，下部及底部饰斜绳纹。口径16.8、通高33.8厘米（图二七B，1）。M110：2形制与之相同，口径16.8、通高34.4厘米。

M110：3亦相近，口径16、通高35.4厘米（图二七B，2）。M110：4，敛口，短折沿，尖圆唇，束颈，鼓肩，斜腹微弧、小平底。肩部见快轮旋痕，上腹饰1周戳印纹，下腹及底部饰斜绳纹。口径15.2、通高16.6厘米（图二七B，3）。M110：9形制与M110：4相近，口径11.2、通高16厘米（图二七B，4）。

　　铜盆　1件（M110：8）。残碎，未能修复。

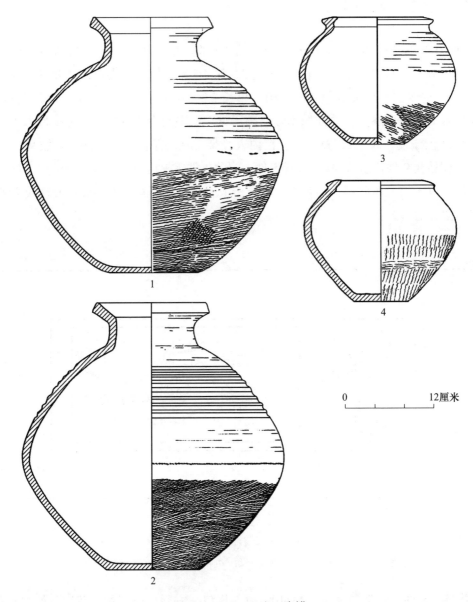

图二七B　M110出土陶罐

1. M110：1　2. M110：3　3. M110：4　4. M110：9

铜熏炉 1件（M110：6）。残碎，未能修复。据残片推测为豆形熏炉。

铜镜 1件（M110：5）。略有锈蚀，裂成数块。圆形，连峰纽，圆纽座，座内均匀分布4组短弧线及4组内附6条短线的弧线，两两相间分布。座外1周内向十六连弧纹圈带。其外2周凸弦纹（外周外侧附短斜线纹）之间为主纹，4枚并蒂联珠座的大乳钉分为4区，每区内各有8枚小乳钉，以曲线相连。内向十六连弧纹缘。直径13.5厘米（图二七C，1）。

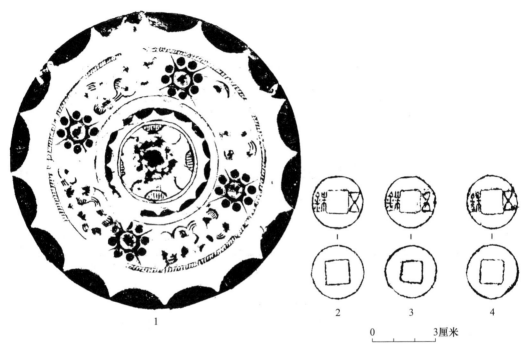

图二七C M110出土器物
1.铜镜（M110：6）2～4.五铢钱（M110：5-1、M110：5-2、M110：5-3）

铜钱 6枚。均为五铢。字体较瘦，字形相近，"五"字中间两笔较直而略弯，"铢"字的"金"字头呈三角形，"朱"字头方折。M110：5-1，直径2.4、穿径1厘米（图二七C，2）。M110：5-2，直径2.4、穿径0.9厘米（图二七C，3）。M110：5-3，直径2.5、穿径1厘米（图二七C，4）。

（二十五）M111

M111位于D区西南部，开口距地表2.5米。形制为土坑竖穴墓，方向352°。墓圹平面长方形，直壁、平底，长3.8、宽2、深5.4米。填土灰褐色，土质较硬，含较多的小石块。墓底有葬具 1 椁 1 棺，均已朽，平面长方形。椁长 3、宽 1 米，棺长 1.84、宽 0.68 米，残存零星红色漆皮。棺内人骨架 1 具，极度腐朽，可辨头向北。随葬品共 9 件（组），其中陶罐 4 件、铜盆 2 件，置椁内棺外南部；铜镜 1 件、玉剑首残片 1 件、铜钱 1 枚，位于棺内西北部（图二八 A）。

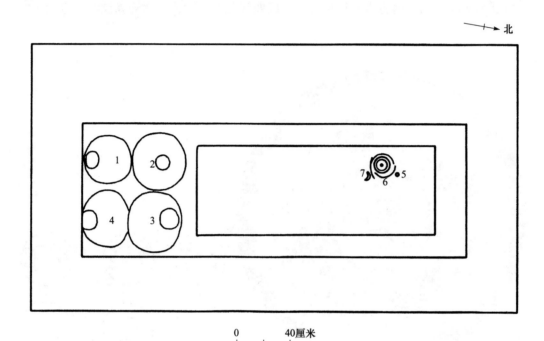

图二八 A　M111 平面图

1～4.陶罐　5.铜钱　6.铜镜　7.玉剑首残片　8、9.铜盆（分别压在 2、4 下）

陶罐　4 件。均泥质灰陶。形制大体相近，短颈，溜肩，鼓腹近折，小平底，腹下部均饰竖向绳纹。M111：1，侈口，短折沿，方唇，直颈。腹中部饰 1 周戳印纹。口径 14.8、通高 40 厘米（图二八 B，1；图版四一，4）。M111：2，侈口，方唇，束颈。肩部饰带有多周抹痕的细绳纹。口径 15.6、通高 34.6 厘米（图二八 B，2）。M111：3，侈口，短折沿，方唇，直颈。腹中部饰 2 周戳印纹。口径 16.8、通高 34.8 厘米（图二八 B，3）。M111：4，形制同 M111：3。口径 16.8、通高 34.6 厘米（图二八 B，4）。

铜盆　2 件。M111：8、9，均残碎，不能修复。

玉剑首残片　1 件（M111：7）。呈扇形，正面刻划纹饰，可分内外两区，均自外向内略斜。外区饰以两排谷纹。半径约 2 厘米（图二八 B，5）。

铜镜　1 件（M111：6）。日有熹对称连叠草叶镜。圆形，圆纽，柿蒂纹纽座。座外 2 周凹面方格（外方格外另附一凸弦纹方格）之间为铭文带"日有熹，宜酒食，

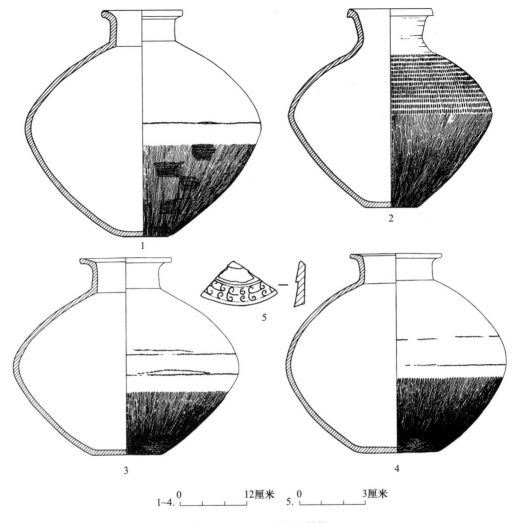

图二八 B　M111 出土器物

1 ～ 4. 陶罐（M111：1、M111：2、M111：3、M111：4）5. 玉剑首残片（M111：7）

长富贵，乐毋事"，每边三字，四角各一由对称三角形回纹组成的方格。外侧凸弦纹方格四角各向外伸出双瓣一苞花枝纹；每两花枝纹之间为一圆座乳钉及桃形花苞，乳钉两侧各一连叠对称草叶纹。内向十六连弧纹缘。直径 15.8 厘米（图二八 C；图版四六，1）。

铜钱　1 枚（M111：5）。锈蚀不清。

（二十六）M122

M122 位于 D 区中南部，东距 M123 约 1 米，开口距地表约 1 米。形制为土坑竖

0   3厘米

图二八 C　M111 出土铜镜（M111：6）

穴墓，方向 8°。墓圹平面长方形，直壁、平底，长 3.74、宽 2、深 2.4 米。填土浅灰褐色，土质略硬。墓底有葬具 1 棺，已朽，平面长方形，长 2.38、宽 0.84 米。未发现人骨。随葬品共 6 件（组），其中陶罐 4 件、陶俑 1 件，置棺外南端；铜钱 6 枚，位于棺内东北处（图二九 A）。

陶罐　4 件。均泥质灰陶。M122：3，直口，平折沿，方唇，短直颈，圆肩，圆鼓腹，圜底近平。上腹饰 6 周凹弦纹，中腹部饰 2 周戳印纹，下腹及底饰交错绳纹。口径 17.6、通高 30 厘米（图二九 B，1）。M122：4，侈口，短斜折沿，尖唇，短颈，溜肩，鼓腹，小平底。颈腹部见轮制痕迹，中腹饰 1 周戳印纹，下腹部及底饰交错绳纹。口径 14、通高 36 厘米（图二九 B，2）。M122：5，形制和纹饰与 M122：4 接近，圆肩。中腹饰 3 周戳印纹。口径 13.4、通高 36.2 厘米（图二九 B，3）。M122：6，形制同 M122：4。口径 13.6、通高 37.7 厘米（图二九 B，4）。

陶俑　1 件（M122：1）。椭圆形脸，面部不甚清晰，可见眼、鼻、口轮廓，身着宽袖右衽长袍，下为喇叭形长裙。双手拢于腰部。领下及袖口红色镶边。通高 16 厘米（图二九 C）。

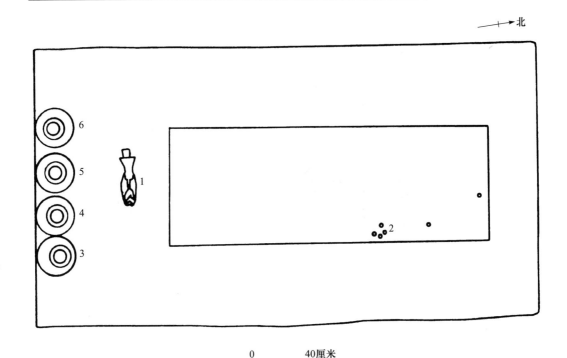

图二九 A　M122 平面图
1. 陶俑　2. 铜钱　3 ～ 6. 陶罐

铜钱　6 枚（M122 ：2-1 ～ 6）。锈蚀不清。

（二十七）M124

M124 位于 D 区西南部，西距 M126 约 1 米，开口距地表 3 米。形制为土坑竖穴墓，方向 6°。墓圹平面长方形，直壁、平底，长 3.3、宽 1.6、深 3.7 米。填土浅灰褐色，含少量料姜石，经夯打，夯窝直径约 6 厘米。墓底东西两侧有生土二层台，高 0.6、宽 0.1 ～ 0.3 米。南壁距墓底 0.8 米处有 2 个平面半圆形壁龛，弧形顶、弧壁、平底。西侧高 0.6、宽 0.54、进深 0.3 米；东侧高 0.5、宽 0.44、进深 0.2 米。墓底有葬具 1 棺，已朽，因挤压变形，长 2.14、最宽 0.8 米。棺内人骨架 1 具，保存很差，可辨头向北。棺南侧有器物箱 1 具，长方形，长 0.8、宽 0.9 米。随葬品共 8 件（组），其中陶壶 5 件、铜釜 1 件，置器物箱内；铁釜 1 件，倒扣于西侧壁龛内；铜钱 10 枚，散布于棺内；另于器物箱内发现较多禽类骨骸（图三〇 A；图版三三，2）。

陶壶　5 件。均泥质灰陶。M124 ：1，微盘口，方唇，直颈微束，溜肩，鼓腹，平底，矮圈足外撇。周身见快轮旋痕，下腹饰 2 周戳印纹。口径 12.8、通高 25.6 厘米

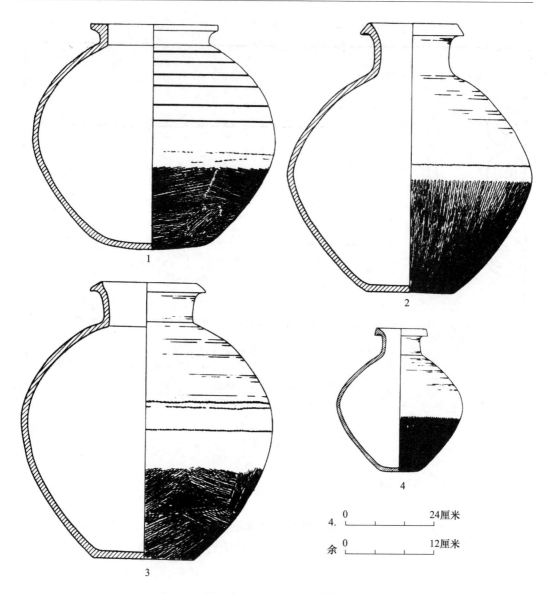

图二九 B　M122 出土陶罐
1. M122 : 3　2. M122 : 4　3. M122 : 5　4. M122 : 6

（图三〇 B，3）。M124 : 2，侈口，平折沿，方唇，束颈较短，溜肩，鼓腹，圜底，矮圈足外撇。颈及上腹部见快轮旋痕，中腹 1 周戳印纹，近腹底饰横向绳纹。口径 16.8、通高 37.5 厘米（图三〇 B，1）。M124 : 3，形制及纹饰同 M124 : 2。口径 16、通高 37.6 厘米（图三〇 B，2）。M124 : 4，形制近 M124 : 2，沿面微凹，腹部 3 周戳印纹。口径 17.8、通高 37.8 厘米（图三〇 B，4）。M124 : 5，形制似 M124 : 2，素面。口径 16.8、通高 38 厘米（图三〇 B，5；图版三八，2）。

铁釜　1件（M124：7）。残碎，未能修复。

铜釜　1件（M124：6）。残碎，未能修复。

铜钱　10枚（M124：8-1～M124：8-10）。
锈蚀不清。

（二十八）M126

M126位于D区西南部，开口距地表3米。形
制为土坑竖穴墓，方向5°。墓圹平面长方形，直
壁、平底，长3.34、宽1.86、深2.1米。填土黄褐
色，土质较硬。墓底一周不规则生土二层台，其上
部为砾石层，台高1、宽0.1～0.4米。墓底有葬
具1棺，已朽，长2.12、宽0.72米。棺内人骨架
1具，保存极差，可辨头向北。棺南侧有器物箱1

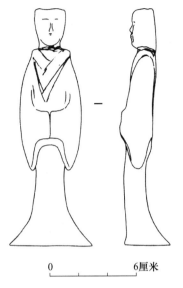

图二九C　M122出土陶俑（M122：1）

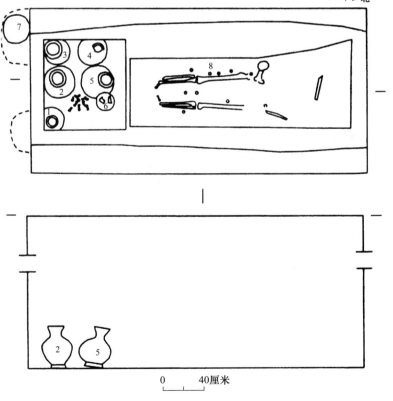

图三〇A　M124平、剖面图

1～5.陶壶　6.铜釜　7.铁釜　8.铜钱

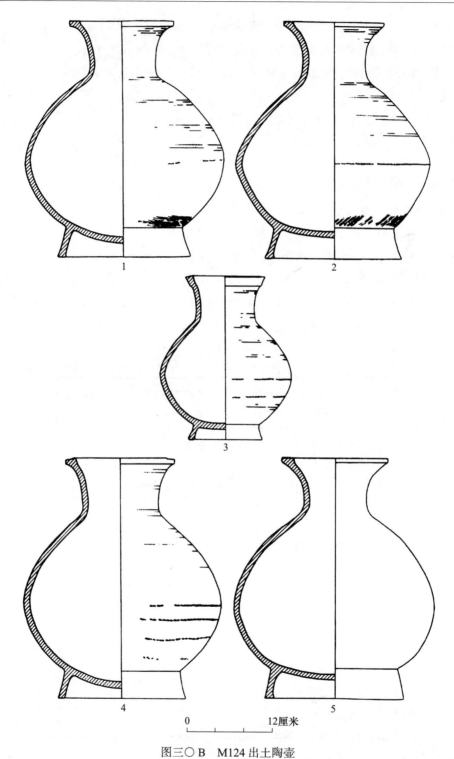

0   12厘米

图三〇 B　M124 出土陶壶
1. M124：2　2. M124：3　3. M124：1　4. M124：4　5. M124：5

具，长方形，长 0.82、宽 1.24 米。随葬品共 11 件（组），其中陶罐 3 件、铜釜 1 件，置器物箱内；铜镜 1 件，位于棺内西北角；铁剑、铁削、玉剑璏各 1 件，见于棺内东侧中部；铜带钩 2 件，在棺内西侧中部；铜钱 58 枚，散布于棺底；另于器物箱内发现较多禽类骨骼（图三一 A）。

北 ◄—┼—

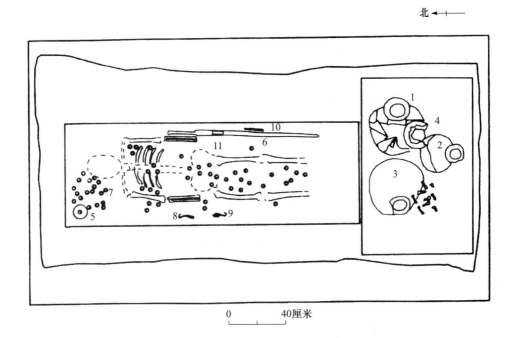

0 ____ 40厘米

图三一 A　M126 平面图

1～3.陶罐　4.铜釜　5.铜镜　6.铁剑　7.铜钱　8、9.铜带钩　10.铁削　11.玉剑璏

陶罐　3 件。均泥质灰陶。M126：1，侈口，折沿，圆唇，短颈微束，圆肩，扁鼓腹，小平底。颈肩部见快轮旋痕，上腹部 1 周宽凹弦纹，下腹及底饰交错绳纹。口径 16.8、通高 37.4 厘米（图三一 B，2）。M126：2，侈口，折沿，方唇，唇面 1 周凹槽，短直颈，溜肩，圆鼓腹，小平底。肩部 1 周凹弦纹，下腹及底饰交错绳纹。口径 15.6、通高 36.4 厘米（图三一 B，1）。M126：3，形制近 M126：2，圆肩，斜腹。口径 16、通高 37.6 厘米（图三一 B，3；图版四二，1）。

铁剑　1 件（M126：6）。残碎，不能修复。

铁削　1 件（M126：10）。残碎，不能修复。

铜釜　1 件（M126：4）。残碎，不能修复。

铜带钩　2 件。M126：8，残碎，不能修复。M126：9，整体琵琶形，钩首兽首形，钩体较窄长，鼓腹，断面近半圆形，圆纽位于钩体背面近中部。长 7.9 厘米（图三一 B，4）。

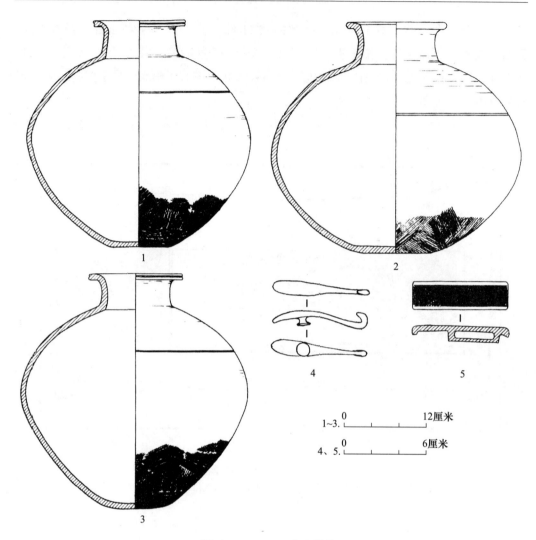

图三一 B　M126 出土器物

1～3. 陶罐（M126：2、M126：1、M126：3）　4. 铜带钩（M126：9）　5. 玉剑璏（M126：11）

　　玉剑璏　1 件（M126：11）。平面圆角长方形，两端向下卷曲，背有长方形銎套。正面两侧边缘留白，长方框内刻划蒲纹。长 8、宽 2.3 厘米（图三一 B，5）。

　　铜镜　1 件（M126：5）。日光对称单层草叶镜，锈蚀较重。圆形，圆纽，柿蒂纹纽座。座外一凸弦纹小方格和一凹面大方格（外附一凸弦纹方格）之间为铭文带"见日之光，天下大明"，每边两字，每字间隔一横线，四角各一内含斜线的方格。凹面方格四角各向外伸出一双瓣花枝纹；每两花枝纹之间为一圆座乳钉及桃形花苞，乳钉两侧各一单层对称草叶纹。内向十六连弧纹缘。直径 13 厘米（图三一 C，1）。

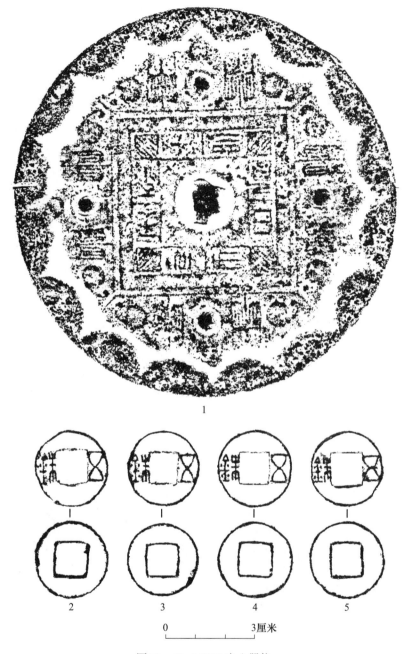

图三一 C M126 出土器物

1. 铜镜（M126：5） 2～5.五铢钱（M126：7-1、M126：7-2、M126：7-3、M126：7-4）

铜钱 58 枚。均为五铢钱。M126：7-1、M126：7-3、M126：7-4，字体较宽，"五"字中间两笔弯曲而外放，"铢"字的"金"字头呈三角形，"朱"字头方折。直径均为 2.5 厘米，穿径分别为 1.1、1、1.1 厘米（图三一 C，2、4、5）。M126：7-2，字体较瘦，"五"字中间两笔缓曲，"铢"字的"金"字头呈三角形，"朱"字头方折。直径 2.4、穿径 1 厘米（图三一 C，3）。

（二十九）M128

M128 位于 D 区西南部，开口距地表约 2 米。形制为土坑竖穴墓，方向 5°。墓圹平面长方形，直壁、平底，长 3.4、宽 1.8、深 3.3 米。填土灰褐色，含大量石块。墓底有葬具 1 棺，已朽，平面长方形，长 2.06、宽 1.14 米，可见大量红色漆痕。棺内人骨架 1 具，仰身直肢葬，头向北。棺南侧有器物箱 1 具，长方形，长 1.6、宽 1.1 米。随葬品共 20 件（组），其中陶壶 5 件、铜鼎 1 件、铜盆 1 件、铜构件 1 组 12 件，置器物箱内；铜镜 1 件、铜刷柄 1 件位于头骨西北侧；铜带钩 2 件，分别见于头骨西侧及腰部；铜印章 1 件，在人骨腰部；铁剑 1 件，在腰部东侧；铁削 3 件，分别位于头骨两侧及腰部西侧；长条形铁器 1 件，在棺内东侧中南部；碎陶器 1 件，置棺内南角；铜钱 13 枚，散布于棺内；另于器物箱内发现禽类骨骼（图三二 A）。

陶壶　5 件。均泥质灰陶。M128：1，盘口，方唇，唇面内凹，束颈较短，溜肩，圆鼓腹，平底较大。中腹 3 周戳印纹，下腹饰竖绳纹。口径 18.4、腹径 40、底径 18、高 46、厚 0.8 ～ 1 厘米（图三二 B，1）。M128：2，侈口，平折沿，方唇，短束颈，溜肩，扁鼓腹，平底，矮圈足。腹中下部 3 周戳印纹，下部饰斜向绳纹。口径 14、通

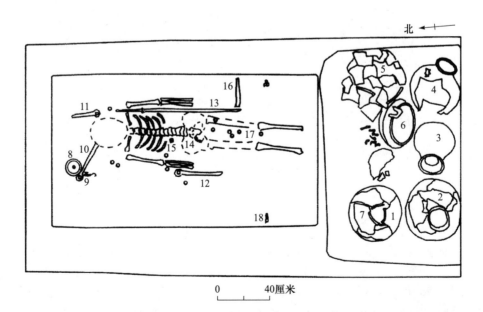

0 ────── 40厘米

图三二 A　M128 平面图

1 ～ 5. 陶壶　6. 铜鼎　7. 铜盆　8. 铜镜　9、14. 铜带钩　10 ～ 12. 铁削　13. 铁剑　15. 铜印章
16. 长条形铁器　17. 铜钱　18. 陶器　19. 铜刷柄（压在 8 下）　20. 铜构件（压在 3、4、6 下）

高38厘米（图三二B，2）。M128：3，微盘口，方唇，短束颈，溜肩，圆鼓腹，圈底，矮圈足。器身见快轮旋痕，腹部1周戳印纹。口径14.4、通高33.4厘米（图三二C，1）。M128：4，形制与M128：3相似，中腹饰4周戳印纹，下腹饰斜向绳纹。口径18.4、通高47.8厘米（图三二B，4）。M128：5，盘口，方唇，直颈微束，溜肩，鼓腹，平底。上腹见快轮旋痕，中腹部饰3周戳印纹，下饰竖绳纹。口径18、通高42.8厘米（图三二B，3；图版三九，1）。

图三二B　M128出土陶壶

1. M128：1　2. M128：2　3. M128：5　4. M128：4

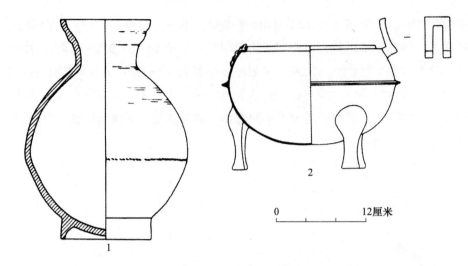

图三二 C　M128 出土器物

1. 陶壶（M128：3）　2. 铜鼎（M128：6）

　　铁剑　1 件（M128：13）。长条形茎，方肩，凹形铜剑格，剑身窄长，断为六截，断面呈菱形，前锋残。残长 98、茎长 15、剑身最宽 3.6 厘米（图三二 D，1）。

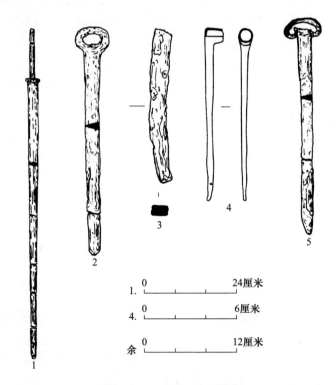

图三二 D　M128 出土器物

1. 铁剑（M128：13）　2、5. 铁削（M128：10、M128：12）

3. 长条形铁器（M128：16）　4. 铜刷柄（M128：19）

铁削　3件。形制基本一致。M128：10，锈蚀严重，断为两截。椭圆形环首，直柄，直背，直刃，刀柄与刀身基本等宽，前锋残。残长33.2、最宽2.4、背厚1厘米（图三二D，2）。M128：12，长31.4、最宽2、背厚0.8厘米（图三二D，5）。M128：11，锈蚀严重，残碎，未能修复。

长条形铁器　1件（M128：16）。断面长方形。残长22.8厘米（图三二D，3）。

铜鼎　1件（M128：6）。子母口微敛，尖唇，溜肩，深弧腹，圜底，三蹄足，肩部一长方形立耳内折、一耳残。腹部一周凸棱。口径20、通高23.2厘米（图三二C，2；彩版二，1）。

铜盆　1件（M128：7）。残碎，不能修复。

铜带钩　2件。M128：9，整体呈琵琶形，钩首兽首状，钩身较粗短，鼓腹、断面近半圆形，圆纽位于背面近尾部。长5.3厘米（图三二E，12；图版四九，7）。M128：14，残，未能修复。

铜印章　1件（M128：15）。锈蚀严重。矮覆斗形印体，龟纽。阴文篆书"但贤之印"。印面方形。边长1.4、通高1.3厘米（图三二E，11；图三二F，2、3）。

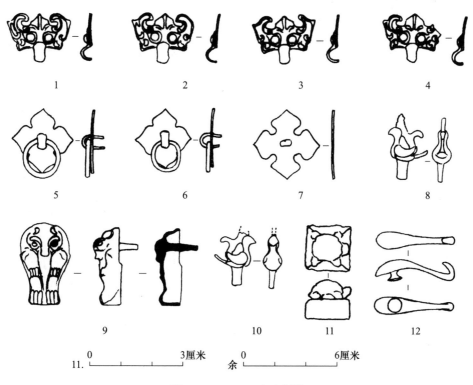

图三二E　M128出土铜器

1～4.铺首（M128：20-3～M128：20-6）　5～7.柿蒂形饰（M128：20-7～M128：20-9）　8、10.鸟形纽（M128：20-1、M128：20-2）　9.蹄足（M128：20-10）　11.印章（M128：15）　12.带钩（M128：9）

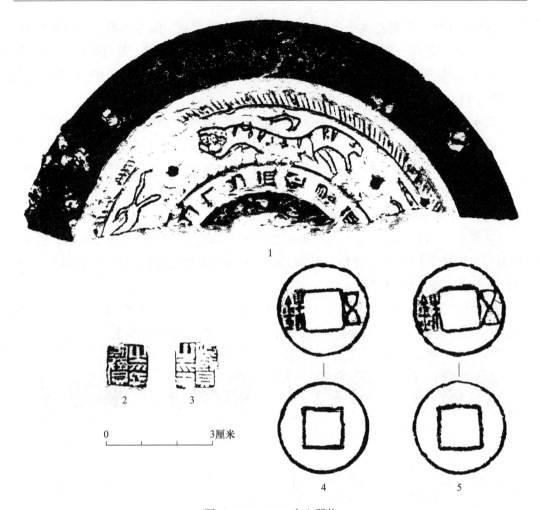

图三二 F　M128 出土器物
1. 铜镜（M128：8）　2、3. 铜印章（M128：15）　4、5. 五铢钱（M128：17-1、M128：17-2）

　　铜刷柄　1 件（M128：19）。细长烟斗状，刷斗呈中空圆筒形，柄近圆柱形，向尾端逐渐变细，尾端做成近鸭首形。设一穿孔。长 12.8 厘米（图三二 D，4）。

　　铜构件　1 组 12 件。其中鸟形组 2 件，形制相同，立鸟较扁，昂首，冠羽高翘后卷，双翅呈合拢状，背部近尾处先上折与冠羽相接、再向后卷出，构成近椭圆形环，身下接一插榫。M128：20-1，高 4.2 厘米（图三二 E，8）；M128：20-2，冠羽微残，残高 3.4 厘米（图三二 E，10）。铺首 4 件，形制相同，整体呈倒置梯形的变体兽面纹，双目圆睁，双眉上扬后内卷，头顶两侧各一短尖耳、中部一尖角，鼻下垂后内卷呈半环形。M128：20-3 ～ M128：20-6，宽 4.2、高 3.1 厘米（图三二 E，1 ～ 4）。柿蒂形饰 3 件，形制相同，扁平四瓣柿蒂状，四瓣大小一致，整体近方形，中部一长方形孔，内置较长桥形组，正面组内衔一圆环，穿过柿蒂背面后兼有插榫作用，个别纽及衔环残失。M128：20-7～M128：20-9，边长约3.8、环径1.9厘米（图三二E，5～7）。铜蹄足3件，形制相同，正面上部近圆形鼓起，下部亚腰形外弧，平底。背部内空，外缘上部较下部内收、皆平整，上部中央出一锥形插榫。正面铸成站立熊形，圆眼、低头、弯背，两上肢扶于下肢上。M128：20-10～M128：20-12，高5.1厘米（图三二E，9；图版四九，12）。

　　铜镜　1件（M128：8）。四乳禽兽铭文镜。锈蚀严重，残破，不能修复，约1/4纹饰清晰，推测原为圆形，纽及纽座不详，纽座外1周窄凸面圈带，其外铭文可辨"心忽"二字。铭文外2周凸弦纹（外周外侧附短斜线纹）之间为主纹，残余两带圆座的乳钉，其间一虎纹。乳钉两侧余少部分兽纹。宽素缘。残长13.5厘米（图三二F，1）。

　　铜钱　13枚。均为五铢。M128：17-1，字体较瘦，"五"字中间两笔缓曲，"铢"字的"金"字头呈镞形，"朱"字头方折。直径2.5、穿径1厘米（图三二F，4）。M128：17-2，字体较瘦，"五"字中间两笔较直，"铢"字的"金"字头呈镞形，"朱"字头方折。直径2.5、穿径1厘米（图三二F，4）。

（三十）M129

　　M129位于D区西南部，西距M128约2.8米。开口距地表1.5米。形制为土坑竖穴墓，方向4°。墓圹平面长方形，直壁、平底，长3.4、宽1.4、深1.8米。填土黄褐色，含砾石块，土质较硬，经夯打，夯窝直径约7厘米。墓底有葬具1椁1棺，均已朽，长方形，椁长3.28、宽0.92米；棺长2.2、宽0.58米，见零星红色漆痕。棺内人骨架1具，朽呈粉状，可辨头向北。椁内棺南侧有器物箱1具，已朽，平面长方形，长0.9、宽0.8米。随葬品共有6件（组），其中陶壶2件、陶罐1件，置器物箱内；铜镜1件，位于棺内西北角漆奁内，漆奁已朽，可见红色漆痕；石璧1件、铜钱3枚，在棺内东北角（图三三A）。

　　陶壶　2件。均泥质灰陶。M129：1，盘口，方唇，短束颈，球腹，圜底，矮圈足外撇。周身见快轮旋痕，中腹饰1周戳印纹。口径16、通高31.9厘米（图三三B，1）。M129：2，形制相近，球腹微鼓。口径16.8、通高30.4厘米（图三三B，2）。

　　陶罐　1件（M129：3）。侈口，方唇，束颈，溜肩，弧鼓腹，平底。中腹部饰1周戳印纹，下腹及底饰斜绳纹。口径14、通高29.6厘米（图三三B，3）。

　　石璧　1件（M129：6）。环形，残碎。

　　铜镜　1件（M129：4）。日光连弧铭带镜。圆形，圆纽，圆纽座。座外均匀分布短弧线纹，其外1周内向八连弧纹圈带。两组短斜线和凸弦纹圈带之间为铭文带"见日月心，勿夫毋忘"，字体简化，每字间隔一类似涡纹符号。窄素缘。直径6.8厘米

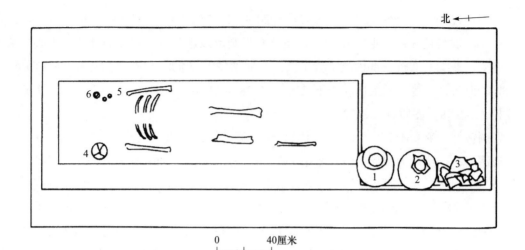

图三三 A　M129 平面图
1～3.陶壶　4.铜镜　5.铜钱　6.石璧

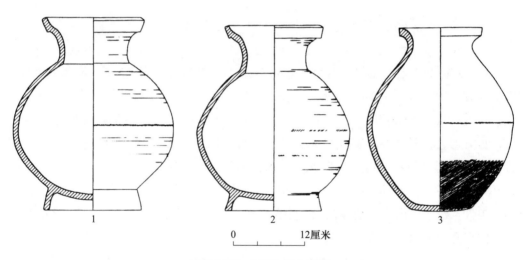

图三三 B　M129 出土器物
1、2.陶壶（M129：1、M129：2）3.陶罐（M129：3）

（图三三 C，1）。

　　铜钱　3 枚。均为五铢。M129：5-1，字体瘦长，"五"字中间两笔较直而略弯，"铢"字的"金"字头呈三角形，"朱"字头方折。直径 2.5、穿径 1 厘米（图三三 C，2）。M129：5-2，字体较瘦，"五"字中间两笔弯曲、末端近平行，"铢"字的"金"字头呈三角形，"朱"字头方折。直径 2.6、穿径 1.1 厘米（图三三 C，3）。M129：5-3，字体瘦长，"五"字中间两笔缓曲，"铢"字的"金"字头呈三角形，"朱"字头方折。直径 2.5、穿径 1 厘米（图三三 C，4）。

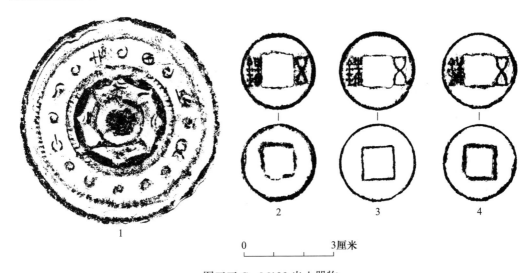

图三三C　M129出土器物

1.铜镜（M129：4）　2～4.五铢钱（M129：5-1～M129：5-3）

（三十一）M131

M131位于D区中东部，开口距地表2米，南部被现代坑打破。形制为土坑竖穴墓，方向5°。墓圹平面长方形，直壁、平底，长2.9、宽1.4、深3.2米。填土浅黄褐色，土质较硬，含石块。墓底有葬具1棺，已朽，长方形，长2.04、宽0.74米，残余少量红色漆痕。棺内人骨架1具，已朽成粉状，可辨头向北。棺内北端东西两侧各有一漆奁，已朽，余红色漆痕。随葬品12件（组），其中陶壶3件、铁鼎1件，在棺外南端；铜镜、铁削各1件，位于西侧漆奁处；铜镜、三角形石片、贝壳、鸟形纽各1件，置东侧漆奁处；铜带钩1件，见于棺内中北部；铜钱14枚，散布于棺内北端（图三四A）。

陶壶　3件。均泥质灰陶。M131：7，盘口，方唇，口外侧内凹，束颈较短，溜肩，鼓腹，圜底近平，矮圈足。器身见快轮旋痕，腹底饰少量绳纹。口径19.2、通高42.6厘米（图三四B，3）。M131：6与M131：7相似，口残。残高38.6厘米（图三四B，1）。M131：8，形制亦相近，口内侧微凹，鼓腹略扁，肩部见轮痕，中腹饰1周戳印纹。口径16.4、通高36.4厘米（图三四B，2）。

铁鼎　1件（M131：9）。敛口，圆唇，溜肩，深弧腹，圜底，三蹄足。肩下部两环形立耳外撇，其下1周凸棱。口径20、通高26.6厘米（图三四B，6）。

铁削　1件（M131：5）。锈蚀严重，残碎，未能修复。

铜带钩　1件（M131：2）。锈蚀严重，残。

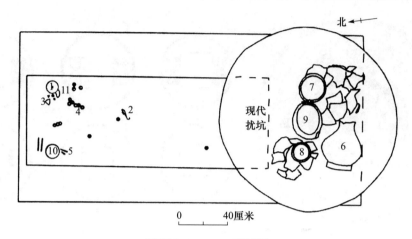

图三四 A　M131 平面图

1、10. 铜镜　2. 铜带钩　3. 三角形石片　4. 铜钱　5. 铁削　6～8. 陶壶　9. 铁鼎　11. 贝壳　12. 鸟形纽（压在 1 下）

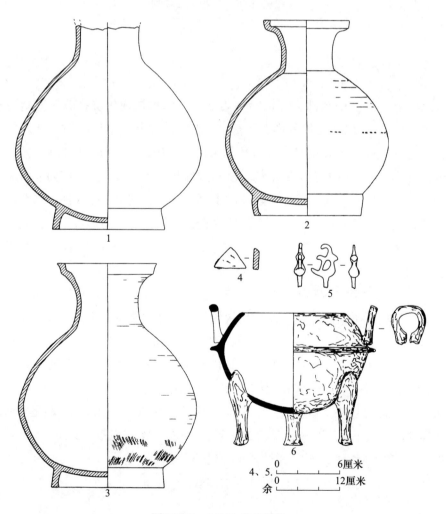

图三四 B　M131 出土器物

1～3. 陶壶（M131：6～M131：7）　4. 三角形石片（M131：3）　5. 鸟形纽（M131：12）　6. 铁鼎（M131：9）

鸟形纽　1件（M131：12）。立鸟较扁，昂首，冠羽高翘后卷，背部近尾处先上折与冠羽相接、再向后卷出，构成近椭圆形环。身下接一插榫。高4厘米（图三四B，5）。

三角形石片　1件（M131：3）。近等腰三角形。底边长4、高2、厚0.5厘米（图三四B，4）。

贝壳　1件（M131：11）。白色，近扇形，粉化严重。

铜镜　2件。均为星云镜。M131：1，锈蚀严重。圆形，连峰纽，圆纽座。纽座与1周凸面圈带之间为主纹，4枚圆座大乳钉分为4区，每区内各有5枚小乳钉。内向十六连弧纹缘。直径7.2厘米（图三四C，2；图版四六，2）。M131：10，星云镜。圆形，连峰纽，圆纽座。座外1周内向十六连弧纹圈带。其外2周凸弦纹之间为主纹，4枚并蒂联珠座的大乳钉分为4区，每区内各有7枚小乳钉，以曲线相连。内向十六连弧纹缘。直径10.2厘米（图三四C，1）。

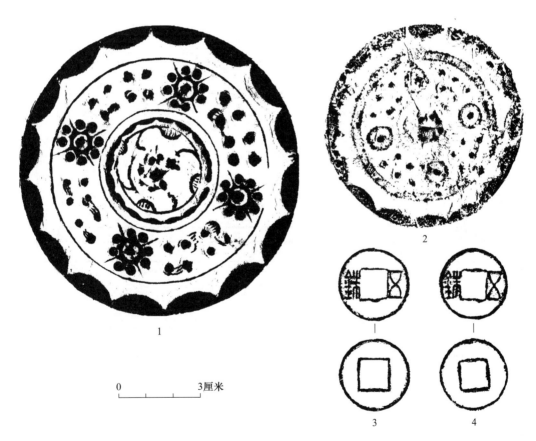

图三四 C　M131 出土器物

1、2. 铜镜（M131：10、M131：1） 3、4. 五铢钱（M131：4-1、M131：4-2）

铜钱　14 枚。均为五铢。M131：4-1，字体较瘦，"五"字中间两笔弯曲、末端内收，"铢"字的"金"字头呈较大三角形，"朱"字头方折。直径 2.6、穿径 1 厘米（图三四 C，3）。M131：4-2，字体略宽，"五"字中间两笔较直，"铢"字的"金"字头呈三角形，"朱"字头方折。直径 2.5、穿径 1 厘米（图三四 C，4）。

（三十二）M139

M139 位于 D 区东北部，开口距离地表 4 米。形制为土坑竖穴墓，方向 5°。墓圹平面长方形，直壁、平底，长 3.4、宽 1.4、残深 0.9 米。填土浅灰褐色，土质略硬，经夯打，夯窝直径约 6 厘米。墓底有葬具 1 椁 1 棺，均已朽，长方形，椁长 2.04、宽 1.04 米，棺长 1.8、宽 0.86 米。棺内人骨架 1 具，朽为粉状，可辨头向北。随葬品共 8 件（组），其中陶罐 5 件，置椁外南端；水晶饰品 1 件，位于棺内东北部；石砚板 1 件，在棺内西南部；铜钱 10 枚，散布在棺内；另于椁外南端发现禽类骨骼（图三五 A）。

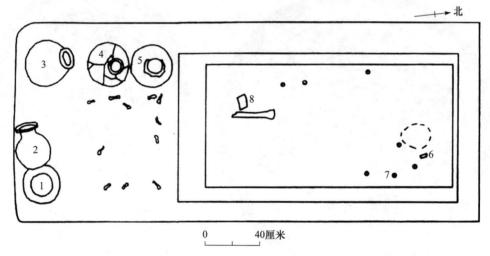

图三五 A　M139 平面图
1～5.陶罐　6.水晶饰品　7.铜钱　8.石砚板

陶罐　5 件，均泥质灰陶。M139：1，侈口，方唇，唇面内凹，直颈较短，溜肩，鼓腹，小平底。周身见轮痕，中腹饰竖向绳纹，下腹及底部饰横向绳纹。口径 14.8、通高 32 厘米（图三五 B，1）。M139：2，侈口，方唇，短束颈，圆肩，弧腹，小平底。肩部饰瓦棱纹，下腹及底饰斜绳纹。口径 16.4、通高 33 厘米（图三五 B，2）。M139：3，微盘口，方唇，短直颈，溜肩，扁鼓腹，小平底。周身见快轮旋痕，中腹饰 1 周戳印纹，下腹及底部饰交错绳纹。口径 13.8、通高 28.8 厘米（图三五 B，3；

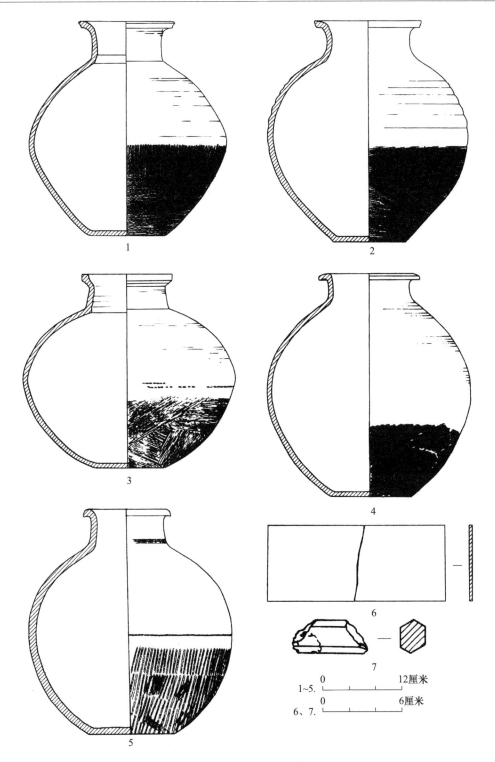

图三五 B M139 出土器物

1～5.陶罐（M139：1～M139：5） 6.石砚板（M139：8） 7.水晶饰品（M139：6）

图版四二，2）。M139：4，直口微侈，平折沿，方唇，短颈，溜肩，圆弧腹，小平底。周身见快轮旋痕，下腹及底饰斜绳纹。口径15.6、通高32.6厘米（图三五B，4）。M139：5，直口，卷沿，尖唇，短颈，圆腹，小平底。中腹饰1周戳印纹，下腹至底饰竖绳纹。口径15.2、通高33.2厘米（图三五B，5）。

　　石砚板　1件（M139：8）。页岩制成，长方形，断为两节。长13.3、宽5.3、厚0.2厘米（图三五B，6）。

　　水晶饰品　1件（M139：6）。六棱柱形，两端皆残。残长3.3厘米（图三五B，7）。

　　铜钱　6枚。均为五铢。M139：7-1，字体较瘦，"五"字中间两笔弯曲、末端内收，"铢"字的"金"字头呈较大三角形，"朱"字头方折。直径2.45、穿径1.1厘米（图三五C，1）。M139：7-2，字体较瘦，"五"字中间两笔较直而略弯，"铢"字的"金"字头呈较大三角形，"朱"字头方折。直径2.5、穿径1厘米（图三五C，2）。M139：7-3，字体较瘦，"五"字中间两笔弯曲、末端近平行，"铢"字的"金"字头呈较大三角形，"朱"字头方折。直径2.5、穿径1.1厘米（图三五C，3）。

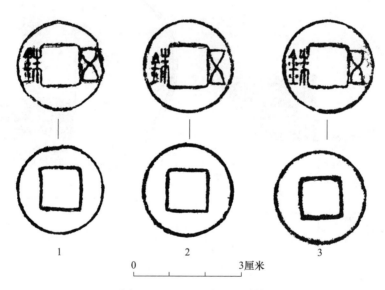

图三五C　M139出土五铢钱

1. M139：7-1　2. M139：7-2　3. M139：7-3

（三十三）M140

　　M140位于D区东北部，开口距地表约4米。形制为土坑竖穴墓，方向5°。墓圹平面长方形，直壁、平底，长3.4、宽1.4、深2.1米。填土浅灰褐色，土质略硬，经夯打，夯窝直径约5厘米，含料姜石。墓底有葬具1椁1棺，均已朽，平面长方形，椁长 3.3、宽 1.28 米，棺长 1.92、宽 1.06 米。棺内人骨架 1 具，保存极差，可辨头向北。椁内棺外南侧有器物箱 1 具，已朽，长方形，长 1.18、宽 0.98 米。随葬品共 9 件（组），其中陶壶 5 件，置器物箱内；铁剑 1 件，在人骨西侧；铜带钩 1 件，位于人骨腰部；铜镜 1 件，见于头骨东侧；铜钱 4 枚，散布棺内（图三六 A）。

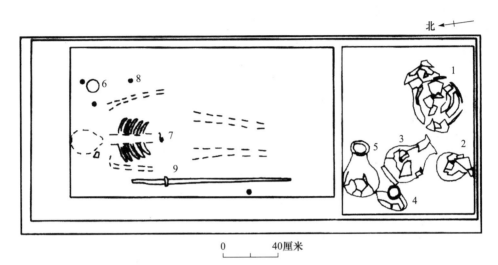

图三六 A　M140 平面图

1～5. 陶壶　6. 铜镜　7. 铜带钩　8. 铜钱　9. 铁剑

　　陶壶　5 件。均泥质灰陶。M140：1，短直口，平沿，尖唇，束颈较短，溜肩，鼓腹，圜底，矮圈足。口外侧 1 周凹弦纹，颈部见快轮旋痕，中腹饰 2 周戳印纹。口径 17.2、通高 36 厘米（图三六 B，1）。M140：2，盘口，方唇，直颈微束，溜肩，鼓腹，圜底，矮圈足。颈部见快轮旋痕，中腹饰 2 周戳印纹。口径 19.2、通高 35.2 厘米（图三六 B，2）。M140：3，短直口，平折沿，圆唇，沿面 1 周凹槽，束颈较短，溜肩，圆腹，圜底近平，矮圈足。周身见快轮旋痕，中腹部饰 1 周戳印纹。口径 17.2、通高 35 厘米（图三六 B，3）。M140：4，侈口，方唇，束颈，溜肩，弧腹，大平底。素面。口径 11.2、通高 19 厘米（图三六 C，3；图版三九，2）。M140：5，短直口，平折沿，圆唇，束短较短，溜肩，鼓腹近垂，圜底近平，矮圈足。中腹饰 3 周戳印纹。口径 16.8、通高 36.8 厘米（图三六 B，4）。

　　铁剑　1 件（M140：9）。锈蚀严重，断为四截。长条形茎，凹形铜剑格，剑身窄长、断面呈菱形。通长 112、茎长 22.4、剑身最宽 3 厘米（图三六 C，1）。

　　铜带钩　1 件（M140：7）。整体呈琵琶形，钩首兽首状，钩身较粗短，鼓腹、断面近半圆形，圆纽位于背面近尾部。长 3.1 厘米（图三六 C，2）。

　　铜镜　1 件（M140：6）。昭明连弧铭带镜，略有锈蚀，裂成数块。圆形，圆纽，

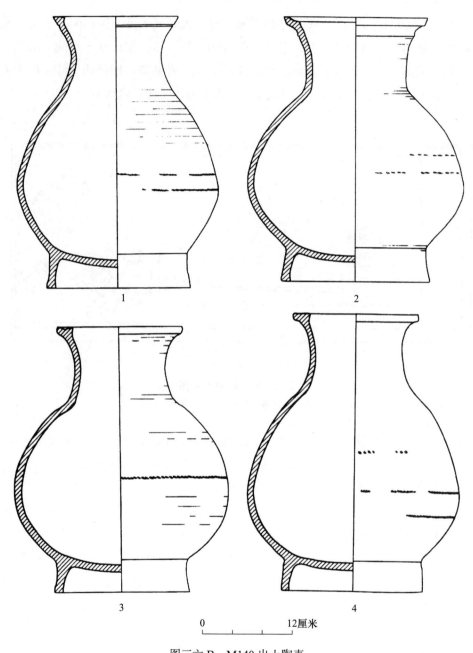

图三六 B　M140 出土陶壶

1. M140：1　2. M140：2　3. M140：3　4. M140：5

圆纽座。座外均匀分布四组短线纹（每组 3 条）。其外 1 周窄凸面圈带，带外环列四组短弧线及四组内附 3～5 条短线的短弧线，两两相间分布。其外 1 周内向八连弧纹圈带。再外为两组凸弦纹和短斜线纹圈带所夹的铭文带"内以昭明，光辉日月，心忽而愿忠，然壅塞而不泄"。素宽平缘。直径 12.1 厘米（图三六 C，4）。

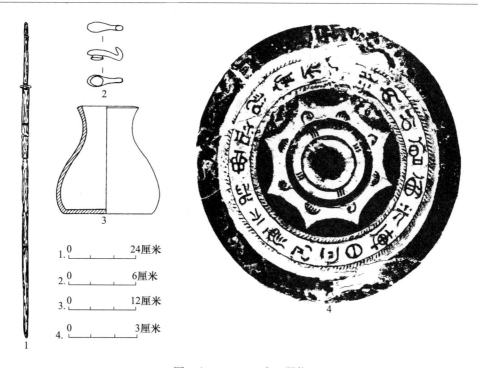

图三六 C　M140 出土器物

1. 铁剑（M140：9）　2. 铜带钩（M140：7）　3. 陶壶（M140：4）　4. 铜镜（M140：6）

铜钱　4 枚。均为五铢。字形一致，"五"字中间两笔缓曲，"铢"字的金字头呈三角形，"朱"字头方折。M140：8-1，直径 2.35、穿径 1.1 厘米（图三六 D，1）。M140：8-2，直径 2.45、穿径 1.1 厘米（图三六 D，2）。

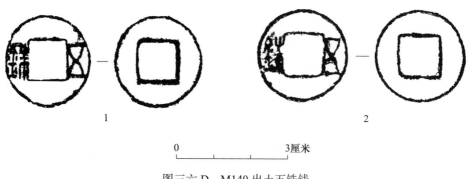

图三六 D　M140 出土五铢钱

1. M140：8-1　2. M140：8-2

（三十四）M142

M142 位于 D 区中北部，开口距地表约 4 米。形制为土坑竖穴墓，方向 10°。墓圹平面长方形，直壁、平底，长 3、宽 1.3、残深 0.62 米。填土灰褐色，土质较疏松。墓底有葬具 1 棺，已朽，平面长方形，长 2、宽 0.6 米。棺内人骨架 1 具，保存较差，可辨头向北。棺南侧有器物箱 1 具，长 0.98、宽 0.68 米。随葬品共 19 件（组），其中陶壶 5 件、柿蒂形铜饰 1 组 2 件、铜铺首 1 组 2 件，位于器物箱内；铁剑 1 件，置棺内东侧；铜带钩 3 件，分置人骨腰部和棺内西北角；铜镜 1 件，在棺内西北角；铁削 1 件、石砚板 1 件、泥丸 1 组 10 件，在棺内东北角；铜刷柄、研石、玉璧残片各 1 件，位于棺内北端；铜钱 1 组 14 枚，散布于棺内（图三七 A）。

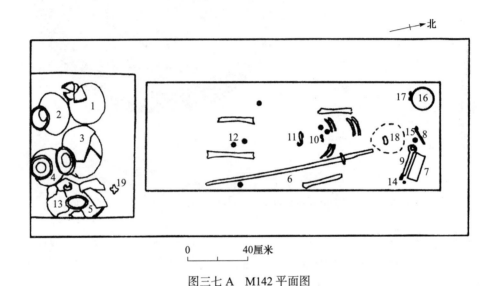

图三七 A　M142 平面图

1 ～ 5. 陶壶　6. 铁剑　7. 石砚板　8. 铜刷柄　9. 铁削　10、11、17. 铜带钩　12. 铜钱　13. 铜铺首　14. 泥丸
15. 研石　16. 铜镜　18. 玉璧残片　19. 柿蒂形铜饰

陶壶　5 件。均泥质灰陶。形制相近，盘口，方唇，束颈，溜肩，扁鼓腹，圜底近平，矮圈足。周身见旋痕，下腹饰竖绳纹。M142：1，唇上及口外侧各 1 周凹槽。口径 18.4、通高 37 厘米（图三七 B，1）。M142：2，口外侧内凹。口径 15.4、通高 30.2 厘米（图三七 B，3）。M142：3，口外侧内凹。口径 18.8、通高 38 厘米（图三七 B，2）。M142：4，唇面内倾。口径 18.4、通高 42 厘米（图三七 B，5）。M142：5，唇上及口外侧各 1 周凹槽。口径 16.8、通高 37.4 厘米（图三七 B，4）。

铁剑　1 件（M142：6）。长条形茎，方肩，"一"字形剑格，剑身窄长，断面呈菱形。通长 111、茎长 20.4、剑身最宽 3 厘米（图三七 C，10）。

铁削　1 件（M142：9）。锈蚀严重，断为三截。椭圆形环首，直柄，直背，直刃，刀柄与刀身基本等宽，前锋微残。残长 27.8 厘米（图三七 C，13）。

铜带钩　3 件。M142：10，器形较小，整体呈水禽形，钩首残，体似鸭腹，断面

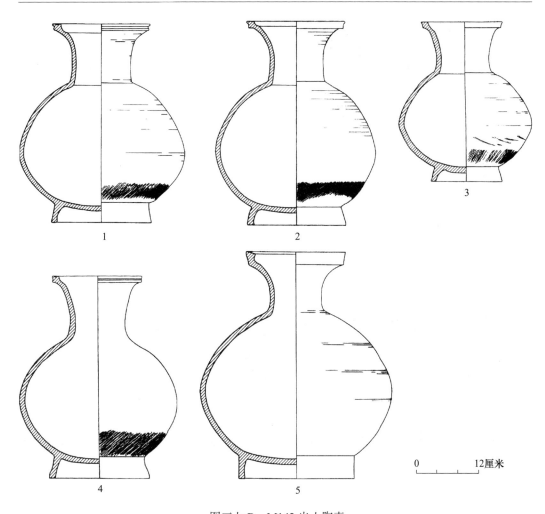

图三七 B   M142 出土陶壶

1. M142：1 2. M142：3 3. M142：2 4. M142：5 5. M142：4

半圆形，圆形钩纽较大、位于背面尾端。残长 2.5 厘米（图三七 C，9）。M142：17，整体呈琵琶形，钩首近兽首状，体较粗短，鼓腹、断面近半圆形，圆纽位于背面近尾端。颈部饰三周凸棱。长 7.5 厘米（图三七 C，11）。M142：11，形制同 M142：17。长 7.4 厘米（图三七 C，12）。

铜刷柄   1 件（M142：8）。细长烟斗状，刷斗呈中空圆筒形，柄近圆柱形，向尾端逐渐变细，尾端做成近鸭首形，近末端穿孔。长 12.1 厘米（图三七 C，7）。

石砚板   1 件（M142：7）。页岩制成，制作规整，磨光，扁平长方形，横断面呈梯形。底面长 15.6、宽 6、厚 0.3 厘米（图三七 C，6）。

研石   1 件（M142：15）。页岩制成，近圆形，横断面呈梯形。直径 2.8、厚 0.2厘米（图三七 C，5）。

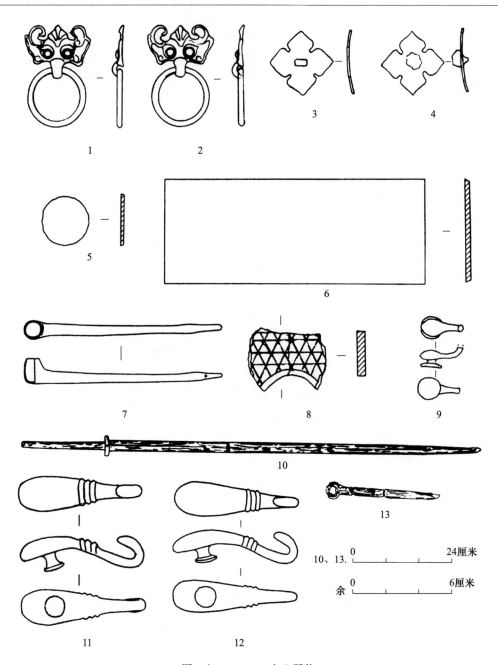

图三七 C　M142 出土器物

1、2. 铜铺首（M142：13-1、M142：13-2）　3、4. 柿蒂形铜饰（M142：19-1、M142：19-2）
5. 研石（M142：15）6. 石砚板（M142：7）7. 铜刷柄（M142：8）8. 玉璧残片（M142：18）
9、11、12. 铜带钩（M142：10、M142：17、M142：11）10. 铁剑（M142：6）13. 铁削（M142：9）

玉璧残片　1 件（M142：18）。正面刻划蒲纹。残长近 4.6 厘米（图三七 C，8）。

泥丸　14 件（M142：14）。直径 1～1.5 厘米。

铜铺首　2件。形制相同。整体呈近倒置梯形的变体兽面纹，双目圆睁，双眉上扬后内卷，头顶两侧各一短尖耳、中部一尖角，鼻下垂后内卷、呈半环形，内衔一圆环；背面平整，插榫残失。M142：13-1、M142：13-2，宽4、通高6.1、环径2.9厘米（图三七 C，1、2）。

柿蒂形铜饰　2件。形制相同。扁平四瓣柿蒂状，四瓣大小一致，整体近方形，中部一长方形孔。M142：19-1，边长约2.7厘米（图三七 C，3）。M142：19-2，孔内残有桥形纽。边长约2.6厘米（图三七 C，4）。

铜镜　1件（M142：16）。日光连弧铭带镜。圆形，圆纽，圆纽座。座外均匀分布短弧线纹，其外1周内向八连弧纹圈带。两组短斜线和凸弦纹圈带之间为铭文带"见日之光，天下大明"，每字间隔一类似涡纹或带"十"字的菱形符号。窄素缘。直径7.6厘米（图三七 D，1；图版四六，3）。

铜钱　14枚。均为五铢。M142：12-1，字体较瘦，"五"字中间两笔缓曲，"铢"字的"金"字头呈三角形，"朱"字头方折。直径2.5、穿径1厘米（图三七 D，2）。M142：12-2，字体瘦长，"五"字中间两笔较直而略弯，"铢"字的"金"字头较小、呈镞形，"朱"字头方折。直径2.5、穿径1.1厘米（图三七 D，3）。M142：12-3，字体瘦长，"五"字中间两笔较直而略弯，"铢"字的"金"字头较大、呈镞形，"朱"字头方折。直径2.5、穿径1.1厘米（图三七 D，4）。M142：12-4，字体较瘦，"五"字中间两笔弯曲、末端平行，"铢"字的"金"字头较小、呈镞形，"朱"字头方折。直径2.4、穿径1厘米（图三七 D，5）。

（三十五）M143

M143位于 D 区中东部，开口距地表约4米。形制为土坑竖穴墓，方向14°。墓圹平面长方形，直壁、平底，长3.7、宽2.1、残深1.24米。填土灰褐色，含少量碎陶片。葬具为1椁2棺，均已朽，平面长方形。椁长3.4、宽1.9米，东棺长2.4、宽0.9米，西棺长2.4、宽0.6米。棺内各有人骨架1具，保存较差，均已朽成粉末状，可辨头向北。随葬品共18件（组），其中陶壶3件、陶罐1件、铜盆1件，置椁内棺南侧；铜镜、铜刷柄、铁削各1件，位于东侧人骨头北；柿蒂形铜饰1组2件，分置东侧头骨两侧；铜带钩、铜印章各1件，在东侧人骨腰部；铁剑、铁削各1件，分在东人骨腰部两侧；石砚板1件，在东棺内东南角；漆盒、铜刷柄各1件，置西棺中部偏东；铜熏炉1件，在西棺东南部；铜钱34枚，散布于两棺内；另于椁南端西侧发现禽类骨骼（图三八 A；图版三四，1）。

陶罐　1件（M143：1）。侈口，折沿，方唇，唇面内凹，短直颈，溜肩，鼓腹

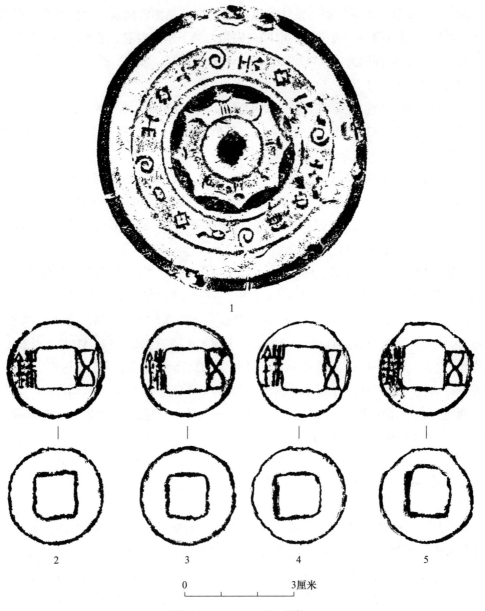

图三七 D　M142 出土器物

1. 铜镜（M142：16）　2～5. 五铢钱（M142：12-1、M142：12-2、M142：12-3、M142：12-4）

微折，小平底。颈肩部见快轮旋痕，上腹饰 2 周戳印纹，下腹及底部斜饰绳纹。口径 16.8、通高 34 厘米（图三八 B，3；图版四二，3）。

　　陶壶　3 件。均泥质灰陶。形制相近，盘口，方唇，束颈较短，溜肩，扁鼓腹，圜底近平，矮圈足。M143：2，中腹饰 2 周戳印纹。口径 16、通高 31 厘米（图三八 B，1）。M143：3，唇面 1 周凹槽，中腹 2 周戳印纹，下腹饰斜绳纹。口径 15.6、通高

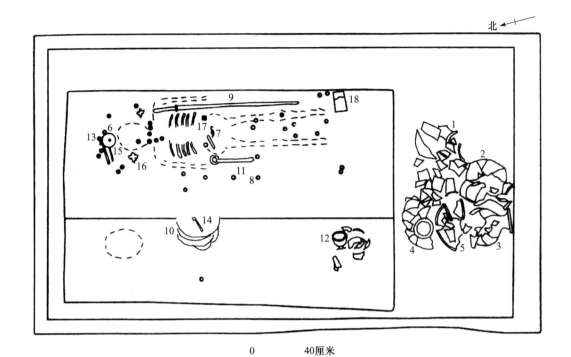

图三八 A　M143 平面图
1.陶罐　2~4.陶壶　5.铜盆　6.铜镜　7.铜带钩　8.铜钱　9.铁剑　10.漆盒　11、15.铁削　12.铜熏炉
13、14.铜刷柄　16.柿蒂形铜饰　17.铜印章　18.石砚板

31.2 厘米（图三八 B，2）。M143：4，鼓腹略垂，中腹 1 周戳印纹，下腹饰斜绳纹。口径 14.4、通高 32 厘米（图三八 B，4）。

铁剑　1件（M143：9）。锈蚀严重，断为三截。长条形茎，方肩，"一"字形剑格，剑身窄长、断面呈菱形，前锋残。残长 100、茎长 14、剑身最宽 3.1 厘米（图三八 C，1）。

铁削　2件。M143：11、M143：15，均锈蚀严重，残碎，未能修复。

铜熏炉　1件（M143：12）。残碎，未能修复。据残片推测为下带承盘的豆形熏炉。

铜盆　1件（M143：5）。残碎，未能修复。

铜刷柄　2件。形制相同。细长烟斗状，刷斗呈中空圆筒形，柄近圆柱形，向尾端逐渐变细，尾端做成近鸭首形。M143：13，近末端有一穿孔，长 12.8 厘米（图三八 C，2）。M143：14，长 12.8 厘米（图三八 C，3）。

铜带钩　1件（M143：7）。整体呈琵琶形，钩首近兽首状，体较粗短，鼓腹、断面近半圆形，圆纽位于背面近尾端。长 5.65 厘米（图三八 C，6）。

柿蒂形铜饰　2件（M143：16）。锈蚀严重，残碎，无法修复。扁平，柿蒂状，

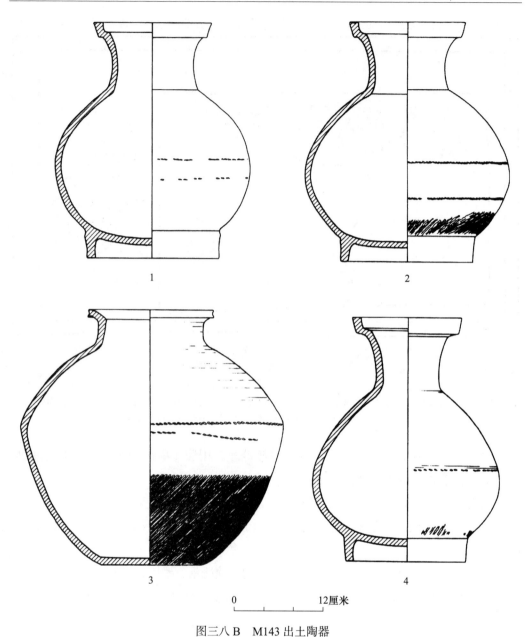

0 ———————— 12厘米

图三八 B　M143 出土陶器

1、2、4. 陶壶（M143：2、M143：3、M143：4）　3. 陶罐（M143：1）

整体近方形。

铜印章　1件（M143：17）。方形印体，桥形纽，纽内残有绶带痕迹。阴文篆书"但防之印"。印面边长1.5、通高1.4厘米（图三八 C，4；图三八 D，2）。

石砚板　1件（M143：18）。页岩制成，制作规整，磨光，扁平长方形，横断面呈梯形，断为两节。底面长16.1、宽6、厚0.3厘米（图三八 C，5；图版五一，1）。

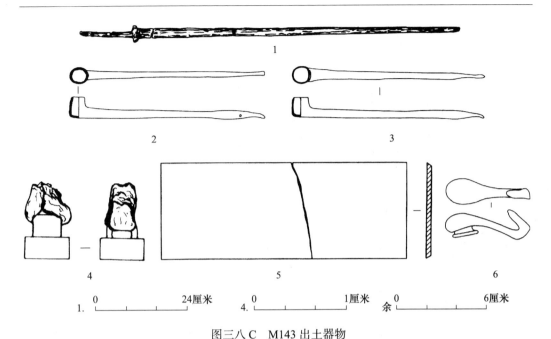

图三八 C　M143 出土器物

1. 铁剑（M143：9）　2、3. 铜刷柄（M143：13、M143：14）4. 铜印章（M143：17）5. 石砚板
（M143：18）6. 铜带钩（M143：7）

漆盒　1件（M143：10）。腐朽，仅余少量银箍，无法复原。

铜镜　1件（M143：6）。日光连弧铭带镜，锈蚀较重。圆形，圆纽，圆纽座。座外均匀分布短弧线纹，其外1周内向八连弧纹圈带。两组短斜线和凸弦纹圈带之间为铭文带，可辨"见日之……大……"等字，每字间隔一类似涡纹或带"十"字的菱形符号。窄素缘。直径7.2厘米（图三八 D，1）。

铜钱　34枚。均为五铢。M143：8-1，字体瘦长，"五"字中间两笔较直而略弯，"铢"字的"金"字头呈三角形，"朱"字头方折。直径2.5、穿径1厘米（图三八 D，3）。M143：8-2，字体较瘦，"五"字中间两笔缓曲，"铢"字的"金"字头呈镞形，"朱"字头方折，直径2.5、穿径1厘米（图三八 D，4）。M143：8-3，字体较瘦，"五"字中间两笔弯曲、末端近平行，"铢"字的"金"字头呈三角形，"朱"字头方折。直径2.5、穿径1厘米（图三八 D，5）。M143：8-4，字形同 M143：8-3。直径2.5、穿径1.1厘米（图三八 D，6）。

（三十六）M146

M146位于大商业区西区东北部，开口距地表约2米。形制为土坑竖穴墓，方向2°。墓圹平面长方形，直壁、平底，长3.5、宽2、深0.7米。填土黄褐色，较硬，含少量鹅卵石，经夯打，夯窝直径约6厘米。墓底有葬具1棺，已朽，棺长2.18、宽0.68

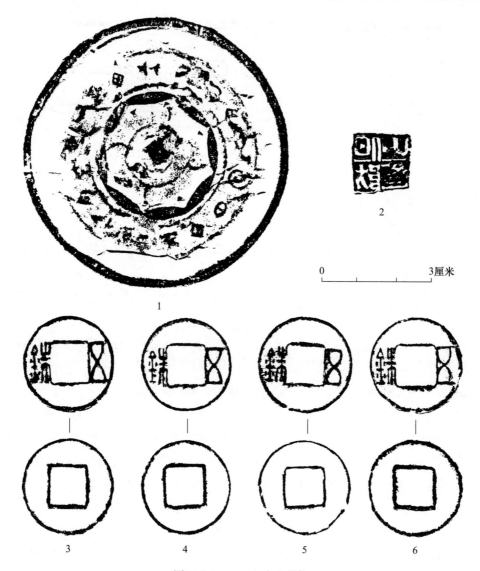

图三八 D　M143 出土器物

1. 铜镜（M143：6）2. 铜印章（M143：17）拓本　3～6. 五铢钱（M143：8-1、M143：8-2、
M143：8-3、M143：8-4）

米，残余较多红色漆皮。棺内人骨架 1 具，极度腐朽，可辨头向北。随葬品共 4 件
（组），其中陶罐 2 件，置于棺外南部；铜带钩 1 件，位于头骨东侧；铜钱 38 枚，在东
侧陶罐中（图三九 A；图版三三，3）。

陶罐　2 件。均泥质灰陶。M146：2，侈口，平沿，方唇，短直颈，广肩，斜弧
腹，小平底内凹。肩部饰带有多周抹痕的细绳纹，腹至底饰竖向粗绳纹。口径 17.2、
通高 36.2 厘米（图三九 B）。M146：3 与之相似，口残。

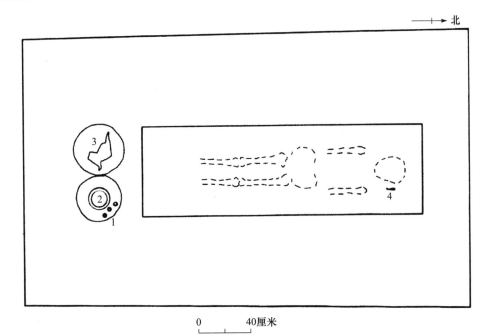

图三九 A　M146 平面图

1. 铜钱　2、3. 陶罐　4. 铜带钩

铜带钩　1 件（M146：4）。锈蚀严重，残碎，未能修复。

铜钱　38 枚。均锈蚀严重，字迹不清。

（三十七）M150

M150 位于 D 区北部，开口距离地表 3.5 米。形制为土坑竖穴墓，方向 8°。墓圹平面长方形，直壁、平底，长 3.3、宽 1.6、残深 2.06 米。填土浅灰褐色，土质略松。墓底有葬具 1 棺，已朽，平面长方形，长 2、宽 0.84 米。棺内人骨架 1 具，朽为粉状，可辨头向北。棺南

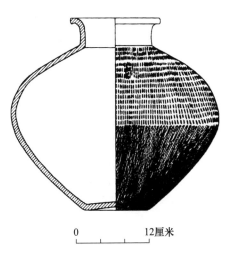

图三九 B　M146 出土陶罐（M146：2）

侧有器物箱 1 具，已朽，长 0.94、宽 0.83 米。随葬品共 8 件（组），其中陶壶 3 件、铜蹄足 1 组 3 件、铜鐎 1 件，置器物箱内；铜镜、铜刷柄各 1 件，位于头骨西侧；铜钱 12 枚，散布于棺内（图四〇 A）。

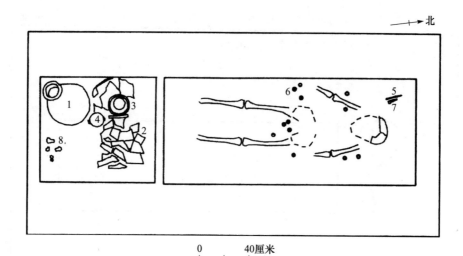

图四〇 A　M150 平面图

1～3. 陶壶　4. 铜錍　5. 铜镜　6. 铜钱　7. 铜刷柄　8. 铜蹄足

陶壶　3 件。均泥质灰陶。M150：1，盘口，方唇，口内侧内凹，短束颈，溜肩，扁鼓腹，圜底近平，矮圈足。中腹饰 3 周戳印纹，下腹饰横向绳纹。口径 17.6、通高 34 厘米（图四〇 B，1）。M150：2，形制相近，口径 16.8、通高 36.8 厘米（图四〇 B，2；图版三九，3）。M150：3，盘口方唇，短束颈，鼓肩，弧腹，圜底，圈足残失。颈部见快轮旋痕，中腹饰 1 周戳印纹。口径 18、残高 34.6 厘米（图四〇 B，3）。

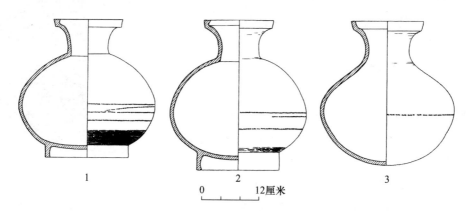

图四〇 B　M150 出土陶壶

1. M150：1　2. M150：2　3. M150：3

铜錍　1 件（M150：4）。盖与身以子母口相扣合。盖为直壁母口，弧形顶，顶外缘一周略向下折、低于内部，中央一半环形纽。身为直壁子口，筒形直腹，平底，三矮蹄足。腹中部饰一周凸圈带，上部对饰两半环形耳，耳内各扣一较大圆环，环上连有两截"8"字形链索，与提梁两端的圆环相连。提梁整体近弧形，两端呈兽首形，兽口作吞环状。口径11.6、通高18.4厘米（图四〇C，4；彩版三，3）。

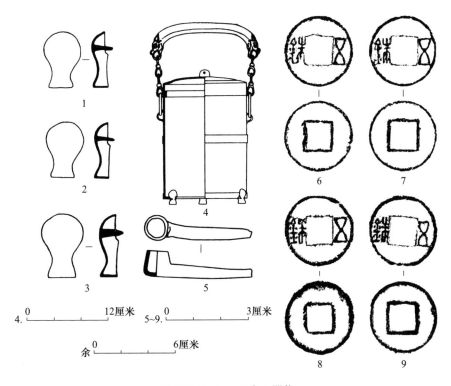

图四〇C　M150出土器物

1～3.铜蹄足（M150：8-1～M150：8-3）　4.铜鍹（M150：4）　5.铜刷柄（M150：7）
6～9.五铢钱（M150：6-1～M150：6-4）

铜蹄足　3件。形制相同，正面上部近圆形鼓起，下部亚腰形外弧，平底。背部内空，外缘上部较下部内收、皆平整，上部中央出一锥形插榫。M150：8-1～M150：8-3，高4厘米（图四〇C，1～3）。

铜刷柄　1件（M150：7）。细长烟斗状，刷斗呈中空圆筒形，柄近圆柱形，向尾端逐渐变细，柄后部残。残长4.1厘米（图四〇C，5）。

铜镜　1件（M150：5）。锈蚀严重，纹饰不清，似为日光连弧铭带镜。直径8.4厘米。

铜钱　12枚。均为五铢。M150：6-1，字体瘦长，"五"字中间两笔较直而略弯，"铢"字的"金"字头呈三角形，"朱"字头方折。直径2.5、穿径1.1厘米（图四〇C，6）。M150：6-2，字体稍宽，"五"字中间两笔缓曲，"铢"字的"金"字头呈三角形，"朱"字头方折。直径2.5、穿径1厘米（图四〇C，7）。M150：6-3，字体较瘦，

"五"字中间两笔较直而略弯，"铢"字的"金"字头呈三角形，"朱"字头方折。直径 2.5、穿径 1 厘米（图四〇 C，8）。M150：6-4，字体较瘦，"五"字中间两笔弯曲、末端平行，"铢"字的"金"字头呈镞形，"朱"字头方折。直径 2.5、穿径 1 厘米（图四〇 C，9）。

（三十八）M153

M153 位于 D 区西南部，开口距地表 2.8 米。形制为土坑竖穴墓，方向 8°。墓圹平面长方形，直壁、平底，长 3.2、宽 1.5、深 3.7 米。填土浅灰褐色，含少量料姜石。墓底有葬具 1 棺，已朽，长方形，长 1.7、宽 0.8 米，棺内有人骨架 1 具，保存较差，仰身直肢葬，头向北。棺南侧有器物箱 1 具，已朽，长方形，长 0.8、宽 1.02 米。随葬品共有 9 件（组），其中陶壶 5 件、铜鐎壶 1 件，置器物箱内；铜镜 1 件，在棺内东北角；铁削 1 件，位于人骨右肩处；铜钱 5 枚，散布于棺内（图四一 A）。

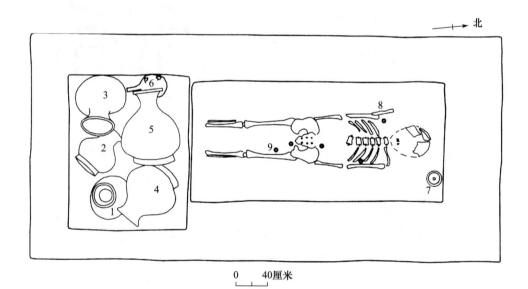

图四一 A　M153 平面图

1～5. 陶壶　6. 铜鐎壶　7. 铜镜　8. 铁削　9. 铜钱

陶壶　5 件。均泥质灰陶。形制相近，盘口，方唇，口外侧内凹，束颈较短，鼓腹，圜底，矮圈足。中腹饰戳印纹，下腹饰少量斜绳纹。M153：1，圆鼓腹，中腹 2 周戳印纹。口径 16.4、通高 32 厘米（图四一 B，1）。M153：2，鼓腹，中腹 1 周戳印纹。口径 14.8、通高 33.4 厘米（图四一 B，2）。M153：3，圆鼓腹，中腹 2 周戳印纹。口径 18.4、通高 39.4 厘米（图四一 B，3）。M153：4，鼓腹略垂，中腹 1 周戳印纹。口径 18、通高 40.2 厘米（图四一 B，6）。M153 ：5，鼓腹略垂，中腹 1 周戳印纹。口径 18、通高 40.6 厘米（图四一 B，4）。

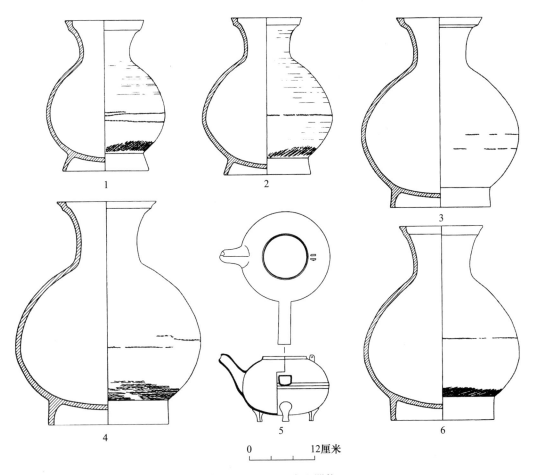

图四一 B　M153 出土器物

1～4、6.陶壶（M153 ：1、M153 ：2、M153 ：3、M153 ：5、M153 ：4）　5.铜鐎壶（M153 ：6）

　　铜鐎壶　1 件（M153 ：6）。盖残缺。矮直口，溜肩，扁圆腹，圜底，三矮蹄足，一侧腹部设一近鸟首形流，对侧肩部设可自由开启壶盖的两穿孔枢轴，相垂直的一侧附一扁方銎长直柄。腹中部 3 周凸弦纹。口径 8、通高 12 厘米（图四一 B，5）。

　　铁削　1 件（M153 ：8）。残碎，不能修复。

　　铜镜　1 件（M153 ：7）。星云镜。圆形，连峰纽，圆纽座。座外 2 周凸弦纹（外侧的外附短线纹）之间为主纹，4 枚圆座大乳钉分为 4 区，每区内各有 5 枚小乳钉。内向十六连弧纹缘。直径 7.5 厘米（图四一 C）。

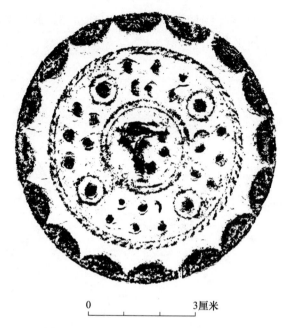

图四一 C　M153 出土铜镜（M153∶7）

铜钱　5 枚。锈蚀严重，字迹不清。

（三十九）M156

M156 位于 D 区西南部，东距 M154 约 0.5 米，西距 M155 约 0.5 米，开口距地表约 2.8 米。形制为土坑竖穴墓，方向 3°。墓圹平面长方形，直壁、平底，长 3.56、宽 1.46、深 1.74 米。填土灰褐色，土质略松，局部有夯打痕迹。墓底有葬具 1 椁 1 棺，均已朽，长方形，椁长 3.24、宽 1.08 米，棺长 2.1、宽 0.76 米。棺内有人骨架 1 具，极度腐朽，可辨头向北。椁内棺南侧有器物箱 1 具，已朽，长方形，长 1.03、宽 0.8 米。随葬品共 12 件（组），其中陶壶 3 件、铜盆 1 件，置器物箱内；铜刷柄、铜镜各 1 件，在头骨东侧；石砚板、铁削各 1 件，位于头骨北侧；铁剑、铁削、铜带钩各 1 件，见于人骨中部西侧；铜钱 182 枚，散布于整个棺内（图四二 A；图版三三，4）。

陶壶　3 件。均泥质灰陶。形制相近，方唇，唇面内倾，束颈较短，溜肩，鼓腹，圜底近平，矮圈足。颈肩及上腹部饰 3 组凹弦纹，中腹饰 2 周戳印纹，下腹饰少量斜绳纹。M156∶1，口径 18.6、通高 36.4 厘米（图四二 B，1）。M156∶2，口径 17、通高 32.4 厘米（图四二 B，2）。M156∶3，口径 18.8、通高 35.2 厘米（图四二 B，3）。

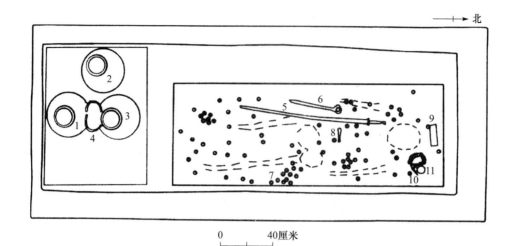

图四二 A M156 平面图

1~3. 陶壶 4. 铜盆 5. 铁剑 6、12. 铁削（12 压在 9 下） 7. 铜钱 8. 铜带钩 9. 石砚板
10. 铜刷柄 11. 铜镜

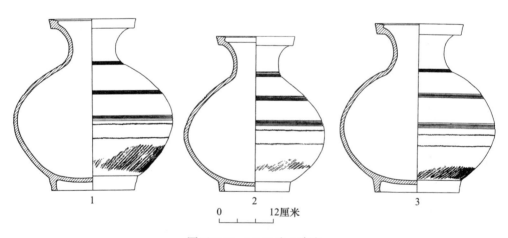

图四二 B M156 出土陶壶

1. M156：1 2. M156：2 3. M156：3

铁剑 1 件（M156：5）。锈蚀严重，断为六截。长条形茎，方肩，"一"字形剑格，剑身窄长、断面呈菱形。通长 112、茎长 18.8、剑身最宽 3.4 厘米（图四二 C，1）。

铁削 2 件。M156：6，锈蚀严重，断为三截。椭圆形环首，直柄，直背，直刃，刀柄与刀身基本等宽，前锋残。残长 19 厘米（图四二 C，3）。M156：12，锈蚀严重，断为三截。椭圆形环首，直柄，直背，直刃，刀柄与刀身基本等宽，前半部残。残长 13.4 厘米（图四二 C，4）。

铜盆 1 件（M156：4）。残碎，未能修复。

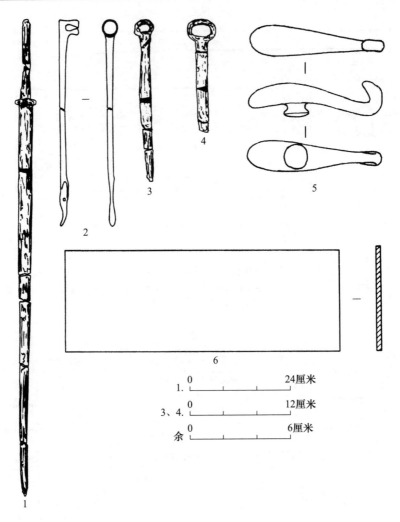

图四二 C　M156 出土器物

1. 铁剑（M156：5）　2. 铜刷柄（M156：10）　3、4. 铁削（M156：6、M156：12）
5. 铜带钩（M156：8）　6. 石砚板（M156：9）

铜带钩　1 件（M156：8）。整体呈琵琶形，钩首近兽首状，体较粗，鼓腹、断面近半圆形，圆纽位于背面近中部。长 7.9 厘米（图四二 C，5）。

铜刷柄　1 件（M156：10）。细长烟斗状，刷斗呈中空圆筒形，柄近圆柱形，向尾端逐渐变细，尾端做成近鸭首形且有一穿孔。长 12.1 厘米（图四二 C，2）。

石砚板　1 件（M156：9）。页岩制成，长方形。长 16.5、宽 5.8、厚 0.25 厘米（图四二 C，6；图版五一，2）。

铜镜　1 件（M156：11）。日光连弧铭带镜。圆形，圆纽，圆纽座。座外均匀分布短弧线纹，其外 1 周内向八连弧纹圈带。两组短斜线和凸弦纹圈带之间为铭文带，"见日之光，天下大明"等字，每字间隔一类似涡纹或带"十"字的菱形符号。宽素

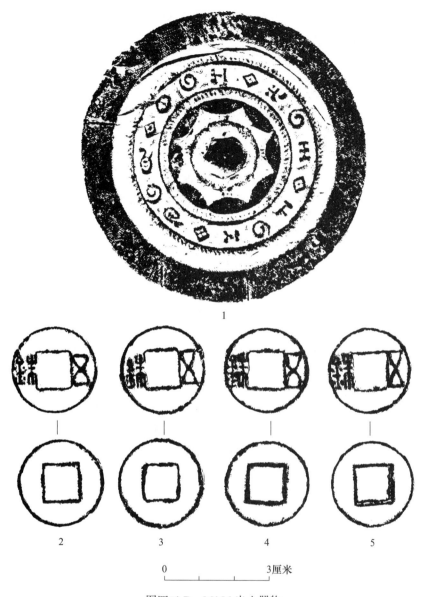

图四二 D　M156 出土器物

1.铜镜（M156：11）　2～5.五铢钱（M156：7-1、M156：7-2、M156：7-3、M156：7-4）

缘。直径 8.2 厘米（图四二 D，1；图版四六，4）。

铜钱　182 枚。均为五铢。M156：7-1，字体较宽，"五"字中间两笔较直而略弯，"铢"字的"金"字头呈三角形，"朱"字头方折。直径 2.5、穿径 1 厘米（图四二 D，2）。M156：7-2，字体瘦长，"五"字中间两笔斜直，"铢"字的"金"字头呈三角形，"朱"字头圆折。直径 2.5、穿径 1 厘米（图四二 D，3）。M156：7-3，字体较宽，"五"字中间两笔弯曲、末端内收，"铢"字的"金"字头呈三角形，"朱"字头方折。直径 2.45、穿径 1.1 厘米（图四二 D，4）。M156：7-4，字体瘦长，"五"字中间两笔较直而略弯，"铢"字的"金"字头呈三角形，"朱"字头方折。直径 2.4、穿径 1 厘米（图四二 D，5）。

（四十）M158

M158 位于 D 区西南部，开口距地表约 2 米。形制为土坑竖穴墓，方向 5°。墓圹平面长方形，直壁、平底，长 3、宽 1.2、深 3.9 米。填土浅灰褐色，土质紧密，夹少量砾石块。墓底有葬具 1 棺，已朽，长方形，长 2、宽 0.75 米。棺内人骨架 1 具，保存较差，仰身直肢葬，头向北。棺外南侧有器物箱 1 具，已朽，长方形，长 0.9、宽 0.84 米。随葬品共 9 件（组），其中陶罐 5 件，置器物箱内；铜镜、铜刷柄各 1 件，在头骨北侧，有织物及红色漆皮痕迹；玉剑璏 1 件，位于颈部；铜钱 9 枚，散布于棺内（图四三 A）。

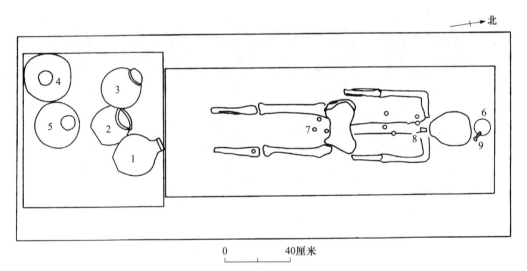

0　　　　　40厘米

图四三 A　M158 平面图
1～5.陶罐　6.铜镜　7.铜钱　8.玉剑璏　9.铜刷柄

陶罐　5 件。均泥质灰陶。M158：1，侈口，方唇，唇面内凹，短直颈，溜肩，鼓腹，平底较小。颈及上腹部见快轮旋痕，中腹部饰 3 周戳印纹，下腹及底部饰斜绳纹。口径 14.6、通高 34.6 厘米（图四三 B，1）。M158：2，侈口，折沿，圆唇，束颈很短，溜肩，鼓腹，平底较小。颈及上腹见快轮旋痕，中腹部饰 3 周戳印纹，下腹及底饰斜绳纹。口径 18、通高 20.6 厘米（图四三 B，4）。M158：3，形制近M158：1，鼓腹居下。口径 16、通高 34.6 厘米（图四三 B，7）。M158：4，形制近

M158：3。口径 17.6、通高 35.4 厘米（图四三 B，5）。M158：5，形制近 M158：1。口径 16、通高 35 厘米（图四三 B，6；图版四二，4）。

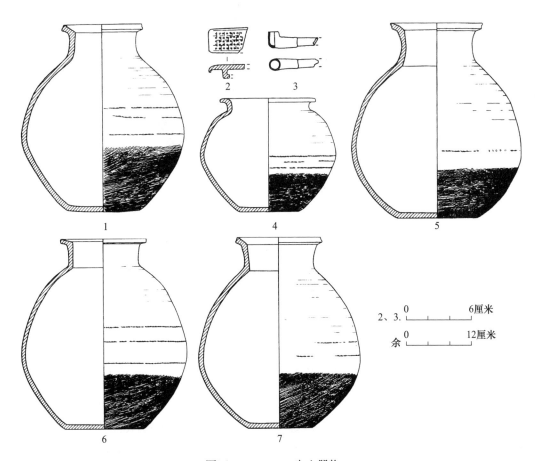

图四三 B　M158 出土器物

1、4～7.陶罐（M158：1、M158：2、M158：4、M158：5、M158：3）2.玉剑璏（M158：8）
3.铜刷柄（M158：9）

玉剑璏　1件（M158：8）。残，平面圆角长方形，两端向下卷曲，背面附有长方形銎套，正面两侧边缘留白，长方形框内刻饰谷纹，谷纹两两一组以纵横交错短线隔开。残长 3.7、宽 2.2 厘米（图四三 B，2）。

铜刷柄　1件（M158：9）。细长烟斗状，刷斗呈中空圆筒形，柄近圆柱形，向尾端逐渐变细，柄后部。残长 4.7 厘米（图四三 B，3）。

铜镜　1件（M158：6）。星云镜。圆形，连峰纽，圆纽座。座外 1 周内向十六连弧纹圈带。其外 2 周凸弦纹内为主纹，4 枚并蒂联珠座的大乳钉分为 4 区，每区内各有 7 枚小乳钉，以曲线相连。内向十六连弧纹缘。直径 10.3 厘米（图四三 C）。

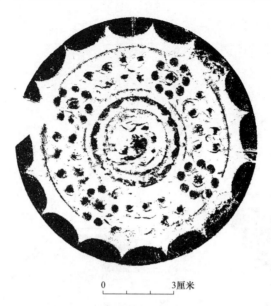

0 ├───┼───┤ 3厘米

图四三 C　M158 出土铜镜（M158：6）

铜钱　9 枚。锈蚀严重，字迹不清。

（四十一）M159

M159 位于 D 区西南部，开口距离地表 2.5 米。形制为土坑竖穴墓，方向 6°。墓圹平面长方形，直壁、平底，长 3.22、宽 1.4、深 2.4 米。填土浅黄褐色，土质略硬。墓底有葬具 1 椁 1 棺，已朽，平面均长方形，椁长 2.88、宽 1.2 米，棺长 2.02、宽 0.7 米。棺内人骨架 1 具，朽成粉状，可辨头向北。随葬品共 5 件，其中陶壶 3 件，置椁内棺外南端；铜镜、铜刷柄各 1 件，位于头骨西侧；另于陶罐附近发现红色漆痕及少量禽类骨骼（图四四 A）。

陶壶　3 件。均泥质灰陶。形制相近，浅盘口，斜方唇，口外侧内凹，短束颈，溜肩，鼓腹，圜底，矮圈足。器身见快轮旋痕，中腹饰 2～3 周戳印纹。M159：1，口径 15.6、通高 30.4 厘米（图四四 B，1）。M159：2，圆鼓腹。口径 12.8、通高 23.6、厚 0.6～0.8 厘米（图四四 B，2）。M159：3，圆鼓腹。口径 15.8、通高 29.8 厘米（图四四 B，3）。

铜镜　1 件（M159：4）。锈蚀严重，纹饰不清。

铜刷柄　1 件（M159：5）。细长烟斗状，刷斗呈中空圆筒形，柄近圆柱形，向尾端逐渐变细，尾端做成近鸭首形。长 12.6 厘米（图四四 B，4）。

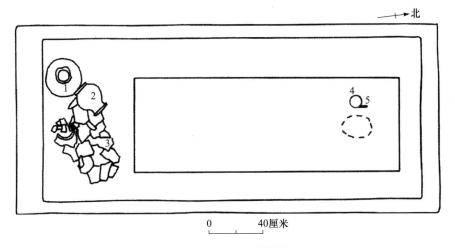

图四四 A　M159 平面图

1～3.陶壶　4.铜镜　5.铜刷柄

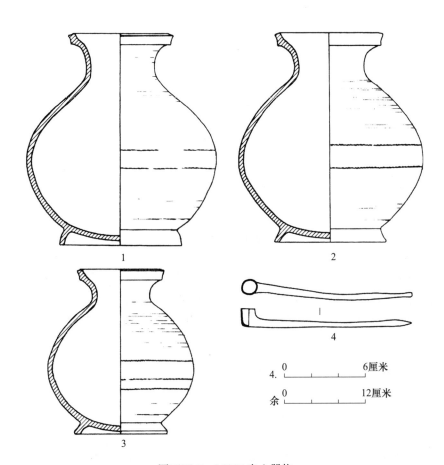

图四四 B　M159 出土器物

1～3.陶壶（M159：1～M159：3）　4.铜刷柄（M159：5）

（四十二）M160

M160 位于 D 区西南部，开口距地表 2.5 米。形制为土坑竖穴墓，方向 10°。墓圹平面长方形，直壁、平底，长 2.7、宽 1.3、深 2.4 米。填土浅黄色，土质略硬，局部经夯打。墓底有葬具 1 椁 1 棺，均已朽，平面长方形，椁长 2.52、宽 1.24 米，棺长 2.28、宽 0.84 米。棺内人骨架 1 具，朽为粉状，可辨头向北。随葬品 2 件（组），其中铜镜 1 件，置头骨东侧，附近有红色漆痕，可能原为漆奁；铜钱 11 枚，散布于棺内（图四五 A）。

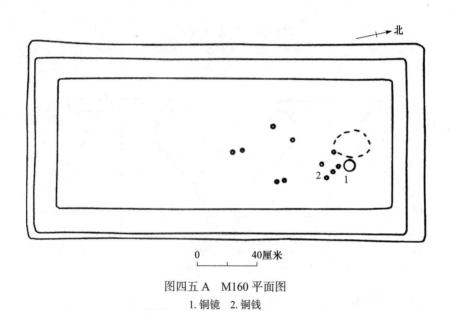

图四五 A　M160 平面图
1. 铜镜　2. 铜钱

铜镜　1 件（M160：1）。日光连弧铭带镜，锈蚀较重。圆形，圆纽，圆纽座。座外均匀分布短弧线纹，其外 1 周内向八连弧纹圈带。两组短斜线和凸弦纹圈带之间为铭文带，可辨"……之光……忘"等字，每字间隔一类似涡纹符号。窄素缘。直径 6.9 厘米（图四五 B）。

铜钱　11 枚。锈蚀严重，字迹不清。

（四十三）M161

M161 位于 D 区西南部，开口距地表约 2 米，南半部的下部被防空洞打破。形制为土坑竖穴墓，方向 5°。墓圹平面长方形，直壁、平底，长 3.1、宽 1.46、深 0.9 米。

填土灰褐色，夹碎石块。墓底有葬具1棺，已朽，长方形，残长0.89、宽0.84米。棺内人骨架1具，极度腐朽，可辨头向北。随葬品共2件（组），其中铜镜1件，置于头骨西侧；铜钱3枚，位于头骨北侧（图四六A）。

　　铜镜　1件（M161：1）。星云镜，略有锈蚀。圆形，连峰纽，圆纽座。座外1周内向十六连弧纹圈带。其外2周凸弦纹内为主纹，4枚圆座的大乳钉分为4区，每区内各有7枚小乳钉。内向十六连弧纹缘。直径9.6厘米（图四六B）。

　　铜钱　3枚。锈蚀严重，字迹不清。

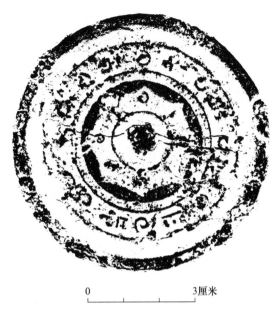

0　　　　　　3厘米

图四五B　M160出土铜镜（M160：1）

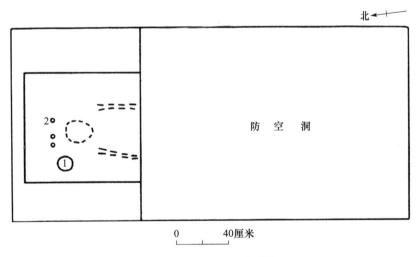

北

防　空　洞

2
①

0　　　40厘米

图四六A　M161平面图
1. 铜镜　2. 铜钱

（四十四）M163

　　M163位于D区西南部，东距M164约1米，开口距地表2.5米。形制为土坑竖穴墓，方向6°。墓圹平面长方形，直壁、平底，长3.2、宽1.6、深4.8米。填土浅黄褐

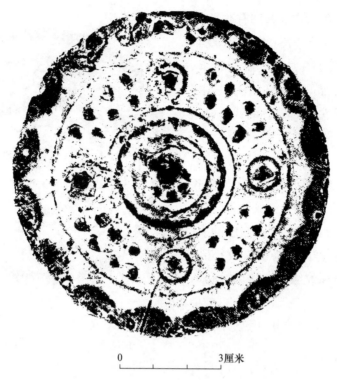

0　　　　　　　　　3厘米

图四六 B　M161 出土铜镜（M161：1）

色，土质略硬。墓底有葬具 1 棺，已朽，长方形，长 2、宽 0.7 米。棺内人骨架 1 具，朽为粉状，保存较差，仰身直肢葬，头向北。棺南侧有器物箱 1 具，已朽，方形，边长约 1 米。随葬品共 12 件（组），其中陶罐 4 件、铜鼎和铜釜各 1 件，置器物箱内；铜镜、铜刷柄各 1 件，位于头骨西侧；铜带钩、铜印章各 1 件，发现于人骨腰部；铁削 1 件，在棺内西南部；铜钱 17 枚，散布于棺内；另于器物箱内发现红色漆器痕迹及禽类骨骼（图四七 A）。

陶罐　4 件。均泥质灰陶。M163：1，直口微侈，平折沿，圆唇，短颈，溜肩，圆鼓腹，圜底近平。中腹饰 2 周戳印纹，下腹及底饰竖绳纹。口径 16.8、通高 38.6 厘米（图四七 B，1）。M163：2，形制与 M163：1 相近，方唇，小平底。中腹 2 周戳印纹，下腹饰交错绳纹。口径 16、通高 33.8 厘米（图四七 B，2；图版四三，3）。M163：3，侈口，平折沿，方唇，沿面 2 周凹槽，唇面 1 周凹槽，斜直颈，溜肩，鼓腹近折，小平底。上腹见轮痕，中腹部饰 5 周戳印纹，下腹及底饰竖向及横绳纹。口径 22、通高 43.4 厘米（图四七 B，4）。M163：4，直口微敛，卷折沿，方唇，短颈，溜肩，鼓腹近折，小平底。腹部饰交错绳纹。口径 17.2、通高 38.4 厘米（图四七 B，3）。

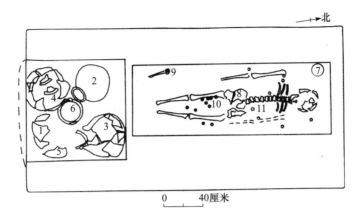

图四七 A　M163 平面图

1～4. 陶罐　5. 铜釜　6. 铜鼎　7. 铜镜　8. 铜带钩　9. 铁削　10. 铜钱　11. 铜印章　12. 铜刷柄（压在 7 下）

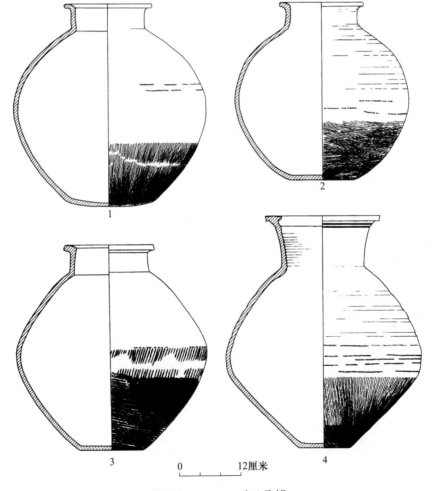

图四七 B　M163 出土陶罐

1. M163：1　2. M163：2　3. M163：4　4. M163：3

铁削　1件（M163：9）。锈蚀严重，残碎，未能修复。

铜鼎　1件（M163：6）。铁质覆钵形盖。鼎身子口直口微敛，尖圆唇，溜肩，深弧腹，圜底，三蹄足，肩部两长方形立耳微外撇。腹部1周凸棱。口径18、通高22.4厘米（图四七C，5；彩版二，3）。

铜釜　1件（M163：5）。直口微敞，宽平折沿，方唇，微束颈，鼓腹，圜底。口径19.2、通高8.4厘米（图四七C，3）。

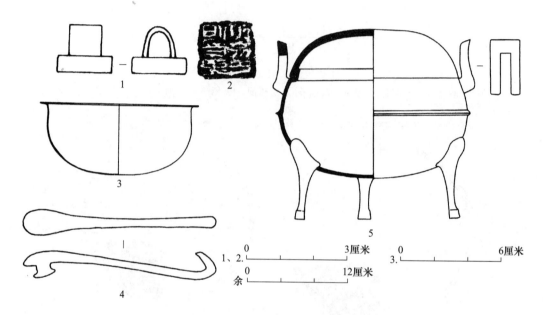

图四七 C　M163 出土器物

1、2.铜印章（M163：11）3.铜釜（M163：5）4.铜带钩（M163：8）5.铜鼎（M163：6）

铜带钩　1件（M163：8）。整体呈琵琶形，钩首近兽首状，钩体细长、尾端稍宽近椭圆形，腹部较斜直、断面近半圆形，圆纽位于背面尾端。长11.8厘米（图四七C，4）。

铜刷柄　1件（M163：12）。锈蚀严重，残碎，未能修复。

铜印章　1件（M163：11）。方形印体，桥形纽。阴文篆书"但□之印"。印面边长1.7、通高1.4厘米（图四七C，1、2）。

铜镜　1件（M163：7）。星云镜，锈蚀较重。圆形，连峰纽，圆纽座。座内均匀分布弧线及短线纹，座外1周内向十六连弧纹圈带。其外两组短斜线和凸弦纹圈带内为主纹，4枚联珠纹座的大乳钉分为4区，每区内各有7枚小乳钉。内向十六连弧纹缘。直径11厘米（图四七D）。

铜钱　17枚。均锈蚀严重，字迹不清。

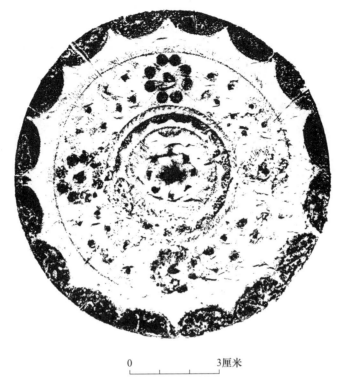

0 3厘米

图四七 D M163 出十铜镜（M163：7）

（四十五）M164

M164 位于 D 区西南部，西距 M163 约 1 米，开口距地表 2 米。形制为土坑竖穴墓，方向 6°。墓圹平面长方形，直壁、平底，长 3.32、宽 1.6、深 2.5 米。填土浅黄褐色，土质较硬。墓底有葬具 1 椁 1 棺，均已朽，平面长方形，椁长 3.16、宽 1.24 米；棺长 2、宽 0.8 米，残存较多红色漆皮。棺内有人骨架 1 具，保存较差，仰身直肢葬，头向北。随葬品共 14 件（组），其中陶壶 5 件、铁釜 1 件、铜盆 1 件、铜鐎壶 1 件、铜铺首 1 组 2 件，置椁内棺外南端；铜镜、铜眉笔杆、柿蒂形铜饰各 1 件，位于头骨东侧；铜盆 1 件，位于棺内西南部；铜钱 5 枚，散布于棺内；另于棺外南侧发现较多禽类骨骼（图四八 A；图版三四，2）。

陶壶 5 件。均泥质灰陶。M164：1，浅盘口，方唇，口外侧内凹，束颈较短，溜肩，扁鼓腹，圜底近平，矮圈足。器身见快轮旋痕，中腹饰 2 周戳印纹，下腹饰少量斜绳纹。口径 18.8、通高 35.8 厘米（图四八 B，1）。M164：2，形制与 M164：1 相近。口径 18、通高 36.6 厘米（图四八 B，2）。M164：3，盘口，方唇，短束颈，溜肩，弧鼓腹，平底较小。器身见轮痕，中腹 1 周戳印纹。口径 15.2、通高 28.8 厘米（图四八

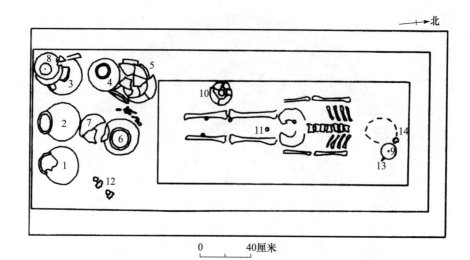

图四八 A　M164 平面图

1～5.陶壶　6.铁釜　7、10.铜盆　8.铜鐎壶　9.铜镜　11.铜钱　12.铜铺首　13.铜眉笔杆　14.柿蒂形铜饰

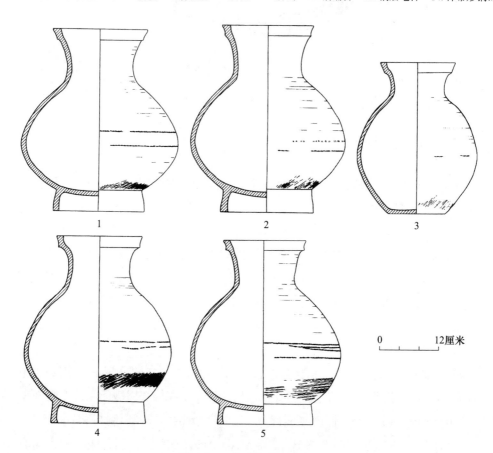

图四八 B　M164 出土陶壶

1.M164：1　2.M164：2　3.M164：3　4.M164：4　5.M164：5

B，3；图版三九，4）。M164：4，形制与M164：1相近，盘口，鼓腹，中腹2周戳印纹。口径16.8、通高36厘米（图四八B，4）。M164：5，侈口，方唇，口外侧内凹，短束颈，溜肩，鼓腹，圜底近平，矮圈足。口径16、通高36.2厘米（图四八B，5）。

铁釜　1件（M164：6）。锈蚀严重，残碎，未能提取。

铜盆　2件。M164：7、M164：10，锈蚀严重，残碎，未能修复。

铜鐎壶　1件（M164：8）。锈蚀严重，残碎，未能修复。

铜眉笔杆　1件（M164：13）。细长管状，柄端渐收成锥形，头端平，末端尖圆、近末端穿孔。长6.4厘米（图四八C，2）。

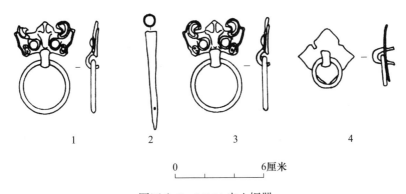

图四八C　M164出土铜器
1、3.铺首（M164：12-1、M164：12-2）　2.眉笔杆（M164：15）　4.柿蒂形铜饰（M164：14）

铜铺首　2件。形制相同。整体呈近倒置梯形的变体兽面纹，双目圆睁，双眉上扬后内卷，头顶两侧各一短尖耳、中部一尖角，鼻下垂后内卷呈半环形，内衔一圆环；铺首背面平整，插榫残失。M164：12-1、M164：12-2，宽4.3、通高6.1、环径2.9厘米（图四八C，1、3）。

柿蒂形铜饰　1件（M164：14）。扁平四瓣柿蒂状，四瓣大小一致，整体近方形，中部一长方形孔，内置较长桥形纽，正面纽内衔一圆环，穿过柿蒂背面后兼有插榫作用。边长约3.7、环径1.6厘米（图四八C，4）。

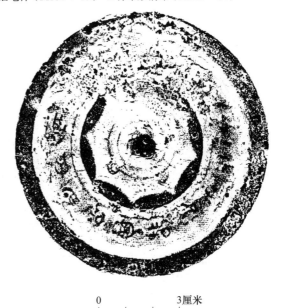

图四八D　M164出土铜镜（M164：9）

铜镜　1件（M164：9）。昭明连弧铭带镜，锈蚀严重。圆形，圆纽，圆纽座。座外1周凸弦纹，其外1周内向八连弧纹圈带。再外为两组凸弦纹和短线纹圈带所夹的铭文带，可辨"内清……壅塞不泄"。宽素缘。直径9.7厘米（图四八D）。

铜钱　5枚。锈蚀严重，字迹不清。

（四十六）M165

M165位于D区南部，开口距地表4.4米。形制为土坑竖穴墓，方向10°。墓圹平面长方形，直壁、平底，长3.2、宽1.84、深1.7米。填土浅灰褐色，土质较软，含少量料姜石。墓底东西两侧有生土二层台，高1、宽0.24～0.4米。墓底有葬具1棺，已朽，长方形，长2.32、宽0.84米，残余较多红色漆皮。棺内人骨架1具，朽成粉状，可辨仰身直肢葬，头向北。棺南侧有器物箱1具，已朽，长方形，长1.02、宽0.84米。随葬品共7件（组），其中陶壶3件、铜盆1件，置器物箱内；铜带钩、铜印章各1件，位于人骨腰部；铜钱15枚，散布于棺内；另于器物箱东北角发现较多禽类骨骼（图四九A）。

陶壶　3件。均泥质灰陶。形制相近，微盘口，圆唇，唇面内凹，束颈较短，溜肩，鼓腹，圜底，矮圈足。器身见轮痕，腹部饰1～4周戳印纹。M165：1，口径

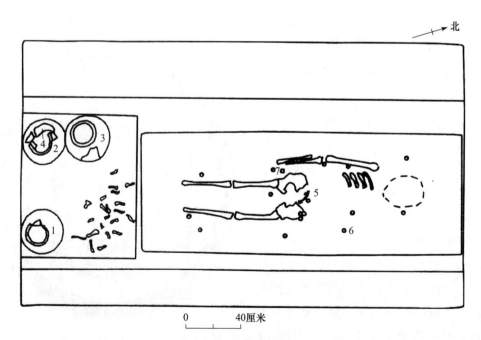

图四九A　M165平面图

1～3.陶壶　4.铜盆　5.铜带钩　6.铜钱　7.铜印章

15.6、通高 35.8 厘米（图四九 B，1）。M165 ：2，口径 16.4、通高 36 厘米（图四九 B，2）。M165 ：3，口径 16、通高 35.2 厘米（图四九 B，3）。

铜盆　1件（M165 ：4）。残碎，不能修复。

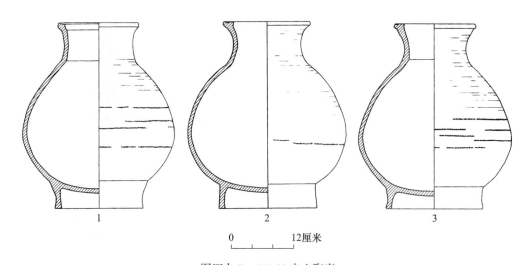

图四九 B　M165 出土陶壶
1. M165 ：1　2. M165 ：2　3. M165 ：3

铜带钩　1件（M165 ：5）。整体呈琵琶形，钩首近兽首状，钩体较窄长，鼓腹、断面近半圆形，圆纽位于背面近尾部。颈部饰 2 周凸棱。通长 8.8 厘米（图四九 C，1）。

铜印章　1件（M165 ：7）。锈蚀严重。穿带印，扁长方体形，两面均有印文，文字不清。边长 1.1、高 0.4 厘米（图四九 C，2、3）。

铜钱　15 枚。锈蚀严重，可辨有五铢钱。

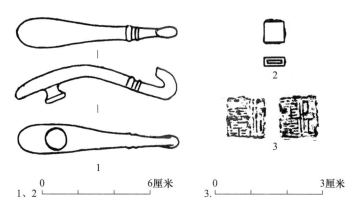

图四九 C　M165 出土器物
1. 铜带钩（M165 ：5）　2、3. 铜印章（M165 ：7）

（四十七）M166

M166 位于 D 区南部，开口距地表 4.4 米。形制为土坑竖穴墓，方向 10°。墓圹平面长方形，直壁、平底，长 3、宽 1.2、残深 0.96 米。填土灰褐色，土质较松，含少量砾石及较多灰陶片。墓底有葬具 1 棺，已朽，长方形，长 1.96、宽 0.8 米。棺内人骨架 1 具，保存极差。棺外南侧有器物箱 1 具，已朽，长方形，长 0.8、宽 0.7 米。随葬品有铜钱 1 枚，位于棺内东侧中南部；器物箱内发现陶片若干，未能修复（图五〇）。

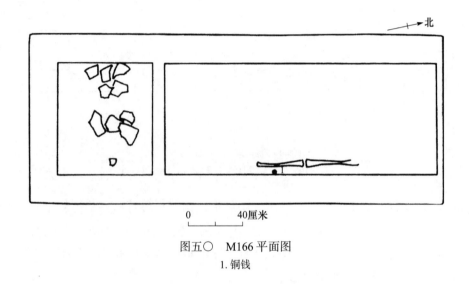

图五〇　M166 平面图
1. 铜钱

铜钱　1 枚（M166：1）。五铢钱，锈蚀较重。

（四十八）M167

M167 位于 D 区南部，开口距地表约 4.5 米。形制为土坑竖穴墓，方向 10°。墓圹平面长方形，直壁、平底，长 3.3、宽 1.7、深 1 米。填土灰褐色，含少量砾石。墓底有葬具 1 棺，已朽，平面长方形，长 2.1、宽 0.64 米，残余较多红色漆皮。棺内人骨架 1 具，保存较差，仰身直肢葬，头向北。棺南侧有器物箱 1 具，已朽，长方形，长 0.94、宽 0.64 米。随葬品共 9 件（组），其中陶罐 2 件、铜盆 1 件，置器物箱内；铁削、铜镜、盖弓帽、铜刷柄、眉笔杆各 1 件，位于棺内东南部；铜钱 6 枚，散布于棺内；另于器物箱内发现较多禽类骨骼（图五一 A）。

陶罐　2 件。均泥质灰陶。M167：1，侈口，卷沿，方唇，短直颈，溜肩，鼓腹近折，小平底。肩部 1 周宽凹弦纹，下腹及底饰竖向绳纹。口径 16、通高 38 厘米（图五一 B，1）。M167：2，与 M167：1 相近，折沿，尖唇。中腹 3 周戳印纹。口径 17.2、通高 37.4 厘米（图五一 B，2）。

铁削　1 件（M167：8）。锈蚀严重，残碎，不能修复。

铜盆　1 件（M167：3）。残碎，未能修复。

铜刷柄　1 件（M167：6）。细长烟斗状，刷斗呈中空圆筒形，柄近圆柱形，向尾

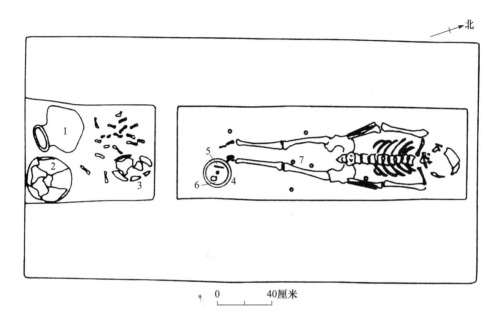

图五一 A　M167 平面图

1、2. 陶罐　3. 铜盆　4. 铜镜　5. 铜眉笔杆　6. 铜刷柄　7. 铜钱　8. 铁削（压在 4 下）　9. 铜盖弓帽（压在 4 下）

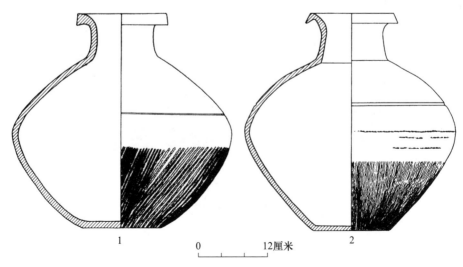

图五一 B　M167 出土陶罐

1. M167：1　2. M167：2

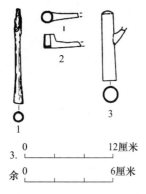

0 |———|———| 12厘米
3.
余 0 |———|———| 6厘米

图五一C　M167 出土铜器
1. 眉笔杆（M167：5）2. 刷柄
（M167：6）3. 盖弓帽（M167：9）

端逐渐变细，柄后部残。残长 2.4 厘米（图五一 C，2）。

铜眉笔杆　1 件（M167：5）。细长管状，柄端渐收成锥形，头端平，尾端近鸭嘴状。长 6.3 厘米（图五一 C，1）。

铜盖弓帽　1 件（M167：9）。管状，顶面弧鼓，下侧挑出一钩，残。銎径 0.9、长 9.2 厘米（图五一 C，3）。

铜镜　1 件（M167：4）。日有熹对称连叠草叶镜，锈蚀较重。圆形，圆纽，柿蒂纹纽座。座外两组凹面方格和凸弦纹方格之间为铭文带"日有熹，长富贵，□君喜，乐毋事"，每边 3 字，四角各一由对称三角形回纹组成的方格。外侧凸弦纹方格四角各向外伸出双瓣一苞花枝纹；每两花枝纹之间为一圆座乳钉及桃形花苞，乳钉两侧各一连叠对称草叶纹。内向十六连弧纹缘。直径 18.2 厘米（图五一 D）。

铜钱　6 件。锈蚀严重，可辨有五铢钱。

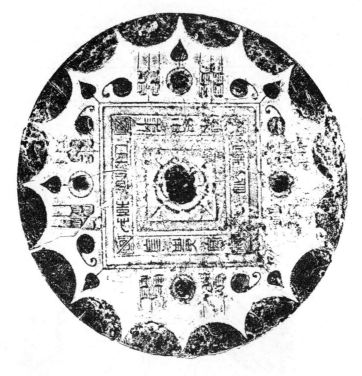

0 |———|———| 3厘米

图五一 D　M167 出土铜镜（M167：4）

（四十九）M168

M168 位于 D 区南部，西距 M167 约 1 米，开口距地表约 4.5 米。形制为土坑竖穴墓，方向 8°。墓圹平面长方形，直壁、平底，长 4.4、宽 2.5、深 2.1 米。填土黄褐色，局部有夯打痕迹。墓底有葬具 1 椁 1 棺，均已朽，长方形，椁长 3.4、宽 1.9 米。椁内西侧置 1 棺，东侧为边箱，南侧为足箱，均残留较多红色漆皮。棺长 2.2、宽 1.2 米，边箱长 2.32、宽 0.56 米，足箱长 1.9、宽 1 米。棺内有人骨架 1 具，极度腐朽，可辨头向北。随葬品有 20 件（组），其中陶壶 4 件、铜盆 2 件、铜甑 1 件、铜勺 1 件、铜蹄足 1 件，置足箱内；铜鍑镂、石砚板各 1 件，放于边箱南端；人形铜镇 4 件、铜兽 1 件，位于边箱中部；铜构件、铁剑、铁块各 1 件，发现于棺内东北部；铜钱 39 枚，散布于棺内；另于边箱中部和南部发现银箍数根，呈弧形，可能为漆器构件（图五二 A）。

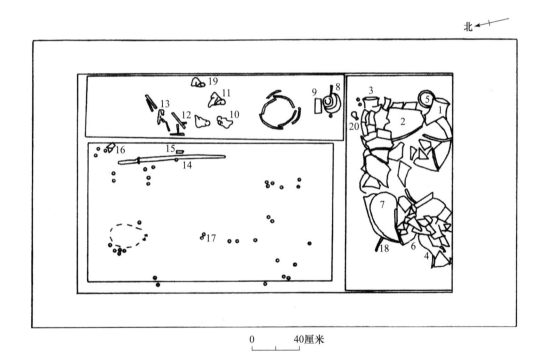

图五二 A　M168 平面图

1～4.陶壶　5、6.铜盆　7.铜甑　8.铜鍑镂　9.石砚板　10～12、19.人形铜镇　13.铜兽　14.铁剑　15.铜构件　16.铁块　17.铜钱　18.铜勺　20.铜蹄足

陶壶　4 件，均泥质灰陶。M168：1，浅直口，平沿，尖圆唇，束颈较短，溜肩，鼓腹，圜底近平，矮圈足。肩部、中腹分饰凸弦纹 2～3 周。口径 17.6、通高 39.4 厘米（图五二 B，1）。M168：2，形制与 M168：1 相近。口径 18.8、通高 41.2 厘

米（图五二 B，4；图版四〇，6）。M168 ∶ 3，形制与 M168 ∶ 1 相近。上腹多 1 周凸弦纹。口径 18.4、通高 40.4 厘米（图五二 B，3）。M168 ∶ 4，侈口，方唇，束颈较短，溜肩，鼓腹，圜底，矮圈足。周身见快轮旋痕。口径 13、通高 24.8 厘米（图五二 B，2）。

铁剑　1 件（M168 ∶ 14）。锈蚀严重，断为五截。长条形茎，方肩，“一”字形剑格，剑身窄长、断面呈菱形，前锋残。残长 85、茎长 13.6、剑身宽 3.7 厘米（图五二 E，1）。

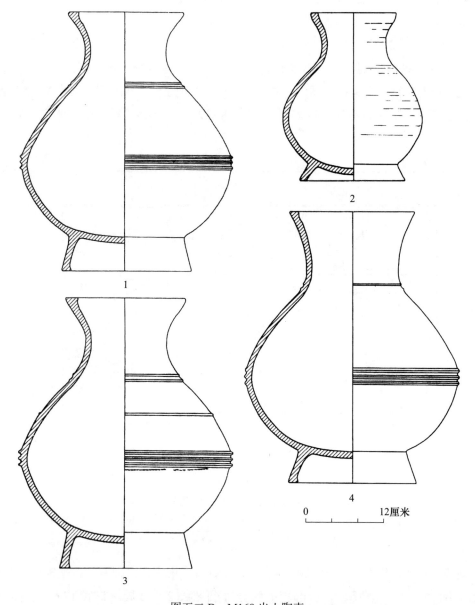

图五二 B　M168 出土陶壶

1. M168 ∶ 1　2. M168 ∶ 4　3. M168 ∶ 3　4. M168 ∶ 2

铁块　1件（M168∶16）。近长方形，锈蚀严重。

铜鍪镂　1件（M168∶8）。附盖及提梁。盖作覆杯状，口外侈，近顶处壁先外折再内折、作凸棱状，平顶，顶附三带短柄的半环形纽、仅残余一个。身敛口，颈粗短，溜肩，扁鼓腹，圜底，矮蹄足。肩部内折一周以承盖，其下对饰两半环形耳，耳内各扣一较大圆环，环上连有三截"8"字形链索，与提梁两端的圆环相连。提梁整体近弧形，两端呈兽首形，兽口作吞环状。盖径 12.8、口径 8.4、通高 17.2 厘米（图五二 C，2；彩版二，4）。

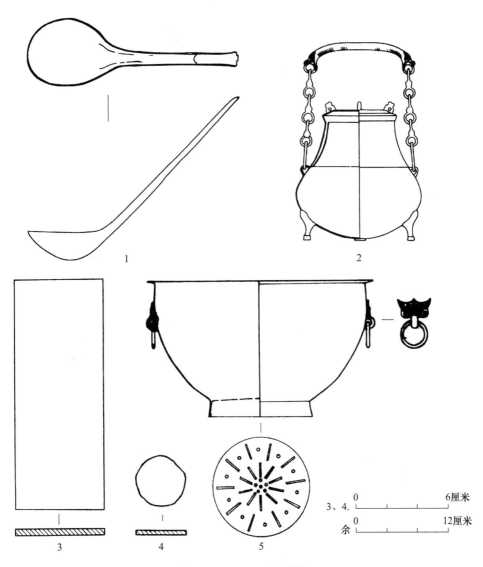

图五二 C　M168 出土器物

1.铜勺（M168∶18） 2.铜鍪镂（M168∶8） 3.石砚板（M168∶9-1） 4.研石（M168∶9-2）

5.铜甑（M168∶7）

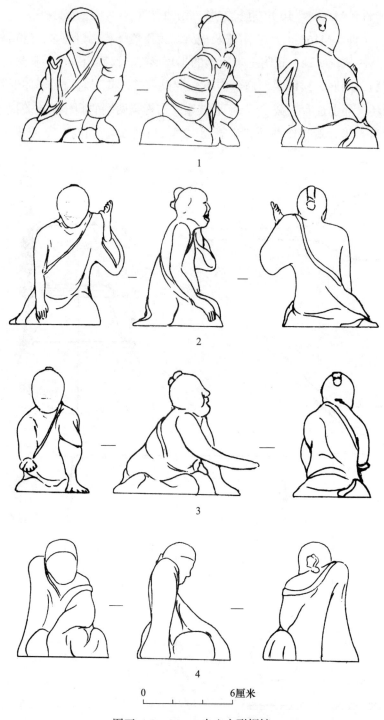

1

2

3

4

0　　　　　　　6厘米

图五二 D　M168 出土人形铜镇

1. M168：10　2. M168：11　3. M168：12　4. M168：19

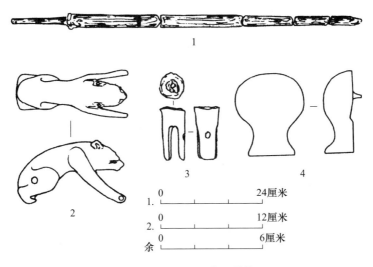

图五二 E　M168 出土器物

1. 铁剑（M168 ：14）　2. 铜兽（M168 ：13）　3. 铜构件（M168 ：15）　4. 铜蹄足（M168 ：20）

铜甑　1 件（M168 ：7）。微敛口，平折沿，方唇，深弧腹，矮圈足，底设一独立可取的铜箅、镂长条形孔和圆孔。上腹部对称饰两铺首衔环。口径 29、通高 17.2 厘米（图五二 C，5；图版四四，4）。

铜盆　2 件。M168 ：5、M168 ：6，均锈蚀严重，残碎，不能修复。

铜勺　1 件（M168 ：18）。柄身一体，身作椭圆形、敞口、圜底，柄细长、横断面作半圆形。柄长 13、勺长径 5.5、短径 4.3 厘米（图五二 C，1）。

人形铜镇　4 件，均为人形跪坐俑，身着宽袖长袍，头上绾髻裹巾。M168 ：10，头戴帽、包至下颚，身着右衽长袍，体左倾、左肩耸起，左手撑地于两膝间，右手作托物状举于右肩处。头微偏左，闭嘴鼓腮、怒目圆睁。高 8.9 厘米（图五二 D，1；彩版五，1）。M168 ：11，身着长袍，右肩及右臂袒露，体左倾、左肩耸起，左手作托物状举于头左侧，右手扶于右膝。目视前方，张嘴大笑。高 9 厘米（图五二 D，2；彩版五，2）。M168 ：12，身着长袍，右肩及右臂袒露，身前屈，左手撑地于左膝前，右手前伸作托物状。面呈笑意，似为索要之势。高 8.1 厘米（图五二 D，3；彩版五，3）。M168 ：19，身着右衽长袍，袒左肩，体右倾、右肩耸起，右手于体右后侧撑地，左臂弯曲、肘支于左膝上、手下垂于左膝内侧。低头作锁眉闭目状。高 7.6 厘米（图五二 D，4；彩版五，4）。

铜兽　1 件（M168 ：13）。似熊，眉目清楚，前腿伸直，后腿蹲踞状。四肢均有小圆窝。长 6.5、宽 2.8、高 3.7 厘米（图五二 E，2）。

铜构件　1 件（M168 ：15）。整体圆柱形，一端残，一端分为两支，每支外侧各一圆凹槽。长 3、直径约 1.5 厘米（图五二 D，3）。

铜蹄足　1件（M168：20）。正面上部近圆形鼓起，下部亚腰形外弧，平底。背部内空，外缘上部较下部内收、皆平整，上部中央出一锥形插榫。高5.7厘米（图五二D，4；图版四九，13）。

石砚板　1件（M168：9-1）。页岩制成，扁平长方形。长14.5、宽5.7、厚0.4厘米（图五二C，3）。

研石　1件（M168：9-2）。页岩制成，扁平近圆形，横断面呈长方形。直径约3.1、厚0.3厘米（图五二C，4）。

铜钱　39枚。锈蚀严重，字迹大多不清，可辨有五铢钱。

三、土坑竖穴砖椁墓

砖椁墓共发现40座，其中M41、M58、M64、M67、M74、M101、M134、M145等8座被严重破坏，根据其残存形制特征推断为汉墓。绝大多数椁底铺砖，椁室四壁砌有砖墙，顶部木质盖板均已腐朽。少数未见铺地砖或椁壁仅三面砌墙。个别还设有二层台或壁龛。多数铺地砖和椁壁均为单层，少数为双层。铺地砖有侧立砖错缝砌筑、侧立砖对缝砌筑、侧立砖"人"字形砌筑、"人"字形平铺、对缝平铺、正向错缝平铺、斜向错缝平铺等多种形式。椁壁有错缝平砌、"之"字形丁砌、"之"字形贴砌等形式。均为单人葬，木质单棺均仅存朽痕，人骨大多腐朽严重，仰身直肢葬，头向北。极少数椁内见有木质器物箱。

（一）M7

M7位于D区中北部，开口距地表约1.5米。形制为土坑竖穴砖椁墓，方向5°。墓圹平面长方形，直壁、平底，长4.04、宽1.68、深3.24米。填土灰褐色，土质较硬，有夯打痕迹。墓底一周用青砖砌筑椁室，内长3.6、宽1.26、高1.2米。铺地砖用数块侧立砖为一组、东西向错缝砌筑。椁壁分两重，外重用双侧立砖贴砌，内重用单砖错缝平砌。椁顶先用木板封盖，其上再纵向一排、横向一排交替平铺一层青砖。所用砖均素面，长0.34、宽0.14、厚0.04米。椁内有葬具1棺，已朽，平面长方形，长2.04、宽0.6米。棺内未发现人骨。随葬品共3件（组），其中铜钱26枚，散布于棺内；铜镜、铜刷柄各1件，置棺外西南部；另于棺外南端发现兽骨及较多红色漆痕，可能原随葬有漆器（图五三A、B）。

铜刷柄　1件（M7：1）。体细长，头端有烟斗状深圆槽窝，末端平。长7.9厘米（图五三C）。

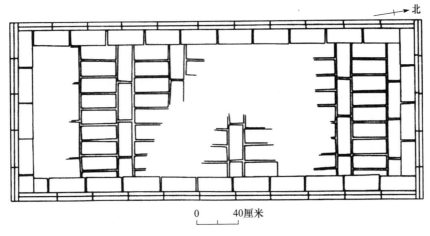

图五三A　M7椁顶平面图

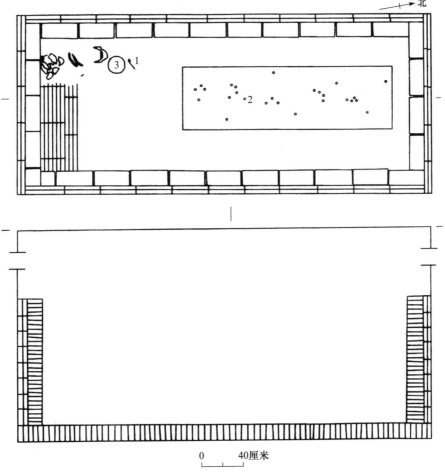

图五三B　M7平、剖面图
1. 铜刷柄　2. 铜钱　3. 铜镜

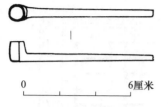

图五三 C　M7 出土铜刷柄（M7：1）

铜镜　1件（M7：3）。四乳四虺镜。圆形，圆纽，圆纽座。座外均匀分布 8 组短弧线。其外一周凸面圈带。再外两组凸弦纹和短斜线圈带之间为主纹，4 枚带圆座的乳钉分为 4 区，每区内各有一虺纹，呈钩形躯体，两端基本一致，身躯外侧各一歧冠立鸟纹、内侧各一简单立鸟，四乳外侧上方的两角各有一短弧线或简化鸟纹。宽素缘。直径 10.3 厘米（图五三 D，1）。

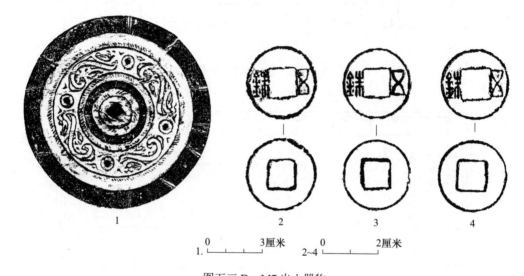

图五三 D　M7 出土器物

1.铜镜（M7：3）　2～4.五铢钱（M7：2-1、M7：2-2、M7：2-3）

铜钱　26 枚。均为五铢。M7：2-1，字体较瘦，"五"字中间两笔弯曲、末端近平行，"铢"字的"金"字头呈三角形，"朱"字头方折。直径 2.55、穿径 1.1 厘米（图五三 D，2）。M7：2-2，字体稍宽，"五"字中间两笔缓曲，"铢"字的"金"字头呈三角形，"朱"字头方折。直径 2.45、穿径 1 厘米（图五三 D，3）。M7：2-3，字体较瘦，"五"字中间两笔较直而略弯，"铢"字的"金"字头呈三角形，"朱"字头方折。直径 2.5、穿径 1.05 厘米（图五三 D，4）。

（二）M12

M12 位于 B 区南部，开口距地表 1.2 米。形制为土坑竖穴砖椁墓，方向 10°。墓圹平面长方形，直壁、平底，长 3、宽 1.2、深 1.86 米。填土黄褐色，土质较硬。墓底一周用青砖砌筑椁室，内长 2.62、宽 0.92、残高 0.44 米。铺地砖呈"人"字形砖，椁壁用单砖错缝平砌。所用砖均素面，长 0.26、宽 0.13、厚 0.04 米，两砖之间用黄泥黏接。椁内未见葬具痕迹。有人骨 1 具，仅存少量朽痕，可辨头向北。随葬品共 3 件（组），其中石球 1 件，位于椁底北部；铁削 1 件、铜钱 10 枚，在椁底中部（图五四 A）。

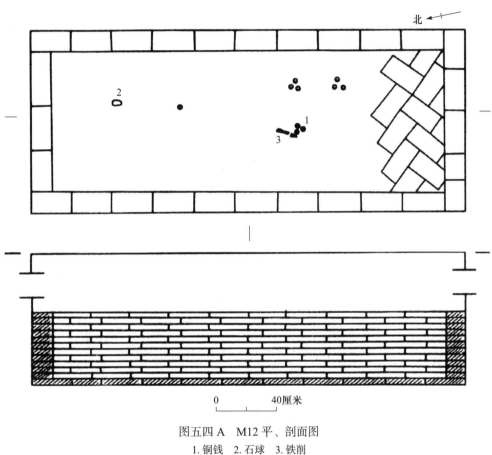

图五四 A　M12 平、剖面图
1. 铜钱　2. 石球　3. 铁削

铁削　1 件（M12∶3）。锈蚀严重，断为三截。椭圆形环首，直柄，直背，直刃，刀柄与刀身基本等宽，前锋残。残长 18.4 厘米（图五四 B，2）。

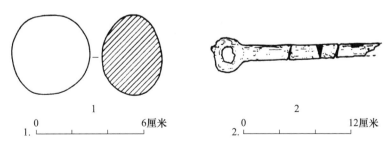

图五四 B　M12 出土器物
1. 石球（M12∶2）　2. 铁削（M12∶3）

　　石球　1件（M12：2）。扁球形。直径约4.2、厚约4.2厘米（图五四B，1）。
　　铜钱　10枚。锈蚀严重，可辨有五铢钱。

（三）M27

　　M27位于大商业东区西北部，开口距地表1.2米，被破坏至墓底。形制为土坑竖穴砖椁墓，方向13°。墓圹平面长方形，直壁、平底，长2.68、宽0.84、残深0.15米。墓底一周用青砖砌筑椁室，内长2.58、宽0.74、残高0.8米。铺地砖呈"人"字形平铺，椁壁用单砖斜向贴砌。所用砖均素面，长0.26、宽0.13、厚0.04米。椁内有葬具1棺，已朽，平面近梯形，长1.84、宽0.5～0.6米。棺内人骨架1具，保存较差，仰身直肢葬，头向北。随葬品共5件，其中陶壶2件，置椁室西南角；铜镜1件，位于头骨东侧；铜蹄足、铜铺首各1件，在椁室东南角（图五五A）。

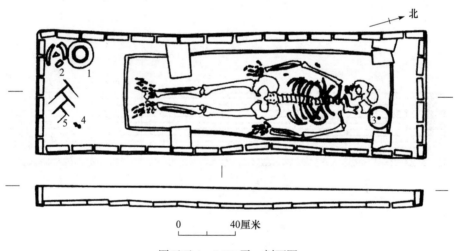

图五五A　M27平、剖面图
1、2.陶壶　3.铜镜　4.铜蹄足　5.铜铺首

　　陶壶　2件。均泥质灰。形制相近，微盘口，宽折沿，方唇，唇面内凹，束颈，溜肩，扁鼓腹近折，小平底。中腹3周戳印纹，下腹至底饰横绳纹、局部交错绳纹。M27：1，口径17.2、通高28厘米（图五五B，1；图版四〇，1）。M27：2，肩部另有3周凹弦纹。口径11.8、通高29.2厘米。
　　铜蹄足　1件（M27：4）。正面上部近圆形鼓起，下部亚腰形外弧，平底。背部内空，外缘上部较下部内收、皆平整，上部中央出一锥形插榫。高3厘米（图五五B，2；图版四九，14）。
　　铜铺首　1件（M27：5）。整体呈近倒置梯形的变体兽面纹，双目圆睁，双眉上扬

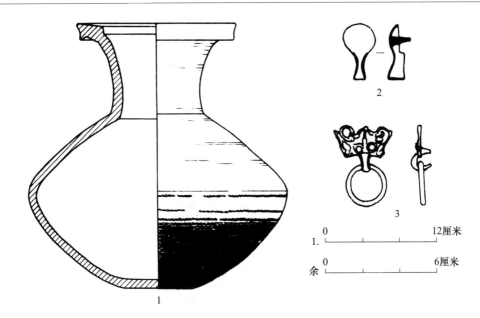

图五五 B　M27 出土器物

1. 陶壶（M27∶1）　2. 铜蹄足（M27∶4）　3. 铜铺首（M27∶5）

后内卷，头顶两侧各一短尖耳、中部一尖角，鼻下垂后内卷呈半环形，内衔一圆环；铺首背面平整，下部一近锥形插榫。宽3.2、通高4.3、环径1.7厘米（图五五 B，3）。

铜镜　1件（M27∶3）。四乳四虺镜。圆形，圆纽，柿蒂纹纽座，蒂间各一小桃形花苞。座外1周凸弦纹和1周凸面圈带。其外两组凸弦纹和短斜线圈带之间为主纹，4枚带圆座的乳钉分为4区，每区内各有一虺纹，呈钩形躯体，两端基本一致，虺外侧一端分别伸出青龙、白虎、朱雀、玄武的头及颈部、内侧为一立鸟或飞鸟，四乳外侧上方的两角各有一短弧线或简单立鸟。宽素缘。直径15.2厘米（图五五 C；图版四七，1）。

（四）M37

M37 位于大商业区东区西南部，开口距地表1.3米。形制为土坑竖穴砖椁墓，方向90°。墓圹平面长方形，直壁、平底，长2.8、宽1、残深0.46米。填土黄褐色，土质略松，含鹅卵石及青砖块。墓底一周用青砖砌筑椁室，内长2.7、宽0.92、残高0.65米。未见铺地砖，椁壁用单砖斜向贴砌呈"人"字形。所用砖均素面，长0.38、宽0.16、厚0.04米。椁内有葬具1棺，仅存少量灰痕。棺内人骨1具，保存较差，仰身直肢葬，头向东，面向上。随葬品共5件（组），其中陶罐3件，置椁室东端；铜带钩1件，位于人骨腰部；铜钱10枚，散布于墓底（图五六 A）。

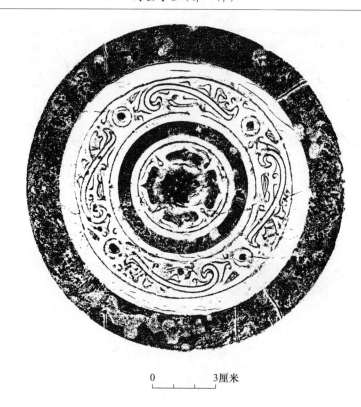

0 _____ 3厘米

图五五 C　M27 出土铜镜（M27 ∶ 3）

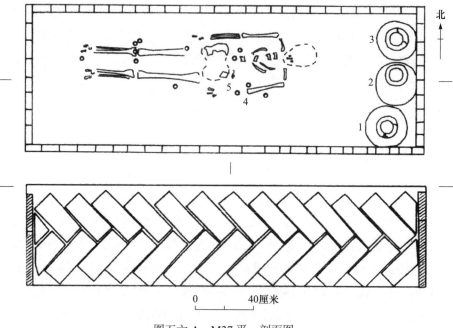

0 _____ 40厘米

图五六 A　M37 平、剖面图
1～3.陶罐　4.铜钱　5.铜带钩

陶罐 3件。均泥质灰陶。形制相近,侈口,卷沿,圆唇,短束颈,溜肩,鼓腹,小平底。器身见快轮旋痕,中腹饰1周戳印纹,下腹及底部饰斜向绳纹。M37：1,口径14.8、通高28.6厘米（图五六B,1）。M37：2,口径15.2、通高29.4厘米（图五六B,2）。M37：3,口径14.8、通高31.2厘米（图五六B,3）。

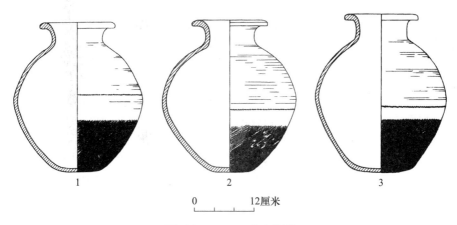

0   12厘米

图五六B M37出土陶罐
1. M37：1 2. M37：2 3. M37：3

铜带钩 1件（M37：5）。锈蚀严重,残碎,未能修复。

铜钱 10枚。均为五铢钱。M37：4-1,字体瘦长,"五"字中间两笔较直而略弯,"铢"字的"金"字头呈三角形,"朱"字头方折。直径2.5、穿径0.9厘米（图五六C,1）。M37：4-2、M37：4-3,均字体瘦长,"五"字中间两笔缓曲,"铢"字的"金"字头呈镞形,"朱"字头方折。直径2.6、穿径1厘米（图五六C,2、3）。

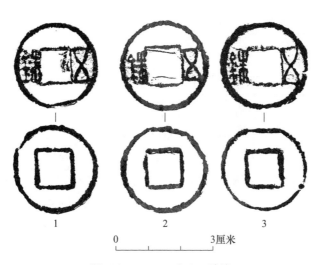

0   3厘米

图五六C M37出土五铢钱
1. M37：4-1 2. M37：4-2 3. M37：4-3

（五）M38

M38 位于大商业区东区西北部，开口距地表 1.5 米。形制为土坑竖穴砖椁墓，方向 0°。墓圹平面长方形，直壁、平底，长 4.1、宽 1.64、深 3.2 米。填土灰褐色，土质疏松。墓底一周用青砖砌筑椁室，内长 3.78、宽 1.32、残高 0.52 米。铺地砖两层，下层遍布墓底，用侧立砖南北纵向对缝砌成；上层在仅在墓底中部，用双砖两横一纵交替平铺。椁壁用单砖错缝平砌。所用砖均素面，长 0.33、宽 0.15、厚 0.04 米。墓内未发现葬具及人骨。随葬品共有 5 件（组），其中铁鼎、铜鐎壶、铜盆各 1 件；铜构件 1 组，置椁内南端；铜钱 12 枚，散布在椁内中南部（图五七 A）。

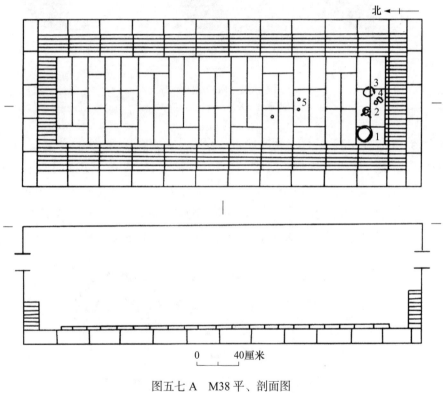

图五七 A　M38 平、剖面图
1. 铁鼎　2. 铜鐎壶　3. 铜盆　4. 铜构件　5. 铜钱

铁鼎　1 件（M38∶1）。锈蚀较重。弧顶盖，顶中部一半环形纽。鼎身敛口，圆方唇，鼓肩，浅弧腹，圜底近平，三蹄足较高，肩中部两环形立耳残，其下 1 周宽凸棱。口径 18.4、通高 24 厘米（图五七 B，1）。

铜鐎壶　1 件（M38∶2）。残碎，未能修复。

铜盆　1 件（M38∶3）。残碎，未能修复。

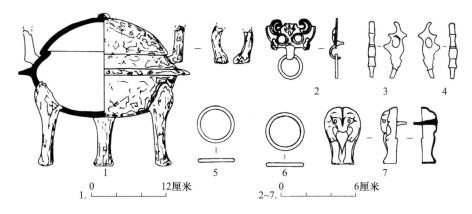

图五七 B　M38 出土器物

1. 铁鼎（M38：1）　2. 铜铺首（M38：4-1）　3、4. 铜鸟形纽（M38：4-4、M38：4-5）
5、6. 铜环（M38：4-3、M38：4-6）　7. 铜蹄足（M38：4-2）

铜构件　1组6件。其中鸟形纽2件，形制相同，立鸟较扁，昂首，冠羽高翘后卷，无足。背部近尾处先上折与冠羽相接，呈近椭圆形环，再向后卷出。身下接一插榫。M38：4-4，高4.5厘米（图五七 B，3；图版四九，9）。铺首1件（M38：4-1），整体呈近倒置梯形的变体兽面纹，双目圆睁，双眉上扬后内卷，头顶两侧各一短尖耳、中部尖角残，鼻下垂后内卷呈半环形，内衔一圆环；铺首背面平整，下部一近锥形插榫。宽4.1、通高4.8、环径1.5厘米（图五七 C，2）。蹄足1件（M38：4-2），正面上部近圆形鼓起，下部亚腰形外弧，平底。背部内空，外缘上部较下部内收、皆平整，上部中央出一锥形插榫。正面铸成站立熊形，圆眼、低头、弯背，两上肢扶于下肢上。高4.6厘米（图五七 C，7）。环2件，平面呈圆形，截面呈圆形。M38：4-3、M38：4-6，直径3厘米（图五七 C，5、6）。

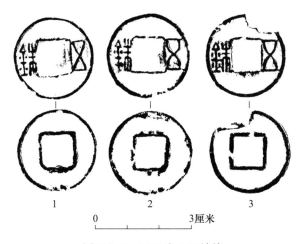

图五七 C　M38 出土五铢钱

1. M38：5-1　2. M38：5-2　3. M38：5-3

铜钱　12枚。均为五铢。M38：5-1，字体瘦长，"五"字中间两笔较直而略弯，"铢"字的"金"字头呈镟形，"朱"字头方折。直径2.45、穿径1.05厘米（图五七D，1）。M38：5-2，字体稍宽，"五"字中间两笔弯曲、末端内收，"铢"字的"金"字头呈镟形，"朱"字头方折。直径2.55、穿径1厘米（图五七D，2）。M38：5-3，字体较瘦，"五"字中间两笔缓曲，"铢"字的"金"字头三角形，"朱"字头方折。直径2.5、穿径1厘米（图五七D，3）。

（六）M39

M39位于大商业区东区西南部，开口距地表1.5米，被破坏至墓底。形制为土坑竖穴砖椁墓，方向358°。墓圹平面长方形，直壁、平底，残长2.94、残宽1.3、残深0.2米。墓底用青砖砌筑椁室，仅存部分椁底及西壁底层。铺地砖用侧立砖呈"人"字形砌成，椁壁单砖错缝平砌。所用砖均素面，长0.32、宽0.16、厚0.04米。墓内未发现葬具及人骨。随葬品共3件（组），其中铜盆、铜镜各1件，铜钱3枚，分别位于墓底南、北、中部（图五八A）。

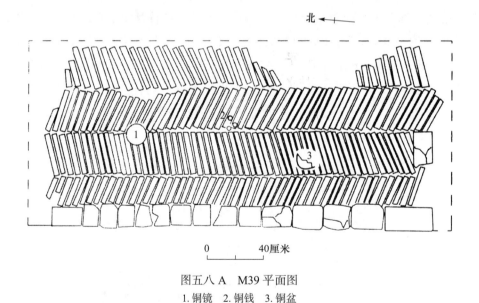

北 ←

0　　40厘米

图五八A　M39平面图
1.铜镜　2.铜钱　3.铜盆

铜盆　1件（M39：3）。残碎，未能修复。

铜镜　1件（M39：1）。日光圈带铭带镜。圆形，圆纽，圆纽座。座外1周窄凸面圈带。2周凸弦纹圈带之间为铭文带"见日月心，勿夫"，字体简化，每字间隔一类似涡纹符号。窄素缘。直径6.4厘米（图五八B，1）。

　　铜钱　3枚。均为五铢。M39：2-1，字体较宽，"五"字中间两笔弯曲、末端平行，"铢"字的"金"字头呈三角形，"朱"字头方折。直径2.4、穿径1.05厘米（图五八 B，2）。M39：2-2，字体略宽，"五"字中间两笔弯曲、末端近平行，"铢"字的"金"字头呈三角形，"朱"字头方折。直径2.5、穿径1.1厘米（图五八 B，3）。M39：2-3，字体较瘦，"五"字中间两笔较直而略弯，"铢"字的"金"字头呈三角形，"朱"字头方折。直径2.5、穿径1.1厘米（图五八 B，4）。

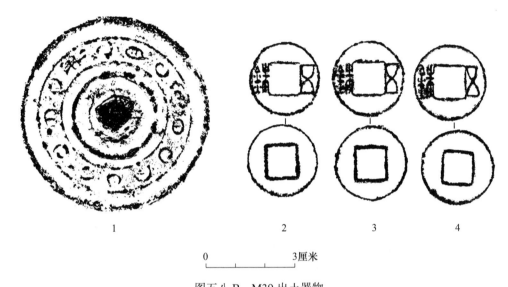

0 ⊢——⊢——⊢ 3厘米

图五八 B　M39 出土器物

1. 铜镜（M39：1）2～4. 五铢钱（M39：2-1、M39：2-2、M39：2-3）

（七）M40

　　M40 位于大商业区东区西南部，开口距地表 2 米。形制为土坑竖穴砖椁墓，方向180°。墓圹平面长方形，直壁、平底，长 2.9、宽 1.3、深 2.2 米。填土灰褐色，土质略松。墓底用单砖砌筑椁室，仅存东壁部分砖，错缝平砌。所用砖均素面，长 0.34、宽0.15、厚 0.04 米。墓内未见葬具，人骨架 1 具，保存较好，仰身直肢葬，头向南，面向东。随葬品有铜钱 1 枚，置墓底北部（图五九 A）。

　　铜钱　1枚（M40：1）。五铢，字体瘦长，"五"字中间两笔较直而略弯，"铢"字的"金"字头呈镞形，"朱"字头方折。直径2.5、穿径1.1厘米（图五九 B）。

（八）M42

　　M42位于大商业区东区西部，开口距地表 2 米。形制为土坑竖穴砖椁墓，方向为

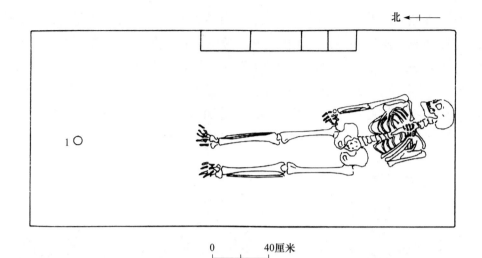

北 ←

0 ——— 40厘米

图五九 A　M40 平面图
1.铜钱

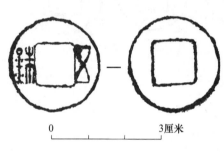

0 ——— 3厘米

图五九 B　M40 出土五铢钱（M40：1）

176°。墓圹平面长方形，直壁、平底，长 3、宽 1.2、残深 0.6 米。填土黄褐色，土质较松。墓底一周用青砖砌筑椁室，内长 2.7、宽 0.9、残高 0.73 米。铺地砖用侧立砖呈"人"字形砌成；椁壁仅存下部 4 层砖，上下两层为单砖错缝平铺、中间两层用立砖斜砌呈"人"字形。所用砖均素面，长 0.34、宽 0.15、厚 0.04 米。墓内未见葬具，人骨仅余头骨和零星碎骨，头向南，面向上。

随葬品共 2 件（组），其中铜镜 1 件，位于椁底北端；铜钱 8 枚，散布于椁底中部及东南角（图六〇 A；图版三五，1）。

铜镜　1 件（M42：1）。日光连弧铭带镜。圆形，圆纽，圆纽座。座外一周内向八连弧纹圈带。两组凸弦纹和短斜线圈带之间为铭文带"见日之光，明天下大"，每字间隔一类似涡纹或带十字的菱形纹符号。宽素缘。直径 8.6 厘米（图六〇 B）。

铜钱　8 枚。锈蚀不清。

（九）M44

M44 位于大商业区东区西南部，开口距地表 2 米。形制为土坑竖穴砖椁墓，方向 12°。墓圹平面长方形，直壁、平底，长 3、宽 1.4、深 1.6 米。填土黄褐色，土质较硬。墓底一周用青砖砌筑椁室，内长 2.7、宽 1.1、高 0.8 米。铺地砖呈"人"字形平

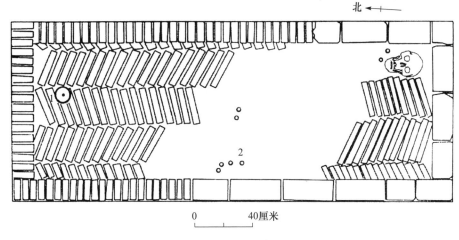

图六〇 A　M42 平面图

1. 铜镜　2. 铜钱

图六〇 B　M42 出土铜镜（M42：1）

铺，椁壁单砖错缝平砌。所用砖均素面，长 0.34、宽 0.15、厚 0.04 米。椁内葬具仅存少量朽痕，有人骨架 1 具，保存极差，可辨头向北。随葬品共 5 件（组），其中陶壶 3 件，置椁室南端，周围有红色漆皮痕迹；铜带钩 1 件、铜钱 8 枚，位于椁内中部（图六一 A）。

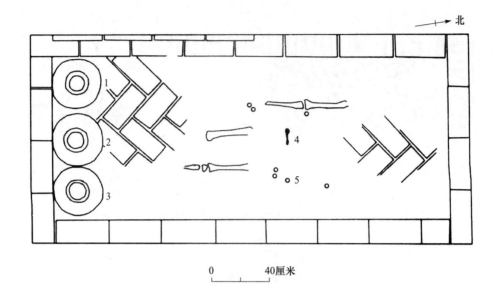

北

0　　　　40厘米

图六一 A　M44 平面图

1～3.陶壶　4.铜带钩　5.铜钱

陶壶　3件。均泥质灰陶。形制相近，盘口，方唇，束颈较短，溜肩，扁鼓腹，圈底，矮圈足。颈及上腹部饰3组凹弦纹，下腹饰斜向细绳纹。M44：1，唇内侧下凹，颈部有轮制痕迹，下腹饰3周戳印纹。口径16.4、通高32厘米（图六一B，1）。M44：2，唇面内倾。口径17.2、通高33.4厘米（图六一B，2）。M44：3，口径17.6、通高32.6厘米（图六一B，3）。

铜带钩　1件（M44：4）。钩首近梯形，钩体细长，尾部变大呈兽面形、双耳突

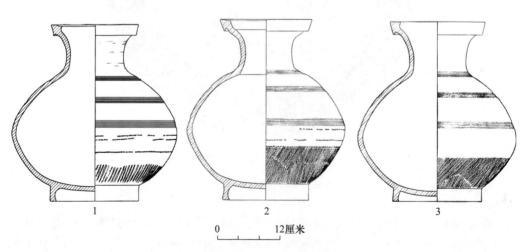

1　　　　　　　　　　　2　　　　　　　　　　　3

0　　　　12厘米

图六一 B　M44 出土陶壶

1. M44：1　2. M44：2　3. M44：3

出，钩纽位于背面尾端。长 8.6 厘米（图六一 C，1；图版四九，6）。

铜钱 8 枚。均为五铢，其中磨郭五铢 2 枚。M44：5-1，字体较瘦，"五"字中间两笔弯曲、末端近平行，"铢"字的"金"字头呈镞形，"朱"字头方折。直径 2.5、穿径 1 厘米（图六一 C，2）。M44：5-2，字体较瘦，"五"字中间两笔缓曲，"铢"字的"金"字头呈镞形，"朱"字头方折。直径 2.4、穿径 1 厘米（图六一 C，3）。M44：5-3，字体较瘦，"五"字中间两笔斜直，"铢"字的"金"字头呈镞形，"朱"字头方折。直径 2.4、穿径 1.1 厘米（图六一 C，4）。M44：5-4，磨郭五铢，字体较瘦，"五"字中间两笔弯曲、末端近平行，"铢"字的"金"字头呈三角形，"朱"字头方折。直径 2.2、穿径 1 厘米（图六一 C，5）。

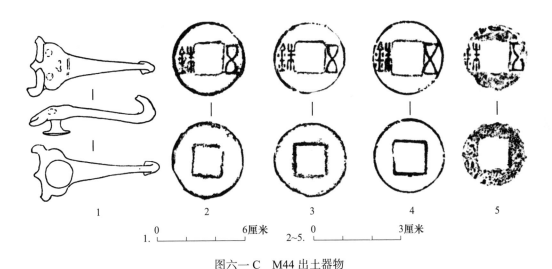

图六一 C　M44 出土器物

1.铜带钩（M44：4）2～5 五铢钱（M44：5-1　3.M44：5-2　4.M44：5-3　5.M44：5-4）

（十）M45

M45 位于大商业区东区西南部，开口距地表约 2 米。形制为土坑竖穴砖椁墓，方向 350°。墓圹平面长方形，直壁、平底，长 3.68、宽 1.6、残深 0.9 米。填土深灰褐色，土质松软。墓底一周用青砖砌筑椁室，仅北壁保存较好，残高 0.75 米，其余各壁及铺地砖被严重破坏。铺地砖用侧立砖对缝砌筑，椁壁单砖错缝平砌。所用砖均素面，长 0.34、宽 0.15、厚 0.04 米。椁内未见葬具痕迹，人骨仅存少量且凌乱。墓内未见完整随葬品，于底部西南角填土中发现较多陶壶残片（图六二 A）。

陶壶 3 件。均修复而成，泥质灰陶。形制相近，盘口，方唇，束颈较短，溜肩，扁鼓腹略垂，圜底近平，矮圈足。颈及上腹饰 3 组凹弦纹。M45：1，中腹 2 周戳印

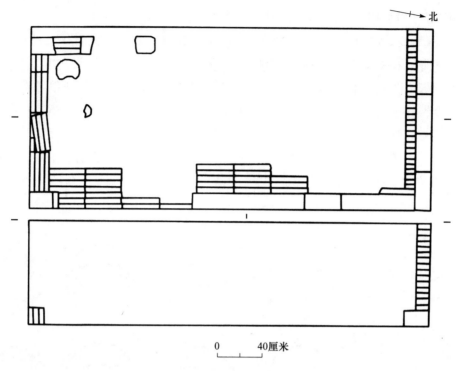

0 ____ 40厘米

图六二 A　M45 平、剖面图

纹，下腹饰斜向绳纹。口径 16、通高 29.6 厘米（图六二 B，1）。M45：2，口径 15.6、
通高 28.6 厘米（图六二 B，2）。M45：3，纹饰同 M45：1。口径 15.6、通高 29 厘米
（图六二 B，3；图版四〇，2）。

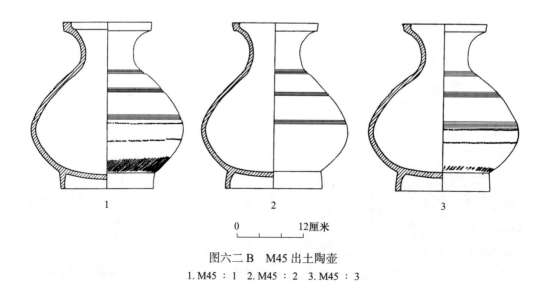

0 ____ 12厘米

图六二 B　M45 出土陶壶
1. M45：1　2. M45：2　3. M45：3

（十一）M50

M50 位于大商业区东区西南部，东距 M49 约 1 米，开口距地表 1.3 米。形制为长方形土坑竖穴砖椁墓，方向 0°。墓圹平面长方形，直壁、平底，长 3.5、宽 1.6、深 1.9 米。填土灰褐色，土质较硬。南壁底部有一平面弧形壁龛，弧形顶、直壁、平底，宽 1.6、高 0.46、进深 0.2 米。墓底其他三壁下用青砖砌墙形成椁室，内长 3.2、宽 1.3、残高 1.64 米。铺地砖呈"人"字形平铺、椁壁单砖错缝平砌。所用砖均素面，长 0.34、宽 0.13、厚 0.04 米。椁内葬具和人骨仅存少量朽痕。随葬品共 11 件（组），其中陶壶 5 件、铁鼎 1 件，置墓底南端；铜镜、铜印章、铁匕首各 1 件，位于椁内中部偏西；铁剑 1 件，在椁内东北部；铜钱 281 枚，遍布墓底（图六三 A）。

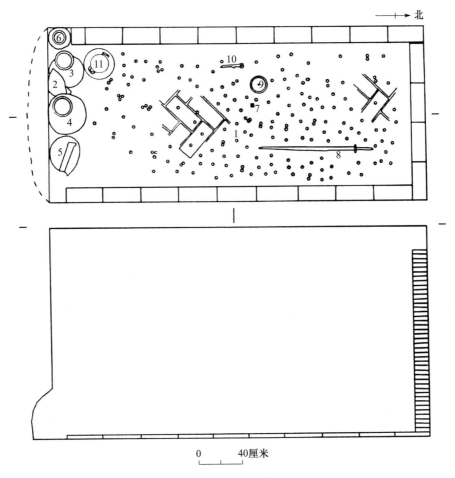

图六三 A　M50 平、剖面图

1. 铜钱　2 ～ 6. 陶壶　7. 铜印章　8. 铁剑　9. 铜镜　10. 铁匕首　11. 铁鼎

陶壶　5件，均泥质灰陶。形制相近，盘口，方唇，束颈较短，溜肩，鼓腹，圈底近平，矮圈足；口唇及鼓腹程度有所区别。器身多见快轮旋痕。M50：2，口外侧2周凹槽，鼓腹略垂。下腹饰1周戳印纹，近腹底饰斜绳纹。口径16.2、通高33.6厘米（图六三B，4）。M50：3，口内侧内凹，纹饰同M50：2。口径16.4、通高35.2厘米（图六三B，2；图版四〇，3）。M50：4，唇面1周凹槽、口外侧微凹。口径15.2、通高30.2厘米（图六三B，3）。M50：5，唇面内倾，圆鼓腹。中腹饰1周戳印纹。口径18.4、通高43厘米（图六三B，5）。M50：6，形制、纹饰同M50：2，唇面有1周凹槽。口径16.4、通高32.4厘米（图六三B，1）。

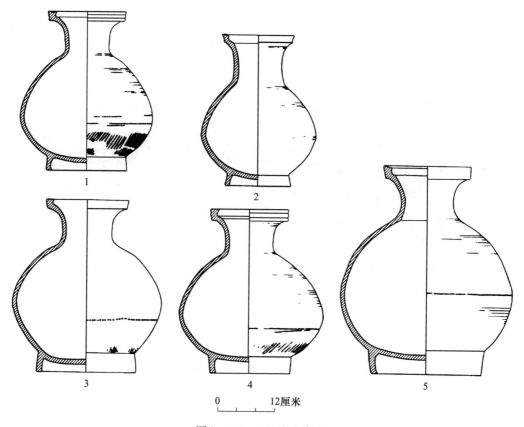

图六三B　M50出土陶壶
1. M50：6　2. M50：3　3. M50：4　4. M50：2　5. M50：5

铁鼎　1件（M50：11）。锈蚀严重。敛口，圆唇，口外侧1周凹槽，溜肩，鼓腹，圜底，三蹄足较高。肩中部两近方形立耳微外撇，下部1周凸棱。口径21、通高31.6厘米（图六三C，4）。

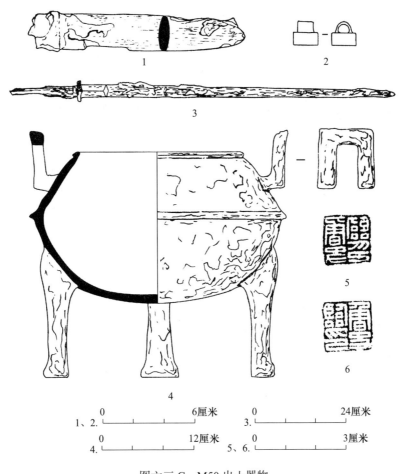

图六三 C   M50 出土器物

1. 铁匕首（M50：10） 2. 铜印章（M50：7） 3. 铁剑（M50：8）
4. 铁鼎（M50：11） 5、6. 铜印章（M50：7）

铁剑 1件（M50：8）。锈蚀严重。长条形茎，方肩，凹形剑格，剑身窄长、断面呈菱形。残有木柄及木质剑鞘痕迹。通长100、茎长17.6、剑身宽3.2厘米（图六三C，3）。

铁匕首 1件（M50：10）。锈蚀严重，环首粉化，仅残余刃部。形体扁长，平面呈柳叶形，截面近椭圆形。残长14厘米（图六三C，1）。

铜印章 1件（M50：7）。方形印体，桥形纽。印文"鲁史临印"。印面边长1.6、通高1.5厘米（图六三C，2、5、6；图版五〇，2）。

铜镜 1件（M50：9）。神人瑞兽镜，略有锈蚀。圆形，圆纽，联珠纹纽座。座外1周窄凸面圈带。其外2周凸弦纹之间为主纹，饰有神人、瑞兽等图案。宽素缘。直径11.2厘米（图六三D；图版四七，2）。

铜钱 281枚。锈蚀严重，可辨五铢钱。

0　　　　　3厘米

图六三 D　M50 出土铜镜（M50∶9）

（十二）M51

M51 位于大商业区东区西部，开口距地表 1.3 米，被严重破坏，仅余墓底南部。形制为土坑竖穴砖椁墓，方向 0°。墓圹平面长方形，直壁、平底，残长 1.2、宽 1.2、残深 0.62 米。填土黄褐色，土质略松。墓底用青砖砌筑椁室，残长 1.06、宽 0.9、残高 0.48 米。铺地砖用侧立砖呈"人"字形砌筑，椁壁单砖错缝平砌。椁底南端东西两侧各用单砖平铺两层，长 0.68 米。所用砖均素面，长 0.34、宽 0.14、厚 0.04 米。墓内未发现葬具及人骨。随葬品共 5 件（组），其中陶壶 3 件、铜镜 1 件、铜钱 5 枚，均位于椁室南端（图六四 A）。

陶壶　3 件。均泥质灰陶。形制相近，盘口，方唇，束颈较短，溜肩，鼓腹，圜底近平，矮圈足；唇面及鼓腹程度有所区别。肩及上腹均饰 3 组凹弦纹。M51∶1，边鼓腹，颈部见轮痕，下腹饰 2 周戳印纹。口径 16.4、通高 31.4 厘米（图六四 B，1）。M51∶2，唇面外侧 1 周凹槽，下腹饰少量交错绳纹。口径 16.8、通高 31.8 厘米（图六四 B，2）。M51∶3，鼓腹下垂。唇面及纹饰近 M51∶2，中腹另有 1 周戳印纹。口径 16、通高 32 厘米（图六四 B，3）。

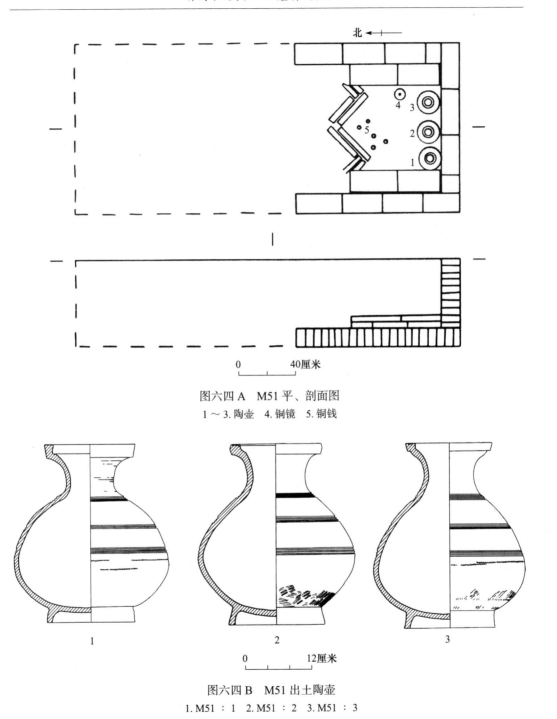

图六四 A　M51 平、剖面图
1～3.陶壶　4.铜镜　5.铜钱

图六四 B　M51 出土陶壶
1. M51：1　2. M51：2　3. M51：3

　　铜镜　1件（M51：4）。四乳八鸟镜。圆形，圆纽，圆纽座。座外1周凸弦纹。其外两组凸弦纹和短斜线圈带之间为主纹，4枚带圆座的乳钉分为4区，每区内各有2只歧冠翘尾的立鸟相对。宽素缘。直径8.2厘米（图六四 C，1；图版四七，3）。

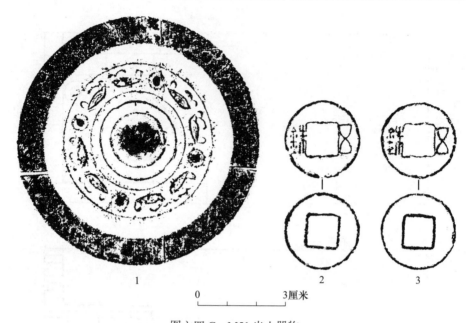

图六四 C　M51 出土器物

1. 铜镜（M51：4）　2、3. 五铢钱（M51：5-1、M51：5-2）

铜钱　5 枚，均为五铢钱。M51：5-1，字体稍宽，"五"字中间两笔弯曲而末端内收，"铢"字的"金"字头呈三角形，"朱"字头方折。直径 2.55、穿径 1.1 厘米（图六四 C，2）。M51：5-2，字体较瘦，"五"字中间两笔缓曲，"铢"字的"金"字头呈三角形，"朱"字头方折。直径 2.5、穿径 1 厘米（图六四 C，3）。

（十三）M54

M54 位于大商业区东区西部，开口距地表 1.3 米，被破坏至墓底。形制为土坑竖穴砖椁墓，方向 0°。墓圹平面长方形，直壁、平底，长 2.8、宽 1.2、残深 0.3 米。填土黄褐色，土质紧密。墓底一周用青砖砌筑椁室，内长 2.5、宽 0.9、残高 0.24 米。铺地砖纵向错缝平铺，椁壁单砖错缝平砌。所用砖均素面，长 0.34、宽 0.14、厚 0.04 米。椁内有葬具 1 棺，已朽，平面长方形，长 2.2、宽 0.66 米，棺底铺一层白灰。棺内人骨架 1 具，保存较好，仰身直肢葬，头向北，面向上。随葬品共 3 件（组），其中陶壶 2 件，位于椁内棺外西南部；铜钱 3 枚，散置棺内中部（图六五 A）。

陶壶　2 件。均泥质灰陶。M54：1，盘口，方唇，束颈较短，溜肩，鼓腹略垂，圜底，喇叭状圈足稍高。器身见快轮旋痕，中腹饰 1 周戳印纹。口径 13.6、通高 32.4 厘米（图六五 B，1）。M54：2，形制同 M54：1，口残。残高 25.6 厘米（图六五 B，2）。

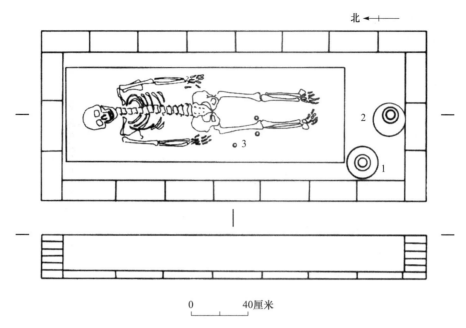

0　　　　40厘米

图六五 A　M54 平、剖面图
1、2. 陶壶　3. 铜钱

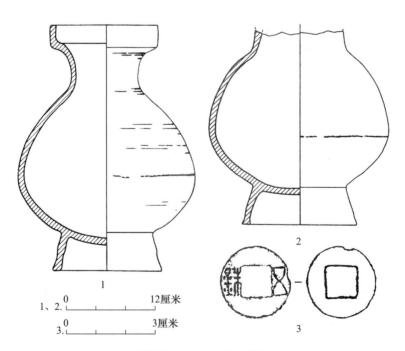

1、2. 0　　　　12厘米
3. 0　　　　3厘米

图六五 B　M54 出土器物
1、2. 陶壶（M54：1、M54：2）　3. 五铢钱（M54：3-1）

铜钱　3 枚。均为五铢。M54：3-1，字体较宽，"五"字中间两笔弯曲，"铢"字的"金"字头呈三角形，"朱"字头方折。直径 2.5、穿径 1 厘米（图六五 B，3）。

（十四）M56

M56 位于大商业区东区西部，开口距地表 1.4 米。形制为土坑竖穴砖椁墓，方向 5°。墓圹平面长方形，直壁、平底，长 2.58、宽 1.3、深 1.3 米。填土黄褐色，土质较松。墓底一周用青砖砌筑椁室，内长 2.3、宽 1.02、高 0.56 米。铺地砖呈"人"字形平铺，椁壁用单砖错缝平砌。所用砖均素面，长 0.3、宽 0.14、厚 0.05 米。椁内有葬具 1 棺，仅见部分灰痕。棺内人骨架 1 具，保存较好，仰身直肢葬，头向北，面向上。随葬品共 8 件（组），其中陶罐 3 件，置棺外西南部；铁剑、铜带钩各 1 件，位于人骨腰部；铜镜、铜刷柄各 1 件，位于头骨东部；铜钱 17 枚，散布于墓底（图六六 A）。

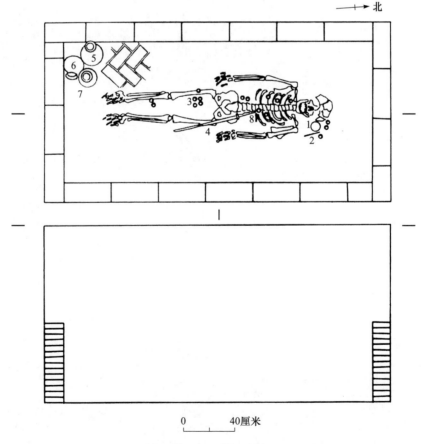

图六六 A　M56 平、剖面图

1. 铜镜　2. 铜刷柄　3. 铜钱　4. 铁剑　5～7. 陶罐　8. 铜带钩

陶罐 3件。均泥质灰陶。侈口，仰折沿，短束颈，溜肩，鼓腹，小平底。下腹及底饰斜绳纹。M56：5，圆唇，弧腹微鼓。中腹饰1周戳印纹。口径13.2、通高26.6厘米（图六六B，1；图版四三，1）。M56：6，方唇，鼓腹。中腹饰3周戳印纹。口径13.6、通高24.4厘米（图六六B，2）。M56：7，尖圆唇。中腹饰3周戳印纹。口径13.6、通高28厘米（图六六B，3）。

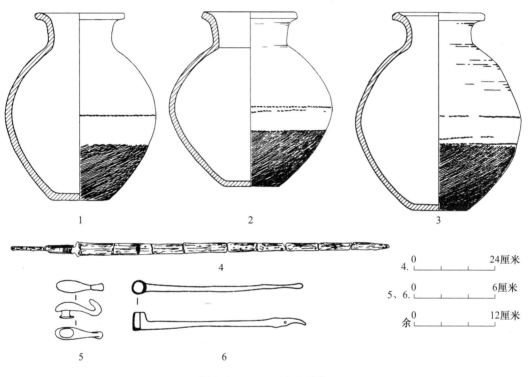

图六六B　M56出土器物

1～3.陶罐（M56：5～M56：7）4.铁剑（M56：4）5.铜带钩（M56：8）6.铜刷柄（M56：2）

铁剑 1件（M56：4）。锈蚀严重，断为十截。长条形茎，方肩，"一"字形剑格，剑身窄长、断面呈菱形，前锋略残。残长110、茎长19.2、剑身最宽3.6厘米（图六六B，4）。

铜带钩 1件（M56：8）。整体呈琵琶形，钩首兽首状，钩体较粗短，鼓腹、断面近半圆形，圆纽位于背面近尾部。长3.4厘米（图六六B，5）。

铜刷柄 1件（M56：2）。细长烟斗状，刷斗呈中空圆筒形，柄近圆柱形，向尾端逐渐变细，尾端做成近鸭首形。长12.5厘米（图六六B，6）。

铜镜 1件（M56：1）。日光圈带铭带镜。圆形，圆纽，圆纽座。座外1周窄凸面圈带。2周凸弦纹圈带之间为铭文带"见日月心，勿夫毋忘"，字体简化，每字间隔一类似涡纹符号。窄素缘。直径6.8厘米（图六六C）。

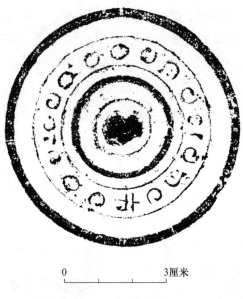

图六六 C　M56 出土铜镜（M56：1）

铜钱　17 枚。锈蚀不清。

（十五）M81

M81 位于 B 区东南部，开口距离地表 1.2 米。形制为土坑竖穴砖椁墓，方向356°。墓圹平面长方形，直壁、平底，长2.7、宽 1.2、深 0.8 米。填土黄褐色，土质较松。墓底用青砖砌筑椁室，南壁无砖墙，内长 2.56、宽 0.88、高 0.5 米。铺地砖呈"人"字形平铺，椁壁单砖错缝平砌。所用砖均素面，长 0.36、宽 0.14、厚 0.04 米。椁内有葬具 1 棺，仅存部分朽痕。棺内人骨架 1 具，朽成粉末状，可辨头向北。随葬品共 7 件（组），其中陶壶 3，置椁内南端；铜镜、铜刷柄、玉璧残片各 1 件，位于棺内北部；铜钱 4 枚，散布于棺内中南部（图六七 A；图版三五，2）。

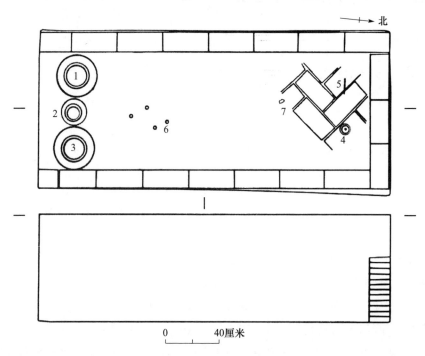

图六七 A　M81 平、剖面图

1～3. 陶壶　4. 铜镜　5. 铜刷柄　6. 铜钱　7. 玉璧残片

陶壶 3件。均泥质灰陶。M81：1，盘口，方唇，口内侧内凹，束颈较短，溜肩，鼓腹略扁，圜底，矮圈足。肩及上腹饰3组凹弦纹，下腹饰斜向绳纹。口径18、通高32.8厘米（图六七B，1）。M81：2，平底无圈足，其余形制与M81：1相近，唇面外倾，口外侧内凹。下腹饰2周戳印纹。口径14.4、通高24.6厘米（图六七B，2）。M81：3，形制与M81：1相近。口外侧多2周凹槽。口径18、通高32.6厘米（图六七B，3）。

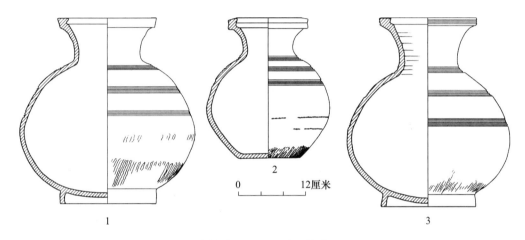

图六七B M81出土陶壶
1. M87：1 2. M81：2 3. M81：3

玉璧残片 1件（M81：7）。呈弧形，正面刻划近似蒲纹。残长2.3、残宽2、厚0.5厘米（图六七C，2）。

铜刷柄 1件（M81：5）。细长烟斗状，刷斗呈中空圆筒形，柄近圆柱形，向尾端逐渐变细，尾端做成近鸭首形且有一穿孔。长12.8厘米（图六七C，1）。

铜镜 1件（M81：4）。日光圈带铭带镜。圆形，圆纽。纽外1周窄凸面圈带。2周凸弦纹圈带之间为铭文带"见日月心，勿夫毋忘"，字体简化，每字间隔一类似涡纹符号。窄素缘。直径6.5厘米（图六七C，3）。

铜钱 4枚。锈蚀不清。

（十六）M82

M82位于B区东南部，开口距离地表1.2米，被破坏至墓底。形制为土坑竖穴砖椁墓，方向0°。墓圹平面长方形，直壁、平底，长2.88、宽1.48、残深0.2米。填土灰褐色，土质略硬。墓底一周青砖砌筑椁室，内长2.5、宽1.1、残高0.16米。铺地砖呈"人"字形平铺，椁壁单砖错缝平砌。所用砖均素面，长0.34、宽0.14、厚0.04米，

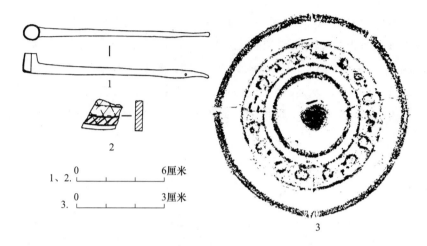

图六七 C　M81 出土器物
1. 铜刷柄（M81：5）　2. 玉璧残片（M81：7）　3. 铜镜（M81：4）

两砖之间用黄泥黏接。椁内有葬具 1 棺，仅存少量灰痕。人骨粉化严重，可辨头向北。随葬品共 4 件（组），其中铜镜、铜刷柄、长条形铁器各 1 件，均位于椁室东北部；铜钱 4 枚，散布于椁内中部（图六八 A）。

长条形铁器　1 件（M82：4）。锈蚀严重，长条状。

铜刷柄　1 件（M82：3）。细长烟斗状，刷斗呈中空圆筒形，柄近圆柱形，向尾端逐渐变细，尾端做成近鸭首形且有一穿孔。长 11.7 厘米（图六八 B，1；图版四九，1）。

铜镜　1 件（M82：1）。日光连弧铭带镜。圆形，圆纽，圆纽座。座外 1 周内向八连弧纹圈带。两组凸弦纹和短斜线圈带之间为铭文带"见日之光，天下大明"，每字间隔一类似涡纹或带"十"字的菱形纹符号。宽素缘。直径 8.3 厘米（图六八 C，1；图版四七，4）。

铜钱　4 枚。均为五铢。M82：2-1，字体较瘦，"五"字中间两笔弯曲、末端内收，"铢"字的"金"字头呈镞形，"朱"字头方折。直径 2.45、穿径 1 厘米（图六八 C，2）。M82：2-2，字体瘦长，"五"字中间两笔缓曲，"铢"字的"金"字头呈三角形，"朱"字头方折。直径 2.45、穿径 1 厘米（图六八 C，3）。M82：2-3，字体较瘦，"五"字中间两笔较直而略弯，"铢"字的"金"字头不清，"朱"字头方折。直径 2.5、穿径 1.05 厘米（图六八 C，4）。

（十七）M88

M88 位于大商业区东区西北部，开口距地表 1.5 米。形制为土坑竖穴砖椁墓，方向 0°。墓圹平面长方形，直壁、平底，长 3.8、宽 1.66、深 0.9 米。填土灰褐色，土质

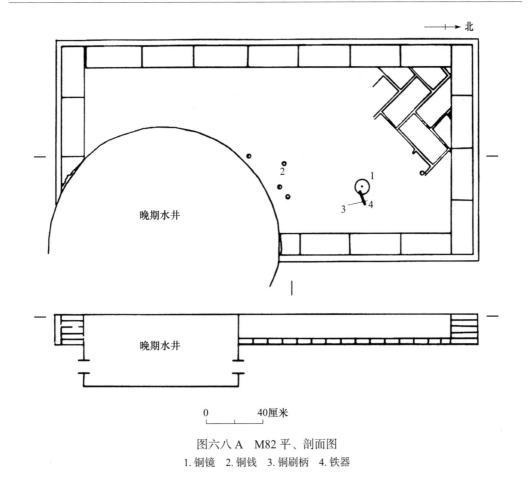

图六八 A M82 平、剖面图
1. 铜镜 2. 铜钱 3. 铜刷柄 4. 铁器

坚硬，经夯打，夯窝直径 0.06 米，夯层不明显。墓底一周用青砖砌筑椁室，内长 3.44、宽 1.28、残高 0.32 米。无铺地砖，椁壁单砖错缝平砌。所用砖均素面，长 0.34、宽 0.16、厚 0.04 米，两砖之间用黄泥黏接。椁内葬具 1 棺及人骨仅存少量朽痕。随葬品有铜钱 18 枚，散布于椁内中部（图六九 A）。

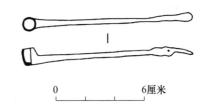

图六八 B M82 出土铜刷柄（M82：3）

铜钱 18 枚。均为五铢钱，其中磨郭五铢 1 枚。M88：1-1，字体较瘦，"五"字中间两笔缓曲，"铢"字的"金"字头呈三角形，"朱"字头方折。直径 2.45、穿径 1 厘米（图六九 B，1）。M88：1-2，字体较宽，"五"字中间两笔弯曲、末端近平行，"铢"字的"金"字头呈三角形，"朱"字头方折。直径 2.5、穿径 1.1 厘米（图六九 B，2）。M88：1-3，字体较瘦，"五"字中间两笔斜直，"铢"字的"金"字头呈镞形，"朱"字头方折。直径 2.5、穿径 1.05 厘米（图六九 B，3）。

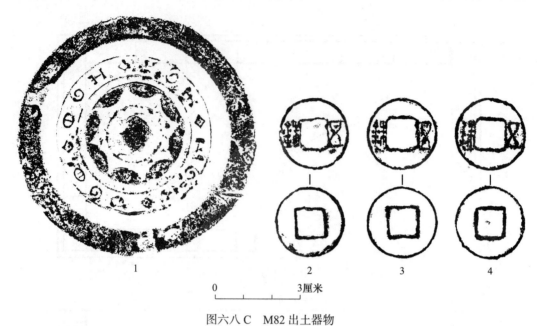

图六八 C　M82 出土器物

1.铜镜（M82：1）　2～4.五铢钱（M82：2-1、M82：2-2、M82：2-3）

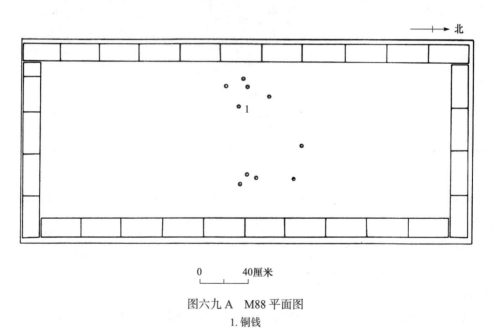

图六九 A　M88 平面图

1.铜钱

（十八）M90

　　M90 位于大商业区东区西北部，开口距地表 1.5 米，被破坏至墓底。形制为土坑竖穴砖椁墓，方向 357°。墓圹平面长方形，直壁、平底，长 2.98、宽 1.52、残深 0.42

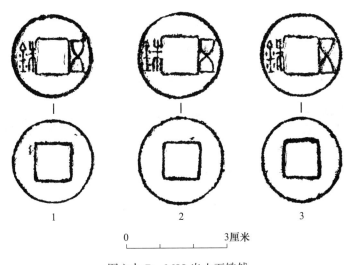

图六九 B　M88 出土五铢钱

1. M88：1-1　2. M88：1-2　3. M88：1-3

米。填土浅灰褐色，土质略硬。墓底一周用青砖砌筑椁室，内长 2.6、宽 1.1、残高 0.36 米。铺地砖斜向错缝平铺，椁壁单砖错缝平砌。所用砖均素面，长 0.34、宽 0.16、厚 0.04 米，两砖之间用黄泥黏接。椁内有葬具 1 棺，已朽，平面长方形，长 1.9、宽 0.7 米。棺内人骨架 1 具，保存较差，仰身直肢葬，头向北，面向上。随葬品共 5 件（组），其中陶壶 2 件，置椁内棺外南端；铜镜 1 件，位于棺内西北角；铜印章 1 件，在人骨腰部；铜钱 4 枚，散布于棺内中部（图七〇 A）。

陶壶　2 件。均泥质灰陶。形制相近，盘口，方唇，束颈较长，溜肩，鼓腹，圜底近平，折圈足。中腹饰 1 周戳印纹，下腹饰交错绳纹。M90：1，口外侧微凹。口径 15.2、通高 36.6 厘米（图七〇 B，3；图版四〇，4）。M90：2，口径 15.6、通高 38.6 厘米（图七〇 B，1）。

铜印章　1 件（M90：5）。方形印体，桥形纽。阴文篆书"但穬之印"。印面长 1.7、通高 1.6 厘米（图七〇 B，2；图七〇 C，1、2；图版五〇，3）。

铜镜　1 件（M90：3）。残碎，未能修复。

铜钱　4 枚。均为五铢，其中磨郭五铢 1 枚。M90：4-1，字体稍宽，"五"字中间两笔弯曲而末端内收，"铢"字的"金"字头呈三角形，"朱"字头方折。直径 2.6、穿径 1 厘米（图七〇 C，3）。M90：4-2，字体较瘦，"五"字中间两笔较直而略弯，"铢"字的"金"字头呈三角形，"朱"字头方折。直径 2.55、穿径 1 厘米（图七〇 C，4）。M90：4-3，磨郭五铢，字体较宽，"五"字中间两笔弯曲而末端内收，"铢"字的"金"字头呈三角形，"朱"字头方折。直径 2.3、穿径 1 厘米（图七〇 C，5）。

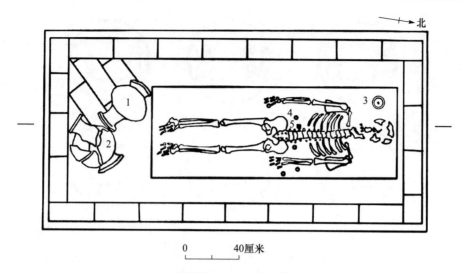

0　　　40厘米

图七〇 A　M90 平面图

1、2.陶壶　3.铜镜　4.铜钱　5.铜印章

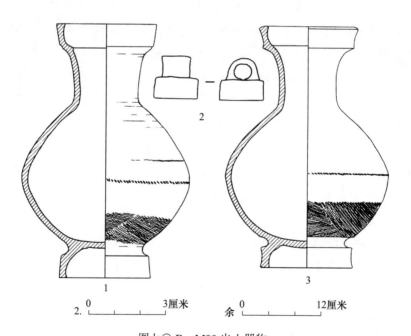

2.　0　　　3厘米　　　0　　　12厘米

余

图七〇 B　M90 出土器物

1、3.陶壶（M90：2、M90：1）　2.铜印章（M90：5）

（十九）M93

M93 位于大商业区东区西北部，开口距地表 1.5 米。形制为土坑竖穴砖椁墓，

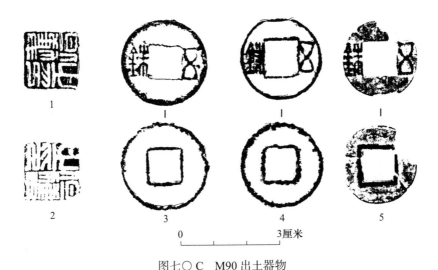

图七〇C　M90 出土器物

1、2. 铜印章（M90：5）　3～5. 五铢钱（M90：4-1、M90：4-2、M90：4-3）

方向 190°。墓圹平面长方形，直壁、平底，长 3.56、宽 1.78、残深 0.7 米。填土浅灰褐色，土质略松。墓底一周生土二层台，宽 0.32、高 0.3 米。其上用青砖砌墙形成椁室，内长 2.92、宽 1.14、残高 0.4 米。无铺地砖，椁壁双砖错缝平砌。所用砖均素面，长 0.34、宽 0.14、厚 0.04 米，两砖之间用黄泥黏接。椁内有葬具 1 棺，已朽，平面长方形，长 2.4、宽 0.9 米。棺内人骨架 1 具，腐朽严重，可辨头向南，面向东。随葬品共 5 件（组），其中石印章、石砚板各 1 件，位于棺内西北角；铜带钩 1 件，在头骨东侧；铜构件 1 组 5 件，置棺外南端；铜钱 45 枚，散布于棺内（图七一 A）。

　　石砚板　1 件（M93：4）。砂岩制成，扁平长方形。长 9.5、宽 4.6、厚 0.4 厘米（图七一 B，5；图版五一，3）。

　　石印章　1 件（M93：5）。覆斗形印体，无纽，印面方形，阴文篆书"君宜官"三字。印面边长 2.8、通高 0.9 厘米（图七一 B，4）。

　　铜带钩　1 件（M93：2）。整体呈琵琶形，钩首兽首状，钩体较粗短，鼓腹、断面近半圆形，圆纽位于背面近尾部。长 6.3 厘米（图七一 B，8）。

　　铜构件　5 件。其中柿蒂形饰 3 件，形制相同，扁平四瓣柿蒂状，四瓣大小一致，整体近方形，中部一长方形孔，纽及衔环残失。M93：1-1～M93：1-3，边长约 2.7 厘米（图七一 B，1～3）。铜环 2 件，M93：1-4、M93：1-5，直径 3.2 厘米（图七一 B，6、7）。

　　铜钱　45 枚。均为五铢钱。M93：3-1，字体瘦长，"五"字中间两笔斜直，"铢"字的"金"字头呈三角形，"朱"字头方折。直径 2.5、穿径 1 厘米（图七一 B，9）。M93：3-2，字体稍宽，"五"字中间两笔较直而略弯，"铢"字的"金"字头呈三角形，"朱"字头方折。直径 2.3、穿径 1 厘米（图七一 B，10）。M93：3-3，字体较小，

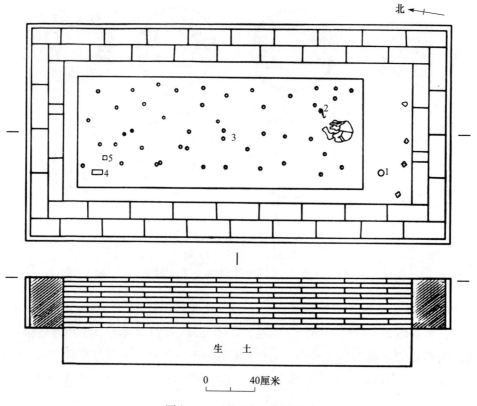

图七一 A　M93 平、剖面图
1.铜构件　2.铜带钩　3.铜钱　4.石砚板　5.石印章

"五"字中间两笔较直而略弯，"铢"字的"金"字头呈三角形，"朱"字头方折。直径2.4、穿径1厘米（图七一 B，11）。

（二十）M95

M95 位于大商业区东区西部，开口距地表 1.5 米。形制为土坑竖穴砖椁墓，方向 0°。墓圹平面长方形，直壁、平底，长 2.6、宽 1.4、残深 0.8 米。填土灰褐色，土质略硬。墓底一周用青砖砌筑椁室，内长 2.24、宽 1.04、高 0.6 米。铺地砖用侧立砖呈"人"字形砌成，椁壁单砖错缝平砌。所用砖均素面，长 0.34、宽 0.14、厚 0.04 米，两砖之间用黄泥黏接。椁内葬具及人骨腐朽严重，仅存少量朽痕，未见随葬品（图七二）。

（二十一）M97

M97 位于大商业区东区西北部，开口距地表 1.5 米。形制为土坑竖穴砖椁墓，方

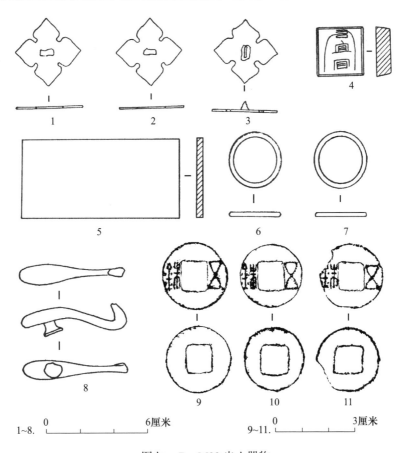

图七一 B　M93 出土器物

1～3.柿蒂形铜饰（M93：1-1～M93：1-3）　4.石印章（M93：5）　5.石砚板（M93：4）　6、7.铜环（M93：1-4、M93：1-5）　8.铜带钩（M93：2）　9～11.五铢钱（M93：3-1、M93：3-2、M93：3-3）

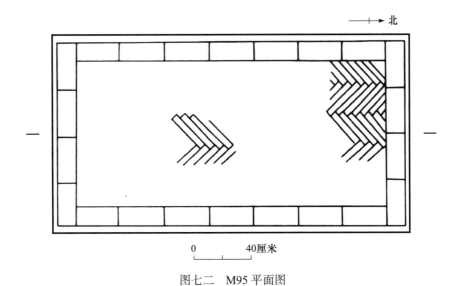

图七二　M95 平面图

向 357°。墓圹平面长方形，直壁，平底，长 5、宽 1.9、深 3.34 米。填土灰褐色，土质略松，含草木灰、青砖块、石块等。北壁下有一生土二层台，高 1.3、宽 0.7 米。墓内用青砖砌筑椁室，无南壁，内长 2.38、宽 1.2、高 1 米。铺地砖两层，下层遍布墓底，用侧立砖南北向对缝砌成；上层仅处砖椁下，砌法同下层，唯南端呈东西向砌。椁壁单砖错缝平砌。据板灰推测椁南侧有一木质器物箱，长 1.48、宽 1.18 米。椁壁及器物箱与墓壁之间填土及大量碎砖，至与椁壁平齐，再平铺一层砖，其上盖有木板，木板之上用侧立砖南北向对缝压盖。所用砖均素面，长 0.34、宽 0.15、厚 0.04 米。椁内有葬具 1 棺，已朽，形制不清，残存较多红色漆皮。棺内有人骨 1 具，仅余少量朽痕，可辨头向北。随葬品共 8 件（组），其中铜器 6 件，盆、熏炉、铿及鐎壶各 1 件，置器物箱内；镜 2 件，见于棺内西北部；另有铜构件 1 组，位于器物箱内，应为漆器部件；铜钱 6 枚，散布于棺内中南部（图七三 A）。

铜盆　1 件（M97：1）。直口，宽平沿，浅折腹，平底，矮假圈足。口径 24、通高 6.8 厘米（图七三 B，2；图版四四，2）。

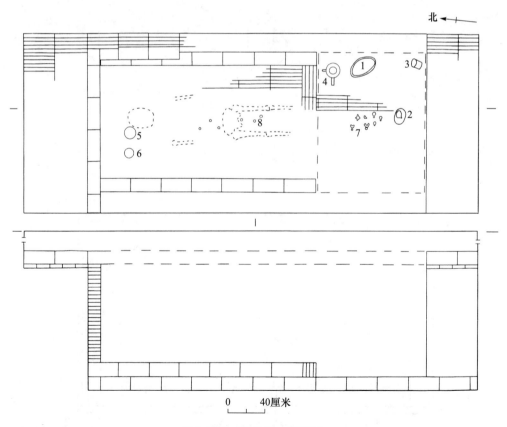

图七三 A　M97 平、剖面图
1. 铜盆　2. 铜熏炉　3. 铜铿　4. 铜鐎壶　5、6. 铜镜　7. 铜构件　8. 铜钱

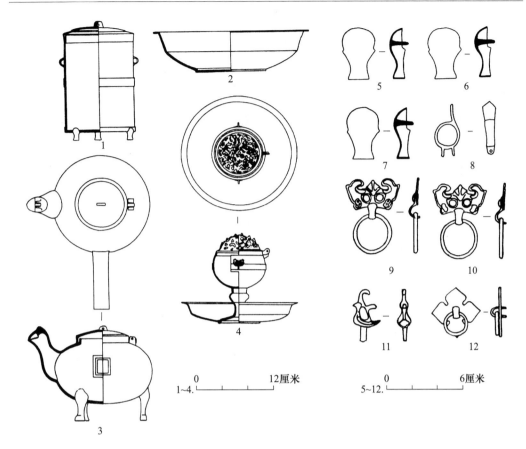

图七三 B M97 出土铜器

1. 鋞（M97：3） 2. 盆（M97：1） 3. 鐎壶（M97：4） 4. 熏炉（M97：2）
5～7. 蹄足（M97：7-6～M97：7-8） 8. 鋬手（M97：7-5） 9、10. 铺首（M97：7-3、
M97：7-4） 11. 鸟形纽（M97：7-2） 12. 柿蒂形饰（M97：7-1）

铜熏炉 1件（M97：2）。锈蚀较严重。由盖、身、柄、座和承盘五部分组成。盖与身以子母口相扣合，盖为直壁母口，顶部鼓起作博山状，其上重叠山峰和镂孔交错分布。盖与身口部设枢轴以扣接。炉身为子口微敛，圆唇，圆腹，圜底；腹中部饰1周凸圈带，其上侧对饰两铺首衔环，环均残失。身底设圈足状结构套入柄内。柄、座皆中空，与承盘接为一体。柄近管状，中部鼓起。座呈矮喇叭形圈足。承盘敞口，折沿，折腹，矮圈足，圈足上与炉座相连、内中空。盖径8.4、炉身口径8、承盘口径17.2、通高15.8厘米（图七三 B，4）。

铜鋞 1件（M97：3）。盖与身以子母口相扣合。盖为直壁母口，弧形顶，顶外缘一周略向下折、低于内部，中央一半环形纽。身为直壁子口，筒形直腹，平底，三矮蹄足。腹中部饰1周凸圈带，上部对饰两半环形耳。口径12.4、通高20.2厘米（图七三 B，1；彩版三，1）。

铜鐎壶 1件（M97：4）。弧顶盖，直口，顶中部一半环纽。壶身矮直口，溜肩，扁圆腹，圜底，三蹄形足，一侧腹部设可开启式鸟首形流、顶部一半环纽，对侧肩部设可自由开启壶盖的两穿孔枢轴，相垂直的一侧附一方銎微曲的长柄。口径8、通高14.4厘米（图七三B，3；彩版四，4）。

铜构件 1组8件。其中鸟形纽1件（M97：7-2），立鸟较扁，昂首，冠羽高翘后卷，双翅呈平展状，背部近尾处先上折与冠羽相接再向后卷出，构成近椭圆形环。身下接一插榫。高4厘米（图七三B，11；图版四九，8）。柿蒂形饰1件（M97：7-1），扁平四瓣柿蒂状，四瓣大小一致，整体近方形，中部一长方形孔，内置较长桥形纽，正面纽内衔一圆环，穿过柿蒂背面后兼有插榫作用。边长约2.8厘米（图七三B，12）。铺首2件，形制相同，整体呈近倒置梯形的变体兽面纹，双目圆睁，双眉上扬后内卷，头顶两侧各一短尖耳、中部一尖角，鼻下垂后内卷呈半环形，内衔一圆环；铺首背面平整，插榫残失。M97：7-3、M97：7-4，宽4.2、通高5.8、环径2.4厘米（图七三B，9、10）。錾手1件（M97：7-5），主体呈环形，断面为扁长方形，上部一侧伸出舌形錾尾，另一侧伸出两带孔近半圆形扁条。通长3.9、环径1.9厘米（图七三B，8）。蹄足3件，形制相同，正面上部近圆形鼓起，下部亚腰形外弧，平底。背部内空，外缘上部较下部内收、皆平整，上部中央出一锥形插榫。M97：7-6～M97：7-8，高3.7厘米（图七三B，5～7）。

铜镜 2件。M97：5，双重铭带镜。圆形，圆纽，并蒂联珠纹纽座。座外1周四瓣花状凸弦纹（外附短线纹）。其外2周窄凸面圈带及镜缘夹两周篆书铭文带，每周铭文带内外两侧各有一组凸弦纹和短线纹圈带。内重铭文为"内清质以昭明，光辉象夫日月，心忽扬而愿忠，然壅塞而不泄"。外重铭文为"妙皎光而曜美兮，挟佳都而承间，怀骧察而性宁兮，爱存神而不迁，得并执而不弃兮，精照晰而侍君"。窄素缘。直径13.1厘米（图七三C，1；图版四八，1）。M97：6，日光圈带铭带镜，略锈蚀。圆形，圆纽，联珠纹纽座。座外1周窄凸面圈带。2周凸弦纹之间为铭文带"久不相见，长毋相忘"。每字间隔一类似涡纹或带"十"字的菱形纹符号。宽素缘。直径7.1厘米（图七三C，2；图版四八，2）。

铜钱 6枚。均为五铢。M97：8-1，字体较瘦，"五"字中间两笔较直而略弯，"铢"字的"金"字头呈三角形，"朱"字头方折。直径2.45、穿径1厘米（图七三D，1）。M97：8-2，字体较瘦，"五"字中间两笔弯曲、末端近平行，"铢"字的"金"字头呈三角形，"朱"字头方折。直径2.5、穿径1.1厘米（图七三D，2）。M97：8-3，字体较瘦，"五"字中间两笔斜直，"铢"字的"金"字头呈三角形，"朱"字头方折。直径2.45、穿径1.1厘米（图七三D，3）。

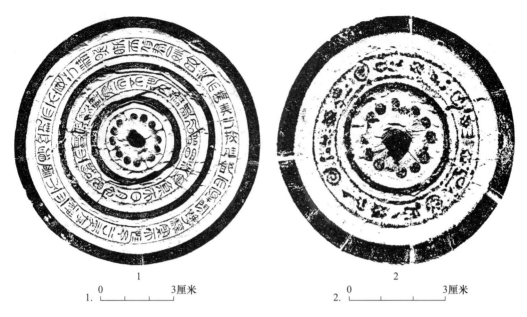

图七三C　M97 出土铜镜
1. M97 ： 5　2. M97 ： 6

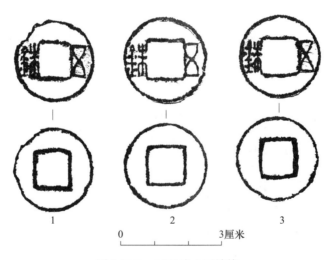

图七三D　M97 出土五铢钱
1. M97 ： 8-1　2. M97 ： 8-2　3. M97 ： 8-3

（二十二）M120

M120 位于 D 区东部，开口距地表约 2 米。形制为土坑竖穴砖椁墓，方向为 0°。墓圹平面长方形，直壁、平底，长 3.8、宽 1.8、深 2.78 米。填土深灰褐色，较致密。

墓底一周用青砖砌筑椁室，内长 3.06、宽 1.18、高 0.65 米。铺地砖东西向错缝平铺，椁壁单砖错缝平砌，据灰痕推测有木质椁盖。椁壁与墓壁之间填土至与椁顶平后再砌约 0.3 米高的砖墙。所用砖均素面，长 0.36、宽 0.14、厚 0.04 米。椁内有葬具 1 棺，已朽，平面长方形，长 2.1、宽 0.8 米。棺内人骨架 1 具，保存较差，仰身直肢葬，头向北。随葬品共 18 件（组），其中陶壶 2 件、铜壶 1 件、铁鼎 1 件，置棺外南端；铜盆 2 件，位于棺外西侧；铜铃 1 件，见于棺内南侧；长条状铁器、铜刷柄、铜眉笔杆、铜镜、石砚板各 1 件，在棺内头骨东侧；铁剑、玉剑璏、铜印章各 1 件，位于棺内人骨腰部东侧；铁削 1 件，在腰部西侧；铜钱 19 枚，散布于棺内（图七四 A；图版三五，3）。

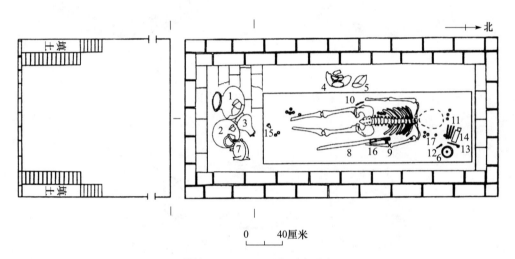

图七四 A　M120 平、剖面图

1、2. 陶壶　3. 铜提梁壶　4、5. 铜盆　6. 铜镜　7. 铁鼎　8. 铁剑　9. 铜印章　10. 铁削　11. 铁器　12. 铜眉笔杆
13. 铜刷柄　14. 石砚板　15. 铜铃　16. 玉剑璏　17. 铜钱

陶壶　2 件。均泥质灰陶。形制相近，盘口，方唇，束颈较短，溜肩，鼓腹略扁，圜底，矮圈足。肩及上腹饰 3 组凹弦纹，下腹饰 2 周戳印纹。M120：1，口外侧 2 周凹槽，近腹底饰少量斜绳纹。口径 18、通高 36.4 厘米（图七四 B，1）。M120：2，口径 14.8、通高 37.2 厘米（图七四 B，2）。

铁鼎　1 件（M120：7）。锈蚀较严重。弧顶盖。鼎身敛口，圆唇，溜肩，浅弧腹，圜底，三蹄足较高。肩中部两长方形立耳、下部 1 周凸棱。口径 22、通高 26 厘米（图七四 B，5）。

铁剑　1 件（M120：8）。锈蚀严重，断为七截。长条形茎，方肩，"一"字形剑格，剑身窄长、断面呈菱形，前锋残。残长 82、茎长 16、剑身最宽 2.8 厘米（图七四 B，4）。

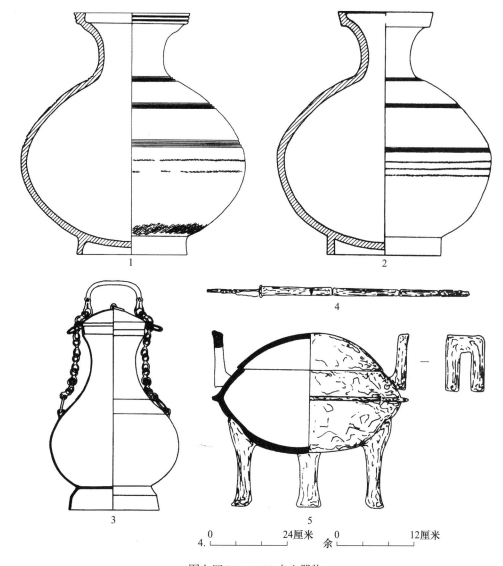

图七四 B M120 出土器物

1、2. 陶壶（M120：1、M120：2） 3. 铜提梁壶（M120：3） 4. 铁剑（M120：8） 5. 铁鼎（M120：7）

铁削 1 件（M120：10）。锈蚀严重，残断，无法修复。

铁器 1 件（M120：11）。呈三段条状，锈蚀严重，无法修复。

铜提梁壶 1 件（M120：3）。盖与壶身以子母口相扣合。盖为直壁子口，弧形顶，顶中部一附小圆环的半环形纽，口外侧对置两较大圆环。壶身盘口，束颈，溜肩，扁鼓腹，平底，折圈足。肩部对饰两半环形耳，耳内各扣一较大圆环，环上连有七截"8"字形链索，链索穿过盖两侧的大圆环与提梁两端的圆环相连。提梁整体近弧形，两端呈兽首形，兽口作吞环状。肩部饰 1 周凸圈带。口径 10、通高 31.2 厘米（图七四

B，3；彩版三，2）。

铜盆　2件。M120：4、5，均残碎，无法修复。

铜铃　1件（M120：18）。锈蚀较重，残。近长方形纽，椭圆形口，铃身两面
分置3条竖向凸棱、4组16枚小乳钉。铃内顶上一环形纽，上悬铃舌。通高3.6厘米
（图七四C，2）。

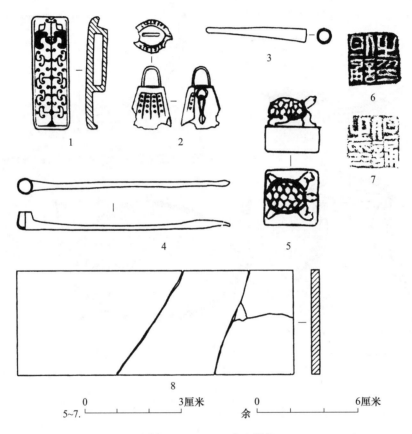

图七四C　M120出土器物

1. 玉剑璏（M120：16）2. 铜铃（M120：18）3. 铜眉笔杆（M120：12）4. 铜刷柄（M120：13）
5～7. 铜印章（M120：9）8. 石砚板（M120：14）

铜刷柄　1件（M120：13）。细长烟斗状，刷斗呈中空圆筒形，柄近圆柱形，向
尾端逐渐变细，尾端做成近鸭首形。长13.1厘米（图七四C，4）。

铜眉笔杆　1件（M120：12）。细长管状，尾端渐收成锥形，头端平，尾端圆钝。
长6厘米（图七四C，3）。

铜印章　1件（M120：9）。方形印体，龟形纽。阴文篆书"但诵之印"。印面边
长1.6、通高1.5厘米（图七四C，5～7；图版五〇，4）。

石砚板 1件（M120：14）。页岩制成，扁平长方形，断为四节。长16.9、宽6、厚0.5厘米（图七四C，8）。

玉剑璏 1件（M120：16）。平面圆角长方形，两端向下卷曲，背面附有长方形銎套。正面两侧留白，长方形框内刻划中轴对称卷云纹，一端为兽首形。长6.6、宽2.2厘米（图七四C，1；图版五一，7）。

铜镜 1件（M120：6）。日有熹连弧铭带镜，锈蚀较重。圆形，圆纽，圆纽座。座外1周窄凸面圈带，其外均匀分布短弧线，再外1周内向十六连弧纹圈带。两组凸弦纹和短斜线圈带之间为铭文带"日日有熹，月有富，乐毋有事，宜酒食，□□□□□□而一"。宽素缘。直径11.8厘米（图七四D，1）。

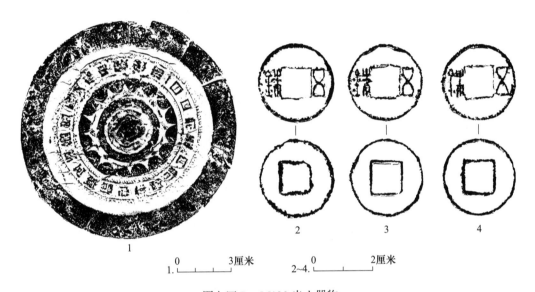

图七四D M120出土器物
1.铜镜（M120：6） 2～4.五铢钱（M120：17-1、M120：17-2、M120：17-3）

铜钱 19枚。均为五铢。M120：17-1，字体稍宽，"五"字中间两笔弯曲、末端内收，"铢"字的"金"字头呈三角形，"朱"字头方折。直径2.55、穿径1厘米（图七四D，2）。M120：17-2，字体较瘦，"五"字中间两笔弯曲、末端内收，"铢"字的"金"字头呈镞形，"朱"字头方折。直径2.5、穿径1厘米（图七四D，3）。M120：17-3，字体较瘦，"五"字中间两笔较直而略弯，"铢"字的"金"字头呈镞形，"朱"字头方折。直径2.5、穿径1厘米（图七四D，4）。

（二三）M121

M121位于D区西南部，开口距离地表2米，被破坏至墓底。形制为土坑竖穴砖椁墓，方向 5°。墓圹平面长方形，长 3.3、宽 1.3、残深 0.24 米。填土浅灰褐色，土质略硬，含较多砾石。墓底用青砖砌筑椁室，北部被破坏，残长 3.02、宽 1.02、残高 0.1 米。铺地砖用侧立砖呈"人"字形砌筑、局部侧立砖紧靠墓壁贴砌；椁壁用立砖呈"之"字形斜砌。所用砖均素面，长 0.34、宽 0.14、厚 0.04 米。椁内有葬具 1 棺，已朽，呈长方形，长 2.1、宽 0.64 米。棺内人骨架 1 具，保存很差，可辨头向北。随葬品共 7 件（组），其中陶壶 2 件、陶盆 1 件，置椁内棺外南端；铜镜 1 件、铜铺首 1 组 3 件、铜环 1 件，位于棺内北部；铜钱 36 枚，散布于椁内（图七五 A）。

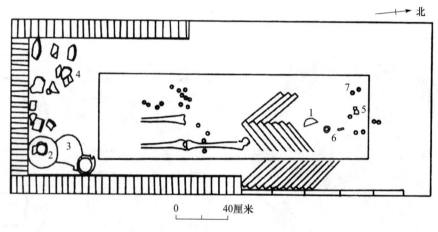

图七五 A　M121 平面图

1.铜镜　2、3.陶壶　4.陶盆　5.铜铺首　6.铜环　7.铜钱

陶壶　2 件。均泥质灰陶。M121：2，盘口，方唇，束颈较短，溜肩，鼓腹，平底，圈足稍高。中腹饰 1 周戳印纹。口径 14.4、通高 33.4 厘米（图七五 B，1）。M121：3，盘口，圆唇，束颈粗短，鼓腹略扁，平底内凹。中腹饰 1 周戳印纹。口径 17.6、通高 29.8 厘米（图七五 B，2）。

陶盆　1 件（M121：4）。残碎，无法修复。

铜铺首　3 件。M121：5-1，锈蚀严重，残，整体呈变形兽面纹，鼻下垂后内卷、内衔一环，背面下端接一插榫。残宽 3.3、高 2.9 厘米（图七五 C，2）。M121：5-2、M121：5-3，形制相同，均较小，变体兽面纹，下缘呈弧形，双眼圆睁，双眉不清，尖耳突出，头顶中部一尖角，鼻下垂后内卷呈半环形、内衔一圆环；铺首背面平整，下部一近锥形插榫。宽 1.7、环径 1.5、通高 2.9 厘米（图七五 C，1；图版四九，11）。

铜环　1 件（M121：6）。直径 3 厘米（图七五 C，3）。

铜镜　1 件（M121：1）。锈蚀严重，残碎。圆形，圆纽，圆纽座。座外 1 周窄凸面圈带，其外 2 周凸弦纹之间为铭文带，铭文不清。宽素缘。直径约 9.7 厘米。

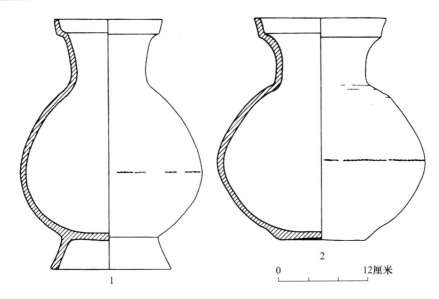

图七五 B   M121 出土陶壶
1. M121：2   2. M121：3

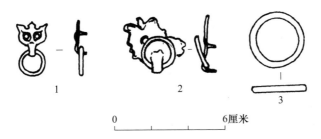

图七五 C   M121 出土铜构件
1、2. 铺首（M121：5-2、M121：5-1） 3. 环（M121：6）

铜钱   36 枚。均为五铢，其中磨郭五铢 33 枚。M121：7-1，字体较瘦，"五"字中间两笔弯曲而末端内收，"铢"字的"金"字头呈三角形，"朱"字头方折。直径 2.5、穿径 1 厘米（图七五 D，1）。M121：7-2，磨郭五铢，字体较瘦，"五"字中间两笔缓曲，"铢"字的"金"字头呈三角形，"朱"字头方折。直径 2.3、穿径 1 厘米（图七五 D，2）。M121：7-3，磨郭五铢，字体较宽，"五"字中间两笔弯曲、末端平行，"铢"字的"金"字头呈镞形，"朱"字头方折。直径 2.3、穿径 1.05 厘米（图七五 D，3）。M121：7-4，磨郭五铢，字体较瘦，"五"字中间两笔较直而略弯，"铢"字的"金"字头呈镞形，"朱"字头方折。直径 2.1、穿径 1 厘米（图七五 D，4）。

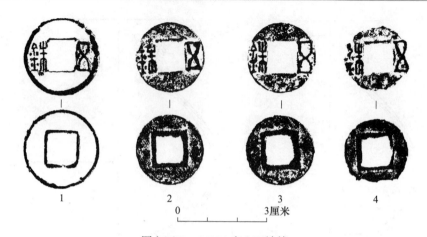

图七五 D　M121 出土五铢钱
1. M121：7-1　2. M121：7-2　3. M121：7-3　4. M121：7-4

（二十四）M125

M125 位于 D 区东北角，开口距地表 3.2 米，仅存墓底北部。形制为土坑竖穴砖椁墓，方向 9°。墓圹平面长方形，直壁、平底，残长 4、宽 1.8、深 1.5 米。墓底用青砖砌筑椁室，残长 2.3、宽 1.8、高 1.5 米。铺地砖呈"人"字形平铺，椁壁用双砖错缝平砌。所用砖均素面，长 0.36、宽 0.14、厚 0.04 米。椁内有葬具 1 棺，已朽，长方形，有红色漆痕，长 2.1、宽 0.9 米。棺内人骨朽成粉末状，可辨头向北。随葬品共 5 件（组），其中铁鼎 1 件，位于墓底东南部；铁剑 1 件，在棺内中部；铜镜 1 件，置棺内西北；铜带钩 1 件，棺内中部西侧；铜钱 58 枚，集中于棺内中西部（图七六 A）。

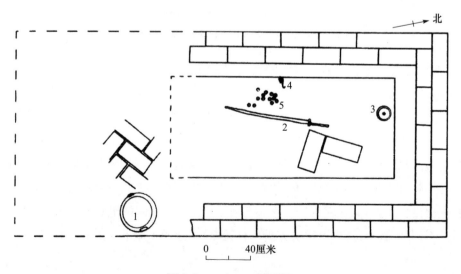

图七六 A　M125 平面图
1. 铁鼎　2. 铁剑　3. 铜镜　4. 铜带钩　5. 铜钱

铁鼎 1件（M125：1）。锈蚀严重，残碎，未能修复。

铁剑 1件（M125：2）。锈蚀严重，残碎，未能修复。

铜带钩 1件（M125：4）。整体琵琶形，钩首兽首状，钩体较宽、较薄，弧腹、断面近半圆形，圆纽位于背面近中部。钩体腹部饰两道长凸棱。长12.2厘米（图七六B；图版四九，5）。

铜镜 1件（M125：3）。日光连弧圈带铭带镜。圆形，圆纽，圆纽座。座外一周窄凸面圈带，其外均匀分布短弧线，再外一周内向八连弧纹圈带。两组凸弦纹和短斜线圈带之间为铭文带"日月心勿夫毋[之]忠勿[忘]"，每两字间隔一类似涡纹符号。窄素缘。直径10.2厘米（图七六C，1；图版四八，3）。

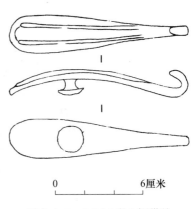

图七六B M125出土铜带钩
（M125：4）

铜钱 58枚。均为五铢。M125：5-1，字体瘦长，"五"字中间两笔较直，"铢"字的"金"字头呈镞形，"朱"字头方折。直径2.5、穿径1厘米（图七六C，2）。M125：5-2，字体较宽，"五"字中间两笔弯曲、末端近平行，"铢"字的"金"字头呈镞形，"朱"字头方折。直径2.55、穿径1.05厘米（图七六C，3）。M125：2-3，字体较瘦，"五"字中间两笔较直而略弯，"铢"字的"金"字头呈三角形，"朱"字头方折。直径2.5、穿径1厘米（图七六C，4）。M125：5-4，字体较瘦，"五"字中间两笔弯曲、末端平行，"铢"字的"金"字头三角形，"朱"字头方折。直径2.55、穿径1.05厘米（图七六C，5）。

（二十五）M136

M136位于D区北部，开口距离地表1.5米，墓葬南部被破坏。形制为土坑竖穴砖椁墓，方向5°。墓圹平面长方形，直壁、平底，残长3.84、宽1.6、残深1.44米。填土浅灰褐色，土质略硬，经夯打，夯窝直径约0.06米，夯层不明显，含碎石块。墓内用青砖砌筑椁室，上部已坍塌，残长3.6、宽1.1、残高0.52米。铺地砖呈"人"字形平铺，椁壁单砖错缝平砌。椁壁与墓圹之间用碎砖填充。所用砖均素面，长0.34、宽0.14、厚0.04米。椁内有葬具1棺，已朽，长方形，长2.2、宽0.9米。棺内人骨朽为粉状，可辨仰身直肢葬，头向北。随葬品有2件（组），其中铜镜1件，位于头骨北侧；铜钱3枚，散置于棺内（图七七A）。

铜镜 1件（M136：1）。四乳四虺镜，锈蚀较重。圆形，圆纽，圆纽座。座外1

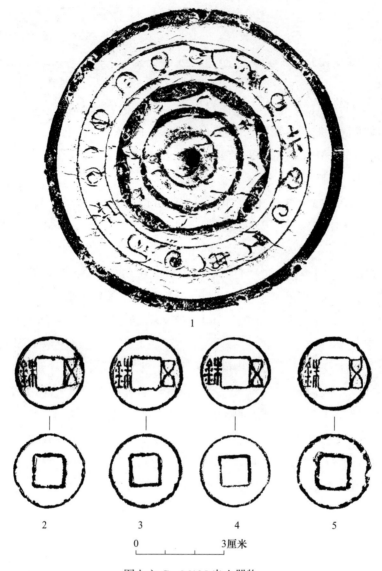

图七六 C　M125 出土器物

1. 铜镜（M125 ： 3）　2 ～ 5. 五铢钱（M125 ： 5-1、M125 ： 5-2、M125 ： 5-3、M125 ： 5-4）

周凸弦纹。其外两组凸弦纹和短斜线圈带之间为主纹，4 枚带圆座的乳钉分为 4 区，每区内各有一虺纹，呈钩形躯体，两端基本一致，身躯内外两侧各有一简单立鸟纹，四乳外侧上方的两角各有一短弧线。宽素缘。直径 8.2 厘米（图七七 B，1）。

　　铜钱　13 枚。均为五铢。M136 ： 2-1，字体较瘦，"五"字中间两笔弯曲，"铢"字的"金"字头呈三角形，"朱"字头方折。直径 2.5、穿径 1.1 厘米（图七七 B，2）。M136 ： 2-2，字体较宽，"五"字中间两笔弯曲，末端外放，"铢"字的"金"字头呈三角形，"朱"字头方折。直径 2.55、穿径 1.05 厘米（图七七 B，3）。M136 ： 2-3，

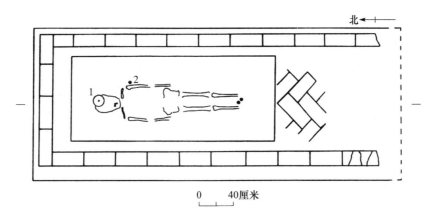

图七七 A M136 平面图
1.铜镜 2.铜钱

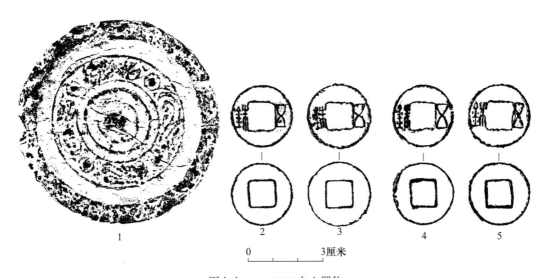

图七七 B M136 出土器物
1.铜镜（M136：1）2～5.五铢钱（M136：2-1、M136：2-2、M136：2-3、M136：2-4）

字体较宽，"五"字中间两笔较直而略弯，"铢"字的"金"字头呈三角形，"朱"字头方折。直径 2.5、穿径 1.05 厘米（图七七 B，4）。M136：2-4，字体瘦长，"五"字中间两笔较直而略弯，"铢"字的"金"字头呈三角形，"朱"字头方折。直径 2.55、穿径 1 厘米（图七七 B，5）。

（二十六）M137

M137 位于 D 区东北部，开口距地表 0.3 米。形制为土坑竖穴砖椁墓，方向 6°。墓圹平面长方形，直壁、平底，长 2.6、宽 1.3、深 2.2 米。填土黄褐色土，结构紧密，土质略硬。墓底一周用青砖砌筑椁室，内长 2.3、宽 1、高 0.68 米。铺地砖呈"人"字形平铺，椁壁单砖错缝平砌。所用砖均素面，长 0.35、宽 0.14、厚 0.04 米。椁内有葬具 1 棺，已朽，长方形，长 1.8、宽 0.8 米。棺内人骨架 1 具，朽为粉状，可辨仰身直肢葬，头向北。随葬品共 4 件（组），其中陶壶 2 件，置椁内棺外南端；铜镜 1 件，位于棺内北部；铜钱 8 枚，散布于棺内（图七八 A；图版三五，4）。

陶壶　2 件。均泥质灰陶。形制相近，盘口，方唇，唇面内倾，束颈较短，溜肩，鼓腹近折，圜底近平，折圈足很矮。颈部见快轮旋痕，中腹饰 4 周戳印纹，近腹底饰斜绳纹。M137：1，口径 16.8、通高 31.6 厘米（图七八 B，1）。M137：2，口径 16.8、通高 33.4 厘米（图七八 B，2）。

铜镜　1 件（M137：3）。日光连弧铭带镜。圆形，圆纽，圆纽座。座外均匀分布短弧线纹，其外 1 周内向八连弧纹圈带。2 周凸弦纹圈带之间为铭文带"见日月心，勿夫"，字体简化，每字间隔一类似涡纹符号。窄素缘。直径 7.6 厘米（图七八 C，1）。

铜钱　8 枚。均为五铢。M137：4-1，字体稍宽，"五"字中间两笔缓曲，"铢"

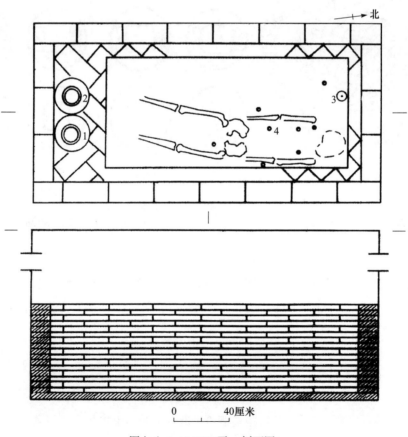

图七八 A　M137 平、剖面图
1、2. 陶壶　3. 铜镜　4. 铜钱

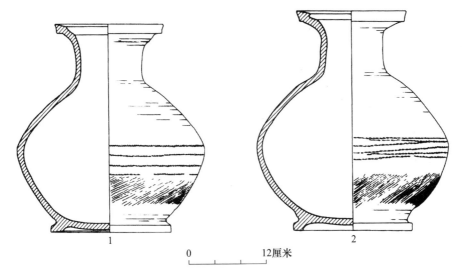

图七八 B　M137 出土陶壶
1. M137：1　2. M137：2

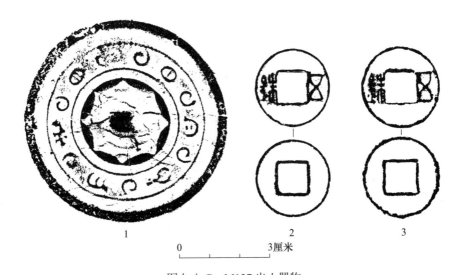

图七八 C　M137 出土器物
1. 铜镜（M137：3）　2、3. 五铢钱（M137：4-1、M137：4-2）

字的"金"字头呈镞形，"朱"字头方折。直径 2.45、穿径 1 厘米（图七八 C，2）。
M137：4-2，字体较宽，"五"字中间两笔弯曲、末端平行，"铢"字的"金"字头呈
三角形，"朱"字头方折。直径 2.6、穿径 1 厘米（图七八 C，3）。

（二十七）M144

M144 位于 D 区东北部，开口距地表 1.4 米。形制为土坑竖穴砖椁墓，方向 6°。墓

圹平面长方形，直壁、平底，长 2.96、宽 1.35、深 1.3 米。填土为黄褐色，土质略松。墓底一周用青砖砌筑椁室，内长 2.64、宽 1.05、残高 0.4～0.9 米。铺地砖呈"人"字形平铺，椁壁用单砖错缝平砌。所用砖均素面，长 0.34、宽 0.15、厚 0.04 米。椁内有葬具 1 棺，已朽，残存少量红色漆痕，长方形，长 1.9、宽 0.74 米。棺内人骨架 1 具，朽为粉状，可辨仰身直肢葬，头向北。随葬品共 8 件（组），其中陶壶 3 件、铜釜 1 件，置椁内棺外南端；铜镜 1 件，位于头骨西侧，下方有竹木编织品痕迹；铁剑、铁削各 1 件，分别位于人骨腰部两侧；铜钱 15 枚，散布于棺内；另于铜盆上方及北侧发现红色漆痕，可能原有漆器（图七九 A；图版三六，2）。

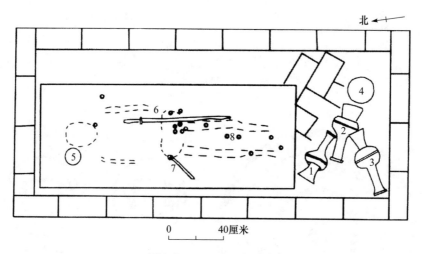

图七九 A　M144 平面图

1～3.陶壶　4.铜釜　5.铜镜　6.铁剑　7.铁削　8.铜钱

陶壶　3 件。均泥质灰陶。形制一致，近盘口，方唇，长颈微束，圆肩，扁鼓腹，平底内凹，喇叭形高圈足。肩上部及中腹各 1 周凸宽带。M144：1，口径 12.4、通高 44 厘米（图七九 B，1；图版四〇，5）。

铁剑　1 件（M144：6）。锈蚀严重，断为七截。长条形茎，斜肩，剑身窄长、断面呈菱形，前锋略残。残长 98、茎长 10.4、剑身最宽 3.4 厘米（图七九 B，3）。

铁削　1 件（M144：7）。锈蚀严重，断为三截。椭圆形环首，直柄，直背，直刃，刀柄与刀身基本等宽，前锋残。残长 30.6 厘米（图七九 B，2）。

铜釜　1 件（M144：4）。侈口，仰折沿，尖唇，弧腹，圜底。口径 22.4、通高 8.8 厘米（图七九 B，4；图版四四，3）。

铜镜　1 件（M144：5）。四乳禽兽镜，略锈蚀。圆形，圆纽，柿蒂纹纽座，蒂间分布"长宜子孙"四字。座外 1 周凸面圈带，其外两组凸弦纹和短线纹圈带之间为纹饰带，4 枚带圆座的乳钉分为 4 区，每区内分别为有翼龙、朱雀、带翼虎和长尾蟾蜍

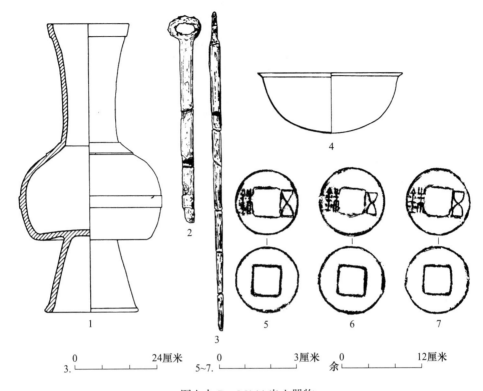

图七九B　M144出土器物

1.陶壶（M144∶1）　2.铁削（M144∶7）　3.铁剑（M144∶6）　4.铜釜（M144∶4）　5～7.五铢钱
（M144∶8-1、M144∶8-2、M144∶8-3）

（或谓之猿），禽兽前后均布云气和卷草纹。宽素缘。直径12.5厘米（图七九C；图版四八，4）。

五铢钱　15枚。均为五铢。M144∶8-1，字体瘦长，"五"字中间两笔较直而略弯，"铢"字的"金"字头呈三角形，"朱"字头方折。直径2.5、穿径1厘米（图七九B，5）。M144∶8-2，字体瘦长，"五"字中间两笔缓曲，"铢"字的"金"字头呈三角形，"朱"字头方折。直径2.55、穿径1厘米（图七九B，6）。M144∶8-3，字体较宽，"五"字中间两笔弯曲、末端平行，"铢"字的"金"字头呈三角形，"朱"字头方折。直径2.55、穿径1.1厘米（图七九B，7）。

（二十八）M148

M148位于D区东北部，开口距地表2.5米，北部被破坏。形制为土坑竖穴砖椁墓，方向16°。墓圹平面长方形，直壁、平底，残长3.8、宽1.6、深2.3米。填土黄褐色，土质较硬。墓底一周用青砖砌筑椁室，残长3.2、宽1.12、高1.04米。铺地砖用单

0 |___|___|___| 3厘米

图七九C　M144出土铜镜（M144：5）

砖南北向对缝平铺，椁壁单砖错缝平砌。砖椁与墓壁之间的空隙填土及碎砖。所用砖均素面，长0.34、宽0.14、厚0.04米。椁内有葬具1棺，平面长方形，残长1.28、宽0.62米。棺内有人骨架1具，保存较差，仰身直肢葬，头向北。棺南侧有器物箱1具，已朽，长方形，长1.02、宽0.52米。随葬品有2件（组），其中铜带钩1件，位于人骨腰部西侧；铜钱14枚，散布于棺内；另于器物箱内发现漆器痕迹（图八〇A）。

　　铜带钩　1件（M148：2）。整体呈琵琶形，钩首兽首状，钩体较粗短，鼓腹、断面近半圆形，圆纽位于背面近中部。长6.2厘米（图八〇B）。

　　铜钱　14枚。均为五铢，其中磨郭五铢2枚。M148：1-1，字体瘦长，"五"字中间两笔较直而略弯，"铢"字的"金"字头呈三角形，"朱"字头方折。直径2.5、穿径0.9厘米（图八〇C，1）。M148：1-2，字体稍宽，"五"字中间两笔弯曲、末端平行，"铢"字的"金"字头呈三角形，"朱"字头方折。直径2.55、穿径1.1厘米（图八〇C，2）。M148：1-3，字体瘦长，"五"字中间两笔缓曲，"铢"字的"金"字头呈三角形，"朱"字头方折。直径2.5、穿径1厘米（图八〇C，3）。M148：1-4，磨郭五铢，字体瘦长，"五"字中间两笔弯曲、末端近平行，"铢"字不清。直径2.3、穿径1.1厘米（图八〇C，4）。

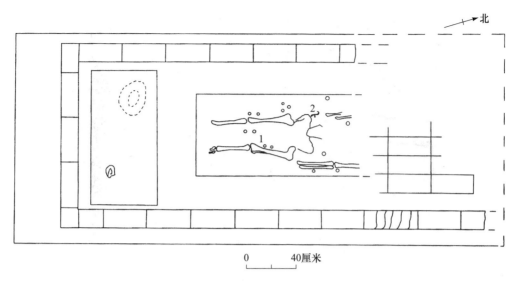

图八〇 A　M148 平面图
1. 铜钱　2. 铜带钩

（二十九）M154

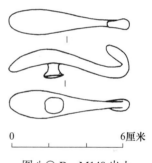

图八〇 B　M148 出土
铜带钩（M148：2）

M154 位于 D 区西南部，西距 M156 约 0.6 米，开口距地表 2.3 米。形制为土坑竖穴砖椁墓，方向 5°。墓圹平面长方形，直壁、平底，长 4、宽 1.6、深 1.04 米。填土灰褐色土，土质疏松。墓内用青砖砌筑椁室，西壁无砖墙，内长 3.25、宽 0.9、高 0.9 米。铺地砖用侧立砖南北向对缝砌筑，椁壁用双砖错缝平砌，据板灰推测有木质盖板。所用砖均素面，长 0.35、宽 0.14、厚 0.04 米。椁内有葬具 1 棺，已朽，长方形，长 2.1、宽 0.8 米。棺内人骨架 1 具，朽为粉末状，可辨头向北。椁内棺外南侧有一近方形器物箱，已朽，长 0.9、宽 0.82 米。随葬品共 5 件（组），其中铁鼎、铜釜各 1 件，置器物箱内；铜镜、铜刷柄各 1 件，位于棺内东北角，附近有红色漆痕，可能原为一漆奁；铜钱 24 枚，散布于棺内；另于器物箱内东南角发现红色漆痕，可能为原为漆器（图八一 A）。

铁鼎　1 件（M154：1）。弧顶盖，盖顶中部有一半圆形纽，圆唇。鼎身敛口，圆唇，鼓肩，深弧腹，圜底近平，三蹄足瘦高外撇。肩下部两环形立耳微外撇，其下 1 周宽凸棱。口径 25.6、通高 32.8 厘米（图八一 B，1）。

铜釜　1 件（M154：2）。侈口，宽折沿，方唇，深弧腹，圜底。口径 21.2、通高 8 厘米（图八一 B，2）。

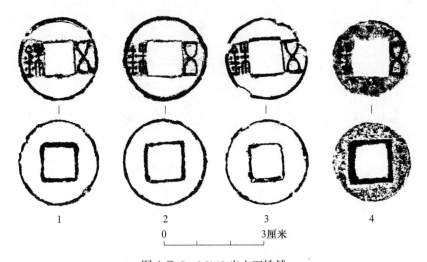

图八〇 C　M148 出土五铢钱

1. M148：1-1　2. M148：1-2　3. M148：1-3　4. M148：1-4

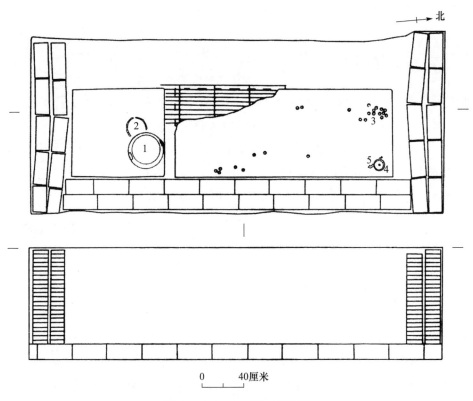

图八一 A　M154 平、剖面图

1. 铁鼎　2. 铜釜　3. 铜钱　4. 铜镜　5. 铜刷柄

　　铜刷柄　1件（M154：5）。断为两截。细长烟斗状，刷斗呈中空圆筒形，柄近圆柱形，向尾端逐渐变细，尾端做成近鸭首形。长 12.4 厘米（图八一 B，3）。

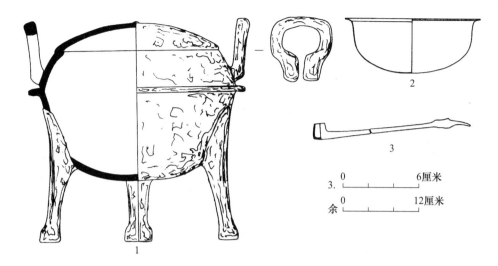

图八一 B　M154 出土器物
1. 铁鼎（M154：1）　2. 铜釜（M154：2）　3. 铜刷（M154：5）

　　铜镜　1件（M154：4）。四乳四虺镜。圆形，圆纽，圆纽座。座外1周凸弦纹。其外两组凸弦纹和短斜线圈带之间为主纹，4枚带圆座的乳钉分为4区，每区内各有一虺纹，呈钩形躯体，两端基本一致，身躯内外两侧各有一简单立鸟纹，四乳外侧上方的两角各有一短弧线。宽素缘。直径9.6厘米（图八一C）。

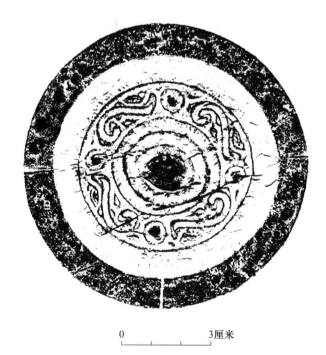

图八一 C　M154 出土铜镜（M154：4）

铜钱　24枚。锈蚀严重，可辨五铢钱。

（三十）M155

M155位于D区西南部，东距M156约0.55米，开口距地表约2.8米。形制为土坑竖穴砖椁墓，方向3°。墓圹平面长方形，直壁、平底，残长3.28、宽1.4、深3.6米。填土灰褐色，土质略松，局部有夯打痕迹。西壁南侧及南壁西侧各有一排半圆形脚窝，脚窝宽0.12～0.16、高0.1、进深0.1、间距0.5～0.6米。南壁下端有类似壁龛的结构，弧形顶，高1.4、进深0.2米。墓底一周用青砖砌筑椁室，内长3.1、宽1.04、高0.76米。铺地砖两层，上层呈"人"字形平铺，下层用侧立砖南北向对缝砌成。椁壁大部分用单砖错缝平砌；东、西两壁南端下部用立砖2块，上部用立砖3块贴砌；南壁下部用单砖错缝平砌9层，其上用立砖贴砌。所用砖均素面，长0.38、宽0.16、厚0.04米，两砖之间用黄泥黏接。椁内有葬具1棺，已朽，长方形，长2.08、宽1米。棺内人骨架1具，腐朽严重，可辨仰身直肢葬，头向北。随葬品共5件（组），其中陶罐3件，置椁内棺外南端；铜镜1件，位于头骨西北侧，附近有红色漆痕，可能原有一漆奁；铜钱12枚，散布于棺内；另在陶罐周围发现少量禽类骨骼（图八二A）。

陶罐　3件。均泥质灰陶。M155∶1，侈口，方唇，唇面内凹，短束颈，圆肩，圆鼓腹，平底较小。器身见轮痕，中腹饰2周戳印纹，下腹及底饰交错绳纹。口径17、通高36.8厘米（图八二B，1）。M155∶2，形制与M155∶1相近，折沿，斜方唇。

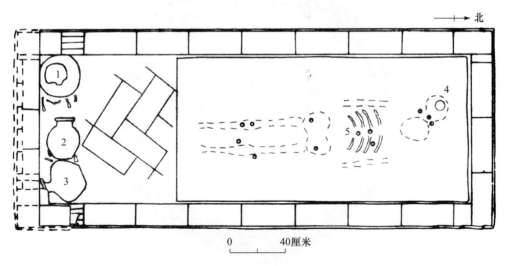

图八二A　M155平面图

1～3.陶壶　4.铜镜　5.铜钱

口径 14、通高 29.4 厘米（图八二 B，2）。M155：3，形制同 M155：1。中腹 3 周戳印纹，下腹及底部饰斜绳纹。口径 17.2、通高 37.4 厘米（图八二 B，4）。

铜镜　1件（M155：4）。日光连弧铭带镜，锈蚀较重。圆形，圆纽，圆纽座。座

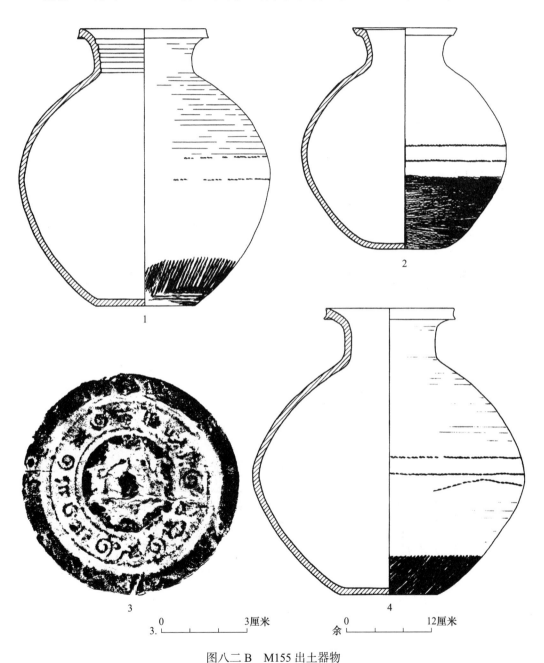

图八二 B　M155 出土器物

1、2、4.陶罐（M155：1、M155：2、M155：3）3.铜镜（M155：4）

外均匀分布短弧线纹，其外 1 周内向八连弧纹圈带。2 周凸弦纹圈带之间为铭文带"见日之光，长毋相忘"，字体简化，每字间隔一类似涡纹符号。宽素缘。直径 7.3 厘米（图八二 B，3）。

　　铜钱　12 枚，锈蚀严重，可辨五铢钱。

（三十一）M157

　　M157 位于 D 区西南角，开口距地表 2.8 米，南端上部被破坏。形制为土坑竖穴砖椁墓，方向 14°。墓圹平面长方形，直壁、平底，长 2.68、宽 1.1、深 0.74 米。填土浅灰褐色，土质较松，含少量料姜石等。墓底一周用青砖砌筑椁室，内长 2.42、宽 0.82、高 0.7 米。铺地砖呈"人"字形平铺，椁壁单砖错缝平砌。所用砖均素面，长 0.34、宽 0.14、厚 0.04 米。椁内有葬具 1 棺，已朽，长方形，长 2.1、宽 0.7 米。棺内人骨架 1 具，朽成粉状，可辨头向北。随葬品共 4 件（组），其中铜镜 1 件，置头骨西北侧；铜带钩 2 件，分置人骨颈部和腰部；铜钱 20 枚，散布于棺内（图八三 A）。

　　铜带钩　2 件。M157：2，器形较小，整体呈水禽形，钩首鸭嘴状，钩体较粗短，鼓腹、断面近半圆形，大圆纽位于背面尾部。长 2.6 厘米（图八三 B，1）。M157：4，锈蚀严重，残碎，未能修复。

　　铜镜　1 件（M157：1）。日光连弧铭带镜。圆形，圆纽，圆纽座。座外均匀分布短弧线纹，其外 1 周内向八连弧纹圈带。2 周凸弦纹圈带之间为铭文带"见日月心，勿夫毋忘"，字体简化，每字间隔一类似涡纹符号。窄素缘。直径 6.8 厘米（图八三 B，2）。

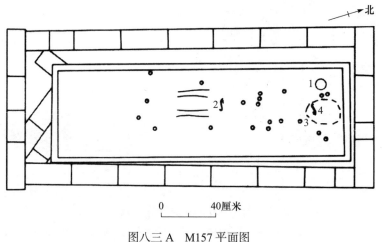

0　　　40厘米

图八三 A　M157 平面图

1. 铜镜　2、4. 铜带钩　3. 铜钱

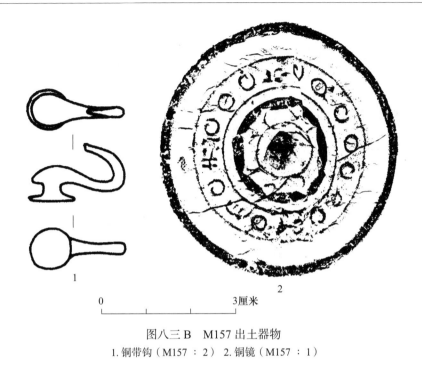

图八三 B　M157 出土器物
1. 铜带钩（M157：2）　2. 铜镜（M157：1）

铜钱　20 枚。锈蚀严重，可辨五铢钱。

（三十二）M162

M162 位于 D 区西南部，开口距地表约 3 米，仅存墓底。形制为土坑竖穴砖椁墓，方向 8°。墓圹平面长方形，直壁、平底，长 4.78、宽 2.22、残深 0.5 米。填土黄褐色，土质较硬，结构紧密。墓内用青砖砌筑椁室，椁壁因挤压内折，北半部仅余少量壁砖和铺地砖，内长 4.06、宽 1.5、残高 0.42 米。铺地砖两层，上层呈"人"字形平铺，下层横向错缝平铺；椁壁先用侧立砖丁砌一周，其上再用横砖错缝平砌。所用砖均素面，长 0.34、宽 0.14、厚 0.04 米。椁内铺地砖之上铺设一层厚约 22 厘米的瓦片和陶片，椁壁与墓壁之间亦填充瓦片和陶片。因被破坏，未发现葬具和人骨，椁室南部有器物箱 1 具，仅余少量漆皮及板灰。随葬品共 8 件（组），均为铜器，其中鼎、釜、盘、鐎壶、熏炉各 1 件、壶 3 件、铜构件 1 组，均置器物箱内（图八四 A）。

铜鼎　1 件（M162：7）。覆钵形盖，平顶，弧壁，方唇，顶附三带短柄的环形纽。鼎身子口内敛，尖圆唇，深弧腹，圜底近平，三蹄足，肩部两长方形立耳外撇。口径 17.6、通高 18 厘米（图八四 B，3；彩版二，2）。

铜壶　3 件。形制完全相同，侈口，方唇，束颈较粗，溜肩，圆鼓腹，平底，直圈足。口外侧稍厚、呈盘口状；腹中部饰 1 周凸圈带，圈带中部微凹。圈带处对饰两

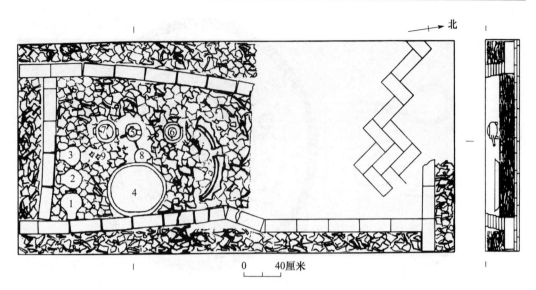

图八四 A　M162 平、剖面图

1～3.铜壶　4.铜盘　5.铜鐎壶　6.铜熏炉　7.铜鼎　8.铜釜　9.铜构件

半环形耳，耳内各扣一圆环。M162：1，口径 10.3、通高 28 厘米（图八四 B，2；彩版三，4）。

铜盘　1 件（M162：4）。敞口，平折沿，方唇，浅折腹，大平底内凹。口径 60.4、通高 8.8 厘米（图八四 B，1）。

铜釜　1 件（M162：5）。残碎，未能修复。

铜鐎壶　1 件（M162：8）。残碎，未能修复。

铜熏炉　1 件（M162：6）。残碎，未能修复。据残片推测为下带承盘的豆形熏炉。

铜构件　1 组 26 件。其中鸟形纽 3 件，形制相同，立鸟较扁，昂首，冠羽高翘后卷，背部近尾处先上折与冠羽相接、再向后卷出，构成近椭圆形环。身下接一插榫。M162：9-1，高 3.8 厘米（图八四 B，6）。铺首 2 件，形制相同，整体呈近倒置梯形的变体兽面纹，双目圆睁，双眉上扬后内卷，头顶两侧各一长尖耳、中部一尖角，鼻下垂后内卷呈半环形、内衔一圆环；铺首背面平整，插榫残失。M162：9-4，宽 3.3、通高 4.2、环径 1.4 厘米（图八四 B，9；图版四九，10）。柿蒂形饰 8 件，形制相同，扁平四瓣柿蒂状，四瓣大小一致，整体近方形，中部一长方形孔，内置较长桥形纽，正面纽内衔一圆环，穿过柿蒂背面后兼有插榫作用。M162：9-8，纽及衔环残失，边长约 3.3 厘米（图八四 B，10）。M162：9-12，边长约 3.3、环径 2.5 厘米（图八四 B，8）。蹄足 2 件，形制相同，正面上部近圆形鼓起，下部亚腰形外弧，平底。背部内空，外缘上部较下部内收、皆平整，上部中央出一锥形插榫。正面近站

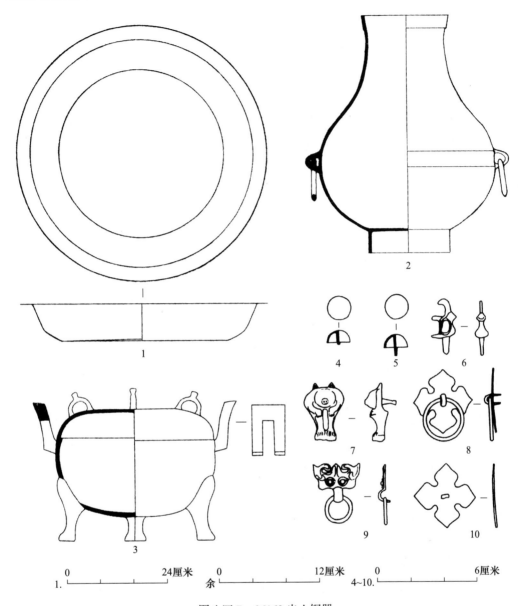

图八四 B　M162 出土铜器

1. 盘（M162：4）　2. 壶（M162：1）　3. 鼎（M162：7）　4、5. 泡钉（M162：9-16、M162：9-17）
6. 鸟形纽（M162：9-1）　7. 蹄足（M162：9-6）　8、10. 柿蒂形饰（M162：9-12、M162：9-8）
9. 铺首（M162：9-4）

立猪形，圆首、圆鼻、低头、弯背，两上肢扶于下肢上。上饰两三角形似为竖耳。
M162：9-6，高 3.7 厘米（图八四 B，7）。泡钉 11 件。圆形，正面鼓起，背面内空、
边缘平，背面中部出一锥状插榫。M162：9-16、M162：9-17，直径 1.7、高 0.9 厘米
（图八四 B，4、5）。

四、土坑竖穴石椁墓

石椁墓仅发现2座，形制一致，椁室制作规整，四壁均为整块石板，有榫卯结构；底板和盖板则由数块石板拼砌而成。椁内单棺，人骨均严重腐朽。椁外南侧有木质脚箱。两墓椁壁上均刻有简单纹饰。

（一）M104

M104位于大商业区西区东北部，开口距地表约2米。形制为土坑竖穴石椁墓，方向10°。墓圹平面长方形，直壁、平底，长3.53、宽2.17、深1.13米。四壁工具痕迹明显，宽约4.5厘米。填土黄褐色，略经夯打。墓底置一石椁，内长2.3、宽1、高0.98米。制作规整，四壁各由整块石板制成，底板和盖板均由数块石板拼砌而成。四壁石板相接处有榫卯结构，南北两板刻有凹槽，东西两板刻出榫状结构。石椁壁板凿制整齐，南北两板上宽下窄，呈"T"形；东西板长方形。南北两板向外的一面均阴线刻有简单画像，四周均为连环双重菱形纹，菱形内刻一横线或竖线。南板中部为一柏树状高大树体，左右两侧下部分别与一类似小树顶部相接。小树外侧各一同心圆纹，并各有两行阴线自圆心连接至小树顶，且小树顶端分别向外侧伸出两近长三角状图案。北板菱形纹内侧，左右两边浮雕有类似门轴的结构，中间主体画像为两座房屋，一为庑殿式，一为硬山式。椁内有葬具1棺，已朽，形制不清，可见红色漆痕。棺内人骨架1具，朽成粉状，可辨头向北。椁外南端有木质器物箱1具，已朽，长方形，长0.86、宽0.6、高0.6米。随葬品共3件，其中陶罐2，置器物箱内；铜眉笔杆1件，位于椁内东北部（图八五A；图版三六，1）。

陶罐　2件。均泥质灰陶。形制相近，直口微侈，方唇，短折沿，短颈，广肩，斜腹微弧，小平底。M104：1，沿面微凸。肩部1周凹弦纹，中腹1周戳印纹，下腹至底饰竖向及斜绳纹。口径19.2、通高39厘米（图八五B，1）。M104：2，平底内凹。肩部饰带有多周抹痕的细绳纹，其下至底饰竖向粗绳纹。口径16、通高35.8厘米（图八五B，2；图版四三，2）。

铜眉笔杆　1件（M104：3）。细长管状，柄端渐收成锥形，头端平，尾端呈鸭嘴状。长6.2厘米（图八五B，3；图版四九，2）。

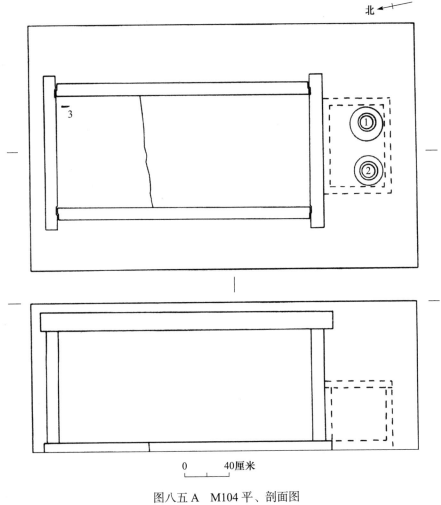

图八五 A　M104 平、剖面图
1、2. 陶罐　3. 铜眉笔杆

（二）M106

M106 位于大商业区西区东北部，东距 M104 约 4 米，开口距离地表 2 米。形制为土坑竖穴石椁墓，方向 8°。墓圹平面长方形，直壁、平底，长 4、宽 2.2、深 2.2 米。四壁均有约 5 厘米宽的工具痕迹。填土浅黄褐色，含较多砾石，土质较硬，经夯打，夯窝直径 0.05 米，夯层不明显。墓底置一石椁，长方形，内长 2.46、宽 0.94、高 0.98 米。石椁制作规整，盖板由 3 块石板组成、略不规则，底板 2 块，四壁均为整块石板制成。四壁石板相接处有榫卯结构，南北两板刻有凹槽，东西两板刻出榫状结构。石椁壁板凿制整齐，南北两板上宽下窄，呈"T"形；东西板长方形。东西两板向内的

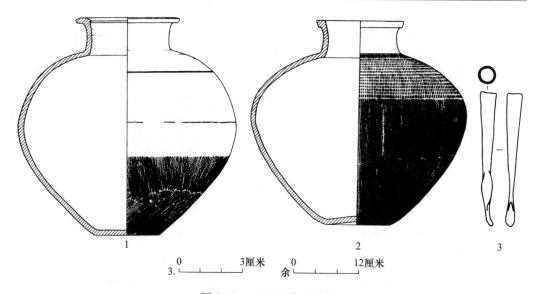

图八五 B　M104 出土器物

1、2.陶罐（M104∶1、M104∶2）　3.铜眉笔杆（M104∶3）

一面，四边均阴线刻有连环双重菱形纹，菱形内刻一横线或竖线；内部未见图案。南北板内侧竖向阴线刻痕明显。其余各面未见图案。

椁内有葬具1棺，已朽，长方形，长2.26、宽0.82米。棺内人骨架1具，朽成粉状，可辨头向北。椁外南端置木质器物箱1具，已朽，长方形，长1.18、宽0.76、高0.6米。随葬品共8件，其中陶罐2件、骨章料4件，置器物箱内；铜带钩、铁棍各1件，位于棺内西南角（图八六 A；图版三六，3、4）。

陶罐　2件。均泥质灰陶。形制相近，侈口，方唇，短束颈，广肩，斜弧腹，小平底。M106∶3，肩部饰1周凹弦纹，上腹1周戳印纹，下腹饰斜向绳纹，底饰横绳纹。口径18、通高31.8厘米（图八六 B，1）。M106∶4，唇面内凹，上腹2周戳印纹，下腹及底饰横向绳纹，局部斜绳纹。口径18、通高32厘米（图八六 B，2）。

铁棍　1件（M106∶2）。体细长，头端略宽。截面圆角长方形。残长10.8厘米（图八六 C，1）。

铜带钩　1件（M106∶1）。整体呈琵琶形，钩首残，体较宽、薄，鼓腹、断面近弧形，纽残、位于背面近尾部。残长4.5厘米（图八六 C，2）。

骨章料　4件。均骨制。长方体，形制规整，边角略残。M106∶5，长2.1、宽1.3、厚0.9厘米（图八六 C，3）。M106∶6，长2、宽1.3、厚0.9厘米（图八六 C，4）。M106∶7，长2.1、宽1.3、厚0.9厘米（图八六 C，5）。M106∶8，长2.35、宽1.5、厚1.1厘米（图八六 C，6）。

图八六 A　M106 平、剖面图

1.铜带钩　2.铁棍　3、4.陶罐　5～8.骨章料

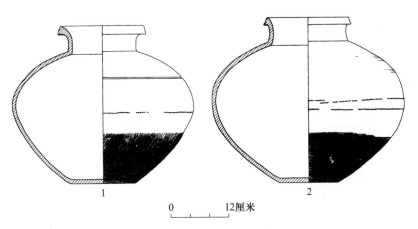

图八六 B　M106 出土陶罐

1.M106：3　2.M106：4

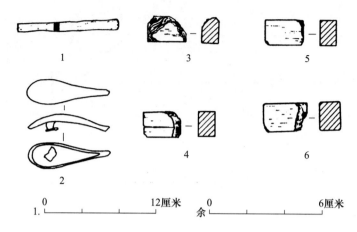

图八六C　M106 出土器物

1.铁棍（M106：2）2.铜带钩（M106：1）3～6.骨章料（M106：5～M106：8）

五、年 代 推 断

（一）典型器物类型分析

本次发掘虽然出土物较多，但随葬较普遍，器形变化明显，具备典型特征的器物较少，现选取陶壶、陶罐、五铢钱三种器物做一类型分析。

1. 陶壶

大多数中腹部饰 1～3 周戳印纹，少数肩至上腹部饰 3 组凹弦纹、下腹部饰绳纹，个别饰凸弦纹或素面。根据壶底部形态不同分四型（表一）。

A 型　直圈足壶。根据口部形态不同分二亚型。

Aa 型　盘口。整体较矮胖，短束颈，多扁鼓腹，少数圆腹、鼓腹、垂腹，矮圈足。标本 M45：3，扁鼓腹略垂。M50：3，鼓腹。M129：1，圆腹。M150：2，扁鼓腹。

Ab 型　侈口。根据整体形态不同分二式。

Ⅰ式：整体较矮胖，短束颈，多鼓腹，个别圆腹、垂腹，矮圈足。标本 M168：2，鼓腹。

Ⅱ式：整体瘦高，长束颈，鼓肩，弧腹，平底，高圈足。标本 M144：1。

B 型　折圈足壶。根据口、腹部的形态变化分式。

Ⅰ式：侈口，短束颈，圆腹或圆腹微鼓。标本 M52：4。

Ⅱ式：浅盘口，短束颈，圆鼓腹。标本 M85：3。

表一 陶壶型式分析表

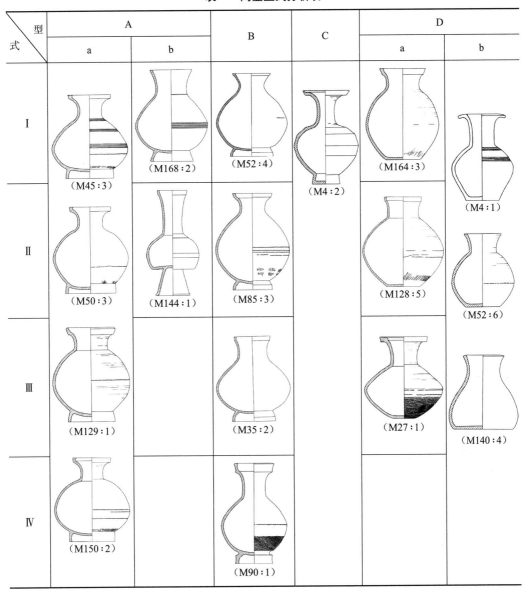

式 \ 型	A		B	C	D	
	a	b			a	b
I	（M45：3）	（M168：2）	（M52：4）	（M4：2）	（M164：3）	（M4：1）
II	（M50：3）	（M144：1）	（M85：3）		（M128：5）	（M52：6）
III	（M129：1）		（M35：2）		（M27：1）	（M140：4）
IV	（M150：2）		（M90：1）			

Ⅲ式：盘口，束颈稍长，鼓腹。标本 M35 : 2。

Ⅳ式：深盘口，束颈较长，鼓腹近折。标本 M90 : 1。

C 型　假圈足壶。标本 M4 : 2。

D 型　平底壶。根据口部形态不同分二亚型。

Da 型　盘口。根据颈和腹部形态变化分三式。

Ⅰ式：短束颈，弧腹。标本 M164 : 3。

Ⅱ式：束颈稍长，鼓腹。标本 M128 ： 5。

Ⅲ式：束颈较长，扁鼓腹。标本 M27 ： 1。

Db 型　侈口。标本 M4 ： 1，宽折沿，长束颈较，鼓肩，斜腹。M52 ： 6，侈口，短束颈，溜肩，鼓腹。M140 ： 4，侈口，短束颈，溜肩，垂腹，大平底。

2. 陶罐

腹部及底饰绳纹，腹中部多饰 1 ～ 3 周戳印纹，少数肩部饰 1 周凹弦纹。根据整体形制不同分六型（表二）。

表二　陶罐型式分析表

式＼型	A		B	C	D	E	F	
	a	b					a	b
Ⅰ	（M109：1）	（M109：2）	（M158：5）	（M56：6）	（M110：4）	（M158：2）	（M139：3）	（M92：4）
Ⅱ	（M111：1）	（M143：1）	（M37：1）	（M163：2）				
Ⅲ	（M104：2）		（M56：5）					
Ⅳ	（M126：3）							

A 型　小口高领鼓腹罐。器形较大，多为直口或侈口、折沿、方唇、小平底。根据鼓腹程度分二亚型。

Aa 型　腹部外鼓特别明显。根据腹部变化分四式。

Ⅰ式：溜肩，腹部圆鼓，最大径居中。标本 M109 ：1。

Ⅱ式：溜肩，近似折腹，最大径居中。标本 M111 ：1。

Ⅲ式：广肩，斜腹，最大径上移至肩腹相交处。标本 M104 ：2。

Ⅳ式：圆肩，斜腹，最大径居上。标本 M126 ：3。

Ab 型　腹部外鼓不明显，制作不甚规整。标本 M109 ：2、M143 ：1。

B 型　小口矮领弧腹罐。器形较小，多为侈口、卷沿、圆唇，个别直口、折沿、方唇，溜肩，腹部较瘦高，近橄榄球形，小平底。根据口部及腹部形态变化分三式。

Ⅰ式：直口，折沿，方唇，腹部稍鼓、略下垂。标本 M158 ：5。

Ⅱ式：侈口，卷沿，圆唇，腹部稍鼓、最大径居中。标本 M37 ：1。

Ⅲ式：基本同Ⅱ式，腹部外弧、最大径居中。标本 M56 ：5。

C 型　小口矮领圆腹罐。多为直口、折沿或卷沿，方唇或圆唇，溜肩，腹部近圆球形，小平底。根据腹部形态变化分二式。

Ⅰ式：腹部较鼓。标本 M56 ：6。

Ⅱ式：腹部较圆。标本 M163 ：2。

D 型　大口小平底罐。敛口，短折沿，尖圆唇，鼓肩，斜腹，小平底。标本 M110 ：4。

E 型　大口矮领罐。直口，折沿，矮领，圆唇，圆腹，平底较大。标本 M158 ：2。

F 型　盘口罐。浅盘口，方唇，高领，溜肩，鼓腹，小平底。根据腹部不同分二亚型。

Fa 型　器形较大，鼓腹稍扁。标本 M139 ：3。

Fb 型　器形较小，鼓腹。标本 M92 ：4。

3. 五铢钱

根据铜钱周郭的磨损与否分为二型。

A 型　钱形完整。根据钱文字形变化分五式（表三）。

Ⅰ式：字体瘦长，"五"字中间两笔斜直，"铢"字的"金"字头呈三角形或镞形，"朱"字头方折。标本 M93 ：3-1。

Ⅱ式：字体较瘦、部分瘦长，"五"字中间两笔较直而略弯，"铢"字的"金"字头呈镞形或三角形，"朱"字头方折。标本 M98 ：4-1。

Ⅲ式：字体较瘦、部分瘦长，"五"字中间两笔弯曲、部分末端内收，"铢"字的"金"字头呈三角形或镞形，"朱"字头方折。标本 M128 ：17-1。

Ⅳ式：字体较瘦或较宽，"五"字中间两笔弯曲、末端平行或近平行，"铢"字的"金"字头呈三角形、少数呈镞形，"朱"字头方折。标本 M144 ：8-3。

表三　A 型五铢分式表

I	II	III	IV	V
（M93∶3-1）	（M98∶4-1）	（M128∶17-1）	（M144∶8-3）	（M126∶7-1）

Ⅴ式：字体较宽，"五"字中间两笔弯曲而外放，"铢"字的"金"字头呈三角形，"朱"字头方折。标本 M126 ∶ 7-1。

B 型　磨郭五铢。铜钱周郭被磨损，有些周郭被完全磨去，甚者钱肉也被磨去大半。其字体见于 A 型 I 式外其余各式五铢。

（二）墓葬年代分析

本次发掘没有发现明显文化层和有确切年代记载的相关材料，各墓葬相互之间叠压、打破关系比较少。因此，对这批墓葬年代，主要根据其形制和随葬器物来推断。

土坑竖穴墓中少数带有壁龛或二层台，设木椁及器物箱的墓所占比例较大，这些特征在山东地区主要流行于西汉时期。砖椁墓和石椁墓则盛行于西汉中晚期，其他时期罕见。

从分布来看，墓葬分片成组、两两并列的现象较多。前者多认为属于不同姓氏的家族墓地，而后者则认为墓主为夫妻关系，其时代一般较为接近。

随葬器物以陶器为主，但器类比较单调，主要为壶或罐，且二者基本不同出。在济南地区其他汉代墓地中也存在类似现象，如章丘女郎山[1]等地。据相关研究[2]，这是鲁北地区西汉墓葬的典型特征之一。其他随葬器物也多为各地汉墓中所常见，出土铜镜皆为汉镜形式，铜钱亦属汉代。

根据上述分析，结合出土器物的具体形制，把其中时代相对明确的墓葬分为四期，并推断出其他墓葬的大致时代。

1. 西汉早期

仅 M109 一座。该墓出土有 A 型 I 式罐和铜钱，后者只有半两钱一种，结合相关研究[3]，从其形制及钱文字体方面判断为汉代四铢半两，时代在汉武帝铸行五铢之前，故墓葬年代当属西汉早期。

2. 西汉中期

共计 43 座墓葬，其中有土坑竖穴墓 32 座：M6、M34、M35、M47、M49、M52、M59、M65、M83 ～ M85、M87、M92、M103、M110、M111、M122、M123、M129、M131、M139、M140、M143、M146、M150、M153、M158、M161、M163、M164、M167、M168；砖椁墓 9 座：M37、M38、M40、M50、M56、M62、M93、M97、M155；石椁墓 2 座：M104、M106。出土陶器有 Aa 型、Ab 型 I 式、B 型 I ～ III 式、Da 型 I 式、Db 型壶，Aa 型 II ～ IV式、Ab 型、B 型 I ～ III式、C 型 I 式、C 型 II 式、D ～ F 型罐。

伴出的钱币有 A 型 I ～ IV式五铢，据以往研究成果[4]，前两式属武帝时期、III式见于昭帝和宣帝前期、IV式为宣帝后期。铜镜有圈带蟠虺镜、星云镜、草叶镜、日光镜、昭明镜、神人瑞兽镜等。M47 出土圈带蟠虺镜，与西汉早期同类镜相比，蟠虺图案简化且同时出现四乳钉和连弧纹，时代可能相对较晚。星云镜和草叶镜盛行于西汉中期，日光镜则流行于西汉中期和晚期，铭文字体为变篆体的昭明镜多见于西汉中期。M50 出土神人瑞兽镜较为少见，与广州汉墓 X 型 I 式[5]形制相近，后者时代为西汉中期。

Aa 型壶整体较矮胖，盘口、短束颈、鼓腹或圆腹、矮圈足，其形制颇具特色，集中出土于济南地区，如章丘女郎山、于家埠[6]和济南华信路[7]等地，其他地区则很少见，具有明显地域特征。该类陶壶在西汉中晚期都比较流行，新莽时期亦有少量发现，但颈部变长、圈足变高。Ab 型 I 式壶除口部为侈口外，其余与 Aa 型整体较为接近，且大多数侈口亦具有盘口的迹象，时代应较为接近。其他型式的壶数量很少，B 型 I 式有与 Ab 型 I 式同出者，B 型 II 式有伴出武帝五铢和星云镜者，B 型 III 式有伴出昭宣五铢和星云镜，Da 型 I 式与 Aa 型伴出，Db 型分别与 Ab 型 I 式和 B 型 I 式伴出。

Aa 型 II 式罐与女郎山西坡 B 型 III 式罐[8]近同，其中折腹甚者与临沂金雀山 M33：20[9]接近，均为西汉中期。Aa 型 III 式陶罐与金雀山周氏墓群 III 式陶罐[10]近同，时代为西汉中期。Aa 型 IV式有与 III 式共出者。其他型式的陶罐数量较少，Ab 型与长清双乳山汉墓 M1：22[11]接近。B 型 I 式与长清小范庄 A 型罐[12]近似，B 型 II 式有与 III 式伴出者，III 式则与女郎山 M102：28[13]相近。C 型 I、II 式分别同寿光三元孙 B 型 I、II 式罐[14]相似。D 型与三元孙 A 型 II 式[15]、女郎山西坡 A 型 I 式[16]等罐相似。E 型有与 Aa 型 II 式和 C 型 II 式罐共出者，亦有与 B 型 I 式罐和星云镜共出者。Fa 型与 Aa 型 II 式和 C 型 II 式罐共出，Fb 型则有分别与 C 型 II 式罐、B 型 III 式壶共出者。

综上分析，这些墓葬时代应为西汉中期，其中大部分为昭宣时期，少数可早至武帝后期。

3. 西汉晚期

共计 19 座墓葬，其中有土坑竖穴墓 6 座：M55、M91、M105、M124、M126、

M128；砖椁墓 13 座：M7、M27、M44、M88、M90、M120、M121、M125、M136、M144、M148、M151、M154。出土陶器主要为 Aa 型壶，其他器物很少，有 Ab 型 I 式、Ab 型 II 式、B 型 IV 式、Da 型 II 式、Da 型 III 式壶，Aa 型 IV 式罐和钫。

伴出钱币有 A 型 III～V 式、B 型五铢，其中 A 型 V 式铸于元帝及其后时期，B 型磨郭五铢多见于西汉晚期、中期亦有少量发现[17]。铜镜多为四乳四虺镜，少量四乳八鸟镜、四乳禽兽铭文镜、日光镜、昭明镜、日有熹镜、日光对称单层草叶镜。四乳四虺及四乳八鸟镜主要流行于西汉晚期。M128 出土的四乳禽兽铭文镜与广州汉墓 X 型 II 式铜镜[18]纹饰一致，且铭文字体为方字，时代为西汉晚期。M144 所出四乳禽兽铭文镜除纽座间铸有铭文及镜缘无双线三角纹外，其余与广州汉墓 X 型 III 式[19]几乎完全一致，亦应为西汉晚期。M91 出土昭明镜、M120 出土日有熹镜铭文字体均为方字，当为西汉晚期。日光对称单层草叶镜主要流行于西汉中期，但此次出土的 2 件，分别伴出磨郭五铢和元帝五铢。

Ab 型 II 式壶仅见于 M144，与于家埠 M3 陶壶[20]形制近似。B 型 IV 式、Da 型 II 式均伴出磨郭五铢。D 型 III 式仅见于 M27，伴出四乳四虺镜。钫在山东地区流行于西汉时期，M105 所出折腹钫较为少见，但其器形肥胖，应是时代较晚的特征。据此分析，这些墓葬时代当西汉晚期。

4. 东汉末至魏晋时期

仅 M4 一座。该墓呈东西向，与此墓地主流的南北向不同，且其出土陶器有壶 3 件和碗 2 件，壶的形制与其他墓葬所出有较大区别，而白陶碗、铁镶斗等器物仅在此墓中发现，表明其时代可能有较大差距。白陶器在山东汉墓中发现很少，仅在宁津县庞家寺[21]、滨州市汲家湾[22]、潍坊后埠下[23]、济南市奥体中路[24]、于家埠[25]等地的东汉晚期墓中有少量发现，且大多为瓮、罐之类的较大器物，后埠下亦曾出土零星白陶钵。而魏晋时期墓葬则出土了较多白陶器，如诸城县西公村西晋墓[26]、龙口东梧桐村晋墓[27]、龙口李家村魏晋墓[28]等，其中钵、碗等数量亦较多。综上分析，M4 时代应较晚，可能为东汉末至魏晋时期。

5. 其他墓葬

有 18 座墓葬出土陶器为 Aa 型和 Ab 型 I 式壶。伴出钱币为昭宣时期的五铢，铜镜只见日光镜。这些墓葬的时代特征不是很明显，约属西汉中晚期。其中有土坑竖穴墓 10 座：M66、M94、M96、M98、M99、M142、M156、M159、M160、M165；砖椁墓 8 座：M39、M42、M45、M54、M81、M82、M137、M157。

M29、M41 等 13 座，因被严重破坏，均未发现随葬器物，有些甚至墓葬形制也难以确定，其具体年代难以判断，但从墓葬分布情况、残存形制来看，应均属汉代。其中有土坑竖穴墓 3 座：M29、M112、M166；砖墓墓 10 座：M12、M41、M58、M64、M67、M74、M95、M101、M134、M145。

六、结　语

（一）墓地性质

从遗址整体发掘情况来看，该区域在汉代时期主要用为墓地，墓葬分布具有一定规律，根据其分布区域和密集程度的不同可以将整个墓地划分为若干墓区。不同墓区内的墓葬形制、方向、随葬品组合、器物特征等方面多有相似或相同之处，这说明不同墓区可能为分属于不同姓氏的家族茔地；而两两并列的墓葬，其墓主则可能为夫妻关系。从出土印章分析，该地至少包含了但氏和另一姓氏的家族墓地。

（二）墓地特征

从形制、随葬品组合等方面来看，该地墓葬与同时期鲁北其他地区的小型汉墓具有较强一致性，而与鲁南、胶东等地差异较大。具体到器物形制方面，陶罐与鲁北、乃至山东其他地区多有相似之处；陶壶则有差异明显，仅与女郎山等地相近，应是济南地区的一个显著特点。从随葬陶壶或陶罐数量上来看，一般为每墓 3 ～ 5 件，且以单数居多；而女郎山、后埠下等地一般为每墓 2 件；三元孙、戴家楼一般为每墓 1 件。大多数墓葬均出有铜钱，部分数量较多；女郎山随葬铜钱的墓数较多，但钱数较少；鲁北其他地区则很少随葬铜钱。这种数量上的差异情况除了经济实力的差异外，可能还反映了具体区域的不同葬俗。综上所述，这批墓葬的整体面貌符合鲁北地区小型汉墓的特征，但具体到出土器物的形制、数量等方面又具有本地区的特性，丰富了山东地区汉墓资料。

（三）墓主人身份

这批墓葬虽然规模较小，但是随葬品丰富，且部分颇具特点。首先，陶器数量较多，且部分器形较大。其次，铁器数量较多，除常见的剑、削外，还有鼎、釜、炉、鐎斗等器物，尤其是铁鼎不仅在济南汉墓中首次发现，而且也是全国出土数量最多的一次。铜器虽然以镜、小型器物、构件居多，容器等较大器物数量偏少，但后者种类却相对繁多，尤其是鋗镂、铛、鐎壶、熏炉、席镇等器物在以往山东汉墓中发现较少且制作精美。加之部分墓随葬铜钱较多，葬具为一椁一棺者也占相当比例，这不仅反映出墓主人具有一定的社会地位和经济实力，而且表明其中部分人身份较高，或为等级较低的官吏和贵族。今济南市区汉代时为济南郡（国）历城县，魏家庄遗址东距济南古城区仅约 1 千米，所发掘汉墓的主人应是历城县内居民。

（四）随葬铁器的相关问题

汉代实行盐铁官营，在各郡县设置铁官，据《汉书·地理志》记载济南郡所设两处分别在东平陵和历城。目前关于历城铁官的考古资料较少。济南市考古研究所在古城区东部的运署街遗址发现一处与冶铁活动有关的遗存，出土陶范、炼炉残片、铁矿石、铁渣、少量铁器以及板瓦、瓦当等建筑构件[29]。据研究，运署街遗址的冶铸工艺，在一定程度上，代表着汉代颇为发达的冶铁技术，可以断定该遗址为这一地区在汉代时的一处位于产铁地、兼营冶炼和铸造的铁作坊遗址[30]。由于未发现相关文字信息，该遗址性质有待于进一步探究，推测可能与历城铁官有关。而此次发掘发现铁器较多，部分形制复杂，也反映出此地铁器使用普遍、生产水平高，可为研究历城铁官之旁证，为进一步研究汉代济南地区冶铁手工业的发展提供了新资料。

发　　　掘：李　铭　郭俊峰　仝艳锋　何　利
　　　　　　　郝素梅　房　振　王兴华　刘　剑等
器物修复：仝艳锋　孙贵红　邓文山等
绘　　　图：房　振　吕　凯等
摄　　　影：郭俊峰　房　振
执　　　笔：郭俊峰　房　振　李　铭　刘秀玲

注　释

[1]　济青公路文物考古队绣惠分队：《章丘女郎山战国、汉代墓地发掘报告》，《济青高级公路章丘工段考古发掘报告集》，齐鲁书社，1993 年；济南市考古研究所：《章丘女郎山》，科学出版社，2013 年。

[2]　郑同修、杨爱国：《山东汉代墓葬出土陶器的初步研究》，《考古学报》2003 年 3 期。

［3］ 蒋若是：《秦汉半两钱系年举例》，《秦汉钱币研究》，中华书局，1993 年；王雪农：《半两钱的铸造工艺与半两钱的分类断代》，《中国钱币论文集》第四辑，中国金融出版社，2002 年。

［4］ 蒋若是：《西汉五铢钱断代》《西汉五铢钱类型集证》，《秦汉钱币研究》，中华书局，1993 年。

［5］ 广州市文物管理委员会等：《广州汉墓》，文物出版社，1981 年。

［6］ 济南市考古研究所等：《章丘市于家埠汉代墓葬 2012 年发掘报告》，《海岱考古》第七辑，科学出版社，2014 年。

［7］ 济南市考古研究所：《山东济南华信路新莽时期墓葬发掘简报》，《文物》2011 年 3 期。

［8］ 济青公路文物考古队绣惠分队：《章丘女郎山战国、汉代墓地发掘报告》，《济青高级公路章丘工段考古发掘报告集》，齐鲁书社，1993 年。

［9］ 临沂市博物馆：《山东临沂金雀山九座汉代墓葬》，《文物》1989 年 1 期。

［10］ 临沂市博物馆：《山东临沂金雀山周氏墓群发掘简报》，《文物》1984 年 11 期。

［11］ 山东大学考古系等：《山东长清县双乳山一号汉墓发掘简报》，《考古》1997 年 3 期。

［12］ 山东省文物考古研究所等：《山东长清小范庄墓地发掘简报》，《山东省高速公路考古报告集（1997）》，科学出版社，2000 年。

［13］ 济南市考古研究所：《章丘女郎山》，科学出版社，2013 年。

［14］ 山东省文物考古研究所：《山东寿光县三元孙墓地发掘报告》，《华夏考古》1996 年 2 期。

［15］ 同［14］。

［16］ 同［8］。

［17］ 蒋若是：《西汉五铢钱断代》，《秦汉钱币研究》，中华书局，1993 年。

［18］ 同［5］。

［19］ 同［5］。

［20］ 同［6］。

［21］ 德州地区文物组等：《山东宁津县庞家寺汉墓》，《文物资料丛刊·4》，文物出版社，1981 年。

［22］ 郭世云、吴鸿禧、李功业：《山东滨州市汲家湾发现汉墓》，《文物》1990 年 2 期。

［23］ 同［12］。

［24］ 济南市考古研究所：《济南市奥体中路画像石墓简报》，《东方考古》第 8 集，科学出版社，2011 年。

［25］ 同［6］。

［26］ 李敦景、韩岗：《山东省诸城县西晋墓清理简报》，《考古》1985 年 12 期。

［27］ 烟台市博物馆、龙口市博物馆：《山东龙口市东梧桐晋墓发掘简报》，《考古》2013 年 4 期。

［28］ 烟台市博物馆：《龙口市台上李家墓群发掘简报》，《海岱考古》第 5 辑，科学出版社，2012 年。

［29］ 资料现存济南市考古研究所。

［30］ 韩宜良、罗武干、刘剑等：《济南运署街汉代铁工场遗址的相关问题探讨》，《文物保护与考古科学》2012 年 4 期。

烟台开发区皂户头墓葬发掘报告

烟台市博物馆

皂户头墓葬位于烟台开发区古现街道办事处皂户头村东南，距古现镇 2.8 千米，处于山东省重点文物保护单位——三十里堡汉墓群东北部。其东距绍兴路约 300 米，西距黄金河约 500 米，西南距三十里堡汉墓群约 600 米，北距黄海约 800 米，地形为滨海丘陵地带（图一）。2003 ～ 2007 年，烟台开发区修建长江路及对三十里堡汉墓群附近进行公路建设时，曾对工程建设区域内发现的墓葬进行抢救性考古发掘，发现数量较多的汉代墓葬及零星遗址等[1]。

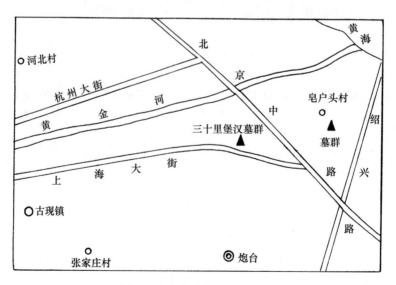

图一　皂户头墓葬位置示意图

2010 年 8 月，烟台开发区 A-17 小区进行房地产建设，为保护地下文物，配合地方进行工程建设，烟台市博物馆组织考古人员，对建设用地进行考古勘探，面积达 5 万余平方米，探明零星遗迹及多处墓葬，遂对此进行抢救性考古发掘，发掘面积 600 余平方米，清理汉、元、明、清时期的各类墓葬 17 座（图二）。出土较多陶、瓷器、钱币等。现将墓葬发掘情况报告如下。

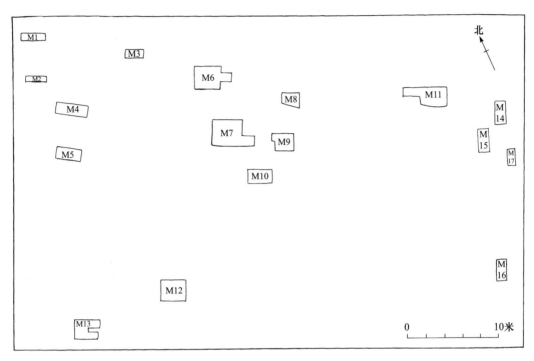

图二　墓葬分布图

一、汉代墓葬

汉墓位于墓群东部。其中西汉墓 4 座，为长方形土坑竖穴墓，编号 M14 ～ M17。东汉墓 1 座，结构为长方形砖室墓，编号 M11。

（一）M14

1. 形制

位于墓群东部，南邻 M15，墓向为 30°。直壁、平底，壁、底加工痕迹明显。长 2.7、宽 1.2、深 2.2 米。填土为灰褐色，掺杂大量酥石块，并包含陶罐残片等。木棺、骨架已腐朽，棺灰模糊，头向北，葬式及面向不清。在墓底北部有头箱，放置陶器 6 件，其中陶罐 4 件、钵 2 件（图三；图版五三，1）。

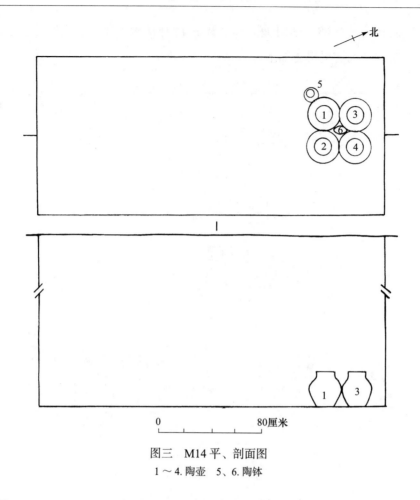

图三　M14 平、剖面图
1～4. 陶壶　5、6. 陶钵

2. 随葬品

　　陶罐　4 件。均为泥质灰陶，掺细砂、云母等。M14：1，尖唇，平沿，敞口，束颈，溜肩，腹微鼓较深，平底。颈部饰凹弦纹，腹中部饰 1 周绳纹，下腹部及底部饰麻点绳纹。口径 13.8、腹径 21.8、底径 10.3、通高 25.6 厘米（图四，1；图版五四，3）。M14：2，口径不规整，尖唇，平沿，敞口，束颈，溜肩，腹微鼓较深，平底。颈部及上腹部饰凹弦纹，下腹部及底部饰麻点绳纹。口径 12.4～13.2、腹径 22.6、底径 8.3、通高 23 厘米（图四，2；图版五四，4）。M14：3，尖唇，平沿，敞口，沿内侧有凹槽，束颈，溜肩，腹微鼓较深，平底。腹中部饰 2 周细绳纹，下腹部及底部饰麻点绳纹。口径 14.6、腹径 21.3、底径 10.8、通高 24.7 厘米（图四，3；图版五四，5）。M14：4，尖唇，平沿，敞口，束颈，溜肩，腹微鼓较深，平底。颈部饰凹弦纹，下腹部及底部饰麻点绳纹。口径 13.8、腹径 21.9、底径 11、通高 25.3 厘米（图四，4；图版五四，6）。

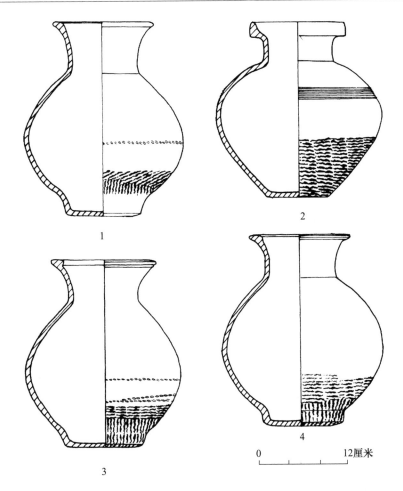

图四　M14 出土陶罐
1. M14：1　2. M14：2　3. M14：3　4. M14：4

陶钵　2件。为夹砂、云母灰陶。M14：5，方唇，直口，鼓腹较矮，下腹近底处削成六面形，平底几成圆角六边形。外饰黑陶衣，底有抹痕，制作较粗陋。口径 8.2、腹径 11.5、底径 6.2、通高 6.8 厘米（图五，1；图版五四，1）。M14：6，方唇，直口，鼓腹较矮，腹部饰数道凹弦纹，底近平，制作不规整。口径 7.7、腹径 12.1、底径 7.4、通高 7.6 厘米（图五，2；图版五四，2）。

（二）M15

1. 形制

位于 M14、M17 西侧，墓向 30°。直壁、平底，壁、底加工痕迹明显。长 2.5、宽

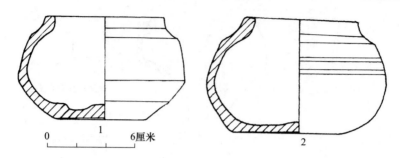

图五　M14 出土陶钵
1. M14：5　2. M14：6

1.2、深 2.7 米。填土为黄褐色，可分为两层，上层坚硬致密，下层疏松，包含陶罐及板瓦残片。骨架已腐朽，棺灰模糊，头向西北，葬式及面向不清。墓西壁偏南部壁龛内外，放置陶罐 4 件（图六；图版五三，2）。

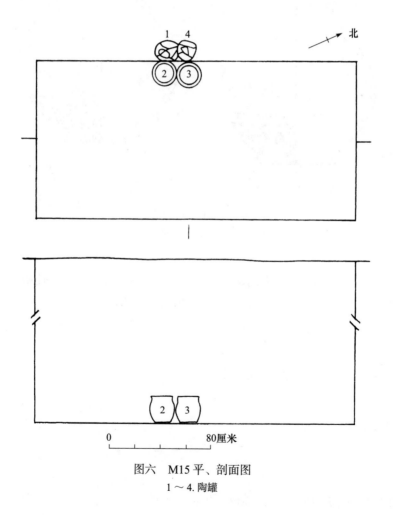

图六　M15 平、剖面图
1～4. 陶罐

2. 随葬品

陶罐　4件。均为泥质灰陶。M15：1，圆唇，敛口，盘口，沿上有凹槽，束颈，溜肩，鼓腹，平底。下腹及底部饰绳纹。口径12.5、底径5.8、腹径21.6、通高30厘米（图七，1）。M15：2，方唇，盘口，沿上有1周凹槽，圆肩，鼓腹，平底。上腹部轮制痕迹明显，腹中部饰1周细绳纹，下腹及底部饰中绳纹。口径16.5、底径11、腹径24、通高20厘米（图七，2；图版五五，1）。M15：3，方唇，敞口，鼓腹，平底。腹部饰1周绳纹，下腹部饰绳纹。口径14、腹径22.8、底径6.5、通高25.5厘米（图七，3）。M15：4，圆唇，敞口，鼓腹，平底。颈部饰1周凹弦纹，下腹

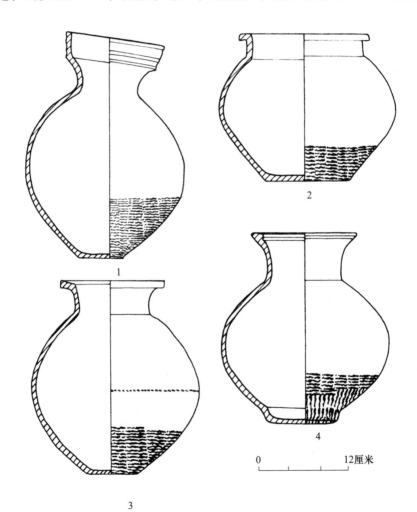

图七　M15出土陶罐

1. M15：1　2. M15：2　3. M15：3　4. M15：4

部饰绳纹。口径 14.2、腹径 21、底径 9.6、通高 25.2 厘米（图七，4；图版五五，2）。

（三）M16

1. 形制

位于墓群东南角，墓向 30°。为直壁平底，壁、底加工痕迹明显。长 2.4、宽 1.2、深 2.2 米。填土为灰褐色，上层坚硬致密，下层疏松，掺杂大量酥石块及板瓦残片等。人骨架已经腐朽殆尽，棺灰痕迹可辨，头向西北，应为单棺单人葬，葬式及面向不清。墓西壁偏南部有壁龛，随葬陶器 2 件，已被砸碎，其上覆以 3 块石块。墓底发现铜钱数枚，腐蚀严重，用布包裹（图八）。

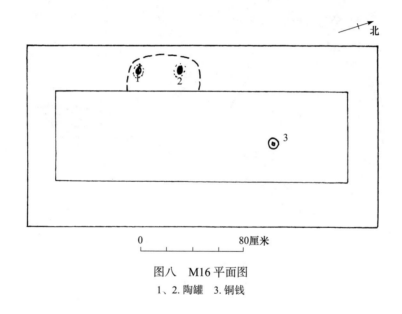

图八　M16 平面图
1、2. 陶罐　3. 铜钱

2. 随葬品

陶罐　2 件。均为泥质灰陶。M16：1，方唇，盘口，溜肩，鼓腹，平底。腹部饰 1 周绳纹，下腹部饰绳纹。口径 13.6、腹径 20.2、底径 6.5、通高 24.8 厘米（图九，1；图版五五，3）。M16：2，方唇，盘口，溜肩，鼓腹，平底。腹部饰 1 周绳纹，下腹部饰绳纹。口径 13.6、腹径 20.6、底径 6.5、通高 24.8 厘米（图九，2）。

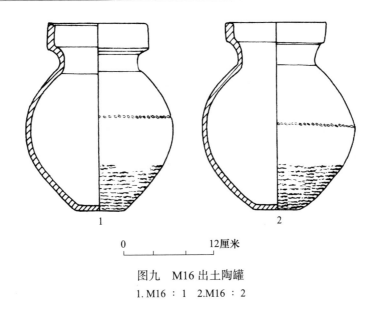

图九 M16 出土陶罐
1. M16：1 2. M16：2

（四）M17

1. 形制

位于墓群东部，北邻 M14，西北为 M15，方向为 240°。形制较小，直壁、平底，壁、底加工痕迹明显。口部长 1.8、宽 1、底部长 1.8、宽 0.8、深 1.2 米。有生土二层台，台高 0.3、宽 0.2 米。填土为灰褐色，上部坚硬致密，下部稍疏松，掺杂大量酥石块及板瓦残片等。头向西北，保存较差，具体葬式及面向不清。在二层台边随葬 3 件陶器（图一〇；图版五二，2）。

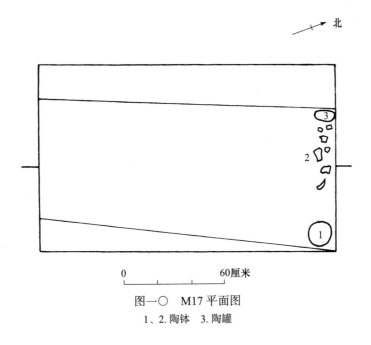

图一〇 M17 平面图
1、2. 陶钵 3. 陶罐

2. 随葬品

陶器　3件，均为泥质灰陶。

钵　2件，均为素面。M17：1，泥质灰陶掺少量砂砾、云母。圆唇，敞口，圆鼓腹较矮，下腹近底部被削平，小平底。口径7.6、底径6.2、腹径12、通高7.3厘米（图一一，1；图版五五，6）。M17：3，敛口，圆唇，弧腹，小平底。口径15.5、腹径15.9、底径6.8、通高6.1厘米（图一一，2；图版五五，5）。

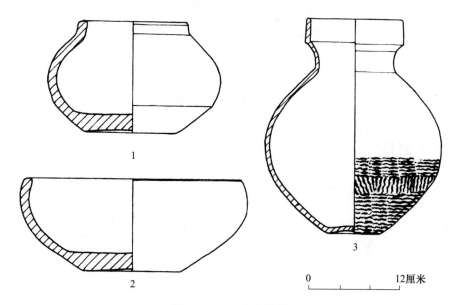

图一一　M17出土陶器
1、2.钵（M17：1、M17：3）3.罐（M17：2）

罐　1件（M17：2）。圆唇，盘口，束颈、鼓腹，平底略凹，下腹部绘绳纹。口径12.9、腹径23.7、底径7.2、通高28.4厘米（图一一，3；图版五五，4）。

（五）M11

位于墓群东北部，方向为308°。为长方形砖室墓，墓口向西，有斜坡状墓道，墓门偏于北侧。墓室上部已遭破坏殆尽，仅余下部，墓壁用单砖错缝平铺，墓底以"人"字形铺设。人骨架已腐朽，葬式、面向不明。墓室长3、宽2.4、深0.7米，墓道长2、宽1、深0.35～0.73米，填土灰褐色，在墓室东北角发现白陶罐1件，已残破，不能复原（图一二；图版五二，1）。

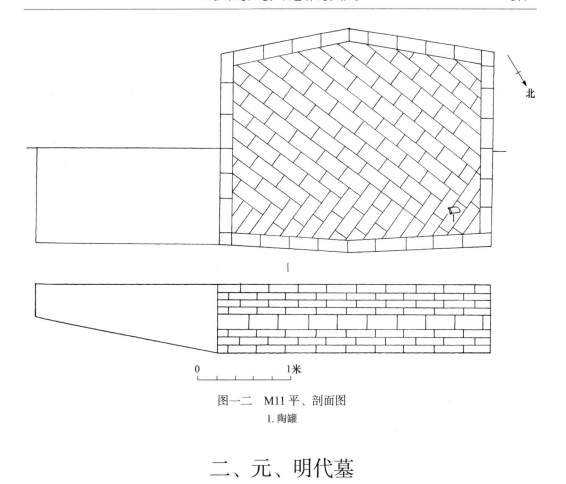

图一二　M11 平、剖面图

1. 陶罐

二、元、明代墓

墓葬 3 座。M8、M9 为土坑竖穴墓，均同穴合葬。M10 为砖室石顶墓，属于异穴合葬。

（一）M8

1. 形制

位于墓群中部，南邻 M9，方向为 255°。直壁，平底。长 2、宽 1.26～1.82、深 1.44 米。一墓两室，无墓道。北墓室较浅，南墓室较深。填土呈浅黄褐色，其中发现瓷碗 1 件。人骨架 2 具，保存较好。

南墓室墓主为仰身屈肢，头向西，面向上，上肢骨平行放于躯干两侧，下肢骨略弯曲。墓主为男性，随葬有陶罐、陶瓦、铜钱等。

　　北墓室墓主为仰身直肢，头向西，面朝南，上肢骨平行放于躯干两侧，下肢骨竖直摆放。墓主为女性，无随葬品（图一三）。

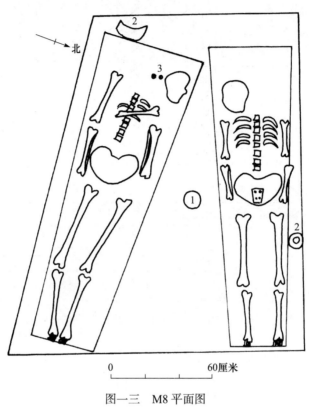

图一三　M8 平面图
1. 陶罐　2. 瓷碗　3. 铜钱

2. 随葬品

　　陶罐　1件（M8：1），泥质红褐陶。盘口较大，束颈，腹微鼓，平底。腹上部按两对称桥形耳，腹饰凹弦纹数周。口径 11、底径 8.2、通高 10.6 厘米（图一四，1）。

　　瓷碗　2件。M8：4，黑釉，敞口，尖唇，弧腹，圈足。施酱釉不及底，器内有叠烧痕迹。口径 11.4、底径 4.8、通高 4.2 厘米（图一四，2；图版五七，1）。M8：05，白釉，青花，敞口，折沿，腹较直。器底绘群山，口沿饰圈纹，外绘缠枝花纹。圈足，底写"大明年制"。口径 7.9、底径 2.6、通高 4.1 厘米（图一四，3；图版五七，2）。

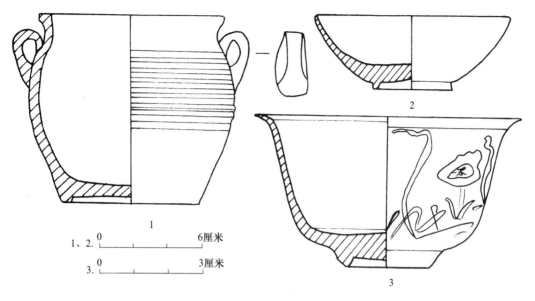

图一四　M8 出土陶瓷器
1. 陶罐（M8：1）　2、3. 瓷碗（M8：4、M8：05）

（二）M9

1. 形制

位于墓群中部，北邻 M8，西邻 M7，南邻 M10，墓向 240°。直壁，平底。长 2.56、宽 2、深 1.4 米。一墓两室，无墓道，南、北墓壁有壁龛。填土为浅灰褐色。墓主均为仰身直肢葬，头向西，面朝上。上肢骨平行摆放于躯干两侧，下肢骨竖直摆放。北墓室死者应为男性，随葬铜钱 6 枚，北侧壁龛放置陶罐 1 件。南墓室西壁摆放陶瓦，贴壁放置，墓主应为女性，随葬铜钱 4 枚，南侧壁龛放置陶罐、瓷灯盏各 1 件（图一五；图版五六，1）。

2. 随葬品

陶罐　2 件。M9：2，夹砂灰陶。敛口，圆唇，束颈。鼓腹较深，肩部有四桥形耳，平底，足底微凹。上腹部施黑釉，腹饰数周凹弦纹。口径 15、底径 10.4、通高 18.5 厘米（图一六，1；图版五七，4）。M9：3，敛口，圆唇，束颈，腹微鼓、较深，颈下有四桥形耳。实圈足，足根较高。上腹部施酱釉，并有刻花；下腹部及底部未施釉。口径 9.6、底径 6.8、通高 15.4 厘米（图一六，3）。

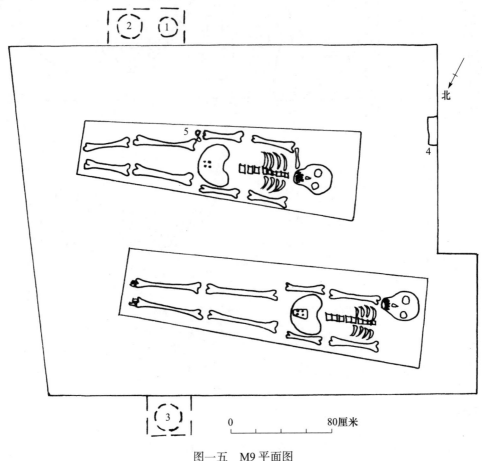

图一五　M9 平面图
1.瓷灯盏　2、3.陶罐　4.陶瓦　5.铜钱

　　瓷灯盏　1件（M9：1）。器内施黑釉，外未施釉。船状，上有端孔，为出油口，把手呈如意状。小平底。长9.1、底径4、通高4.2厘米（图一六，2，图版五七，3）。

　　铜钱　10枚。M9：4，方孔圆钱。年号有"政和""正隆"等。郭径2.2～2.4、厚0.1厘米（图一七，1～3）。

（三）M10

1. 形制

　　位于墓群中部，北邻M7、M9，墓向为242°。长方形土圹墓，先挖墓圹，底部砌砖作砖室，墓壁用砖石混砌，顶部砌石板盖顶。直壁，平底。长3、宽0.7～0.8、深0.8米。填土为灰褐色。东墓室墓主头向北，面朝东，上肢骨竖直摆放，躯干及下肢骨

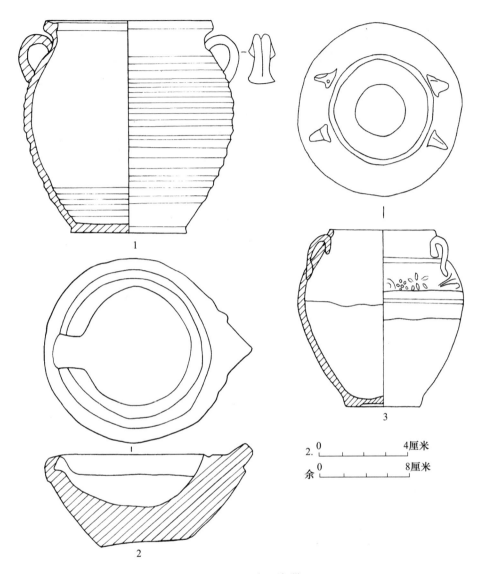

图一六　M9 出土瓷器

1、3. 罐（M9：2、M9：3）2. 灯盏（M9：1）

损毁殆尽，具体葬式不清。西墓室墓主头向南，面向上，为仰身直肢葬。东半部分骨架破坏严重，西半部上、下肢骨均竖直摆放。在两墓中间随葬陶、瓷罐各 1 件，瓷灯盏 1 件，填土中发现铜钱 1 枚（图一八；图版五六，2）。

2. 随葬品

陶罐　1 件（M10：1）。泥质灰陶掺细砂。小盘口，敛口，方唇，束颈，溜肩，腹微鼓，平底。肩部有两桥形耳，颈下饰数周凹弦纹。口径 10.4、底径 10.4、通高 14

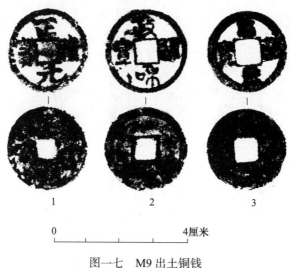

图一七　M9 出土铜钱

1. M9：4-1　2. M9：4-2　3. M9：4-3

厘米（图一九，2；图版五七，5）。

瓷罐　1 件（M10：2）。尖唇，敛口，溜肩，肩部有四个耳，腹微鼓，圈足较低。肩部及器内施酱釉，肩部以下未施釉，外壁及底部饰数道凹弦纹。口径 9.4、底径 6.6、通高 15.4 厘米（图一九，1；图版五七，6）。

瓷灯盏　1 件（M10：3）。撇口，方唇，曲腹，平底。外壁素面，内施黑釉。口径 9.1、底径 3.9、高 3.6 厘米（图二〇，2）。

铜钱　1 枚（M10：04）。太平通宝，方孔圆钱。郭径 2.2、厚 0.1 厘米（图二〇，1）。

三、清代墓葬

（一）M1

1. 形制

位于墓群西北部，南邻 M2，为长方形土坑竖穴墓，方向 240°。直壁，平底。墓室较狭小，长 2.8、宽 0.84、深 0.64 米。填土为灰褐色。墓内埋葬人骨 1 具，棺具保存较好，棺板塌陷压于人骨架上面，棺钉立于原位，骨骼被挤压变形。棺底保存较好，前端宽 0.76、后端宽 0.4、残高 0.4 厘米。侧板塌陷，前挡板完整，头部留有头箱，但未发现随葬器物。墓主为男性，仰身直肢，头朝西南，面朝上。上肢

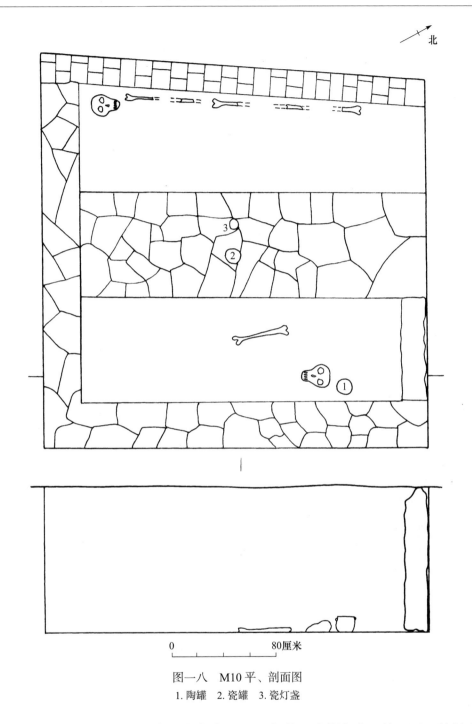

图一八 M10平、剖面图
1.陶罐 2.瓷罐 3.瓷灯盏

骨平行摆放于躯干两侧，下肢骨微弯成"八"字形。随葬瓷碗1件，埋于棺材右侧填土中；陶瓦1件，置于人骨右臂处；铜钱8枚，则散落在墓主左髋骨及腰、脚处（图二一）。

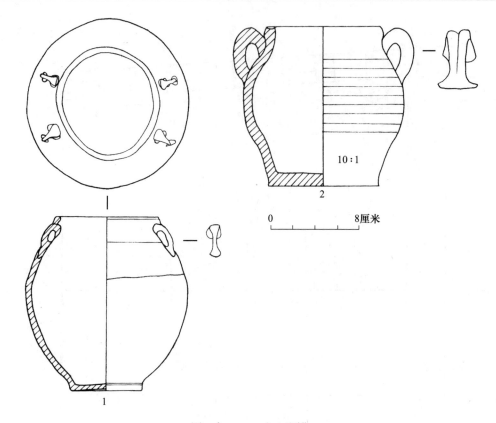

图一九　M10 出土瓷罐
1. M10：2　2. M10：1

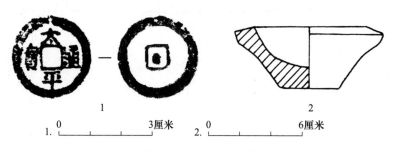

图二〇　M10 出土器物
1. 铜钱（M10：04）2. 瓷灯盏（M10：3）

2. 随葬品

　　陶瓦　1件（M1：2）。灰陶。筒形。长20、宽15、厚2厘米。

　　瓷碗　1件（M1：1）。敞口外撇，尖唇，小鼓腹，圈足。器内施白釉，外施酱釉。足底未施釉。口径6.1、底径2.9、通高2.7厘米（图二二，1；图版五九，1）。

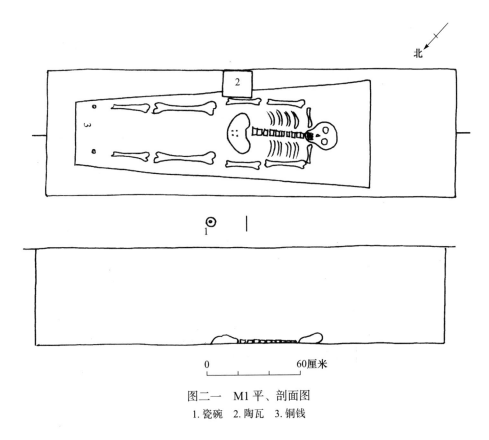

图二一　M1平、剖面图
1. 瓷碗　2. 陶瓦　3. 铜钱

　　铜钱　8枚。其中乾隆通宝3枚，道光通宝2枚，咸丰通宝1枚，光绪通宝1枚，1枚锈蚀严重，年号难以辨识。M1∶3，方孔圆钱。郭径2.2～2.4、厚0.1厘米（图二二，2～6）。

（二）M2

1. 形制

　　位于墓群西北部，北邻M1，南邻M4，方向270°。长方形土坑竖穴墓。直壁，平底。墓室较狭小，长2.5、宽0.75、深0.6米。墓内埋葬人骨1具。棺材盖板保存较好，底部已腐朽殆尽，侧板坍塌，棺材挤压变形。墓主为女性，骨架保存较好。为仰身直肢葬，头朝西，面朝上。上肢骨平行摆放于躯干两侧，下肢骨竖直摆放。随葬瓷碗1件，埋于棺左上部填土中；棺内左肋骨处发现铜纽扣5枚，应为死者衣物所留（图二三）。

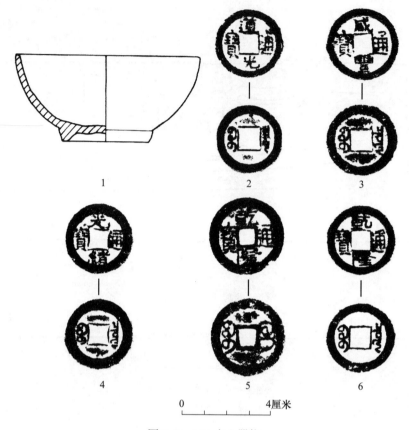

图二二　M1 出土器物

1. 瓷碗（M1：1）2～6.铜钱（M1：3-1、M1：3-2、M1：3-3、M1：3-4、M1：3-5）

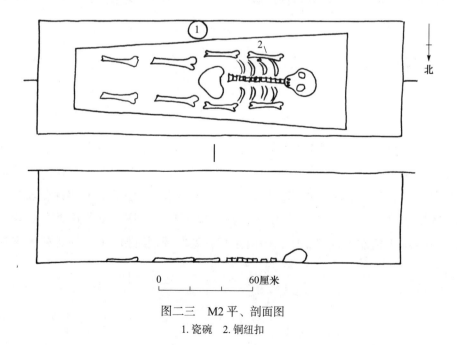

图二三　M2 平、剖面图

1. 瓷碗　2. 铜纽扣

2. 随葬品

瓷碗　1件（M2：1）。敛口，尖唇，鼓腹，圈足较高。口沿下与圈足外绘双圈纹，内施白釉、釉色光亮，外饰青花、缠枝花纹间绘三"喜"字。口径 12.7、底径 5.4、通高 6.6 厘米（图二四；图版五九，2）。

铜纽扣　5 枚。M2：2，主体为球形，筒匏状，有纽环相连，应为墓主衣服上的纽扣。直径 1 厘米。

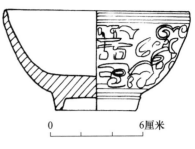

图二四　M2 出土瓷碗（M2：1）

（三）M3

1. 形制

位于墓群西北部，长方形土坑竖穴墓，方向为 275°。直壁，平底。长 2.2、宽 0.94、深 0.6 米。棺侧板保存较好。墓内葬 1 人，骨骼保存较好，为仰身直肢葬，头向西，面朝北，牙齿带有铜牙套。上肢骨平行摆放于躯干两侧，下肢骨竖直摆放，墓主应为男性。在墓南侧发现瓷碗 1 件（图二五）。

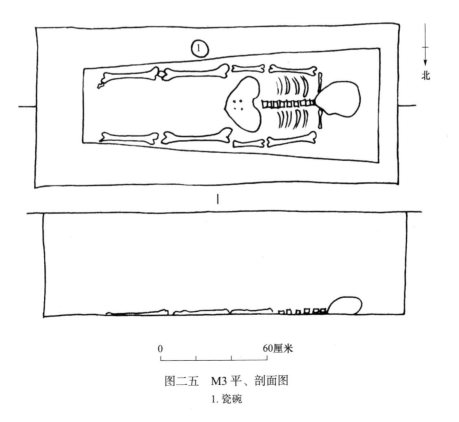

图二五　M3 平、剖面图
1. 瓷碗

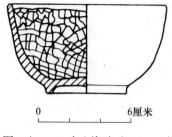

图二六　M3 出土瓷碗（M3∶1）

2. 随葬品

瓷碗　1件（M3∶1）。圆唇，口微敛，曲腹较深，小圈足，足根较矮。器内饰白釉冰裂纹，外通体施酱釉。口径9.7、底径4.8、通高5.2厘米（图二六；图版五九，3）。

（四）M4

1. 形制

位于墓群西部，南邻M5，西北邻M2，方向298°。长方形砖室墓，一墓两室，两墓室各自独立，并不相通。南墓室为土坑墓，长2.8、宽1.27、深0.76米，无墓道。填土为灰褐色，土质较疏松。墓室底部有两砖放于棺底，人骨架保存很差，头骨及躯干部损毁，仅留一段下肢骨，头向及葬式等均不明。北墓室为砖室墓，长3.5、宽1.27、深0.76米。有长方形墓道，墓道长1.6、宽1、深0.76米。墓壁用单层平砖错缝砌筑，墓室底部有砖砌留小孔。底部未铺砖，骨架保存较差，并被破坏移位，仅存人骨散落在墓室东部，葬式及头向不明。底部放置铜钱1枚，锈蚀严重；墓内发现瓷碗1件（图二七）。

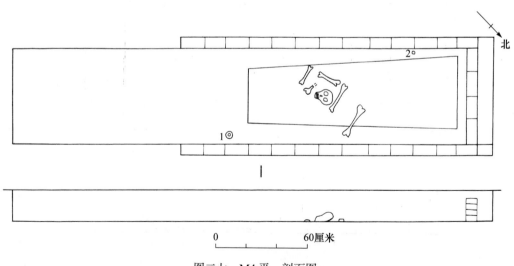

图二七　M4 平、剖面图
1. 瓷碗　2. 铜钱

2. 随葬品

瓷碗 1件（M4：1）。尖唇，敞口，弧腹较深，泥鳅背圈足，足根较高。外饰青釉，其余施满白釉，圈足底有"曲"字样。原来已经损坏，有铆拘痕迹。口径 9.4、底径 4、通高 5.6 厘米（图二八；图版五九，4）。

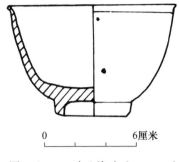

图二八 M4 出土瓷碗（M4：1）

铜钱 1枚（M4：2）。圆形，边缘有凹线，锈蚀不堪，难以辨识。直径 2.8、厚 0.2 厘米。

（五）M5

1. 形制

位于墓群西部，北邻 M4，方向 298°。一墓两室砖室墓，上部被破坏，仅余墓葬下半部。墓壁砌砖为单层错缝平铺，白灰抹缝。墓室底部壁上留有出孔，两墓室间亦有孔相通，墓门用砖砌筑。南墓室长 3、宽 1.27、深 0.95 米。墓道长 1.8、宽 1.1、深 0.95 米。北墓室长 3、宽 1.27、深 0.95 米，墓道长 2、宽 1.1、深 0.95 米。墓壁用白灰砌筑，两墓道间原来在墓门处相通，后用砖砌。人骨架保存较差，已破坏殆尽，仅余头骨及部分肢骨，葬式及头向均不清。在塌陷填土中发现瓷碗 1件，在北墓室骨架中上部发现铜钱、玉饰件、铜纽扣等（图二九；图版五八，1）。

2. 随葬品

瓷碗 1件（M5：1）。敞口，尖唇，鼓腹，圈足，较小且深。通体施青白釉，釉色光亮。口径 11.2、底径 4.2、高 5.6 厘米（图三〇，1；图版五九，5）。

玉饰 1套（M5：2）。该套饰件由两部分组成，上部为木质算珠状，直径 1、厚 0.9 厘米，中间有孔。下部为青玉，平面近梯形，上方下圆，上端宽 0.6、下端最宽处 1.8、厚 0.9、长 3.3 厘米。上端有孔，可佩带（图三〇，2、3；图版六〇，1）。

铜纽扣 1件（M5：3）。铜质，中空，外饰凹槽，带纽，嵌小玻璃珠。径 1.3、长 2 厘米。

铜钱 4枚。因锈蚀严重，仅介绍 2 枚。M5：4-1、M5：4-2，方孔圆钱，均为嘉庆通宝。郭径 2.4、厚 0.1 厘米（图三一，1、2）。

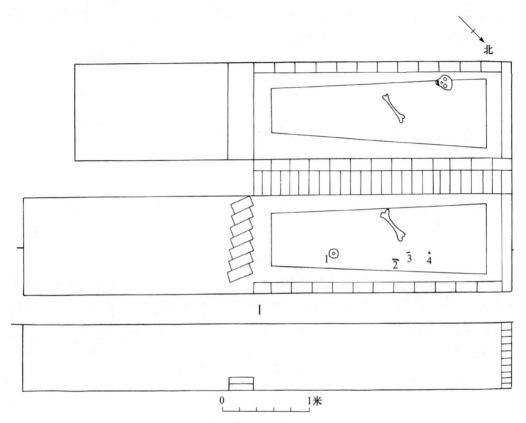

图二九　M5 平、剖面图

1. 瓷碗　2. 玉饰　3. 铜纽扣　4. 铜钱

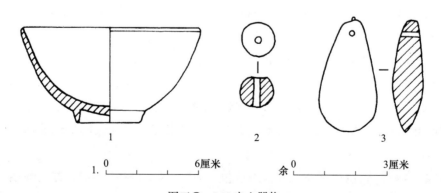

图三〇　M5 出土器物

1. 瓷碗（M5：1）　2. 木珠（M5：2-2）　3. 玉坠（M5：2-1）

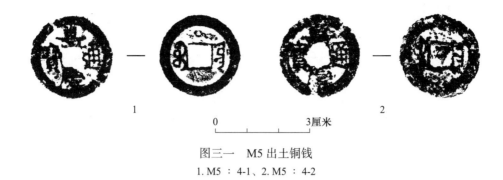

图三一 M5 出土铜钱
1. M5：4-1、2. M5：4-2

（六）M6

1. 形制

位于墓群中北部，南邻 M7，墓向 292°。长方形砖室墓，一墓两室。该墓上部残毁，仅留墓壁及底，墓室东壁留有孔隙。长 3.4、宽 2.64、深 0.6 米。人骨架 2 具，保存较差。北墓室头骨及四肢骨零乱摆放，原葬式及头向不清。南墓室墓主头向西，面向北，上肢骨稍微离开躯干，下肢骨竖直摆放，原葬式应为仰身直肢葬。填土呈灰褐色，在其中发现瓷碗 2 件（图三二；图版五八，2）。

2. 随葬品

瓷碗 2 件。M6：01，敞口，尖唇，弧腹，圈足。器内施白釉，外施酱釉。口径 7.2、底径 3.1、通高 3.2 厘米（图三三，1；图版五九，6）。M6：02，尖唇，敞口，斜直腹，泥鳅背圈足，圈足内侧较高。通体施釉，内侧施白釉，外侧有 3 个"喜"字，外饰青花草虫纹。口径 11.4、底径 4.8、通高 5 厘米（图三三，2；图版六〇，2）。

（七）M7

1. 形制

位于墓群中部，北邻 M6，东邻 M9，南邻 M10，墓向 290°。长方形土圹砖室墓，一墓两室。直壁，平底。长 4.94、宽 2.98、深 1.1 米。该墓上部残毁，仅留墓壁及底。从白灰痕迹可见两室分布，墓壁为单层错缝平铺，白灰抹缝，墓口用青砖斜铺堆砌。南墓室有墓道，长 1.8、宽 1.24、深 0.8 米。该墓保存较差，仅留土坑底部，骨架损毁，扰动严重，葬式及头向不清。在墓内填土中发现瓷碗、铜纽扣、铜钱等，均已不在原陪葬位置（图三四）。

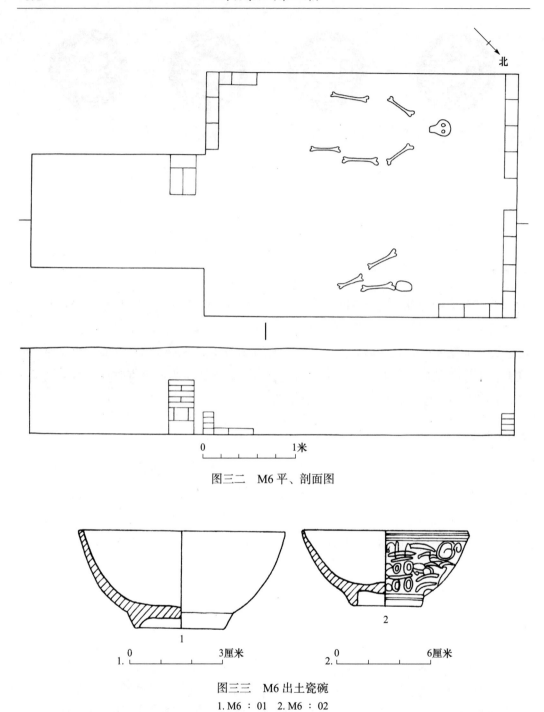

图三二　M6平、剖面图

图三三　M6出土瓷碗
1. M6：01　2. M6：02

2. 随葬品

　　瓷碗　2件。M7：01，方唇，敞口，腹较深、微鼓，泥鳅背圈足。通体施釉，内侧施白釉，外饰青釉。口径6.8、底径2.8、通高4厘米（图三五，1）。M7：02，尖唇，敞口，腹斜直，泥鳅背圈足，圈足较低。通体施酱釉，碗底有叠烧痕迹。口径15.2、底径6.2、通高5.4厘米（图三五，2）。

铜纽扣　1件（M7：03）。圆饼状，底侧有环，外饰浮雕，内侧上下有"广丰"字样，左右有太极纹饰、五星纹饰等。直径1.3、厚0.15、环长0.6厘米。

铜钱　1件（M7：04）。方孔圆钱，光绪通宝。郭径2.2、厚0.1厘米（图三五，3）。

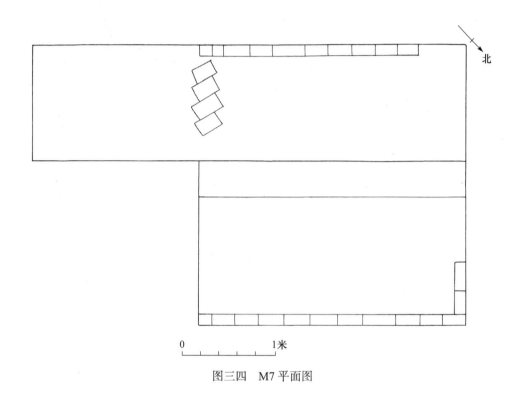

图三四　M7平面图

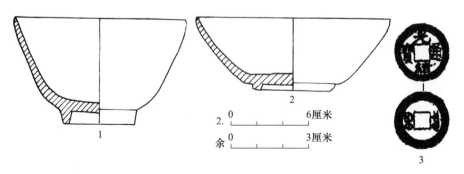

图三五　M7出土器物
1、2.瓷碗（M7：01、M7：02）3.铜钱（M7：04）

（八）M12

1. 形制

位于墓群南部，西邻 M13，墓向 250°。长方形砖室墓，一墓两室。直壁，平底。长 3、宽 2.4、深 0.9 米。两墓室均有墓道，北墓室墓道长 2.4、宽 0.88、深 0.9 米，南墓道长 2.4、宽 1.2、深 0.9 米。墓道与墓门处相通，墓门用砖堆砌。墓壁近头部均用砖砌小孔，青砖白灰砌筑，底部未铺砖。墓室上部被破坏，墓砖及部分随葬品散落在墓室内。

北室人骨保存稍好，为仰身直肢葬，头向西，面朝上，上肢骨平行摆放于躯干两侧，下肢骨竖直摆放。头部放置陶瓦，肩部发现铜匏 1 件，上身有铜纽扣 4 件，腰部以下有铜钱、瓷碗等。

南室人骨架保存稍差，躯干骨已损毁，为仰身直肢葬，上、下肢骨均竖直摆放。墓门处散落白灰，未发现陪葬物（图三六；图版五八，3）。

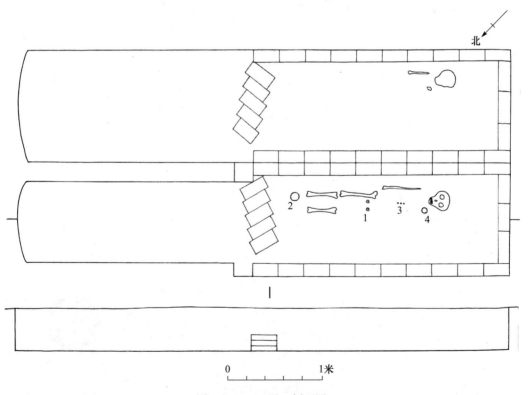

图三六　M12 平、剖面图

1. 铜钱　2. 瓷碗　3. 铜纽扣　4. 铜匏

2. 随葬品

瓷罐 1件（M12：01）。方唇，敛口，弧腹，内圈足较矮，肩部两捉手相对。腹中饰2周凸棱纹。器表施酱釉，腹中施1周白釉。口径6.8、底径5.4、通高7.8厘米（图三七，1；图版六〇，4）。

瓷碗 1件（M12：2）。圆唇，敞口，弧腹，小圈足。通体施白釉。口径7.5、足径3.1、通高3.8厘米（图三七，2；图版六〇，3）。

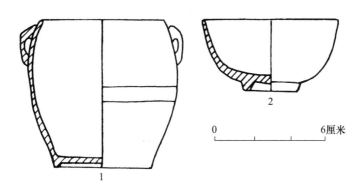

图三七 M12出土瓷器
1.罐（M12：01）2.碗（M12：2）

铜匏 1件（M12：4）。鎏金，上部球形，顶端刻有几何纹，下部底座镂空呈伞状。伞盖由双层组成，上层边缘成叶瓣状，下层叶纹上镶有小圆珠。铜匏直径3.5、通高6厘米（图版六〇，5）。

铜钱 7枚。年号有乾隆通宝、道光通宝等。M12：1，方孔圆钱。郭径2.2～2.4、厚0.1厘米（图三八）。

（九）M13

1. 形制

位于墓群西南角，东邻M12，方向为242°。长方形砖室墓，一墓两室。直壁，平底。长3、宽2.4、深0.8米。墓口向东，两墓室均有墓道，墓道与墓门处相通。北墓室墓道长3.1、宽1.1、深0.8米，南墓室墓道长2.5、宽0.86～1、深0.8米。

北室保存稍好，墓门用砖砌筑，人骨架保存较差，头向西，面向不清。上肢骨及躯干部分损毁或移位，下肢骨竖直摆放，葬式应仰身直肢。髋骨下方有铜纽扣数枚，墓门内底部发现瓷瓶1件。

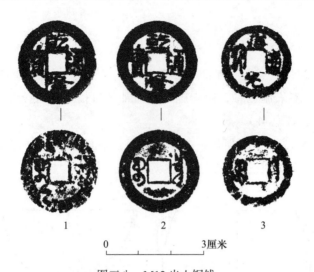

图三八　M12 出土铜钱
1. M12 ： 1-1　2. M12 ： 1-2　3.M12 ： 1-3

　　南室破坏严重，骨架移位，仅剩头骨及一段肢骨，葬式及头向等均不清。墓道用白灰砌筑墓门，不见随葬品（图三九；图版五八，4）。

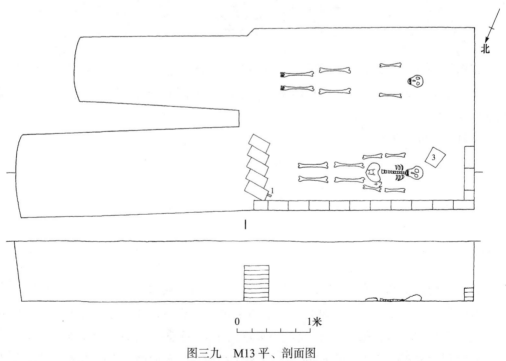

图三九　M13 平、剖面图
1. 瓷瓶　2. 铜纽扣　3. 陶瓦

2. 随葬品

瓷瓶　1件（M13：1）。青花，直口，竖颈，斜壁，平底。瓶体绘五圆圈纹，正面有"平安散"及标识，背面绘"同仁堂"及标识。口径1.2、底径1.8、通高5.4厘米（图四〇；图版六〇，6）。

四、结　　语

通过对皂户头这批墓葬资料的整理，可以看出，M14～M17为典型的西汉时期单人土坑竖穴墓，从规格看等级不高。M16壁龛随葬陶器，并砸碎覆以石块，应是当时一种特殊葬俗。M17形制较小，应为儿童葬。这类西汉墓在山东地区较多，与潍坊[2]、淄博[3]等地发现者相似。M11应为东汉时期砖室墓，用子母口菱形花纹砖砌筑，其特征明显。墓葬上部被破坏，原应为穹隆顶或券顶结构。其他类白陶罐在龙口台上李家[4]、东梧桐晋墓[5]等墓葬亦发现随葬白陶，其年代下限可能进入三国两晋时期。

M8、M9为竖穴土圹墓，M8两人骨架埋藏高度不一，可能不是同时埋葬。从随葬陶罐、灯盏，特别是"大明年制"青花碗分析，M8年代属明代。M9

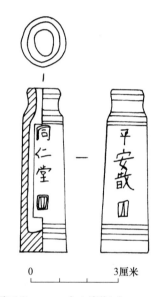

图四〇　M13出土瓷瓶（M13：1）

墓圹不甚规整，出土"政和通宝""正隆元宝"等年号钱币；M10为砖室石顶双室墓，异穴而葬，出土"太平通宝"，但从M9、M10出土陶罐、瓷罐、灯盏等分析，年代应为元代。M8、M9均在墓壁放置陶瓦，并结合各自随葬品的器形特点分析，M8～M10年代可能相去不远，当在元末明初前后，墓主身份可能为中下阶层的平民。

M1～M3为单人长方形竖穴土坑墓。M4～M7、M12、M13为双人长方形砖室墓，一墓两室，异穴而葬。从墓葬结构、随葬品特征看，与龙口东梧桐[6]、烟台高新区日头泊[7]清代墓大同小异。从瓷、铜器和钱币看，年代相近，且都在死者头部或腰部放置陶瓦，年代均为清代晚期。M12铜匏应为官帽花翎，表明该墓主可能为下级官员。M13出土的平安散瓷瓶，上标"同仁堂"。平安散为古中药名，有清凉解热，去暑避瘟之功效。北京同仁堂创建于康熙八年（即1669年），历经康熙、雍正、乾隆等八代皇帝长达188年，至今已有300多年的历史。据记载，同仁堂祖上向进京赶考学子送小瓶药"平安散"以应外地考生进京水土不服，同时扩大同仁堂影响[8]。此次发现的平安散应属清末时期，可能为墓主人从北京同仁堂带回之物。

发　掘：徐明江　孙兆峰　李东江
　　　　徐同文　张洪亮　焦海磊
摄　影：徐明江　李　建
绘　图：孙兆峰　焦海磊　王站琴（清绘）
拓　片：孙贵宾
执　笔：徐明江

注　释

[1] 闫勇等：《山东烟台抢救发掘一批两汉墓葬》，《中国文物报》2007 年 2 月 23 日。

[2] 山东省文物考古研究所：《山东潍坊后埠下墓地发掘报告》《山东省高速公路考古报告集（1997）》，科学出版社，1999 年。

[3] 淄博市博物馆、齐故城博物馆：《临淄商王墓地》，齐鲁书社，1997 年。

[4] 烟台市博物馆：《龙口市台上李家墓群发掘简报》，《海岱考古》第五辑，科学出版社，2012 年。

[5] 烟台市博物馆、龙口市博物馆：《山东龙口市东梧桐晋墓发掘简报》，《考古》2013 年 4 期。

[6] 2007 年山东龙口东梧桐墓群清代墓资料。

[7] 2012 年烟台市高新区日头泊墓群清代墓资料。

[8] 边东子：《国宝·同仁堂》，人民出版社，2010 年。

山东莱州市西山张家村壁画墓发掘简报

烟台市博物馆

莱州市博物馆

西山张家村壁画墓位于永安路街道办事处西山张家村东，距市区约 1 千米，福禄山的南麓靠村处，东距 206 国道约 500 米（图一）。2008 年 5 月，西山张家村村民在施工建设中发现一座壁画墓，编号 M1。2014 年 4 月，在西山张家村南约 500 米的一处高台地上，又清理一座壁画墓，编号 M2，现将发现情况简报如下。

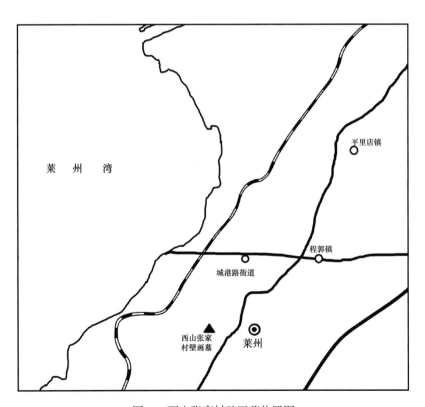

图一　西山张家村壁画墓位置图

一、M1

M1 是一座仿木结构砖室墓，坐北朝南，墓向南。平面略呈方形，边长 2.5 米，墓室四壁为直壁上部逐渐内收形成攒尖顶，总高约 3 米。由于人为破坏，仅存墓葬的甬道西壁，墓室西、北两壁及部分墓顶。根据现场调查，墓室仿木结构，直壁上部砖砌斗拱建筑图案，墓室的转角处砌有倚柱，并绘朱色底菱形墨线图案。墓室直壁部分先在墓壁上涂刷白灰，然后在其上绘壁画。该墓破坏严重，葬具、尸骨及随葬器物情况不明。

甬道西壁画面为题记，墨书，竖行，计 5 行。由于脱落，可以辨认"宣和二年八月 / □八日葬□东 / 边一驱□□ / 西边一驱母于氏"（图版六一，1）等字样。

墓室西壁画面为彩绘砖雕桌椅图（图版六二）。绘有一桌二椅，方桌上置有茶盏器具，桌左右两侧各绘一椅，桌面下部有二横撑，左侧高椅之上搭披朱色织锦；椅子后绘一侍女，低眉朱唇，面颊淡红，低髻，发系一红色带巾挽于脑后，身着红色窄袖褙子，内着白色团领衫，束抹胸，下身着白裙，双手抄于袖中；右侧椅子上搭朱色织锦，椅子后绘人物，由于脱落，头部不清，从服饰可辨为一青衣男子形象。

墓室北壁画面中间绘一朱色门（图版六一，2），黑色门框，左右门扇上饰黑色门钉。在门的东西两侧分别绘一青龙、白虎形象，白虎蹲伏地上。

二、M2

M2 为仿木结构砖室墓，坐北向南，方向 190°。由墓道、墓门、封门、甬道和墓室组成，墓室顶部已被破坏，仅清理封门砖、甬道及墓室部分（图二）。

（一）墓葬形制

甬道，位于墓室南壁正中，地面为砂土面，壁涂抹白灰。自地面至顶部高 1.96、进深 0.7、宽 0.66 米。

墓门，位于甬道南侧。墓门内砖砌出单层券顶，采用横竖相反的砌法，分内、外双层并列拱框。内层拱框厚 0.28 米，单砖竖排砌成拱形；外层拱框厚约 0.1 米，由双层单砖平铺而成。

封门，墓门及券门（墓室入口）均用砖镶嵌于墓门及券门，封门砖自地面至券顶共有 23 层，采用单砖交错平铺，砌筑成菱角牙子形至券顶封堵。券门门垛用单砖砌成交错状门框，共有 19 层。

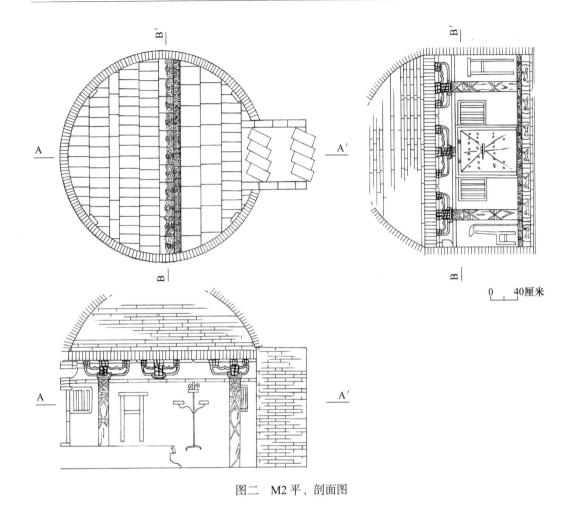

图二　M2 平、剖面图

墓室，先挖一近似圆形的土圹，然后用砖砌筑墓室，墓室平面呈圆形，直径 2.56、残高 2.35 米。靠北壁处用砖砌筑棺床，高 0.3、南北宽 1.55 米，棺床南沿呈须弥座造型，由 3 层装饰砖雕组成，上层顶面微出涩，为高浮雕荷叶莲花图案（图三，3；图版六三，1），呈二方连续排列，共 11 块，砖长 0.23、宽 0.14、厚 0.09 米。中间为棺床立壁部分，并有 3 处开窗浮雕，内塑 3 只欢快奔跃的狮子，也为高浮雕，狮子贴塑于整块砖之上（图三，2；图版六三，2），砖长 0.28、宽 0.13、厚 0.04 米，狮子长 0.2、宽 0.13、厚 0.02 米。下层为基座部分，出涩，宽于顶面约 0.15 米，内容似花生等瓜果吉祥图案（图三，1；图版六三，3），砖长 0.13、宽 0.11、厚 0.07 米。墓室自上而下共分 3 层：最下层为墓室直壁部分，内容为砖砌门窗、桌椅等浮雕壁画，直壁高 1.6 米，壁画间有 4 根倚柱连接，柱高 0.94 米，无柱础，立于墓室地面之上；中间层为砖雕彩绘斗拱、阑额部分，柱头有转角铺作，柱间有补间铺作，有栌斗、华拱、泥道拱、柱头枋，柱头枋上砌橑檐枋；最上层为墓室顶部，砖砌成穹隆顶式，无彩绘。

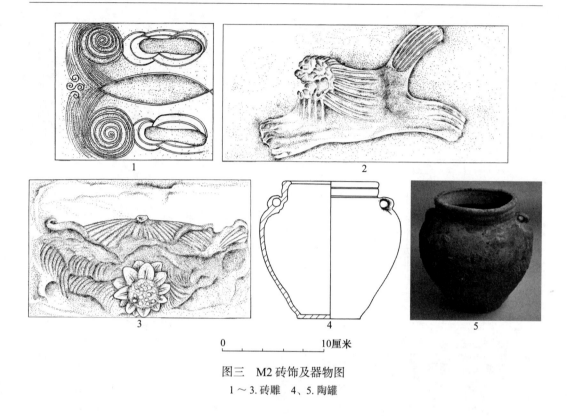

图三　M2 砖饰及器物图

1～3. 砖雕　4、5. 陶罐

（二）人骨保存状况

墓内人为破坏扰乱严重，于棺床西北侧发现两具人体骨架，除其中一头骨保存较好外，其他部分腐朽严重，葬具与尸骨情况不明。

（三）随葬器物

在墓室北侧靠墙处出土1件陶罐。泥质灰陶。圆唇，敛口，矮领，双系，溜肩，圆腹，自腹下内收，矮圈足，平底。素面。高19.5、腹径19、口径14厘米（图三，4、5）。

（四）壁画

壁画均绘制在墓室的直壁立面，其采用先涂刷白灰后彩画的绘制方法，桌椅、门窗等采用砖砌筑，一般高出墓壁；壁画使用的颜色有褐、红、黑、黄、白等。画面可分为两层：上层为仿木建筑结构彩画的建筑图案，主要为斗拱、普柏枋与几何装饰图案，布局对称；下层主要为生活场景壁画（图四）。

　　上层的建筑图案主要有倚柱，柱身高 0.94、宽 0.13 米，红色底子上绘白色几何对称图案；普柏枋由单砖横铺，厚 0.04 米，其上绘红底白色几何装饰纹；斗拱宽 0.7、高 0.26 米。栌斗绘黑底白线，泥道拱绘红底白线外框图案，华拱绘黄底墨线图案，华拱上斗及散斗均为由白线间隔的黑红方块装饰浮雕图案表示；拱间壁绘白灰底，于封门东窗之上绘一执壶；橑檐枋用砖竖排立砌而成，通绘白灰底，高 0.13 米，单砖厚 0.04 米。橑檐枋至墓顶部分无白灰底与彩画。

　　下层的生活场景壁画为灯檠、桌子图及门窗图等。

　　东壁壁画画面为灯檠、桌子图（图五；图版六四，1）。画面南北长 1.66、高 0.94 米。壁画位于两倚柱之间，画面北为砖砌一浮雕桌侧面，南为砖砌一灯檠，桌高出墓壁壁面约 0.02、长 0.75、高 0.49、桌面厚 0.04 米。直足，单直枨，通涂褐红色；灯檠位于方桌的南侧，仿木结构，浮雕，呈"品"字形，共由 3 支灯台组成，中间一直灯，又从其两侧对称弯曲又分出各一支，檠端有托台，用单砖镶嵌，一半嵌进墓壁，一半凸出墙面，托台凸出墙面 0.1、宽 0.14、厚 0.04 米，灯檠通体以墨色为主，整个造型犹如一颗优美弯曲的小树。

　　西壁壁画画面为桌椅图（图六；图版六四，2）。画面南北长 1.6、高 0.94 米。壁画位于两倚柱之间，画面正中砖砌浮雕一桌两椅，高出墓壁壁面约 0.02 米，桌高 0.5、长 0.78、桌面厚 0.04 米。直足，单直枨，桌两侧砌一对靠背椅，椅的两腿间为单直枨，

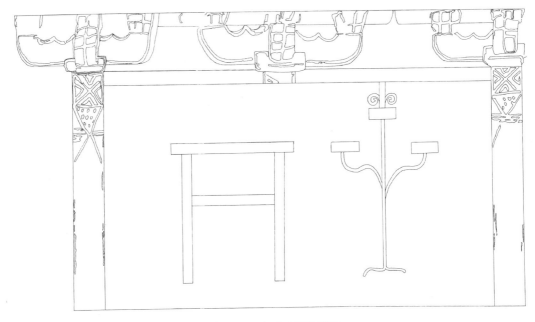

图五　M2 东壁壁画临摹图

南壁　　　　　　　　　　西壁

图四　M2 壁画临摹图

图六　M2 西壁壁画临摹图

右椅高 0.6、宽 0.37 米，左椅高 0.6、宽 0.37 米。桌椅通涂褐红色。桌面之上放置一执壶、一罐。右侧椅后置一曲棍形器物，通体涂红色，高 0.69 米。上部呈长板状，颈部弯曲与一细长杆连接，杆粗 1.5 厘米，此物造型与古代"捶丸"运动中使用的球杆极为相似。

北壁壁画画面为门窗图（图七；彩版六，1）。画面南北长 1.64、高 0.94 米。壁画位于两倚柱之间，画面砖砌浮雕兼彩绘门窗。壁画正中为一假门，门两侧砌筑立颊、槫柱，立颊高 0.86、宽 0.76 米，涂抹朱红色，槫柱涂抹墨色。绘黄色门扇，门扇

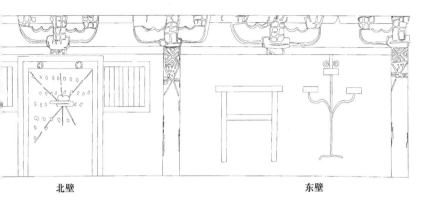

北壁　　　　　　　　　　　　　　　　東壁

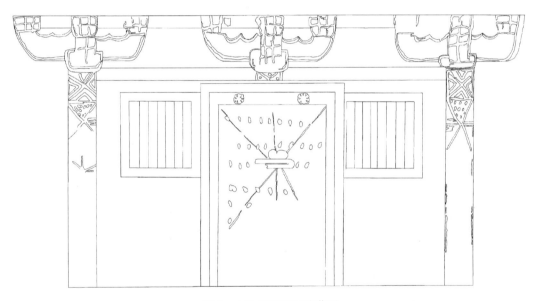

图七　M2北壁壁画临摹图

高0.75、宽0.56米，其上面绘黑色门钉5排，门扇之间有一浮雕门闩，其上涂抹墨色。门额浮雕彩绘圆形花瓣门簪一对。大门两侧各砖砌浮雕窗一个，均为单砖侧立窗棂三根，东窗上通涂朱色，长0.4、高0.39米，西窗长0.41、高0.39米。

　　南壁壁画画面为门窗图（图八；彩版六，2）。画面南北长1.8、高0.94米。壁画位于两依柱之间，与其他壁画不同的是：门为甬道内的券门，在券门的东西两侧，分别砖砌浮雕窗，其略呈正方形，单砖侧立窗棂五根，通体涂墨色，其东窗长0.32、高0.38米，西窗长0.39、宽0.32米。

图八　M2南壁壁画临摹图

三、结　语

　　西山张家村发现的两座壁画墓，其中M1有明确纪年，时代为宋宣和二年（1120年）；M2根据出土的器物及墓葬特征，对比M1的墓葬特征，时代也应为宋代。

　　M2棺床须弥座砖塑装饰风格、动物花卉造型，这种采用先塑造再翻模贴塑烧造的工艺手法，在以往的墓葬中不多见。尤其是壁画中的"捶丸杆"，系胶东地区首次发现，为我们进一步探究中国古代体育发展史及现代棍球类体育的起源提供了新的实物佐证。

　　据当地村民反映，20世纪六七十年代，村民在平整土地时，也曾经发现过几座类似的墓葬。2008年5月，西山张家村村委大院建设时也曾发现墓葬数座，以砖室墓为主，但多数遭到破坏。由此分析，这里应是一处宋代古墓群。

　　　　　　　　　　　发　掘：闫　勇　张英军　侯建业
　　　　　　　　　　　绘　图：闫　明　许盟刚
　　　　　　　　　　　执　笔：闫　勇　张英军　赵　娟

济南市化纤厂路元代墓葬

济南市考古研究所

2009 年 5 月，在济南市信荣房地产开发有限公司蓝调国际项目建筑工地内发现砖室古墓葬 1 座。济南市考古研究所闻讯后，立刻派员勘察，并对此墓葬进行了抢救性清理发掘。现将发掘情况简报如下（图一）。

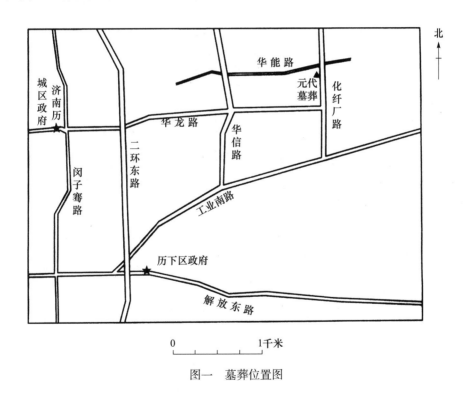

图一　墓葬位置图

一、墓 葬 结 构

墓葬位于济南市历城区化纤厂路北段、区法院南侧。为仿木结构单室砖室墓，由墓道、墓门、甬道和墓室组成。顶部距现地表3米，方向175°。墓圹平面为"凸"字形，南北长7.4、东西宽5.1米。墓室西壁在施工过程中被挖掘机破坏，顶部南北两侧有两个圆形盗洞，因此，墓室内堆满泥土和砖块，积水达1.1米（图二）。

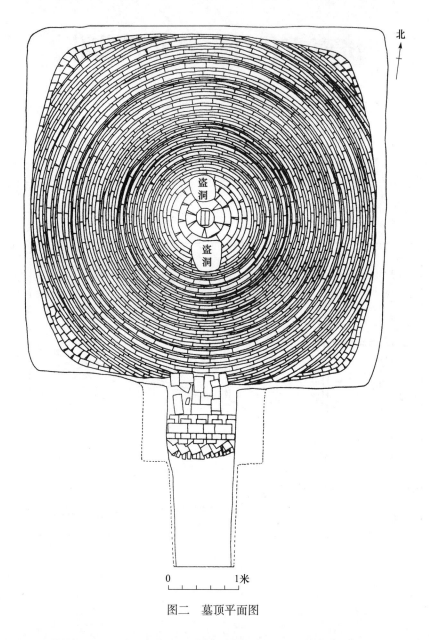

图二　墓顶平面图

墓道为方形竖穴式，南北残长1.4、南部宽0.9米，北部靠近墓门处宽1米。墓门用青砖斜向交错摆放垒砌封门。甬道为拱形，南北长0.92、东西宽1、高1.9米，底部东西向铺砖。墓室圆形，单室砖雕仿木结构。墓室底平面为弧方形，墓壁外弧0.1米，四角圆转，东西通长 4.3、南北通宽 4.2 米。底部东西向铺砖，墓壁单砖错缝平砌，顶部为穹隆顶，墓室由顶部到底部高 4.9 米。用砖均素面，长 28、宽 14、厚 4 厘米，两砖之间用白灰黏接（图三）。

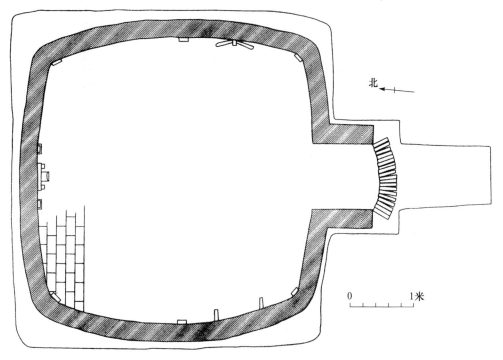

图三 A　墓室平面图

墓室内共发现骨骸 3 具，其中 2 具位于甬道内、1 具位于墓室东北角，经初步判断，为一男两女。因墓室内已遭破坏和积水冲刷，棺木、随葬品位置被完全扰乱，具体葬式已无法分辨。

二、墓室砖雕

墓门上为仿木结构门楼，砖砌洞券，置阑额、普柏枋。再上置三朵十字铺作，四铺作单抄计心造，栌斗、散斗有㪷颅，泥道拱、华拱皆有砍杀。华拱上置橑檐枋，枋上有 8 根圆形檐椽，无卷杀。再上为板瓦、筒瓦扣扣相接，无勾头滴水装饰（图四）。

墓壁内侧全部以白灰遍涂装饰，墙壁由突出的砖砌腰线分为 7 层，砖雕内容集中在第 1、2 层。每层内收，自第 3 层起开始明显起券，在第 7 层闭合成穹隆顶。墓室四

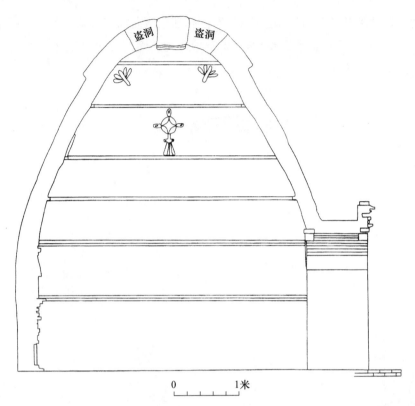

图三 B　墓室剖面图

图四　墓门平面图

角砌倚柱，柱头上承转角铺作，五铺作双抄计心造，栌斗、散斗欹甚小，所有拱头均有砍杀，顺势四角横向拱与墓壁弧度一致。墓壁两侧中间各置一柱，上饰柱头铺作各一朵，用材较广，五铺作双抄计心造，栌斗欹甚小，比例失度，所有拱头均有砍杀。柱头铺作南侧，东壁砌灯檠，西壁砌桌案，相互对称（图五）。第 3、4 层无砖雕装饰。第 5 层砖雕装饰轳辘钱纹，第 6 层砖雕装饰花卉纹。第 6、7 层墙壁的外侧多砌筑两层砖以加固墓顶。

墓室北壁正对墓门砌砖雕门楼。整体比例上，房顶大于房身的高度，为单檐歇山顶。最上端置纵面鸱吻，存垂脊、戗脊无走兽。垂脊下附博风板、惹草，中立悬鱼。檐口具勾头滴水状。檐下有方形飞椽和圆形檐椽，无卷杀。下置橑檐枋、十字铺作，柱头铺作两朵、补间铺作一朵，四铺作单抄计心造，

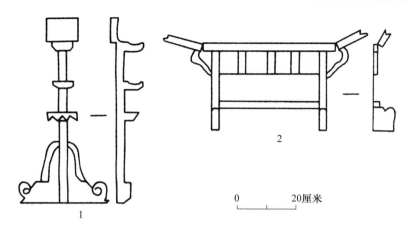

图五　砖雕
1. 灯檠　2. 桌案

泥道拱有砍杀，但栌斗㪉比较小。下置普柏枋，阑额出头无饰。门楼面阔一间，砖砌门框，下置柱础，中设板门两扇，门扉闭合，两侧辟直棂式窗，门额上镶有两枚门簪，簪面刻成菱花形（图六）。

三、出土器物

墓内共清理随葬器物 22 件。其中瓷器 8 件，香炉、碗各 2 件，罐、碟、梅瓶、缸各 1 件；玉器 5 件，卧马 1 件，佩饰、扣各 2 件；铁齿状构件 1 件；另有铜钱 8 枚及部分被扰乱的铜丝铜片。

瓷罐　1 件（M1∶3）。红褐胎，内外施黑赭釉，釉不包底。圆唇，敛口，短颈，折肩，鼓腹，平底圈足。口与肩部有一对竖耳，对称分布。口径 9.1、腹径 14.5、底径 5.9、高 102、壁厚 0.4～0.6 厘米（图七，1；彩版七，3）。

瓷香炉　2 件。M1∶1，立耳鬲式炉，口外侈，斜立耳，束颈，有 1 圈凹弦纹，鼓腹，两面为龙纹，三足。白胎，施蓝釉，釉不包底，釉层较薄，部分脱落。口径 10.7、耳高 1.1、通高 9.3、壁厚 0.6～0.8 厘米（图七，2；彩版七，1）。

瓷碟　1 件（M1∶7）。敞口，短宽圈足，足壁内斜外直，圈足中心凸起。胎香灰色，外施蓝釉，内呈月白色，釉层厚，富有变化，有气孔，外釉不至足。口径 15.6、底径 9.4、高 3.1、壁厚 0.4～0.6 厘米（图七，3；彩版七，6）。

瓷碗　2 件。广口，尖唇，斜腹，圈足。灰白胎，施天蓝釉，釉汁肥厚，釉不包底。M1∶4，口径 17.8、底径 6.5、高 8.3、壁厚 0.4～0.8 厘米（图七，5）。M1∶5，口径 17.1、底径 6.8、高 8.2、壁厚 0.4～0.8 厘米（图七，4；彩版七，5）。

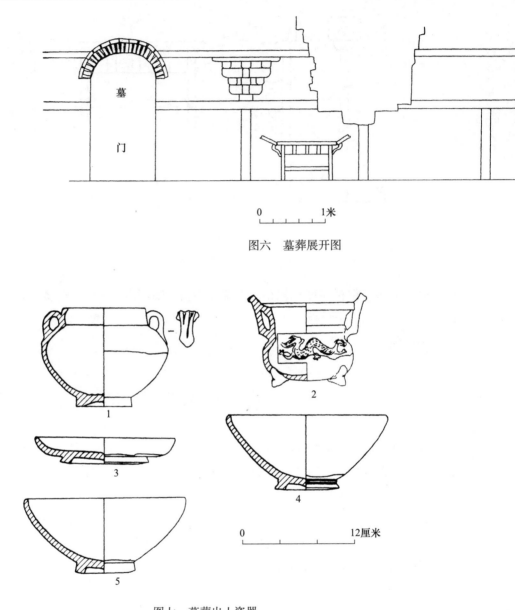

图六　墓葬展开图

图七　墓葬出土瓷器

1.罐（M1 : 3）2.香炉（M1 : 1）3.碟（M1 : 7）4、5.碗（M1 : 5、M1 : 4）

　　缸　1件（M1 : 8）。红褐胎。直口微敞，方圆唇，矮领，鼓肩，斜腹，平底，口沿下施釉不至底。口径 19、底径 11、腹径 24.3、高 30.7、壁厚 0.6 ～ 0.8 厘米（图八，1；彩版七，4）。

　　梅瓶　1件（M1 : 6）。口沿与底沿均有残。口小颈短，口沿平坦，肩丰渐滑，肩以下逐步收敛，至近底处微微外撇，平底。通体施蓝釉，外釉不至足。口径 4、底径

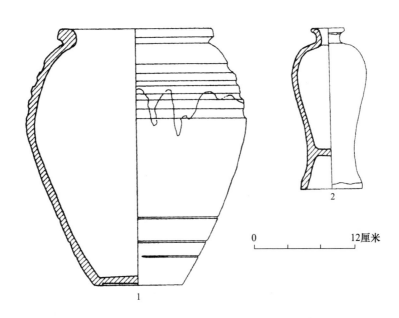

图八　墓葬出土瓷器

1.缸（M1：8）2.梅瓶（M1：6）

7.4、高 19、壁厚 0.4～0.6 厘米（图八，2；彩版七，2）。

　　玉佩饰　2 件。形制相同。玉质洁白细腻，形似蝶状，高浮雕镂空如意纹（或灵芝纹），手法古朴。M1：12、M1：13，通长 3.35、宽 2.1、厚 0.3 厘米（图九，1、2；彩版八，4、5）。

　　玉卧马　1 件（M1：11）。玉质细腻，雕工简洁，在雕刻出马的大体形状后，稍

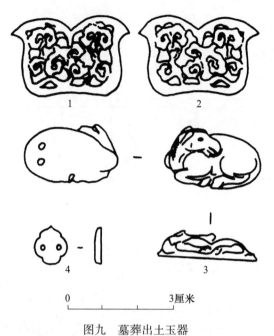

图九　墓葬出土玉器

1、2.佩饰（M1：12、M1：13）　3.卧马（M1：11）　4.扣（M1：14）

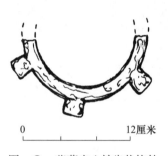

图一〇　墓葬出土铁齿状构件

（M1：9）

加装饰，把马的细部体现得栩栩如生。马卧在地，四蹄蜷缩，头向左侧后方，似睡非睡，一副安逸模样。应为装饰衣物所用。通长 2.75、宽 1.7、厚 0.7 厘米（图九，3；彩版八，1）。

玉扣　2 件。四花瓣形，中间两个线孔，玉质与玉佩饰相同，做工细腻。M1：14、M1：15，通长 1、宽 0.95、厚 0.2 厘米（图九，4；彩版八，2、3）。

铁齿状构件　1 件（M1：9）。铁质已残，严重锈蚀，可能为棺木上的配件。外径 14、内径 11.2、齿 2 厘米。（图一〇）。

铜钱　8 枚。其中 4 枚锈蚀严重，4 枚比较完整。其中 M1：10-5 已残，可辨为祥符元宝；M1：10-1，熙宁元宝，楷书，旋读，直径 2.3 厘米；M1：10-2，元丰通宝，行书，旋读，直径 2.4 厘米；M1：10-3，开元通宝，楷书，直读，直径 2.4 厘米；M1：10-4，至和通宝，楷书，旋读，直径 2.3 厘米（图一一）。

四、结　语

此墓没有发现任何明确纪年的文字材料，只能从墓葬形制和随葬器物形制方面来推断墓葬年代和墓主人身份。

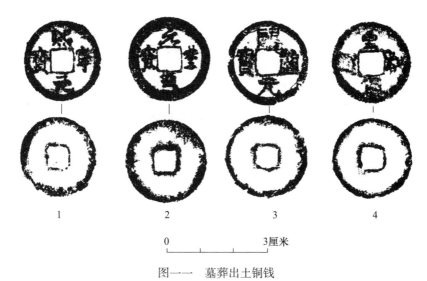

图一一 墓葬出土铜钱

1. M1：10-1 2. M1：10-2 3. M1：10-3 4. M1：10-4

砖雕墓葬是宋金元时期常见的墓葬形制，在济南地区也有较多的发现。一般墓门为砖砌仿木式门楼，墓室内壁上用青砖雕砌出铺作、楼阁、假门以及桌椅、灯台等仿木家具，墓门和墓室内壁上绘有彩绘图案，墓室内壁由四周砖砌的凸棱分层，墓壁上部的线球状流苏为青砖雕成，如上述茄庄、历城大官庄 M2[1]、司里街[2]、邢村[3] 等元代砖雕壁画墓。以往发现的元代墓葬多为圆形或方形，如济南柴油机厂[4]、章丘茄庄 M3[5]、章丘西酒坞村 M5[6] 等元代砖雕壁画墓为方形，历城郭店省地质局第一地质大队[7]、历城港沟乡大官庄[8]、司里街[9]、长清王宿铺村[10] 等元代壁画墓为圆形。化纤厂元墓墓室平面呈弧方形，形制较为特殊，比较少见。但从墓葬的面积和体量上看，该墓是近年来济南地区出土最大的宋元砖雕墓葬之一。

该墓所出器物大多也是元墓中的常见器物，其中双系瓷罐与茄庄 M3：3 形制接近；瓷碗、瓷碟、瓷香炉等与郎茂山元墓[11]中出土的同类器物形制较近。梅瓶在济南地区元代墓中比较少见，该墓所出梅瓶丰肩、修腹、底径较大，具有元代梅瓶特点，与扬州博物馆、北京颐和园所藏的霁蓝釉白龙纹梅瓶以及菏泽古沉船所出的青花梅瓶造型相似。综上所述，该墓年代应定为元代。

此墓虽然砖雕比较简单、也没有彩绘图案，但墓室的仿木结构与宋《营造法式》记载相似，随葬品也不乏精美之作，尤其是蓝釉梅瓶和玉饰品，表明墓主人应当具有一定的经济实力和社会地位。

　　　　　　　　　　海岱考古（第八辑）

　　附记：参加发掘人员仝艳锋、郝素梅。报告完成中，得到济南市考古研究所王晶、郭俊峰、房振、刘秀玲、邢琪等同志的指导与帮助，在此一并致谢。

绘　图：仝艳锋

摄　影：仝艳锋　刘丽丽

拓　片：邓文山

执　笔：郝素梅　刘丽丽　王兴华　仝艳锋

注　释

［1］　济南市文化局、章丘市博物馆：《济南近年发现的元代砖雕壁画墓》，《文物》1992 年 2 期。

［2］　济南市考古研究所：《济南市司里街元代砖雕壁画墓》，《文物》2004 年 3 期。

［3］　刘善沂、王惠明：《济南市历城区宋元壁画墓》，《文物》2005 年 11 期。

［4］　济南市文化局文物处：《济南柴油机厂元代砖雕壁画墓》，《文物》1992 年 2 期。

［5］　济南市文化局、章丘市博物馆：《济南近年发现的元代砖雕壁画墓》，《文物》1992 年 2 期。

［6］　同［5］。

［7］　同［5］。

［8］　同［5］。

［9］　济南市考古研究所：《济南市司里街元代砖雕壁画墓》，《文物》2004 年 3 期。

［10］　刘善沂：《山东长清、平阴元代石刻壁画墓》，《文物》2008 年 2 期。

［11］　济南市考古研究所：《济南郎茂山路元代家族墓发掘简报》，《文物》2010 年 4 期。

沂、沭河流域的细石器遗存及其工艺技术研究[*]

李 罡[1] 任雅鹏[2]

（1. 河北大学考古系；2. 山东省文物考古研究所）

一、引 言

本文所指之沂、沭河流域系指沂河、沭河流域的山东境内部分[①]，行政区划上包括临沂市的三区九县及淄博市的沂源县和日照市的莒县。该区位于山东省东南部，介于东经 117° 24′ ～ 119° 11′、北纬 34° 22′ ～ 136° 23′ 之间，山东境内控制流域面积 17253 平方千米。

沂河发源于沂蒙山区沂源县鲁山南麓，先流向东南，至沂水县转南，经沂南、兰山区、河东区、罗庄区、郯城至江苏境内入骆马湖。河道全长 386 千米，其中山东境内干流全长 287.5 千米，流域面积 10772 平方千米。沭河发源于沂水县沂山南麓，顺山势东南流，至青峰岭转南，与沂河平行，至临沭县大官庄分成东、西两支，东支为新沭河，经石梁河水库进入江苏省，西支为老沭河，经郯城县老庄子入江苏省，在山东境内干流全长 195 千米，流域面积 5388.8 平方千米[1]。沂河、沭河河道流向受郯庐大断裂带控制，干流自北而南平行南列，形成著名的"姊妹河"[2]。

本区东临黄海，西接内陆，地处北半球中纬度偏南，属于暖温带季风气候。四季分明，气候适宜，雨量适中，河网发达，地貌类型丰富，为古人类的生息、繁衍提供了良好的空间场所和有利的物质基础。就目前旧石器考古工作成果来看，山东地区典型细石器遗存[②]

---

* 本文系国家社会科学基金青年项目（13CKG005）资助

① 苏北鲁南地区是华北东南部相对独立的自然地理单元，在地貌区划上属鲁中南丘陵地带。不论地质环境还是从已发现的器物来看，苏北细石器遗存面貌与鲁南均有着不可分割的联系，因此本文也对苏北地区相关遗存加以概述，后面认识部分也有涉及。

② 相对于汶泗河流域的细小石器地点而言。

主要分布在沂、沭河流域，同时该区也是旧石器时代晚期遗存最集中、工作基础最好的区域之一，并保存着相当连贯的新石器时代文化序列。曾有学者将沂河、沭河流域的旧石器文化称之为"沂沭旧石器文化"[3]。其后在这一地区发现的细石器文化称为"沂沭细石器文化"[4]。据不完全统计含有细石器的地点约有数十处之多。沂、沭河流域显示出的共性和特点使有些学者认为其是同一传统的文化共同体[5]，也有学者对该区域的 4 处遗址石制品类型进行初步研究，认为工艺技术存在多样性，至少存在两种不同的工业传统体系[6]。

　　细石器技术[7]是指从预制型（锥状、楔状、柱状和半锥状等）的细石核上用压制技术有序地生产石叶，并选用这些初级产品主要用压制技术制成各类工具。是为了适应复合工具的特殊需要而产生的一种工艺技术[8]。目前学界关于细石器的定义基本采用狭义的概括，即认为细石器是采用特殊的工艺技术来生产石制品，原则上以间接打法所剥下的细石叶、细石核以及以用细石叶加工的石制品为代表[9]。本文采纳狭义细石器的观点，对于不含有细石叶或细石核及细石叶制品的遗存则不加归纳。

二、沂、沭河流域细石器遗存概况

　　本区细石器地点所选石料之精、范围之广、数目之多使之可以作为开展鲁中南旧石器时代晚期工作的重要区域。现将沂、沭河流域发现和报道的主要细石器遗存简要介绍如下（图一）。

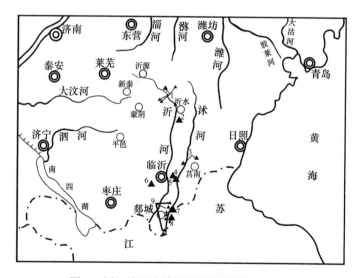

图一　沂、沭河流域细石器遗存的地理分布
1. 沂水县 7 处细石器地点　2. 宅科遗址　3. 莒南烟墩岭、九顶莲花山地点　4. 凤凰岭遗址
5. 青峰岭遗址　6. 湖台遗址　7. 黑龙潭遗址　8. 望海楼遗址　9. 马陵山细石器地点群
（沂水县 7 处细石器地点及马陵山细石器地点群包含地点较多，图中仅标示出部分）

（一）凤凰岭遗址

遗址西距沂河约 5 千米，地处沂河和沭河之间的冲积平原上，地理坐标为北纬 35° 04′ 32″、东经 118° 29′ 03.8″。20 世纪 80 年代发现，系山东地区最早发现的细石器遗存。1982 年，在配合兖（州）—石（臼所）铁路修建工程进行考古发掘中发现并采集 700 余件石制品。包括细石核 16 件，其中船形 5 件、楔形 2 件、锥形 8 件、柱形 1 件，另有 25 件细石叶。石器包括拇指盖刮削器、圆头刮削器、雕刻器及尖状器等。另有几件器形较大的石器，包括 7 件刮削器和 1 件砍砸器。此外还有 4 件磨制石器及 1 件哺乳动物化石[10]。石制品原料不见于本地，原研究者推测来源于几十里或数百里外。同年，中国社会科学院考古研究所山东工作队对该遗址进行发掘，共开 5 米 × 5 米探方 17 个，发掘面积 400 余平方米。出土石制品 1493 件，又于地表采集 265 件，共 1758 件。石制品一半是石片类，石核中细石核 84 件，细石叶 92 件，细石器剥片技术是该遗存的主要制造工艺。楔形石核占全部细石核数量的近 1/3，另外石片工具包括锥器、刮削器、单面器、尖状器等[11]。石料以燧石和玛瑙最多。

（二）湖台遗址

遗址位于临沂市城西南 9 千米处，南距罗庄镇驻地 2.5 千米。面积约 7.36 万平方米（320 米 × 230 米），海拔 70 米左右，位于沂河支流涑河的二级阶地上。1982 年于遗址顶部地表发现石制品，并于粉砂质黄土中采集到原料相同的标本。经报道的石制品共 371 件，石料以米黄色铝土岩为主，并有少量石英岩和燧石。类型可分为石核、石片、石器等。其中细石核 42 件，包括楔形 27 件、船形 15 件。另外还有一些不规则细石核及 10 件细石叶。石器包括刮削器、雕刻器、尖状器等。研究者根据其与凤凰岭遗址的比较，又鉴于石制品具有磨制石器过渡性质，遗存中存在磨光技术与琢击技术，推测其所处文化年代在中石器时代向早期新石器文化过渡阶段[12]。

（三）黑龙潭遗址

遗址位于红花乡黑龙潭南侧、马陵山西坡，东与江苏省东海县交界，处于鲁中南低山丘陵的南部边缘，海拔 70 ～ 75 米，西距沂河约 4 千米，地理坐标为北纬 34° 29′ 05.4″、东经 118° 24′ 25.6″[13]。1982 年 10 月，临沂地区文管会和郯城县图书馆同志在马陵山西侧郯城县山南头村和黑龙潭水库附近发现并采集数百件石制品。11 月中旬，再次在白鸡窝地点地层中获得一部分石制品和石料，现经报道者 351 件[14]。加工石制品的原料主要为石英、玛瑙、燧石、石髓、水晶、板岩等。许多标本保留了砾石面，表明原料来自于遗址附近的小河边或山顶的砾石层中。1984 年，中国社会科学院考古研究所山东工作队在遗址南侧开 15 个探方，发掘面积 224 平方米。发掘出土石制品 620 件，地表采集 90 件。探知文化层可分为 3 层：最下层为红色黏土层，仅含动物化石；中层灰色亚黏土层，含较多动物化石和部分较粗糙石制品，未见细石器；最上层为黑灰色或深灰色土的次生堆积，出细石器[15]。2001 年秋，中国社会科学院考古研究所山东工作队对黑龙潭遗址进行了补充发掘，布 3 个 2 米 ×2 米探方，共获得石制品 735 件，同时在地表采集到 43 件。此次发掘确认出有石制品的 3 个文化层中，上部两层均为再生堆积，下层为原生文化层，原生文化层中没有细石叶和细石核。此遗址已见报道的石制品总数 1839 件，关于其原生地层中不存在细石器的观点也逐渐为学界所认可。1984 年，中国社会科学院考古研究所对遗址次生地层含炭屑灰土进行了碳同位素测年，为距今 22450 年 ±520 年和 21820 年 ±520 年①[16]。就几次发掘及报道的情况来看，清理归类的细石核约 55 件②，其中船形石核 17 件以上；细石叶 23 件。统计及整理工作尚未开展。

（四）望海楼遗址

遗址位于郯城县红花乡黑龙潭南侧的马陵山山顶，海拔 114 ～ 117 米，地理坐标为北纬 34° 28′ 03.1″、东经 118° 24′ 19.6″。该遗址于 1982、1984 年由中国社会科学院考古研究所山东工作队进行数次调查，在山岭冲沟中采集了上千件石制品，包括大量的细石器及各类石片与废品[17]。1986 年，徐淑彬等人先后三次在此处的黄褐色粉砂土中采集到 222 件石制品[18]。2001 年秋，中国社会科学院考古所山东队在遗址冲沟附近开一条 1 米 ×3 米的探沟，发现原生地层厚约 1.8 米，出土 7 件细石叶石核、3 件细石器以及刮削器、尖状器和修理石片等石片工具，与采集的标本在石料、剥片技术等方面极为相近，为上千件石制品找到了可靠地层根据[19]。2000 年，孙波在马陵山附近调查时采集到 348 件石制品[20]，脉石英占总石料的半数以上，其次为石英岩、燧石、水晶、石英砂岩和少量板岩、鲕状岩、砾岩和石灰岩。石制品类型有锤击石核、石片、残片、砸击石核、细石核和各类石器。已发表报告的石制品中，细石核计 98 件③，细石

---

① 半衰期分别以 5730 年、5568 年计。

② 数字为临沂地区文管会报道的 22 件与中国社会科学院考古研究所山东工作队 1984、2001 年两次野外工作所得的 33 件未分类细石核之和。

③ 数字为徐淑彬《山东郯城望海楼发现旧石器地点》报道的 26 件，沈辰《山东旧石器晚期石器工业传统的多样性和复杂性——类型学分析》报道的 68 件，李罡、孙波《山东一批旧石器地点调查报告》报道的 9 件之和。

叶 95 件，石器中刮削器数量最多，另外还包括钻器、砍砸器和凹缺刮器等。

（五）马陵山细石器地点群

1982～1983 年，在郯城县山南头村、小尚庄发现细石器遗存。后山东省文物考古研究所、临沂地区文管会和郯城县图书馆，从新沂和郯城交界处的马陵山南端到郯城段家宅的马陵山北端展开调查，纵向 80 华里，共发现 40 处地点（包括之前发现的 4 个地点）[21]。据报告统计，25 处地点采集到细石核或细石叶，石制品多采自地表，未发现原生地层。获遗物 1762 件，可分为细小石器和粗大石器两大类。细小石器所用石料为燧石、石英、变质岩、板岩和水晶、玛瑙等。石器分为石核石器和石片石器。细石核有船形、锥形、楔形、柱状及不规则石核等。报告依石核形状划分出扇形石核、扁体石核、双台面石核、龟背状石核、蝉形石核、指形石核等，形制各具特色。石器包括拇指盖刮削器、雕刮器、尖状器等 16 种。粗大石器原料多选石英岩、变质岩、板岩。加工制作的方法有锤击法、碰砧法、砸击法等。石器亦大体可分石核石器和石片石器两类。石核石器共 18 件，器形包括大船底形石核、漏斗状石核、球状石核、一般石核和石球 5 种。石片石器依其形制和用途又分为大舌形刮削器、龟背状刮削器、圆石片刮削器、长石片刮削器、石片端刃刮削器、石片弧刃刮削器、石片切刮器、石片圆头刮削器、单刃刮削器、双刃刮削器、尖状器、矛形器、砍砸器、普通石片 14 种。依报告统计，细石核共 111 件，其中船形 62 件、楔形 7 件、锥形 6 件、柱形 4 件及其他细石核 14 件，另采集到 44 件细石叶。

（六）青峰岭遗址

遗址位于临沂市东南约 20 千米一漫坡状土丘上，东距沭河约 2 千米，系沂、沭河的分水岭，海拔 65～70 米。1984 年 5～6 月，中国社会科学院考古研究所山东工作队在遗址中、南部发掘探方 7 个，发掘面积 112 平方米，发掘深度 4.3～5.3 米。含细石器地层为河流冲积相的自然堆积，地质时代为全新世，距今万年左右。含细石器地层可分为 3 层：上层为棕红色黏质砂土；中层为细砂和黏土交互叠压层，具有水平层理或呈波装分布；下层为棕灰色黏质砂土。石制品包括典型的船底形、锥形、楔形、柱形石核。石器包括尖状器、刮削器、雕刻器、镞形器及石片、细石叶等类别。石料多选择石英、燧石、玛瑙、水晶及变质岩等。细石器约占石制品总数的 1/5 以上[22]。后据沈辰整理统计，报道称细石核 144 件，未做分类，另 424 件细石叶，共计 3045 件[23]。

（七）莒南烟墩岭、九顶莲花山地点

1987年，在莒南县石莲子乡烟墩岭和蝙山乡九顶莲花山两个地点先后数次采集151件石制品，现已报道其中128件[24]。烟墩岭东距沭河2千米，海拔70米，相当于河流二级阶地，地理坐标为北纬35°19′、东经118°39′。九顶莲花山地点地理坐标北纬35°12′、东经118°50′，海拔约200米。根据地貌和堆积物特征分析，石制品似出自沭河支流蝙山河二级阶地上。两地点第四纪堆积物均为一套灰黄色或褐色砂质土，石器散见于地表。石制品包括4件细石核，2件为楔形，均甚细小，另2件报告未提及；石片34件，其中锤击石片28件，砸击石片6件；石器22件，包括刮削器、砍砸器、雕刻器和尖状器等。原料以脉石英为主，石英岩次之，另有少量燧石和玛瑙。打片方法主要有锤击和砸击两种。石器的加工方式有正向、反向、两面和交互等。研究者认为所出楔形石核和拇指盖状端刮器与下川文化和北方其他同时代细石器文化的同类制品，在形态和修整方式上具有很大的相似性。其年代可推断为旧石器时代末期或更晚一些。

（八）宅科遗址

最初发现于1986年，次年进行调查并采集了一批细石器标本。遗址位于沂水县许家湖乡，北距县城约12千米，西距沂河约2千米。地处沂水县南部低山丘陵、宅科村东北丘陵之上，石制品集中分布在岭前坡、后坡两处（后坡地点石制品多于前坡），岭前有一条冲沟，石器地点周围地层为棕黄色砂质黏土，相当于沂河第二级阶地的地貌部位，土中含有少量的铁、锰钙质结核等。海拔在80米以上，地质年代为更新世晚期，由于长期的自然风蚀及雨水冲刷，石器地点地层保存不佳，大量的文化遗物暴露在地表。石料有石英、燧石、水晶、玛瑙等，极可能采自附近的砾石层。报告介绍了250件石制品中的100件。其中细石核20件，包括船形13件，楔形3件，锥形3件，柱形1件，另有少量细石叶。宅科发现的细石器遗存，在石制品组合方面，主要以船形石核、锥形石核、柱形石核及拇指盖状刮削器、尖状器、石镞等为典型代表。研究者认为从主要类型上看，其加工技术已较为进步，类型基本稳定[25]。

（九）沂水县7处细石器地点

1984年，临沂地区文管会和沂水县文管站在沂河流域共发现旧石器、细石器及哺乳动物化石地点27处，其中20处为旧石器时代晚期地点，依报告统计明确包含细石核及细石叶的遗址有 7 处。分布范围北自沙沟区野坊村，南到许家湖区的沙窝村龙泉站村一带。其中野坊干洞顶海拔 340 米，位于沂河支流，地表采集细石器（包括 1 件船形石核、5 件楔形石核、1 件漏斗状石核、3 件细石叶），石器（包括 7 件拇指盖刮削器、1 件尖状器、1 件石镞和 10 件各式刮削器）等共计 40 件石制品。王庄西山、双山东南岭、下桃峪村东、下位西北岭四地点均位于沂河支流西岸，地层为白垩纪风化壳或少量棕黄色砂质黏土。其中王庄西山地点于地表采集 1 件船形石核、2 件楔形石核，石器包括 2 件拇指盖刮削器、1 件雕刻器及 6 件刮削器等共 31 件石制品。双山东南岭地点采集包括 1 件船形石核在内的共计 4 件石制品。下桃峪村东地点采集 1 件楔形石核和 1 件刮削器在内的 5 件石制品。下位西北岭地点采集 1 件船形石核、1 件砸击石片及 1 件刮削器。黄山区龙家圈曾在棕黄色黏质砂土冲沟的断面上发现细石器，地层为棕黄色黏土夹岩石碎屑，疑似再生堆积，采集 1 件船形石核、1 件楔形石核、3 件砸击石片，石器有 2 件拇指盖刮削器、2 件雕刻器、1 件石镞、1 件凿形器及 5 件刮削器等共计 44 件石制品。许家湖沙窝村地点采集 1 件船形石核、2 件砸击石片、1 件细石叶及 2 件刮削器等共计 86 件石制品[26]。

（十）苏北大贤庄遗址

遗址位于江苏省东海县西北，庄西即为马陵山山脉，地理坐标为北纬 34°35′、东经 118°26′。1978 年南京博物院等单位在大贤庄南面的砂砾石层岗地上及西面马陵山的冲沟里采集到打制石器，包括典型的船底形石核，这也是沂、沭河流域首次发现细石器。据研究报告，石制品可区分为粗大石器与细石器两类，其中细石器所采用的石料有燧石、玉髓、玛瑙、水晶、石英、石英岩和脉石英等，均来自马陵山山体。细石器类型包括细石叶、细石核（包括船底形、铅笔头状和漏斗形石核 3 种）、细石核石器及尖状器、石钻、石矛、刮削器、雕刻器、琢背刀等。研究者将大贤庄细石器材料归之于中石器时代，年代距今 16000 ~ 10000 年[27]。

（十一）苏北马陵山中段——何山头、南山、石碑、范顶子地点

1984 年，南京博物院工作人员在南起新沂县何庄、北至东海县中寨的马陵山中段进行调查，发现多处具有相同特征的细石器地点，作者在《苏北马陵山中段的细石器》[28] 的报告中介绍了何山头、南山、石碑、范顶子 4 个细石器地点。何山头位于新沂县城东北约 7 千米何山头山北侧的山脊上，海拔 91 米，地理坐标为东经 118°23′56″，北纬 34°25′40″，文化层厚 1 米左右。南山地点位于左口乡大贤庄西

0.75 千米的南山山脊上，海拔 83 米，地层厚 0.5 米，石器多采集于地表。石碑地点位于左口乡南古寨村西南 2 千米的一小山顶部，海拔 88 米左右，跨郯城和江苏东海两县，地层流失，多为采集。范顶子地点位于南古寨村西 1.5 千米范顶子山顶部，海拔 90 米，地理坐标为东经 118° 25′ 23″、北纬 34° 36′ 8″，地层几乎全部流失，仅在山顶低凹处留有残迹，石器主要出露在这些地方。上述地点石制品均产于残坡积相的以土黄色亚砂土为主的层位中。研究者认为 4 个地点在石料、器形和加工技术等方面基本一致。共 159 件，分为细小石器和石片石器两类。石料以燧石、石英砂岩居多，脉石英、水晶、石英为数较少。石制品类型有细石核（包括漏斗状石核、扁柱状石核、楔状石核、船底形石核、石核坯）、石片和石器（包括各式刮削器、尖状器、石锥、石镞、石核式石器等）。

（十二）苏北马陵山爪墩遗址

该遗址与上述 4 个地点系同时发现，研究者认为爪墩石器具有自己的文化特色，又代表了一定的区域性，所以单独撰写报告介绍，并将其概括为"爪墩文化"[29]。遗址位于大贤庄西南约 2 千米的爪墩山，爪墩山是马陵山的一个组成部分，西北距郯城县约 9 千米，地理坐标为东经 118° 25′ 29″、北纬 34° 34′ 13″。山顶和山坡部位，分布有薄层残坡积物，厚度不足 1 米，结构比较松散，岩性为土黄色亚砂土，夹有少量碎石、砾石。这层残坡积物的表面，散布着大量的人工石制品，尤以山的南坡较为集中。石制品分为两大类，一类为由间接方法加工的细小石器，是遗址文化的主体，另一类为直接方法打制的大型石器，原料以燧石、石英砂岩为主，次之为脉石英、少数为石英和水晶。通过比较，研究者认为爪墩遗址的石器材料特别是其中的主要和典型器物的特征与下川极为相似，因此文化时代也相当，抑或产生于旧石器时代晚期之末。

（十三）桃花涧—将军崖遗址

20 世纪 70 年代末至 80 年代初，连云港市博物馆在锦屏山南麓的桃花涧旁发现 2 件细石器，于《连云港市桃花涧旧石器时代晚期遗址试掘报告》中对此遗址进行报道[30]。2002～2006 年，南京博物院等单位和北京大学考古文博院对锦屏山下将军崖旧石器晚期遗址进行了连续三年的考古发掘。据《江苏连云港将军崖旧石器晚期遗址的考古发掘与收获》[31]一文介绍，研究者把将军崖遗址划分为东西两区。西区（将军崖地点）位于蚂蟥涧两侧，面积 150 米 ×100 米；东区（桃花涧地点）位于将军崖东北300米的桃花涧西岸，面积约50米×50米。通过发掘，找到了产出石制品的原生层位和一些重要的遗迹现象，共获得石制品1500余件，并发现一些重要的遗迹现象。石制品中石片石器和细石器各占一定比例。石料包括石英、燧石、硅质岩、水晶、玛瑙、火成岩、变质岩等10余种。打制方法主要为间接锤击法，其次为直接锤击法，一部分使用了砸击法。主要类型包括石核、石片、石锤、刮削器、尖状器、石锥、石镞、雕刻器、砍砸器等，工具类型以刮削器最多，以小型为主。主要文化层的地质年代为晚更新世晚期至全新世早期。

三、细石器工艺技术研究

（一）细石核原料利用分析

沂、沭河流域细石器遗存是山东地区细石器工艺传统分布最为广泛的区域[32]，随着旧石器考古理念的拓宽和多角度探讨遗址功能思维的开展，越来越多的学者注意到石器原料对旧石器工业面貌的影响作用[33]，并有学者就石料对原始技术和古人类生计方式等方面展开了深入的研究[34]，对于石料特点的认识差异也引起中国旧石器考古史上的两次大讨论[35]。诚然，石器原料是一批石制品的核心，其对于分析石器组合特征都很有帮助[36]。原料的岩性、自身形体的大小以及分布的时空特点，对石器工业有着不可忽视的影响。沂、沭河流域发现的细石器遗存的石制品多为调查采集的地表遗物，经正式发掘或试掘的遗址与统计的细石器地点总数相比少之又少，仅有凤凰岭、黑龙潭、望海楼和青峰岭4处，已有学者进行统计并就此做了相关的类型学比较分析[37]。为求对该区域细石核原料利用分析的科学性和准确性，本文将以以上4处经正规发掘的遗址材料为主并结合其他地点的采集标本，同时参考本区相关岩石地层资料予以简要分析。

沂、沭河流域发现的细石器遗存，除湖台遗址石料以米黄色铝土岩为主，并少量石英岩和燧石外，其他遗址或地点均由燧石、脉/石英、玛瑙等几种石料组成，只是所占比例不尽相同：凤凰岭遗址以燧石和玛瑙最多；宅科遗址石料比例从多到少依次为石英、燧石和玛瑙；望海楼遗址以石英岩和石英砂岩为主，兼有脉石英和燧石等；黑龙潭遗址绝大多数是脉石英，另有部分石英岩，其他石料类别出现率极低；马陵山40处地点中，25处含细石器制品[38]，因地点较多，石料也较复杂，包括燧石、石英、变质岩、板岩、水晶和玛瑙等；青峰岭遗址石料以石英、燧石为主，兼有玛瑙、水晶及变质岩类；沂水县7处细石器地点中均含有燧石、石英，另还包括玛瑙和石英砂岩诸类；莒南2地点以脉石英为主，石英岩次之，另伴随少量燧石及玛瑙制品；大贤庄遗址细石器所采用的石料以燧石、玉髓、玛瑙为主，另少量水晶、石英岩等；苏北马陵山中段 4 个地点及爪墩遗址所选石料均以燧石、石英砂岩为多，脉石英、水晶、石英为数较少；将军崖遗址石料包括石英、燧石、硅质岩、水晶、玛瑙、火成岩、变质岩等 10 余种，但细石器石料也多以燧石等硅质岩为主。综上所述，因以上诸细石器遗址或地点均不同程度地使用或者显示出细石叶剥片技术，而这一技术对于石料的要求很高，因此对于其中的细石核及拇指盖刮削器等典型细石器传统器类等，使用燧石或玛瑙等质地优良、硬度适合的石料进行预制和修整，具有其他石料无法比拟的客观优势。燧石是最常见的一种硅质岩，被认为是打制石器的最理想原料，在欧洲极为常见，在我国旧石器遗址中也有用燧石作为石料的现象，尤其是到了旧石器时代晚期的华北地区。其主要由蛋白石、玉髓和石英等组成。呈隐晶质结构，少数为鲕状结构，质致密而坚硬，具贝壳状断口。颜色多样，常呈灰、白、黄等色。在产出状态上燧石多呈结核状、透镜状和条带状，产于碳酸盐或泥岩中，少数呈较薄的层状。多数欧洲学者将灰黑色燧石称为火石（flint）[39]。因此，对于此类石料的广泛应用，可见该区域古人类对此种石料性质的了解和石器制作技术的认知能力较强，也反映了其遵循就地取材、因材施法的务实性和机动灵活性的开发利用方式[40]。

（二）细石核主要类别及主要技术特点

细石核是为了便于生产细石叶而被加工成各种形状的，它反映了细石叶的部分生产过程[41]。目前对其分类还多以形态特征的差别加以区分，其中，细石核的台面、台面宽度和核体高度的比值、核体断面形态是构成细石核之间差别的关键要素，正是由于这几个要素决定细石核的预制、修理、剥片等状态中的基本形态。适合的这些要素决定的石核基本形状可能与原料、个人喜好、甚至不同的技术传统以及对不同环境的适应策略有关[42]。细石核中最常见的类型包括楔形、锥形、柱形、船形、漏斗形，等等。就目前发现和报道的沂、沭河流域细石器遗存中以上几种细石核均有发现的例子。其中对船形石核还有船底形石核[43]、船头形石核[44]的称谓，楔形石核也有宽型、窄型两种，如沂水县的野坊地点、湖台遗址、宅科遗址等报告中便做了这样的区分。经统计分析可知，上述细石器遗址或地点中，船形石核的数量最多，且在部分遗址或地点所包含的细石核中所占比例也最大，基本上有楔形石核的地点都会有船形石核发现，但仅一二处地点是采集有楔形石核却未见船形的情况，且所发现之楔形石核又极少，如沂水县下桃峪地点采集到的 5 件石制品中只有 1 件楔形石核、1 件刮削器和 3 件废料，马陵山地点群里的楼门口地点 16 件石制品中细石核也仅有楔形石核 1 件，南泉村 3 件石制品中 1 件楔形石核、1 件细石叶及 1 件刮削器。本区其他类型细石核似均不其典型，柱形石核有的似乎更接近硬锤法剥片，且据部分报告中的线图也未见周身对向剥取石叶的典型特征，锥形石核相对压剥的特征则更为明显，但核体均较矮小。沈辰在重新整理了鲁南几处细石器遗存的材料后，认为凤凰岭和青峰岭遗址存在数量较多的楔形石核和两面器，提出其细石器传统属于楔形石核工艺类型，但暂未见详细的研究报告，无法进行统计[45]。因此，就目前掌握的资料来看，本区船形石核类型在数量上相对丰富，上述地点中所谓的锥形石核一部分很可能是船形石核剥片工艺流程中处于即将废弃阶段的产品，但不排除本区含有锥形、半锥形石核等类型的存在。通过对比发现，细石核的剥制技术以沂、沐河下游的郯城马陵山最为精湛，核体规整程度较高，似乎代表了该区细石器技术的最高水平；往中游的临沂凤凰岭和青峰岭等地点，不论细石核的类型还是数量均有所增加，压制技术也保持着较高的水平；至上游的沂水几处细石器地点及宅科遗址等似乎有修制渐趋粗糙的迹象。

（三）以船形石核为主的技术类型分布区

华北地区是目前我国细石器遗址发现最多、研究最为充分的地区。当前已有学者对这一地区的细石器工业进行分区和分期研究，盖培以细石核台面与剥片面的比值作为划分标准将华北旧石器时代晚期细石器工业分为南、北两个系列。台面与剥片面的比值大于1的南部系列以下川文化为代表，细石核以锥状和柱状为主，还包括南部苏北的马陵山遗址等；比值小于1的北部系列以虎头梁文化为代表，细石核以楔型为主，还包括昂昂溪大兴屯和呼玛十八站等遗址[46]。谢飞则根据楔形细石核和船形细石核划分为两种主要技术类型分布区，并据此将华北地区的细石器遗址分成东、西两大区，五个亚区。东区是以船形石核技术为主的分布区，包含Ⅰ、Ⅴ两个亚区，主要分布在东自渤海、西至怀来盆地间的广大地区和苏北、鲁南以沂河、沐河流域为中心的广大地域。西区则是以楔型石核技术为主的分布区，包含Ⅱ、Ⅲ、Ⅳ三个亚区，主要分布在河北泥河湾盆地及西邻的山西雁北地区，以下川、薛关、丁村77：01和柿子滩遗址为中心的山西西南部以及以河南许昌灵井遗址为代表的郑州南部区域[47]。

笔者认为以细石核台面与剥片面的比值与1的比较作为标准将华北旧石器时代晚期细石器工业划分为南、北两个系列并无不妥，但北部系列所列举之下川文化为代表、包括苏北马陵山遗址等细石核以锥状和柱状为主似乎有所失实。首先下川文化的确以其锥形石核为主要细石核类型，但同时也包括大量的楔形石核，此外，部分石核式刮削器中也有比例不小的器物可以归为船形石核[48]，并已有学者将其作为船形石核进行细石器工业分区的研究[49]，因此单纯将锥形石核提出并作为主要代表器物加以概括似有所偏颇。同时爪墩文化中锥形石核及柱形石核并不是该遗址中所占比例最大的细石核类型，且其楔形石核中的所谓宽型者、平底状、漏斗状石核很大一部分应该归为船形石核的范畴，且报告中对37件细石核坯的描述，很符合船形石核预制品的特点，所以很难以锥形、柱形石核作为爪墩文化最主要的细石核代表，而该遗址中的船形石核则应是主要的细石核类型。相似的情形也存在于苏北马陵山中段的4个细石器地点中，其报告27页的9个细石核的线图①和其关于10件石核坯的文字描述很明显应划分为船形石核的预制、剥片中晚期及废弃阶段的产品。大贤庄是沂、沭河流域最早发现细石器的地点，16件细石核之中船形石核10件、锥形石核2件中的1件（D.M.56）及1件漏斗状石核（D.M.23）似为船形石核剥片晚期产品，另文中的平底三棱尖状器（D.M.218）应为船形石核剥片初期的状态。综上来看，即便下川遗址可以归为以锥形石核为主要技术类型的代表的话，鲁南、苏北地区即沂、沭河流域则很难以锥形、柱形石核作为代表而概括之。本区船形石核在细石核中所占的比例最大，技术水平也相对较高，一定程度上代表了此文化时代石器技术的最高成就，因而我们认为谢飞关于华北地区的细石器技术类型分区说中，将该区归为东区第V亚区亦即以船形石核技术类型为主的分布区，更为贴近本区细石核工艺的真实面貌。

笔者之所以认为上述报告中部分细石器产品，如漏斗状、扁柱状、平底状石核及细石核坯、甚至部分宽型楔形石核应划归为船形石核②，是因为我们在对细石核剥片工艺判断的同时，将其置于一个工艺流程之中——我们观察的对象只是它在这一系列剥片过程中某个片段的反映，而不是将其作为孤立的个体或最终产品。也即盖培以虎头梁遗址中的楔形石核为例提出的动态类型学思想，他认为目前对于楔形石核的研究分类多采用静态类型学的研究方法，在这种方法的指导下，许多学者将与楔状石核有直接关系的许多材料描述为尖状器、雕刻器和刮削器。这种分类的结果是不仅给楔状石核的研究造成许多困难，而且也给石器的研究造成了额外的麻烦，进而由此引申出来的关于文化性质的各种推论便不可能是正确的。因此他认为："产生形态变化是细石核的固有特征，认为它从始至终一直处于形态变化之中，所以需要研究预制品的制作和石核体的利用的全部过程，把每件标本都不看作是最终产品，而是作为正处于工作进程中的一个片断的代表来加以观察，从剥离石叶的角度观察石核体的形态变化。从动态类型学的角度来看，细石核不应按形态进行分类。"[50]当然与此内涵相近的研究模式还有"操作链"研究模式，虽然动态类型学并没有将所有的类型置于所谓"动态"

---

① 原文报告图二中的JM3：1漏斗状石核应是船形石核剥片的晚期产品，JM1：3的所谓扁柱状石核和JM2：1的楔状石核都应归为船形石核。

② 在此指代从石核预制、剥片的初中期直至废弃各阶段的船形石核。

过程中，出现缺环现象，即不仅要描述石器生产过程和生命史，而且表达与影响生产活动各种因素相关的技术经济行为。研究必须涵盖从原料获取到工具废弃各个环节的信息，并且分辨在任何特定条件下可能采取的其他选择或步骤，石制品的生命轨迹包括三个亚系统，分别是原料采办，生产制作，使用、维修及废弃[51]。但仍无法泯灭其最初为学者提供了对传统静态类型学的反思和改进。"操作链"、动态石核系统研究模式的提出和在研究石核剥片技术方面的开展，为我们了解古人类在制造石器能力上的认知程度提供了新的角度和方法。对于细石核工艺流程的复原及思索便显得相对必要了。

（四）沂、沭河流域船形石核工艺流程研究

在沂、沭河流域，船形石核作为主要的细石核类型，我们尝试对其工艺流程进行简单的复原。首先简单回顾一下"船形石核"称谓的来源。细石器在华北的首次发现是陕西朝邑、大荔的沙苑遗址，有细石核和细石叶，不见陶片，断代为中石器至新石器时代初期，而我国首次使用船形石核这一名称的是安志敏。1978年他在对海拉尔的中石器遗存进行介绍时，将一些细石核命名为船底形石核[52]。贾兰坡曾在《中国细石器的特征和它的传统、起源与分布》一文中将船形石核叫做扇形石核[53]。由于当时发现的标本数量较少，观察研究不够深入，对此类石核的认识尚停留在推测阶段。同时期或稍后的研究文章，也多限于这种探究和摸索，对船形石核的制备加工或剥取细石叶的工艺技术的认识是不够准确的。船形石核的名称除了有扇形石核外，还有船底形石核、船头形石核诸叫法，其中以船底形石核的叫法最为常见。我们认为，界定类型而所用称谓不同很可能是剥片过程中对某一阶段产品特征概括的认识使然，如定义"船头形石核"时，是因其纵向体积多为船底型石核的1/3，但这很可能是剥片接近晚期，核体缩减后所表现出来的阶段特征。

关于船形石核的定义和界定已有不少学者予以说明和阐释，限于篇幅，本文不做展开，仅根据相关资料并结合笔者自身的认识，将船形石核界定如下。首先毛坯多选择厚石片和带有石片疤的板状石块。其次选择平坦面为台面，而后自台面向下周身修整，台面相对端（底端）多不修整，呈锐棱或小平面，偶尔有修整情况，但这种加工显得简单而随意。进而剥片，船形石核的工作面多在较为宽阔的一端，用以剥取细石叶，也有两端剥片者，个别的甚至周身剥制。在剥片过程中一般不对台面进行修整。当工作面不能满足剥片需要时，可以通过更新工作面，改善剥片角度而重新获得理想的工作面。船形石核特点是台面宽阔平坦，核身低矮，工作面呈倒三角形或梯形。剥取下的细石叶细矮、薄锐。

船形石核的制备是遵循一定流程的，客观上需要较多船形石核标本、尤其是各个

阶段标准石核的存在，才能让我们可以总结、概括制作者在运用船形石核技术过程中，所蕴藏的较为稳定工艺流程。鉴于以上条件暂时无法满足，现只结合部分已发表报告中所涉及的船形石核标本和相关研究成果做一剥片程序复原分析，就一般意义上的理论将其流程示意如下[54]：

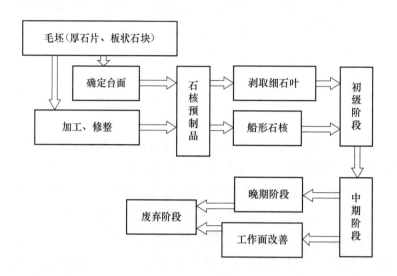

1. 船形石核预制品的制备

本区所选石核毛坯多为厚石片和断块。其中对厚石片的要求是需有一定长度，背面有一条稳定的纵脊或背面明显凸起，腹面平坦，中部略内凹，远端内卷，以确定理想的台面。制备程序是以腹面为台面向下顺次打片修整核身，由于背面纵脊的引导，核身的形制渐趋规整，使石核横截面呈三角形或梯形；以具有平坦石片疤痕的断块作为预制毛坯的坯材，此类标本的形体大小需符合船形石核预制品的基本要求，所确定的台面往往是具有一个较为完整的石片疤痕，因此该面较为平坦，中部略内凹，两侧及远端微翘。综上两种毛坯的特点，我们可以看出选取的毛坯是要具备一定的条件和特征的：有一定的长度，即要满足船形石核预制品的形态大小的基本要求，毛坯台面内凹或部分内凹，两侧边或远端微翘，有一个稳定的底缘，或直接选择带有稳定纵脊的厚石片为毛坯，继而微经修理，或将选择的断块经修身打片，使片疤汇于底端而成的锐棱和小平面。不管是哪一种坯材加工的毛坯，其制备程序均是先确定台面，或为石片腹面，或是经打击的剥离面，然后自台面向下粗略修理核身，继而较细致锤打，使核身的形制渐趋规整，使石核横截面呈倒三角形或梯形。王建先生认为对于细石核的控制应包括三个形制要素：单一固定的台面、棱锥状剥片面和特定的底部，这对于细石叶的连续、顺利剥制具有很重要的意义。船形石核的台面一经确定便不再更换，这与楔形石核在晚期阶段存在的剥片面与台面互换的情况截然不同。剥片面与台面所成角度直接关系到能否顺利剥片，因为只有石核的台面角小于90°时，剥片才能进行，所以剥片面便必须满足是棱锥状或者梯形。底部为锐棱则更可以引导细石叶的走向。船形石核的预制品是满足这些要素的。据已发表的材料，苏北马陵山爪墩遗址[55] 报告中图三：5（图二，1）、黑龙潭遗址[56]中的2件三棱状石核（原报告图四石核中的2、3；图二，2、3）属于这个阶段，但是具体毛坯不好确认。

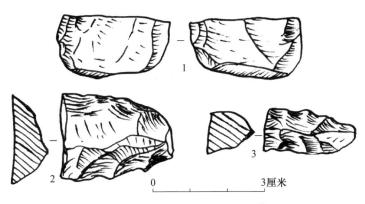

图二　船形石核预制品的制备①
1. 爪墩遗址　2、3. 黑龙潭遗址

2. 船形石核剥片过程

依据船形石核核体在剥片过程中所表现的不同特征，可以将这一过程分为三个阶段：初始阶段、中期阶段、废弃阶段。

初始阶段：在完成船形石核预制品精致修理之后，在其相对宽阔的一端剥取细石叶，产生工作面。该阶段的特征是核体基本保持石核预制品的形态特征，剥取的细石叶很少，工作面较窄，尚未完全形成。细石叶疤窄小，不规整。大体属于该阶段的石核有沂水县几处细石器地点[57] 报告中图四“细石器”中的4（图三，1）、爪墩遗址[58] 报告中的图三：2（图三，2）。

中期阶段：船形石核的长度变小，工作面完全展开。其宽度、高度和剥片角度达到最佳程度。所剥细石叶形制规整、平滑薄锐，剥片过程中始终不做台面修整，但由于工匠技术水平和石料质地方面的影响，剥片面会出现断坎、凌乱等限制剥片的情况，这时可以通过打掉剥片面，使工作面更新这种做法加以调整和改善，工作面更新石片的打制同样可以用来调整剥片角度问题。暂未找到这类石片。大体属于此阶段船形石核的标本有望海楼遗址[59] 报告中的图五：11（图四，2）、爪墩遗址报告中图三：1（图四，3），黑龙潭遗址原报告图三“船底型石核”中的1、2（图四，1、4）。

① 本文所引各阶段船形石核标本线图均出自各原研究报告，未一一标出，下同。

图三　船形石核剥片过程——初始阶段

1. 沂水县　2. 爪墩遗址

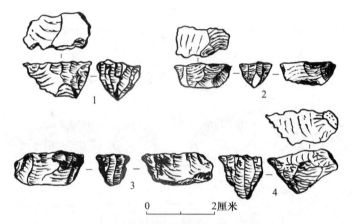

图四　船形石核剥片过程——中期阶段

1、4. 黑龙潭遗址　2. 望海楼遗址　3. 爪墩遗址

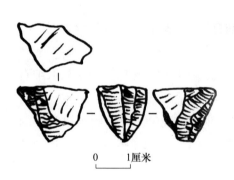

图五　船形石核剥片过程——废弃阶段

废弃阶段：核体急剧收缩，已达到剥片极致，剥片角度不适合继续剥取细石叶。属于此阶段或即将废弃的标本有黑龙潭遗址报告中图四"石核"中的 5 锥形石核（图五）。

对于石核的废弃，有学者认为有理论废弃和实际废弃之分，理论上石核可尽其用，至于无法剥片而弃之；实际废弃则发生在每一个阶段[60]，还有学者认为一些预制阶段的细石核弃之不用的原因很可能是作为储备原料[61]。

四、余　论

本文列举了沂、沭河流域已发现和报道的细石器地点或遗址（群），并就其中的工艺技术进行了分析，将船形石核的剥片工艺流程进行了简单梳理。经研究表明，本区已知细石核类型包括船形石核①、楔形石核、锥形石核、半锥型石核、柱形石核及

---

①　鉴于有船底型石核、船头型石核等多种称谓，此统称为船形石核。

一些不规则细石核。存在锤击法、间接剥片法和砸击法为主的剥片技术，可能也存在碰砧法。船形石核工艺采取的对象多选择燧石、玉髓、石英岩和变质岩等硬度、脆性较好的石料进行预制、剥片、维修利用及废弃。

山东地区石器工业存在多样性和复杂性，尤其是沂、沭河流域的细石器遗存更加加深了这种认识。短期内依靠已有的材料和研究基础很难梳理出更加明确的脉络关系和令人信服的结论来。对比来看，沂、沭河下游包括鲁南、苏北在内的马陵山细石器遗存联系得应相对紧密，文化内涵接近。沂、沭河中游的临沂市附近以凤凰岭和青峰岭遗址为代表的细石器遗存，不论细石核的类型还是数量均有所增加，压制技术也保持着较高的水平，至上游的沂水几处细石器地点及宅科遗址等似乎有修制渐趋粗糙的迹象。

与华北地区如下川遗址的对比来看，无论在器物类型丰富程度，还是细石核修理精致程度均存在一定差距，显得相对落后。泥河湾盆地细石器遗存是目前研究较多的主要区域之一，籍箕滩[62]、虎头梁[63]和马鞍山[64]等遗址均以楔形石核为主要类型，基本不见其他类别的细石核，沂、沭河流域的楔形石核工艺类型也远不如河北地区丰富。泥河湾盆地里除了楔形石核为主的细石器遗存外，还包括近年报道的单纯以船形石核为主要技术类型的二道梁遗址，同时冀东淳泗涧[65]和大所各庄、东灰山等地的船形石核也具有相近的工业特色，本区的船形石核工艺技术与我国华北地区必然存在着某种联系，只是二地域之间尚未发现细石器遗存。1965年，于沂源县土门镇黄崖村西北的千人洞发现了山东地区第一处旧石器时代洞穴遗址[66]；1966年，在新泰县刘杜乡乌珠台村南的一处洞穴中，发现了新泰智人[67]；1981年，同样是在沂源县土门镇骑子鞍山东麓发现了带有典型直立人特征的沂源猿人的头盖骨和牙齿[68]，后又于附近发现了上崖洞遗址[69]，其与千人洞文化内涵相似，同属于旧石器时代晚期文化。本区发现的属于旧石器时代早期的阶段的遗址有南洼洞[70]和秦家官庄[71]。"沂沭旧石器文化"和"沂沭细石器文化"有着共同的、范围不大的分布区，在旧石器晚期的历史条件下，在同一小范围内的先后两个文化、最大的可能就是互相承袭的关系[72]，自身保持着一定的地域特色。诚然这种分布态势与最后冰期最盛期所带来的环境变化密切相关[73]。

沂、沭河流域细石器遗存自最早的凤凰岭遗址发现至今已有30多个年头，发现了数十处细石器地点或遗址，这些遗存的发现和研究，对于复原本区古人类生存环境及其生存模式具有十分重要的科学意义。同时该区再包括苏北在内的几处细石器地点，作为华北平原东南隅的、相对独立的自然地理单元，也成为我国细石器工业的重要组成部分。对山东地区细石器工艺技术的研究是开展本区旧石器时代晚期石器技术复杂性研究的关键，同时对探讨中国旧石器时代文化的地区变异和东北亚地区远古人类的迁徙、交流和生存行为提供重要的材料和依据[74]。

注　释

［1］ 孙庆基：《山东省地理》，山东教育出版社，1987 年，141 ～ 143 页。

［2］ 张祖陆：《沂沭断裂带构造地貌格局及其形成与演化》，《山东师范大学学报（自然科学版）》1990 年 4 期。

［3］ 张学海：《论四十年来山东先秦考古的基本收获》，《海岱考古》第一辑，山东大学出版社，1989 年，325 ～ 343 页。

［4］ 同［3］。

［5］ 栾丰实：《试论马陵山地区的细石器遗存及相关问题》，《中国史前考古学研究——祝贺石兴邦先生考古半世纪暨八秩华诞文集》，三秦出版社，2003 年，86 ～ 96 页。

［6］ 沈辰：《山东旧石器晚期石器工业传统的多样性和复杂性——类型学分析》，《东方考古》第 1 集，1 ～ 22 页；沈辰：《细石器工艺、细石器传统及山东细石器研究的初步认识》，《桃李成蹊集：庆祝安志敏先生八十寿辰》，香港中文大学中国考古艺术研究中心，2004 年，45 ～ 56 页。

［7］ 张森水：《中国北方旧石器工业的区域渐进与文化交流》，《人类学学报》1990 年 9 期，322 ～ 333 页。

［8］ 安志敏：《海拉尔的中石器遗存——兼论细石器的起源和传统》，《考古学报》1978 年 3 期，289 ～ 315 页。

［9］ 安志敏：《中国细石器研究的开拓和成果——纪念裴文中教授逝世 20 周年》，《第四纪研究》2002 年 1 期，6 ～ 10 页。

［10］ 临沂地区文物管理委员会：《山东临沂县凤凰岭发现细石器》，《考古》1983 年 5 期，385 ～ 388 页。

［11］ 同［6］。

［12］ 徐淑彬等：《山东临沂湖台石器时代遗存及研究》，《东南文化》1989 年 3 期，192 ～ 201 页。

［13］ 同［6］。

［14］ 临沂地区文物管理委员会、郯城县图书馆：《山东郯城黑龙潭细石器遗址》，《考古》1986 年 8 期，673 ～ 679 页。

［15］ 韩榕：《郯城县黑龙潭旧石器时代遗存》，《中国考古学年鉴·1985》，文物出版社，1985 年，154 ～ 155 页。

［16］ 中国社会科学院考古研究所实验室：《放射性碳素测定年代报告（一八）》，《考古》1991 年 7 期，659 页。

［17］ 同［6］。

［18］ 徐淑彬等：《山东郯城望海楼发现旧石器地点》，《考古》1989 年 11 期，961 ～ 966 页。

［19］ 同［6］。

［20］ 李罡、孙波：《山东一批旧石器地点调查报告》，《海岱考古》第五辑，2012 年，科学出版社，16 ～ 25 页。

［21］ 山东省文物考古研究所等：《山东郯城马陵山细石器遗存调查报告》，《史前研究》1987 年 1 期。

［22］ 韩榕：《临沂市青峰岭细石器遗存》，《中国考古学年鉴·1985》，文物出版社，1985 年，155 页。

［23］ 同［6］。

［24］ 员晓枫等：《山东莒南发现的石制品》，《人类学学报》1989 年 1 期。

［25］ 孔繁刚：《山东省沂水县宅科的细石器遗存》，《东南文化》1990 年 4 期，174 ～ 179 页。

［26］ 临沂地区文物管理委员会等：《山东沂水县晚期旧石器、细石器调查》，《考古》1986 年 11 期，961 ～ 965 页。

［27］ 葛治功、林一璞：《大贤庄的中石器时代细石器——兼论我国细石器的分期与分布》，《东南文化》1985 年首刊。

［28］ 张祖方：《苏北马陵山中段的细石器》，《东南文化》1985 年首刊。

［29］ 张祖方：《爪墩文化——苏北马陵山爪墩遗址调查报告》，《东南文化》1987 年 2 期。

［30］ 李洪浦：《连云港市桃花涧旧石器时代晚期遗址试掘报告》，《东南文化》1989 年 3 期。

［31］ 房迎三等：《江苏连云港将军崖旧石器晚期遗址的考古发掘与收获》，《东南文化》2008 年 1 期。

［32］ 山东省文物考古研究所，《山东 20 世纪的考古发现和研究》，科学出版社，2005 年。

［33］ 胡松梅：《略谈我国旧石器时代石器原料的选择与岩性的关系》，《考古与文物》1992 年 2 期，40 ～ 45 页；谢飞等：《四方洞——河北第一处旧石器时代洞穴遗址》，《文物春秋》1992 年增刊。

［34］ 陈淳：《旧石器研究：原料、技术及其他》，《人类学学报》1996 年 3 期，268 ～ 275 页；王幼平：《试论石器原料对华北旧石器工业的影响》，《迎接二十一世纪的中国考古学——国际学术讨论会论文集》，北京大学出版社，1998 年，75 ～ 85 页；高星：《周口店第 15 地点石器原料开发方略与经济形态研究》，《人类学学报》2001 年 3 期，186 ～ 200 页。

［35］ 杜水生：《中国旧石器考古史上的两次大讨论》，《文物春秋》2006 年 6 期，1 ～ 6 页。

［36］ Odell G H. *Lithic Analysis*. London：Kluwer Academic/Plenum Publishers，2004：1 ～ 320.

［37］ 同［6］；王法岗：《山东地区旧石器时代遗存研究》，吉林大学硕士学位论文，2006 年。

［38］ 注：即采集到细石核或细石叶或二者兼而有之，其余 15 处地点则未见细石器典型制品。但 25 处地点中多处地点均系在同一小区域内发现，如望海楼 a、b、c、d，黑水潭 a、b、c，刘庄东岭 a、c，徐集村 b、c、d，小麦城 a、c、d，大旺庄 b，二旺庄 a、c，所以不排除个别地点属于非细石器传统，如在小麦城 a、黑水潭 c 地点仅采集到 1 件细石叶，如果对其类型判断上存在误差的话，那么该地点理应划去，但考虑到区域内细石器传统必然存在的客观事实，那么对其数目准确性上的苛求便显得没有太多必要了。

［39］ 裴树文：《石制品原料的分类命名及相关问题讨论》，《文物春秋》2001 年 2 期。

［40］ 高星、裴树文：《中国古人类石器技术与生存模式的考古学阐释》，《第四纪研究》2006 年 4 期。

［41］ 陈淳：《中国细石核类型和工艺初探——兼谈与东北亚、西北美的文化联系》，《人类学学报》1983 年 4 期。

［42］ 盖培：《阳原石核的动态类型学研究及其工艺思想分析》，《人类学学报》1984 年 3 期。

［43］ 沈辰、高星、胡秉华：《山东细石器遗存以及对"凤凰岭文化"的重新认识》，《人类学学报》2003 年 4 期，293 ～ 307 页；同［16］［21］［31］。

［44］ 同［18］；徐淑彬，《"凤凰岭文化"初探》，《第七届中国古脊椎动物学学术年会论文集》，海洋出版社，1999 年，249 ～ 257 页。

［45］ 同［6］。

［46］ Gai P.Microblade：《中国科学院古脊椎动物与古人类研究所参加第十三届国际第四纪大会论文集》，北京科学技术出版社，1991 年，21 ～ 31 页。

［47］ 谢飞：《河北旧石器时代晚期细石器遗存的分布及在华北马蹄形分布带中的位置》，《文物春秋》2000 年 2 期。

［48］ 王益人：《关于下川文化的几个问题》，《中国史前考古学研究——祝贺石兴邦先生考古半世纪暨八秩华诞文集》，三秦出版社，2004 年，109 ～ 131 页。

［49］ 同［47］。

［50］ 同［42］。

［51］ 转引自陈虹：《华北细石叶工艺的文化适应研究——晋冀地区部分旧石器时代晚期遗址的考古学分析》，浙江大学出版社，2011 年，47 ～ 59 页。

［52］ 安志敏：《海拉尔的中石器遗存——兼论细石器的起源和传统》，《考古学报》1978 年 3 期。

［53］ 贾兰坡：《中国细石器的特征和它的传统、起源与分布》，《古脊椎动物与古人类》1978 年 2 期。

［54］ 李罡：《泥河湾盆地旧石器时代晚期二道梁遗址初步研究》，河北师范大学硕士论文，2009 年。

［55］ 同［29］。

［56］ 同［14］。

［57］ 同［26］。

［58］ 同［55］。

［59］ 同［18］。

［60］ 陈胜前：《泥河湾盆地籍箕滩、西水地遗址楔形细石核的研究》，北京大学考古系硕士论文，1996 年。

［61］ 朱之勇、高星：《虎头梁遗址楔型细石核研究》，《人类学学报》2006 年 2 期。

［62］ 谢飞、李珺：《籍箕滩旧石器时代晚期细石器遗址》，《文物春秋》1993 年 2 期。

［63］ 盖培、卫奇：《虎头梁旧石器时代晚期遗址的发现》，《古脊椎动物与古人类》1977 年 4 期。

［64］ 孙秀丽：《马鞍山遗址石制品的初步研究》，北京大学考古系硕士论文，1999 年。

［65］ 河北省文物研究所等：《河北昌黎渟泗涧细石器地点》，《文物春秋》1992 年增刊。

［66］ 戴尔俭、白云哲：《山东一旧石器时代洞穴遗址》，《古脊椎动物与古人类》1966 年 1 期。

［67］ 吴新智、宗冠福：《山东新泰乌珠台更新世晚期人类牙齿和哺乳动物化石》，《古脊椎动物与古人类》1973 年 1 期。

［68］ 吕遵谔等：《山东沂源猿人化石》，《人类学学报》1989 年 4 期。

［69］ 黄蕴平：《沂源上崖洞石制品的研究》，《人类学学报》1994 年 1 期。

［70］ 临沂地区文物管理委员会、沂水县文管站：《山东沂水县南洼洞发现旧石器》，《考古》1985 年 8 期。

［71］ 临沂地区文物管理委员会、日照县图书馆：《山东日照秦家官庄发现旧石器》，《考古》1985 年 5 期。

［72］ 同［3］。

［73］ 王幼平：《中国远古人类文化的源流》，科学出版社，2005 年，1 ～ 222 页。

［74］ 同［43］。

后李文化遗存分类与分期的再讨论

梅圆圆

（山东省文物考古研究所）

"后李文化"因山东临淄后李官庄遗址而得名。山东省文物考古研究所于 1988 ～ 1990 年对后李官庄遗址进行了较大规模的发掘，发现一种以圜底釜为代表的具有独特文化面貌的遗存，后被命名为"后李文化"。目前，被确认为后李文化的遗址 10 余处[1]，大多分布于泰沂山系北侧海拔 40 ～ 50 米的山前丘陵和山前冲积平原上，其中资料发表较详细的遗址有如下几处：临淄后李[2]、章丘小荆山[3]、章丘西河[4]、长清月庄[5]及寒亭前埠下[6]（图一）。几处遗址的文化面貌并不完全相似，这在讨论后李文化地域类型划分及分期的若干文章[7]中已多有论述，普遍观点认为小荆山、西河、后李三处遗址面貌相近，代表后李文化的偏早阶段，前埠下遗址和月庄遗址则更接近些，代表后李文化的偏晚阶段。然而，如何看待这些遗址在文化面貌上表现出的

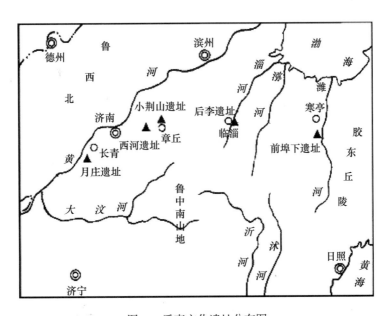

图一　后李文化遗址分布图

差异性，以及如何认识这些遗址在后李文化中所处的位置，需要重新审视。

　　根据出土陶器器类组合及形态特征的差异，可将以上几处遗址分作两群：一群如小荆山遗址和西河遗址，可称为西河类遗存；另一群如月庄遗址和前埠下遗址，可称为月庄类遗存，而后李遗址则似乎具有这两类遗存共同的特点。西河类遗存与月庄类遗存各有其独特的演变轨迹。

一、西河类遗存分析

　　小荆山遗址和西河遗址的釜绝大多数为叠沿釜，即口沿下翻折叠成双层（图二，1、3）。釜均为圜底，体型往往较大，深腹釜占有极大比重，形态变化多样。器表绝

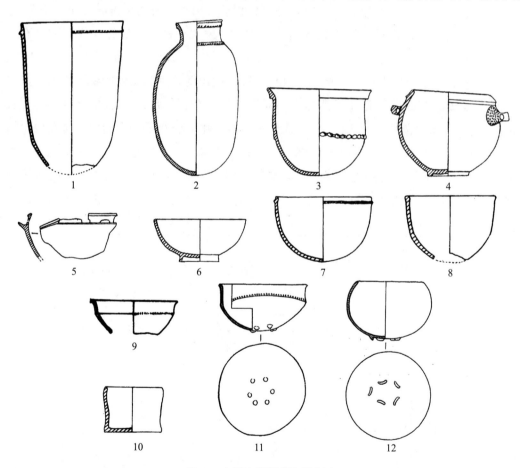

图二　小荆山类遗存陶器组合

1.叠沿釜（小荆山 H126：6）2.卵形壶（西河 F66：25）3.叠沿釜（西河 F62：30）4.双耳罐（西河 F61：9）5.匜（西河 F61：35）6.碗（西河 F61：1）7.钵形釜（小荆山 H126：11）8.钵形釜（小荆山 H109：14）9.折腹盆（小荆山 H112：8）10.平底杯（小荆山 T3842⑤：1）11.乳钉足器（小荆山 F2：20）12.弧形短足器（小荆山 T0314⑤：1）

大部分为素面，偶或于叠沿下缘施戳印纹，或于腹部贴附 1～2 道堆纹。圜底器还包括卵形壶、匜、钵等器类（图二，2、5、7～8），卵形壶为叠沿、深腹的造型，部分匜、钵的口沿也常下翻呈叠沿。此外，西河类遗存中还出有一定数量的双耳罐、碗、折腹盆、平底杯、乳钉足和弧形短足等多足器（图二，4、6、9～12），器类组合十分丰富。

圜底釜是西河类遗存中演化序列最长且最完整的器类，可分深腹釜和浅腹釜两类。

深腹釜　可分为小圜底斜壁釜和大圜底直壁釜二型。

A 型　圜底略尖，腹壁较斜，依口沿形态不同可分二亚型。

Aa 型　直口，可分三式。

Ⅰ式：腹较深，圜底较尖，沿部直接下翻叠起，没有过多修饰，较为原始。如小荆山 G8 ：1（图三，1）、小荆山 H126 ：6（图二，1）。

Ⅱ式：腹变浅，圜底略尖。如西河 F304 ：20（图三，2）。

Ⅲ式：腹更浅，圜底变缓。如西河 F62 ：32（图三，3）。

Aa 型深腹釜的变化规律为：腹部由深变浅，圜底由尖变缓。

Ab 型　侈口，可分二式。

Ⅰ式：腹较深，口部略向外侈。如西河 F58 ：9（图三，4）。

Ⅱ式：腹变浅，侈口较甚，腹部装饰两条附加堆纹。如西河 F61 ： 12（图三，5）。

Ab 型深腹釜的变化规律为：腹部渐变浅，侈口渐变明显。

B 型　圜底较缓，腹壁较直，可分四式。

Ⅰ式：腹部呈深筒形，直口微侈，沿部直接下翻叠起，无过多修整。如小荆山 F12 ：5（图三，6）。

Ⅱ式：腹部仍较深，侈口。如小荆山 F16 ：3（图三，7）。

Ⅲ式：腹变浅，侈口。如小荆山 F2 ：19（图三，8）。

Ⅳ式：腹较浅，侈口较甚，有的在腹部装饰附加堆纹。如西河 F301 ：2（图三，9）。

B 型深腹釜的变化规律为：腹部由深变浅，侈口逐渐明显。

浅腹釜　依口沿形态不同可分二型。

A 型　直口，可分三式。

Ⅰ式：斜直壁。如小荆山 F12 ：6（图三，10）。

Ⅱ式：直壁。如西河 F301 ：18（图三，11）。

Ⅲ式：腹壁略鼓。如小荆山 H123 ：6（图三，12）。

A 型浅腹釜的变化规律为：腹部渐向外鼓。

B 型　侈口，可分三式。

Ⅰ式：腹壁微斜，口微侈。如小荆山 F039 ：2（图三，13）。

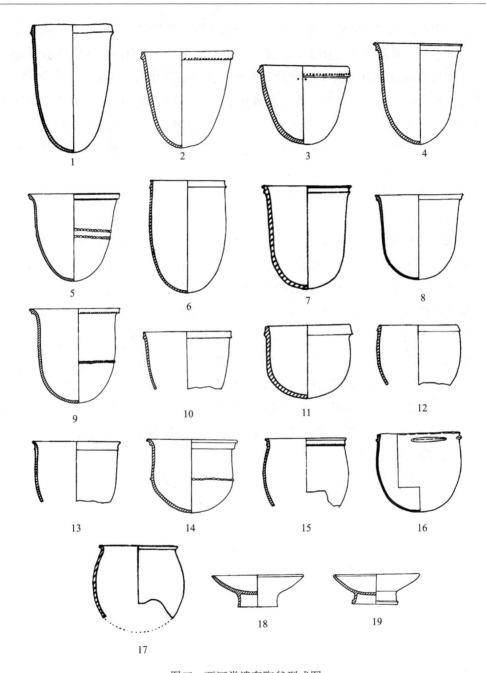

图三　西河类遗存陶釜型式图

1. Aa Ⅰ式深腹釜（G8：1）　2. Aa Ⅱ式深腹釜（F304：20）　3. Aa Ⅲ式深腹釜（F62：32）　4. Ab Ⅰ式深腹釜（F58：9）　5. Ab Ⅱ式深腹釜（F61：12）　6. B Ⅰ式深腹釜（F12：5）　7. B Ⅱ式深腹釜（F16：3）　8. B Ⅲ式深腹釜（F2：19）　9. B Ⅳ式深腹釜（F301：2）　10. A Ⅰ式浅腹釜（F12：6）　11. A Ⅱ式浅腹釜（F301：18）　12. A Ⅲ式浅腹釜（H123：6）　13. B Ⅰ式浅腹釜（F039：2）　14. B Ⅱ式浅腹釜（F301：3）　15. B Ⅲ式浅腹釜（F056：4）　16. 鋬耳釜（G8：2）　17. 球腹釜（F056：2）　18. Ⅰ式圈足盘（F58：17）　19. Ⅱ式圈足盘（F301：14）
（1、6～8、10、12、13、15～17为小荆山遗址，2～5、9、11、14、18、19为西河遗址）

Ⅱ式：腹壁较直，侈口较甚，且经修整后较为规整，腹部常装饰附加堆纹。如西河 F301 ： 3（图三，14）、F62 ： 30（图二，3）等。

Ⅲ式：腹部外鼓略成球形。如小荆山 F056 ： 4（图三，15）。

B 型浅腹釜的变化规律为：腹部渐向外鼓，侈口逐渐明显。

錾耳釜　出土数量很少。如小荆山 G8 ： 2，直口，近口沿处贴四组錾耳（图三，16）。

球腹釜　复原 1 件。小荆山 F056 ： 2，侈口折沿，圆鼓腹成球状（图三，17）。

圈足盘　出土数量较少，可分二式。

Ⅰ式：尖唇，圈足无装饰。如西河 F58 ： 17（图三，18）。

Ⅱ式：尖圆唇内敛，圈足底部起棱。如西河 F301 ： 14（图三，19）。

除釜及圈足盘外，其他器类如壶、双耳罐、匜、杯、多足器等（见图二），因出土数量少或器形不完整难以观察连贯的演变序列，但其对于认识器类组合方面有较大作用，仍将其作为讨论依据[8]。此处选取一些器物组合较丰富、发表资料较完整的单位[9]做进一步观察（表一）。

表一　西河类遗存典型单位陶器组合表

单位 ＼ 器形	深腹釜			浅腹釜		錾耳釜	球腹釜	圈足盘	钵	卵形壶	双耳罐	折腹盆	矮足碗	匜	平底杯
	Aa	Ab	B	A	B										
荆 F033			Ⅰ	Ⅰ											
荆 F1	Ⅰ		Ⅰ、Ⅱ						√						
荆 F12			Ⅰ												
荆 G8	Ⅰ														
荆 F039	Ⅰ			Ⅰ		√									
荆 F15	Ⅰ			Ⅰ											
荆 G2			Ⅱ												
荆 H13			Ⅱ												
荆 F16			Ⅰ、Ⅱ	Ⅰ											
荆 H113			Ⅱ												
荆 F049			Ⅱ												
荆 F17			Ⅱ												
荆 F2			Ⅲ							√	√				
荆 F041			Ⅲ										√		
荆 H112				Ⅱ								√			

续表

器形〈br〉单位	深腹釜			浅腹釜		錾耳釜	球腹釜	圈足盘	钵	卵形壶	双耳罐	折腹盆	矮足碗	匜	平底杯
	Aa	Ab	B	A	B										
荆 H118												√		√	
西 F58	Ⅱ	Ⅰ	Ⅲ												
西 F304	Ⅱ		Ⅲ					Ⅰ							
西 F66			Ⅲ						√	√					
西 F61		Ⅱ	Ⅲ								√		√	√	
西 F301		Ⅰ、Ⅱ	Ⅲ、Ⅳ	Ⅱ	Ⅱ										
西 F62	Ⅲ				Ⅱ			Ⅰ、Ⅱ							
荆⑤层			Ⅰ												
荆 H111															√
荆 H123				Ⅲ										√	
荆 F056				Ⅲ	Ⅲ		√								

注："荆"代表小荆山遗址，"西"代表西河遗址

据表一观察可将上述单位分为三组：

第一组：代表单位为小荆山遗址 F033、F1、F12、G8、F039、F15、G2、H13、F16、H113、F049、F17。基本只见釜类遗存，代表器物为 Aa Ⅰ式深腹釜、B Ⅰ式深腹釜、B Ⅱ式深腹釜、A Ⅰ式浅腹釜、B Ⅰ式浅腹釜。

第二组：代表单位为小荆山遗址 F2、F041、H112、H118、⑤层、H111，西河遗址 F58、F304、F66、F61、F62、F301。该组釜的腹部变浅，口沿多外侈，出现许多新器类。又可分为甲、乙二小组。

甲组：代表单位为小荆山遗址 F2、F041、H112、H118，西河遗址 F58、F304、F66、F61。代表器形为 Aa Ⅱ式深腹釜、Ab Ⅰ式深腹釜、Ab Ⅱ式深腹釜、B Ⅲ式深腹釜、A Ⅱ式浅腹釜、Ⅰ式圈足盘、卵形壶、双耳罐、折腹盆形器、矮圈足碗、匜等。

乙组：代表单位为西河遗址 F62、F301，小荆山遗址⑤层、H111。代表器形为 Aa Ⅲ式深腹釜、B Ⅳ式深腹釜、B Ⅱ式浅腹釜、Ⅱ式圈足盘、平底杯。

第三组：代表单位为小荆山遗址 H123、F056。鼓腹盛行，代表器形为 A Ⅲ式浅腹釜、B Ⅲ式浅腹釜、球腹釜。

在小荆山 F17、F16 等房址废弃后的填土中出有圈足盘、双耳罐、多足器、匜和卵形壶等陶器残片[10]，而这些器类正是于第二组中所常见，由此可见，第一组的若干

单位应早于第二组。小荆山 F12、F041 开口于第 5 层下，而 H123 则开口于第 4 层下，该地层关系又可证明第二组的单位早于第三组。此外，结合釜类器形的演变序列，可推定以上组别的早晚顺序为：第一组早于第二组，第二组早于第一组，并且第二组中的甲组早于乙组。据此，西河类遗存可分为三期四段（分期表见附表一），分期与组别对应关系如表二。

表二　西河类遗存分期与组别对应关系表

西河类遗存之组别	西河类遗存之分期
第三组	三期
第二组——乙组	二期后段
第二组——甲组	二期前段
第一组	一期

查阅小荆山类遗存的 ^{14}C 测年数据，测得最早的数据为西河 T11 ④层，约在距今 8550～8400 年，再晚些如西河 F1 的几个数据，在距今 8000～7700 年之间。处于第二期的西河 F58、F61、F66 等单位，除 F58 略晚，余者年代处于距今 7550～7300 年之间。而处于第三期的西河 F62，测年数据在距今 7280～7170 年之间。至此，结合此类遗存所有测年数据，可大致推断出小荆山类遗存的年代如下：第一期为距今 8400～7600 年，上限可能偏早；第二期为距今 7600～7300 年；第三期为距今 7300 年之后，下限未可知。

二、月庄类遗存分析

月庄遗址和前埠下遗址出土的釜以卷沿为主（图四，1、2），叠沿釜仅占极小的比重。釜的腹部常贴附堆纹和錾耳，堆纹多压印成花边状，既有连续分布者，也有断续分布者。錾耳成鸡冠状，一般贴附四组。除附加堆纹外，另见戳印纹、乳钉纹、斜向刻划纹等多种装饰手法。相比小荆山类遗存丰富的陶器组合，月庄类遗存的器物种类则较单调。圜底器中除釜以外，只有少量钵（图四，5、6），圈足器的数量也偏少，仅见圈足盘和碗两类（图四，7、8），此外还有少量器盖（图四，3）。西河类遗存中常见的平底器或多足器等器类在月庄类遗存中少见或不见，但月庄遗址出土一件残断的鼎足（图四，4），这意味着月庄类遗存中可能有鼎的存在。

月庄类遗存中的釜可分堆纹釜、折腹釜、叠沿釜三类，其中堆纹釜为大宗，折腹釜及叠沿釜数量很少。

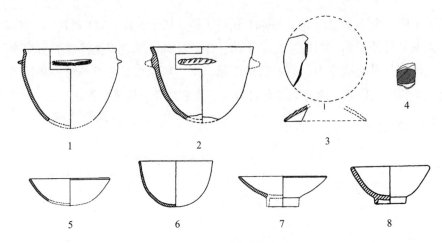

图四　月庄类遗存陶器组合

1、2. 卷沿釜（月庄 H61：12、前埠下 H255：2）　3. 器盖（前埠下 H142：3）　4. 鼎足（月庄 H179：2）
5. 浅腹钵（月庄 H81：3）　6. 深腹钵（前埠下 H255：1）　7. 圈足盘（月庄 H173：1）　8. 碗（月庄 H61：11）

　　堆纹釜　据腹部深度不同可将其分为二型。

　　A 型　深腹釜，依口沿及腹壁的不同分为三亚型。

　　Aa 型　侈口，腹壁倾斜，圜底较尖，可分二式。

　　Ⅰ式：腹较深，口微侈，近口部施断续的附加堆纹。如前埠下 H133：4（图五，1）。

　　Ⅱ式：腹变浅，侈口较甚，腹部施 3 周附加堆纹。如月庄 H179：6（图五，4）。

　　Ab 型　侈口，腹壁较直，圜底较缓，可分二式。

　　Ⅰ式：腹较深，直壁。如月庄 H202：1（图五，2）。

　　Ⅱ式：腹变浅，直壁微鼓。如月庄 H179：5（图五，5）。

　　Ac 型　直口，可分二式。

　　Ⅰ式：腹较深，直口微敛。如前埠下 H133：5（图五，3）。

　　Ⅱ式：腹变浅，直口微侈。如月庄 H81：4（图五，6）。

　　A 型堆纹釜的变化规律为：腹部由深变浅，口部渐向外侈。

　　B 型　浅腹釜，依腹部形态不同分为二亚型。

　　Ba 型　腹微鼓，可分三式。

　　Ⅰ式：口微侈，圜底较缓。如月庄 H124：2（图五，7）。

　　Ⅱ式：侈口，圜底变尖。如月庄 H61：12（图四，1）、月庄 H179：4（图五，8）。

　　Ⅲ式：侈口明显，折沿，尖圜底。如月庄 H176：1（图五，9）。

　　Ba 型釜的变化规律为：侈口逐渐明显，圜底由缓变尖。

　　Bb 型　斜腹，可分三式。

　　Ⅰ式：直口，腹部贴附断续的堆纹。如前埠下 H259：34（图五，10）。

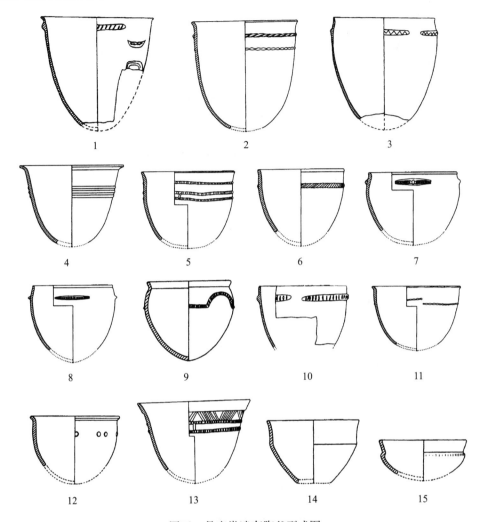

图五　月庄类遗存陶釜型式图

1. Aa Ⅰ式深腹釜（前埠下 H133∶4）　2. Ab Ⅰ式深腹釜（月庄 H202∶1）　3. Ac Ⅰ式深腹釜（前埠下 H133∶5）　4. Aa Ⅱ式深腹釜（月庄 H179∶6）　5. Ab Ⅱ式深腹釜（月庄 H179∶5）　6. Ac Ⅱ式深腹釜（月庄 H81∶4）　7. Ba Ⅰ式浅腹釜（月庄 H124∶2）　8. Ba Ⅱ式浅腹釜（月庄 H179∶4）　9. Ba Ⅲ浅腹釜（月庄 H176∶1）　10. Bb Ⅰ式浅腹釜（前埠下 H259∶34）　11. Bb Ⅱ式浅腹釜（月庄 H205∶1）　12. Bb Ⅲ式浅腹釜（月庄 H142∶1）　13. 叠沿釜（月庄 H61∶14）　14. A 型折腹釜（月庄 H91∶3）　15. B 型折腹釜（月庄 H61∶1）

　　Ⅱ式：侈口，腹部贴附錾耳或堆纹。如前埠下 H255∶2（图四，2）、月庄 H205∶1（图五，11）。

　　Ⅲ式：腹壁微鼓，侈口明显，折沿，腹部施多个乳钉。如月庄 H142∶1（图五，12）。

　　Bb 型釜的变化规律为：侈口逐渐明显，腹部装饰逐渐丰富。

　　折腹釜　腹部有折棱，可分二型。

　　A 型　深腹，底部残，复原成平底，腹部微折。如月庄 H91∶3（图五，14）。

B 型　浅腹，圜底，折腹明显。如月庄 H61 ∶ 1（图五，15）。

叠沿釜　完整复原的仅月庄 1 件（H61 ∶ 14），口部下翻成叠沿，斜壁，圜底，腹部施 3 周堆纹及斜向刻划纹（图五，13）。

通过釜的器形排列，并结合圈足盘、钵、碗、鼎足等器类组合，此处选取层位清晰且器物组合较完整的单位做进一步观察（表三）。

表三　月庄类遗存典型单位陶器组合表

器形 / 单位	堆纹釜					折腹釜		叠沿釜	圈足盘	钵	碗	鼎足
	Aa	Ab	Ac	Ba	Bb	A	B					
前 H133	I		I									
前 H259					I							
月 H124			I									
月 H91						√						
月 H202		I										
前 H255					II					√		
月 H205					II					√		
月 T5445 ⑨					II							
月 H61					II		√	√	√		√	
月 H179	II	II			II							√
月 H81			II							√		
月 H167	I									√		
月 H142					III							
月 H176					III							

注："前"代表前埠下遗址，"月"代表月庄遗址

据表三内容可将这些单位分为三组：

第一组：前埠下 H133、H259 和月庄遗址 H124、H91、H202。几乎只见釜类，器腹往往较深，器物组合单调。代表器物为 Aa Ⅰ式釜、Ab Ⅰ式釜、Ac Ⅰ式釜、Ba Ⅰ式釜、Bb Ⅰ式釜、A 型折腹釜等。

第二组：前埠下 H255 和月庄 H205、T5445 ⑨、H61、H179、H167、H81。器腹多变浅，器物组合及装饰手法变得丰富。代表器物为 Aa Ⅱ式釜、Ab Ⅱ式釜、Ac Ⅱ式釜、Ba Ⅱ式釜、Bb Ⅱ式釜、B 型折腹釜、圈足盘、钵、碗等，另有 1 件刻划纹叠沿釜及 1 件残鼎足。

第三组：月庄 H142、H176。器腹微鼓，代表器物为 Ba Ⅲ式釜、Bb Ⅲ式釜。

第一组与第二、三组的差异较明显，第二组与第三组的面貌更为接近。

前埠下遗址并无后李文化时期的地层分布，H133、H259、H255 等灰坑均开口于第 4 层大汶口文化时期的地层之下。月庄遗址地层堆积连续且完整，H124、H91、H202 均开口于第 10 层下；H205 开口于第 9 层下；H61、H179、H142、H81、H167 均开口于第 8 层下，并且 H61 打破 H142；H176 开口于第 7 层下。通过以上地层关系可知，第一组向第三组过渡的早晚关系已十分明确，据此考虑将月庄类遗存分为二期三段（分期表见附表二），分期与组别对应关系如表四。

表四　月庄类遗存分期与组别对应关系表

月庄类遗存之组别	月庄类遗存之分期
第三组	二期后段
第二组	二期前段
第一组	一期

月庄遗址 H124 中曾浮选出 26 粒炭化稻，测年结果可落在距今 8060 ～ 7750 年之间[11]，而前埠下 H133 及 H259 的 ^{14}C 测年数据略晚些，约在距今 7500 年前后。据此推测月庄类遗存一期的年代范围在距今 8050 ～ 7500 年之间，二期的年代在距今 7500 年之后，下限未可知。

三、后李遗址分析

后李遗址的陶器种类略显单调，主要有釜、钵、壶等。其中釜可分两类：一类为叠沿釜，与西河类遗存所出釜类相同；一类为堆纹釜和錾耳釜，与月庄类遗存所出釜类相同，这两类釜在后李遗址中均占有相当比重。

后李 H3827 和 H960 两个单位所出为叠沿釜。后李 H3827：1（图六，1）为深腹大圜底、直壁、直口微侈，与小荆山 F12：5（图三，6）形态相似，依据西河类遗存中釜的演变序列，后李 H3827：1 应为 B I 式深腹釜。后李 H960：7（图六，2）为浅腹釜，底部残、腹壁微鼓、直口，与小荆山 H123：6（图三，12）形态相似，应为 A III 式浅腹釜。据西河类遗存的分期情况，H3827 的年代可归为西河类遗存一期，而 H960 的年代可归为西河类遗存三期。

后李遗址 H2048、H1662、H2885 和 H3832 等单

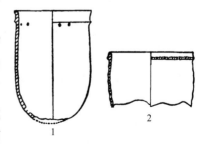

图六　后李遗址中西河类遗存的釜
1. B I 式深腹釜（后李 H3827：1）
2. A III 式浅腹釜（后李 H960：7）

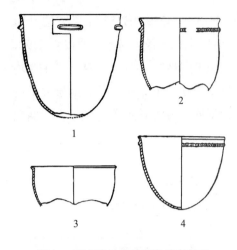

图七　后李遗址中月庄类遗存的釜
1.Aa Ⅰ式釜（后李 H2048：1） 2.Ab Ⅱ式
釜（后李 H1662：1） 3.Bb Ⅲ式釜（后李
H3832：1） 4.Ac Ⅱ式釜（后李 H2885：1）

位所出为堆纹釜或錾耳釜。后李 H2048：1
（图七，1）为深腹圜底、直口微侈，施四
组錾耳，与前埠下 H133：4（图五，1）形
态相似，依据月庄类遗存中釜的演变序列，
H2048：1 应为 Aa Ⅰ式釜。后李 H1662：1
（图七，2）器腹略深、底部残、腹壁微鼓、
侈口，与月庄 H179：5（图五，5）形态
相似，应为 Ab Ⅱ式釜。后李 H2885：1
（图七，4）腹部略深，直口微侈，与月庄
H81：4（图五，6）形态相似，应为 Ac Ⅱ
式釜。后李 H3832：1（图七，3）为浅腹、
腹壁微鼓、侈口，与月庄 H142：1（图五，
12）形态相似，应为 Bb Ⅲ式釜。据月庄类遗
存的分期情况，后李 H2048 的年代可归为月
庄类遗存一期，H1662 和 H2885 的年代可归为月庄类遗存二期前段，H3832 可归为月
庄类遗存二期后段。

　　因后李遗址的材料发表有限，故而难以探讨这两类釜在后李遗址中是于同一单位
中共存，还是于不同单位中混处。利用西河类遗存和月庄类遗存的分期结果对后李遗
址中的若干单位进行分期，此分期方案在后李遗址中是否成立也因有限的材料而暂时
无法得到充分验证。

四、西河类遗存与月庄类遗存的关系

　　上述分析中将西河类遗存分作三期四段，月庄类遗存分为二期三段，二者关系是
并行存在还是前后相继？前文曾提到，学界普遍认为月庄类遗存整体晚于西河类遗存，
主要依据是月庄遗址的部分陶器特征同北辛文化十分相似，如斜向刻划纹、折腹圜底
釜、鼎足等，而北辛文化向来被认为晚于后李文化[12]，因此月庄类遗存便被摆在后李
文化的最晚阶段。那么，认可月庄遗址中出有与北辛文化特征相似的陶器，是否就一
定意味着月庄类遗存晚于西河类遗存而处于后李文化的最晚期？事实上，就这两类遗
存各自的演变序列而言，并不能指示出二者是前后相袭的。如何理解西河类遗存与月
庄类遗存的关系，仍需要进一步讨论。

　　西河类遗存第一期仅见釜、钵等器类，器物组合单调，釜类均为大型深腹釜。而
月庄类遗存一期表现出了与之相似的情况，即深腹釜在本期内出土数量较多，极少见

到其他陶器种类。属于西河类遗存一期的小荆山 G8 出土 1 件鋬耳釜（图三，16），它与月庄类遗存一期常见的 Ba I 式釜（图五，7）恰恰形态相似。上文提到，西河类遗存一期年代范围在距今 8400～7600 年，而月庄类遗存一期的年代为距今 8050～7500 年，因此结合二者的测年数据观察，可认定西河类遗存一期与月庄类遗存一期的年代存在大部分的重合。

西河类遗存第二期涌现出许多新器类，如卵形壶、钵、圈足盘、圈足碗、匜等，器物组合变得丰富。月庄类遗存二期的器物种类也正于此时丰富起来，此期兴起的圈足盘、钵、碗同西河类二期陶器的形态及组合均十分相似。并且，西河类遗存与月庄类遗存第二期的釜均趋向小型化，器腹普遍变浅，装饰手法渐趋多样化。故而推断西河类遗存二期与月庄类遗存二期的年代大致相当。

西河类遗存于第二期之后继而呈现出第三期崭新的面貌，而月庄类遗存于第二期时出现了折腹釜、鼎足等与北辛文化相似的特征，这可能意味着月庄类遗存二期之后改变了发展轨迹（表五）。

表五　西河类遗存和月庄类遗存发展阶段对应表

西河类遗存	月庄类遗存
三期	北辛文化？
二期	二期
一期	一期

在后李遗址中，后李文化之上还叠压有以鼎、钵为代表的后李二期遗存，报告指出后李二期遗存"时代约当北辛文化晚期"[13]，这一地层关系常被引用证明北辛文化晚于后李文化[14]，仅少数文章对此观点提出过质疑[15]。事实上，北辛文化晚期遗存叠压于后李文化之上的地层证据并不能够推导出北辛文化整体晚于后李文化的结论。况且，目前北辛文化最早的测年数据[16]为距今 7600～7250 年，可见北辛文化的上限与后李文化的下限在年代上存在很大交叉。月庄类遗存第二期便出现具有北辛文化风格的陶器提示我们，北辛文化的起始时间应该很早，早到在相当长的一段时间内与后李文化重合。并且，无论这些特性是本土的还是外来的，北辛文化的起始同月庄类遗存的关系更密切。

五、小　　结

综上所述，后李文化诸遗存可分为两类：西河类遗存和月庄类遗存，这两类遗存在很长一段时间内是并行发展的，而非前后相继。西河类遗存的三期大致可代表后李文化由早到晚连续发展的三个阶段，而月庄类遗存这一支可能于二期之后转向北辛文化的轨迹。

还需注意的是，西河类遗存中的小荆山和西河遗址分布集中，而月庄类遗存中的月庄和前埠下遗址则相距甚远（图一）。如此，便不能将西河类遗存与月庄类遗存简单地等同于地域类型。目前发现的后李文化遗址仅10余处，材料详细者更为少数，如何理解这两类遗存在地域分布上的状态，仍需要更多考古发现来解释。

注　释

[1] 目前可确认为后李文化的遗址如下：长清月庄、长清张庄、长清万德西南、章丘西河、章丘摩天岭、章丘小荆山、章丘茄西庄、章丘绿竹园、邹平孙家、张店彭庄、临淄后李、寒亭前埠下等。

[2] 济青公路文物考古队：《山东临淄后李遗址第一、二次发掘简报》，《考古》1992年11期；济青公路文物工作队：《山东临淄后李遗址第三、四次发掘简报》，《考古》1994年2期。

[3] 章丘县博物馆：《山东章丘县小荆山遗址调查简报》，《考古》1994年6期；济南市文化局文物处等：《山东章丘小荆山遗址第一次发掘》，《东方考古》第1集，科学出版社，2004年；3.山东省文物考古研究所等：《山东章丘市小荆山遗址调查、发掘报告》，《华夏考古》1996年2期。

[4] 山东省文物考古研究所：《山东章丘龙山三村窑厂遗址调查简报》，《华夏考古》1993年1期；佟佩华、魏成敏：《章丘西河新石器时代遗址》，《中国文物报》1994年2月20日；山东省文物考古研究所：《山东章丘市西河新石器时代遗址1997年的发掘》，《考古》2000年10期；山东省文物考古研究所等：《章丘市西河遗址2008年考古发掘报告》，《海岱考古》第五辑，科学出版社，2012年。

[5] 山东大学东方考古研究中心等：《山东济南长清区月庄遗址2003年发掘报告》，《东方考古》第2集，科学出版社，2005年。

[6] 山东省文物考古研究所等：《山东潍坊前埠下遗址发掘报告》，《山东省高速公路考古报告集（1997）》，科学出版社，2000年。

[7] 相关文章可参见：张学海：《西河类型、后李文化的发现和意义》，《中国文物报》1993年1月31日；张学海：《西河文化初论》，《刘敦愿先生纪念文集》，山东大学出版社，1998年；山东省文物考古研究所：《山东20世纪的考古发现和研究》，科学出版社，2005年，44～76页；王守功：《前埠下一期文化的性质及意义》，《中国文物报》1999年4月28；张江凯：《后李早期陶器的类型学研究》，《中原文物》1998年4期；刘敏哲：《黄河下游地区前大汶口时期诸遗存研究》，武汉大学硕士学位论文，2002年。

[8] 用于类型学分析的出土于小荆山房址中的陶器，均选自房址活动面，而非房址废弃后的填土中。

[9] 本文选取的典型单位并不包括小荆山遗址H126。H126出土器物混杂，且据报告原图查，H126为一剖面呈"T"形的灰坑，因此H126很有可能存在被挖混的情况，故本文暂且不用H126。

[10] 据查阅小荆山遗址发掘简报所附录的"后李文化房址填土出土陶器登记表"。

[11] Gary W. Crawford 等：《山东济南长清区月庄遗址发现后李文化时期的炭化稻》，《东方考古》第 3 集，科学出版社，2006 年。

[12] 相关文章可参见：王永波：《后李文化与北辛文化的关系》，《中国文物报》1993 年 4 月 18 日；王永波：《关于后李文化的谱系问题——兼论北辛文化的内涵与分期》，《青果集——吉林大学考古学专业成立二十周年考古论文集》，知识出版社，1993 年；王永波、王守功、李振光：《海岱地区史前考古的新课题——试论后李文化》，《考古》1994 年 3 期；张江凯：《后李早期陶器的类型学研究》，《中原文物》1998 年 4 期；栾丰实：《试论后李文化》，《海岱地区考古研究》，山东大学出版社，1997 年。

[13] 济青公路文物工作队：《山东临淄后李遗址第三、四次发掘简报》，《考古》1994 年 2 期。

[14] 中国社会科学院考古研究所：《中国考古学新石器时代卷》，中国社会科学出版社，2010 年，274 页；山东省文物考古研究所：《山东 20 世纪的考古发现和研究》，科学出版社，2005 年，44 ～ 76 页。

[15] 张学海：《泰沂山北侧地区考古的新进展》，《张学海考古论集》，北京学苑出版社，1999 年；张学海：《西河文化初论》，《刘敦愿先生纪念文集》，山东大学出版社，1998 年。

[16] 北辛文化最早的测年数据来自滕县北辛遗址 H501，校正年代为 5630 ～ 5243BC。

附表一　西河类遗存分期表

1. 荆 G8 : 1　2. 荆 F12 : 5　3. 西 F16 : 3　4. 荆 F12 : 6　5. 荆 F039 : 2　6. 荆 G8 : 2　7. 西 F304 : 20　8. 西 F58 : 9　9. 西 F61 : 12　10. 荆 F2 : 19　11. 西 F301 : 18　12. 西 F58 : 17　13. 西 F61 : 35　14. 西 H109 : 14　17. 荆 F2 : 20　18. 西 F66 : 25　19. 西 F62 : 32　20. 西 F301 : 2　21. 西 F301 : 3　22. 西 F301 : 14　23. 荆 H123 : 6　25. 荆 F056 : 4　26. 荆 F056 : 2（以上"荆"代表小荆山遗址，"西"代表西河遗址）　15. 西 F61 : 9　16. 荆 H109 : 14　24. 荆 T3842⑤ : 1

附表二　月庄类遗存分期表

分期 \ 器形	深腹堆纹釜			浅腹堆纹釜		折腹釜	叠沿釜	其他器类
	Aa 型	Ab 型	Ac 型	Ba 型	Bb 型			

1.前H133：4　2.月H202：1　3.前H133：5　4.月H124：2　5.前H259：34　6.月H91：3　7.月H179：6　8.月H81：4　10.月H179：4　11.月H205：1　12.月H61：1　13.月H61：1　14.前H255：1　15.月H173：1　16.月H61：11　17.H179：2　18.月H176：1　19.月H142：1（以上"前"代表前埠下遗址，"月"代表月庄遗址）

新泰齐国官量陶文考释
——兼说杞分二国与楚、齐灭杞

王恩田
（山东省博物馆）

　　2002 年 4 月下旬，余应邀参观山东省新泰市周家庄东周墓地发掘，新泰市政协介绍当地文物爱好者持有字陶片来发掘工地嘱为鉴定，并告知系新泰一中建筑工地挖地基时发现的。全部都是齐国官量陶文，是一次极为重要的考古发现。遂与市文化局马培林副局长紧急驱车赶往一中建筑工地。工地临街，据说从地槽中挖出来的土，大部分已运往别处，剩余的土堆在马路边上。土堆长 20～30、宽 2～3、高约 2 米，从中还能捡到不少带字的陶片。看情况让工地停止回填已不大可能，遂建议市文化局请市博物馆从尚未回填的土堆中捡取陶片。共拣出千余片，其中有文字和少量只有印痕确系陶文者 227 片（包括可以缀合者），加上当地文物爱好者和我们采集的共计 266 片。这些陶文绝大多数都是齐国官量陶文。齐国官量陶文甚为罕见。我们编辑的《陶文图录》一书，收录齐国陶文 3000 余件。其中官量陶文仅有区区 80 余件[1]。新泰的一次偶然发现竟超过以往发现的 3 倍，堪称齐国官量陶文的重大发现。尽管原来的地层、遗迹已遭破坏，给判断遗址年代与性质造成极大困难，但能够抢救出这么多陶文实物标本，也算得上不幸中的大幸了。承蒙马培林局长和市博物馆张庆法馆长慨允，我们曾对这部分陶文进行整理、登记、选拓，并做了初步释文交市博物馆存档。我们还曾以新泰市博物馆名义，写过一篇报道，可惜未被采用。此外，我们还曾看到过不少新泰一中出土陶文拓本，大多是残片，除一两种新见的立事者之外，其他残片基本上与 266 片的内容有所重复。

　　这批齐国官量陶文刘延常、张庆法、孙英林诸位先生已经做过介绍[2]。笔者也有小文做过初步探索[3]。拟再结合实例，对相关问题进一步讨论，以供参考。

一、释　文

1. 陈得类

闾门外陈得立缰　　（图一，1）

闾门外陈得立倬　　（图一，2、3）

闾门外陈得立膹　　（图一，4）

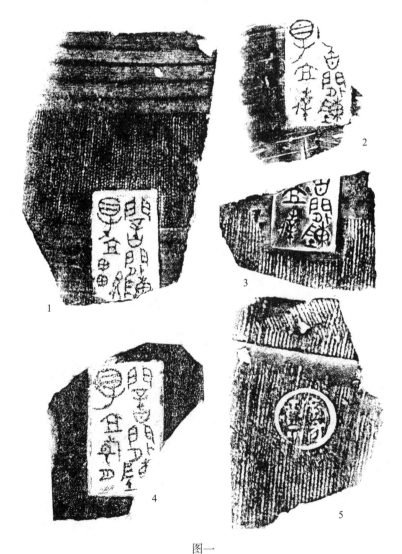

图一

1.闾门外陈得立缰　2、3.闾门外陈得立倬　4.闾门外陈得立膹　5.平阳廪

柞陈得叁臑　　　（图二，1～3）

柞陈得　　　　　（图二，4）

柞陈得叁倖　　　（图二，5）

柞陈得叁倖　　　（图二，6）

柞陈得叁侹　　　（图三，1～6）

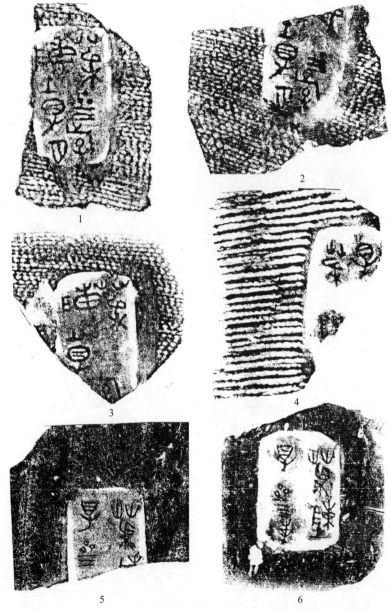

图二

1～3.柞陈得叁臑　4.柞陈得　5、6.柞陈得叁倖

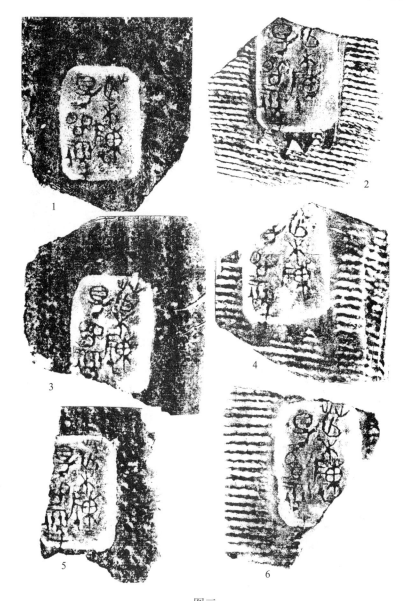

图三

1～6.柞陈得叁俓

柞陈得叁俓	（图四，1）
平阴陈得	（图四，2、3、5）
奠阳陈得叁絷	（图五，1）
奠阳陈得叁	（图五，2）
奠阳陈得	（图五，3）
奠阳陈得叁京	（图五，4）

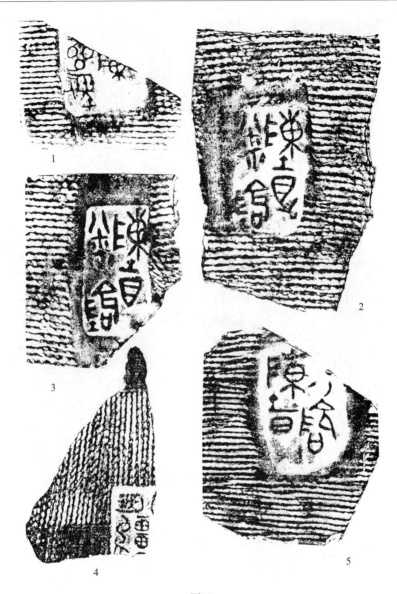

图四

1. ☐陈得叁倳　2、3、5. 平阴陈得　4. ⋯⋯岁缰

　　"陈得"，立事者。陈得是齐国官量陶文中常见的立事者。如"平陵陈得"（《陶文图录》2.6.3；2.13.2～2.14.4）、"阊门外陈得"（《陶文图录》2.13.1）、"疤尚（党）陈得"（《陶文图录》2.15.1～2.15.2）、"陈得"（《陶文图录》2.15.3）、"⋯⋯陈得"（《陶文图录》2.15.4）。"阊门外"，为陈得居地。"奠"通郑。郑阳、柞、平阴，均为陈得封邑名。柞字写法很多，最为规范的写法是从草，从乍，从木（图二，5）。"立"为立事岁之省。"叁"是叁立岁之省。膓，从月从疒，易声。"易"字初文象马头上装饰的特大圆形铜泡[4]。此字应是"肠"字繁体。缰、倳、緐、京、倳、肠均为制陶工师名。

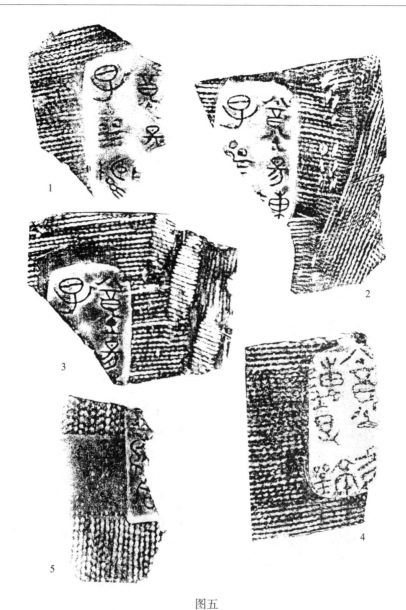

图五

1. 莫阳陈得叁𥮌 2. 莫阳陈得叁□ 3. 莫阳陈得 4. 莫阳陈得叁京 5. ……缰居（？）

2. 陈惕类

陈惕亳　　（图六，1、2）

陈惕亳　　（图六，3、4、6；图七，1）

陈惕甿　　（图六，5）

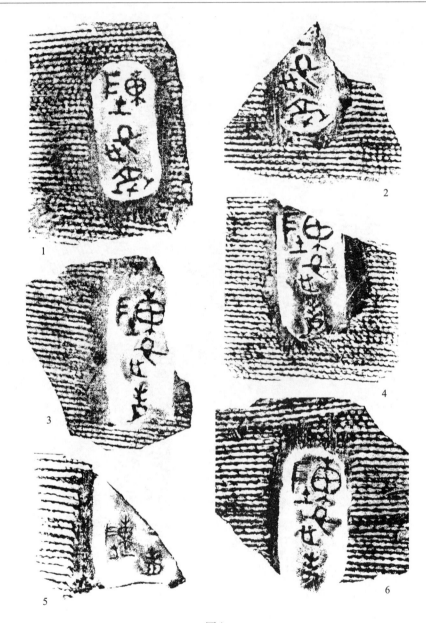

图六

1、2.陈惕亳　3、4、6.陈惕毦　5.陈惕毦

陈惕肠　　　（图七，3）

陈惕肠　　　（图七，2）

陈惕鄡　　　（图八，1、2）

陈惕　　　　（图八，3、4）

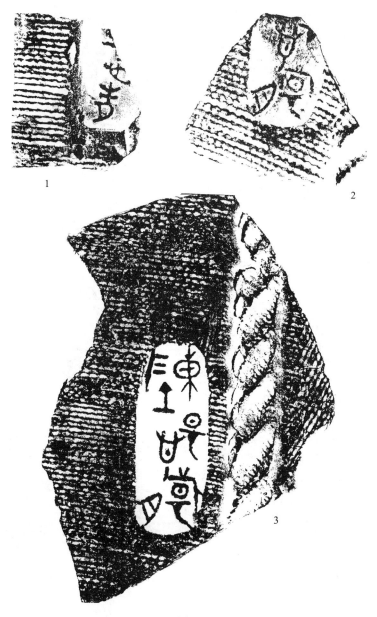

图七
1.陈惕毷 2.陈惕肠 3.陈惕肠

"陈惕",立事者。毷,从月。月上从Ψ、Ψ、Ψ,应是"毛"字的不同写法。甲骨文有字,旧不识(《甲骨文编》入附录上七八,792页)。此字象人有短发形,老年人头发生长缓慢或脱发,故以人有短发形作为毛的会意字(说详下)。陶文Ψ、Ψ是"毛"字之省,Ψ是讹变,隶为毷,字不识。"紫"字写法怪异。从牛,从臣,写在右边。从系,写在左边。字不识。肠、亳、毷、紫均为制陶工师名。

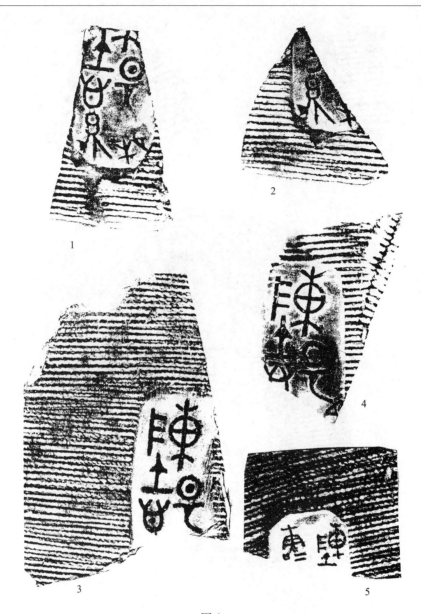

图八
1、2. 陈惕縻　3、4. 陈惕　5. 陈……再……

3. 陈喜类

北郭陈喜丁　　　（图九，1）

北郭陈喜倖　　　（图九，2～4；图一〇，3）

北郭陈油喜籼　　（图九，5、6）

北郭陈喜繮　　　（图一〇，1、2）

北郭陈喜　　　　（图一〇，4、5）

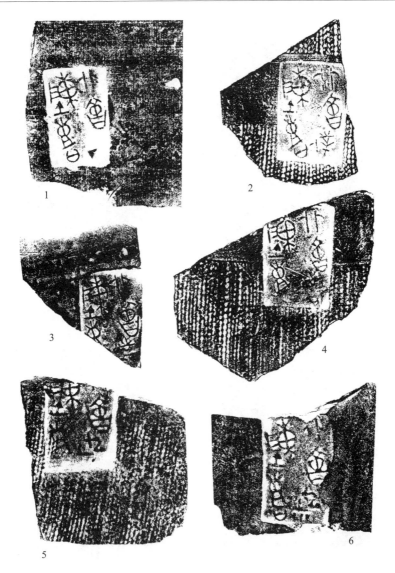

图九

1.北郭陈喜丁   2～4.北郭陈喜倖   5、6.北郭陈喜籺

"陈喜",为立事者。"北郭",为陈喜居地。"郭"字是齐国陶文的特有写法。"籺"字从米,九声,疑为"酒"字异体。丁、倖、籺、缰等均系制陶工师名。

4. 陈怼类

陈怼立事肠   (图一一,1、2)

陈怼立事丁   (图一一,3、4)

陈怼立事盉(?)   (图一一,5)

图一〇
1、2.北郭陈喜缰　3.北郭陈喜倅　4、5.北郭陈喜

陈恕肠　　　　　　　　（图一一，6）

陈恕立事倅　　　　　　（图一二，1）

陈恕立事　　　　　　　（图一二，2）

"陈恕"，为立事者。肠、倅、盉（？）、丁为制陶工师名。

图一一

1、2.陈恝立事肠　3、4.陈恝立事丁　5.陈恝立事盉（？）　6.陈恝肠

5. 陈丕类

　　陈丕盧　　　（图一二，3）

　　陈丕盧　　　（图一二，4）

　　"陈不"，为立事者。"不"字写法怪异，与《郭店楚简·语丛》2.45 的"不"字写法相同，"不"读作"丕"。丕应是立事者，盧是制陶工师名。

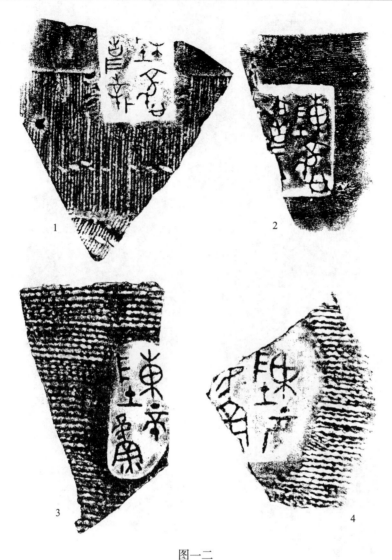

图一二

1.陈恕立事倅　2.陈恕立事　3、4.陈丕虘

6. 陈安类

陈宴再俓　　　　（图一三，1）

陈安再肠　　　　（图一三，2）

陈宴再□　　　　（图一三，3）

陈宴再立毨　　　（图一三，4）

根据临淄新出土的陈安立事岁陶文[5]，"陈安"为立事者。"宴"字应是"安"的异体。"再立""再"均为"再立事岁"之省。毨、俓、肠为制陶工师名。

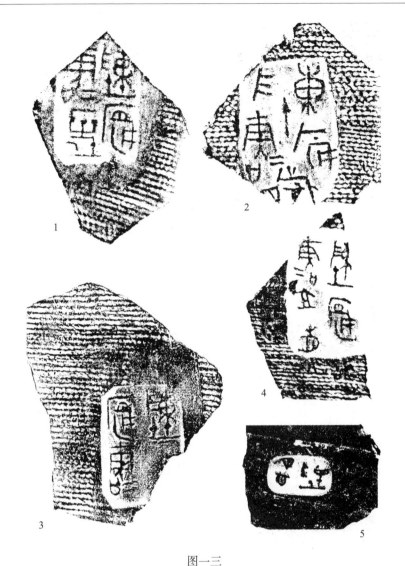

图一三
1.陈宴再倥　2.陈安再肠　3.陈宴再□　4.陈宴再立牝　5.陈忘

7. 陈忘类

忘陈　　　（图一三，5）

忘，从心，从"户"字横书。陈忘为立事者。

8. 陈戝类

陈戝立事肠　　　（图一四，1、2、4～6）

陈戝立事　　　（图一四，3）

图一四

1、2、4～6.陈賧立事肠　3.陈賧立事

陈賧立事倖　　（图一五，1）
陈賧立事缋　　（图一五，2）

"陈賧"，为立事者。"賧"，从戈，也可从又（图一四，6），应是"賧"字异体。倖、肠为制陶工师名。"陈賧"也见于齐国官量陶文（《陶文图录》2.18.1）。

9. 陈中山类

陈中山肠　　（图一五，3、5）
陈中山立愆　　（图一五，4）

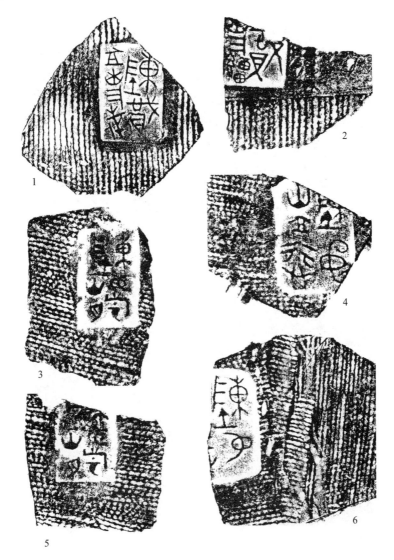

图一五

1.陈貹立事倖　2.陈貹立事缰　3、5.陈中山肠　4.陈中山立怸　6.陈中山□

陈中山□　　（图一五，6）

"陈中山"，为立事者。"立"为立事岁之省。肠、怸为制陶工师名。

10. 陈陀类

陈陀立事丁　　（图一六，1）

陈陀立事丁　　（图一六，2）

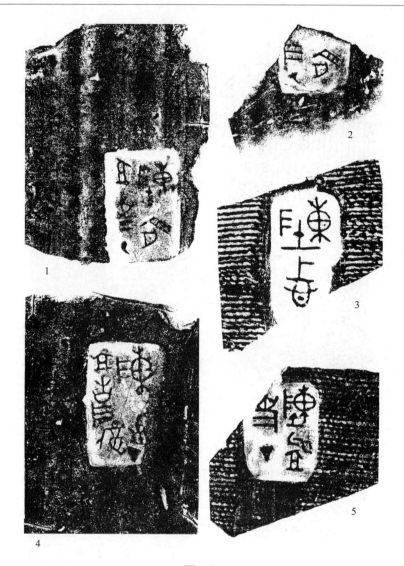

图一六

1.陈陀立事丁　2.陈陀立事丁　3.陈志　4.陈立事肠　5.陈ㄐ立事丁

　　“陈陀”，为立事者。“立事”为立事岁之省。丁，为制陶工师名。

11. 陈志类

　　陈志　　（图一六，3）

　　“陈志”，为立事者。陈志也见于天津出土的齐国官量陶文“陈和志左廪”（《陶文图录》2.17.1）。“和志”有可能是名志字和。

12. 陈㠯类

陈㠯立事肠　　　（图一六，4）

"陈㠯"，㠯字像人披长发形。应是头发之发的异体，音同借为微、魏、美[6]。"立事"为立事岁之省。肠，制陶工师名。

13. 陈纠类

陈丩立事丁　　　（图一六，5）

"丩"为"纠"的本字。陈纠为立事者。"丁"为制陶工师名。

14. 陈頔类

陈頔　　　（图一七，1、2）

頔，《玉篇·页部》："頔，初贞切，正也。"正、页上各加圆点，是齐系文字的特点。陈頔，为立事者。

15. 陈華类

陈華　　　（图一七，3）

"半"应是"華"字，草字头艸省作中。战国文字艸省作中例证很多。例如茀省作弗，藥省作樂，茸省作耳等[7]，陈華，为立事者。

16. 陈石类

陈石再肠　　　（图一七，4、5）

"厂"，即"石"字。口上一横是羡画。陈石，为立事者。再，是再立事者之省。肠为工师名。陈石也见于齐国官量陶文（《陶文图录》1.18.3）。

我们还看到过新泰一中工地出土的如下两种齐国简式官量陶文。

17. 陈桮类

陈桮立事岁陶文尚见于《陶文图录》2.17.2，曾隶为榑，误。又见于《陶文图录》10.16.1，曾列入"伪品及可疑类"。恐怕需要重新考虑。

18. 陈尹类

两件。一作陈君，一作陈君。君是尹字繁体。君通尹，可证两者是同一个人。

图一七

1、2.陈頭　3.陈華　4、5.陈石再肠

19. 平阳廪

平阳，战国齐邑。"平阳廪"为齐国设在平阳邑的仓廪（图一，5）。

20. 其他类

偯　　　（图一八，2）

偯，疑为竖字初文。偯，私名。

图一八

1.陈……立事……　2.佢　3.宔　4.才　5.右　6.□

宔　　　（图一八，3）

才　　　（图一八，4）

才，为私名。

右　　　（图一八，5）

右，为私名。

□　　　（图一八，6）

□，为记号

残拓：

　　……岁缰　　　　（图四，4）

　　……缰居（？）　（图五，5）

　　陈……再……　　（图八，5）

　　陈……立事……　（图一八，1）

"立事"二字写法怪异。

二、讨　论

（一）田、陈纠葛

《史记·田敬仲完世家》："陈完者，陈厉公佗之子也。……敬仲之如齐，以陈字为田氏。"古今史学家对于为什么要改"陈"为"田"，何时改"陈"为"田"，争论不休。其实，根本没有改"陈"为"田"之事。事实是《春秋》经传和《论语》均作"陈"，不作"田"。只有《战国策》和《竹书纪年》作"田"，不作"陈"。出土的金文、陶文、玺印、楚简等古文字材料均作"陈"，无一例作"田"。这都证明太史公"敬仲之如齐，以陈字为田氏"之说是错误的。只是陈完（敬仲）入齐以后，为了与其母国的陈字相区别，在"陈"字下加"土"旁以为标识。今人不了解这一常识性的问题，仍沿袭《史记》的错误称齐国陈氏为"田氏"，如国家文物保护单位"田齐六陵"之类，应予以纠正。也有学者把海阳嘴子前出土的河南陈国铜器误认为是齐国陈氏铜器，引导出一系列错误的结论，造成了不应有的混乱，当引以为戒。

新泰齐国官量陶文一律作"陈"，不作"田"，而且除极个别的例证省略"土"旁外，均在"陈"字下加"土"旁以为标识，进一步证明了上述虽然简单但却非常重要的道理。

（二）国别、性质与特点

新泰新出陶文绝大多数陈字下从土，是齐系文字中的特有写法。这批陶文应属齐国。从大多数铭文内容看应属官府量器，但铭文行款、格式、事项等则与临淄出土的齐国官量陶文有很大区别。临淄官量陶文分简式与繁式两类。简式只有立事者。繁式印大字多，内容包括地名（封邑或籍贯）或身份＋立事者＋立事岁＋左（右）里敀＋亳＋量名等6项，或在量名后再加工师名和"所为"二字（《陶文图录》2.15.5、2.18.1～2、2.18.4）。新泰官量陶文也分繁式和简式两类。但繁式的内容有不同程度的简化。不加左（右）里敀、亳和量器名。立事岁简化为"立"。再立事岁简化为"再"或"再立"。叁立事岁简化为"叁"。除一件残片上有一个"岁"字外（图四，4），一般都不加岁字。多数情况下加工师名，是新泰官量陶文的一个显著特点。铭文格式和文例也有显著区别。临淄官量陶文多用规整的方印或长方印，按双行或三行排列，读序自上而下、自右而左，行与行之间或加竖栏，个别的还加方格。新泰官量陶文则多采用圆角方形或圆角长条形，没有固定的读序，而且字多异体，其中"肠"字的写法达七八种之多。章法布局随意性很大，如把"陈"字拆成两部分："东"放在右行，"阜"旁放在左行（图一七，4）。这些特点与齐国民营制陶业的作风极为相似。由于这批陶文中还与私名印陶文共存，颇怀疑新泰官量陶文不是官营制陶业生产，而是民营制陶作坊为官府定做的。

（三）立事者、立事岁

"立事岁"是齐国特有的纪年格式。以往关于立事者的身份和"立事岁"的含义有不同的理解，过去曾把齐官量陶文中的"平门内"误释为"平门守"，因而认为齐国的立事者都是地位不高的门尹和都邑大夫之类[8]。或认为"他们的身份往往被估计过高……现在我们更倾向于他们是主管陶量或陶器的有司。地位并不一定很高"[9]。

笔者曾指出"立事"即"蒞事"，最初的含义是主持国家的祭祀。例如"尝于大公之庙，庆舍蒞事"（《左传·襄公廿八年》），"将禘于武宫……叔弓蒞事"（《左传·昭公十五年》），"别蒸于武宫，公称疾不与，使奚齐蒞事"（《国语·晋语一》）。尝、禘、蒸等都是天子、诸侯宗庙之祭（《礼记·王制》）。庆舍是齐国掌权人物庆封之子，叔弓是鲁国正卿，奚齐是晋献公之子，都是地位甚高的贵族。后来"立事"往往指主持国家的政事。例如，金文中所见的立事者国差（佐），公孙灶等都是属于姜姓齐国的执政大臣[10]。又如诸城臧家庄出土的莒公孙潮子钟、镈中的"陈竳立事岁"，竳通举。陈竳即因"直言"而被齐闵王杀掉的陈齐宗室（《战国策·齐策六》），是陈齐王朝的大臣[11]。因此，认为立事者身份不高的看法与事实不符。立事岁指某人开始主持国家政事的那一年，再立事岁和叁立事岁分别为主持政事的第二届和第三届。类似于楚国以大事纪年，正因为立事者多是地位很高的主持国家祭祀和执政大臣，使用他们任职之年作为齐国纪年才有意义。否则门尹都邑大夫、主管陶量、陶器的有司甚多，用他们任职之年作为齐国纪年毫无意义。与齐国之"立事岁"纪年不同，赵国兵器中有"王立事""王何立事"，不是指兵器的监造，而是主持兵器的试器验收，与齐国的立事岁含义不同。

（四）年代

　　以往发现的齐国官量陶文中的立事者均为陈氏，鲜有例外，说明齐国官量陶文绝大多数都应是陈氏代齐以后的产物，也就是说都应是战国早中期之际陈齐太公和元年（前 404 年）以后的产物。唯独"陈逆立事岁"（《陶文图录》2.2.1）可以早到春秋晚期。逆通傿，陈逆即陈僖子，又名陈乞（前 491 ～前 484 年），这是迄今为止所发现的唯一的年代确属春秋晚期的齐国官量陶文。新泰齐官量陶文中的"立事者陈得"，如上所述，常见于齐国官量陶文，也见于齐伐燕所缴获的陈璋方壶（集成 9703，"阳"字为锈掩），还见于江苏盱眙出土的陈璋罍（《集成》9975）。齐宣王曾与孟子讨论齐伐燕取胜以后的举措（《孟子·梁惠王》），因此，陈璋二器中的"唯王五年"，只能是与孟子同时的齐宣王五年（前 315 年）。陈璋二器是"郑阳陈得再立事岁"，而新泰陶文则是"郑阳陈得叁（立事岁）"，其年代比陈璋二器略晚。张政烺先生早年考证陈得应是《左传·哀公十四年》杜预注所说的僖子乞之少子得[12]。根据上述考古发现，可知其说有误。

　　新泰陶文中的立事者"陈喜"对于确定新泰齐国官量陶文的年代至关重要。陈喜应是陈齐第二代国君陈侯剡之子。《史记·田敬仲完世家》："齐侯太公和立二年，和卒，子桓公午立。"《史记》脱漏了陈侯剡一代。《索隐》："《纪年》：'齐康公五年，田侯午生。二十二年，田侯剡立。后十年，齐田午弑其君及孺子喜而为公。'"因此，新泰齐国官量陶文年代不得晚于陈齐桓公午杀陈侯剡之年（前 375 年）。应属战国中期。此外，新泰原属杞国。战国早期楚惠王四十四年（前 445 年）被楚国所灭。而后又被齐所灭（说详下）。因此，新泰齐国官量陶文的年代上限也不能早于战国早期楚国灭杞之年的公元前 445 年。

（五）"平阳廪"与鲁"城平阳"

　　新泰新出陶文中有"平阳廪"（图一，5）。而《春秋·宣公八年》有"城平阳"的记载，两者有何关系，需要讨论。

　　杜预为"城平阳"注释说："今泰山有平阳县。"新泰的新旧地方志都据此认定新泰春秋时属鲁国的平阳邑。清代著名经学家沈钦韩对鲁"城平阳"是否一定在新泰有所怀疑。他说："然此所城，未知其为南平阳、东平阳也？南平阳，在兖州府邹县西。"清末新泰出土了一大批杞国铜器，彻底推翻了鲁"城平阳"在新泰说，证明鲁"城平阳"应是邹县之南平阳。新泰出土的这批杞器中有直角平盖鼎，这种形制的鼎最早出现于春秋中期前段[13]，证明新泰春秋中期以前属杞国领土。春秋中期的鲁宣公八年

（前601年），鲁国不可能在杞国领土范围内筑城，鲁"城平阳"只能是位于今邹城境内的"南平阳"[14]。裘锡圭先生认为平阳小刀币"平阳疑在今新泰西北的东平阳"[15]，继而进一步论证，平阳戈、平阳右（？）司马钵、平阳桁玺等的平阳"似应指新泰的平阳"，都是正确的。但又根据平阳刀币与齐戈中"冶"字的写法不同，认为平阳刀币"为邹县的平阳所铸的可能性，也不能完全排斥"[16]。新泰"平阳廪"陶文和平阳市陶文[17]的发现证实，平阳刀币为新泰平阳所铸，实无可疑。

（六）地名考

"阇门"，旧释"内郭"二字合文为"阇门"，误。新泰陶文中陈得的居地"阇门外"才是真正的"阇门"。"阇门外"也见于传世齐国官量陶文（《陶文图录》2.101），以往我们曾怀疑系伪作[18]是不对的。阇门是齐都临淄的城门名，传世齐官量陶文中的"华门"（《陶文图录》2.10.1～4）和山东邹平苑城出土的齐官量陶文中的"句（后）华门"（《陶文图录》2.7.2）也都是齐都临淄的城门名，不能认为"华门"不在临淄[19]。

平阴，齐邑。见于《左传·襄公十八年》，其地在今山东平阴县东北35里。

奠阳，奠地也见于帝辛十祀征夷方卜辞，是癸酉日占卜一旬内在云、奠、河邑三地的吉凶（《英藏》2525）。可知奠地是近于河的[20]。奠阳也应距河不远。

柞，柞城城址位于苍山县城东5千米下庄镇柞城村北。见于民国五年《临沂县志》记载。《齐乘》称为"钟离城"，或曰"凿城"（凿城应是柞城的讹传——引者）。《沂州志》称"柞王城"[21]。故城分为大城和北廓两部分，大城周长3915米。城内曾出土战国齐印"荼（苹？）大夫之钵"[22]和东汉永元二年铜洗和永和四年铜壶等遗物[23]。

三、杞分二国与楚、齐灭杞

杞分二国与楚、齐灭杞，基本上不见于文献记载，而是根据考古发现所提出的新课题。已有几篇拙稿加以论述[24]，不再重复。这里只就以往的论据略加爬梳，并据新的考古发现和研究成果加以补充论证。

《杞分二国说》是1985年滕州第三届山东古国史研讨会上提交的论文，主要内容是指西周分封的杞国在今河南杞县。因"淮夷病杞"即淮夷侵犯杞国，齐桓公迁杞于缘陵，即今山东昌乐营陵故城。殷商时代的杞国在新泰，战国时代为楚所灭。

殷商杞国在新泰是根据清末新泰出土一大批杞国铜器和1972年兖州中李官出土的剌族铜器提出的。帝辛十祀征人（夷）方路线中杞与剌地相邻近。而据祖甲田猎卜辞杞与剿相距 5 日程。新泰距兖州 200 里，平均日行 40 里，与古代行军日行 30 里为一舍的规律相符。此外，帝辛十祀征人（夷）方路线中的“亳”，李学勤先生认为应是从高省从草的“蒿”字，读作郊[25]。我曾进一步指出，此字从丫、屮，应是从高省，从毛的“毫”字。古代毛、髪二字有别。以人披长髪形作为髪的本字，音同借为微小、微妙的微，或借为国族名和姓氏的微或魏。久借不还，另造一个从发声的髪字[26]。老年人头发生长缓慢，甚至脱顶，故以人头上的短发形屮、屮作为毛字初文并作为老、考等字所从的偏旁。甲骨文被释为“毫”字的偏旁丫、屮，即毛字省文。毫通蒿，蒿就是今泰安城西南近郊的蒿里山[27]。

西周时代的新泰杞国，在新出史密簋中被称为“杞夷”[28]。西周分封的杞国，地位甚高。周人把西周分封的虞舜后裔陈国、夏禹后裔的杞国、殷商后裔的宋国合称“三恪”（《左传·襄公二十五年》）。在《逸周书·王会解》的成周之会上，杞国国君被称为夏公，与殷公、唐公、虞公并列立于堂下。西周分封的杞国从未被称为“杞夷”。只有春秋时期与鲁国有领土纠纷，以使用夷礼为借口而被鲁国两次征伐，并攻入其都城的杞国，才有可能被称为“杞夷”。因此，史密簋中“广伐东国”的“杞夷”只能是新泰杞国。

春秋时代的新泰杞国史料比较多。清末新泰出土春秋杞国铜器是重要的考古材料。此外，《春秋》经传中除了因“淮夷病杞”，齐桓公迁杞于缘陵的史料属于河南杞县的周初分封的杞国之外，几乎所有的关于杞国的史料，如莒伐杞、取牟娄，与鲁国成邑有领土纠纷的杞国，晋国纠合诸侯国“城杞”，参加晋国所主持的盟会多达 25 次之多的杞国等文献史料，都应是新泰杞国。

此外，《左传·襄公二十九年》晋国纠合各诸侯国“城杞”，即为杞国建城。而《左传·昭公元年》晋祁午却把“城杞”，改说成“城淳于”，可见新泰杞国又名淳于。新泰曾两次出土过淳于戈[29]，此后新泰西邻泰安发掘的一批战国墓中也曾出土淳于戈[30]。不仅证明杞国又名淳于，同时证明春秋时代新泰确有杞国。

关于楚灭杞国，据《史记·楚世家》记载：楚惠王四十四年（前 445 年）灭杞，“是时越已灭吴，而不能正江淮北，楚东侵广地至泗上”。意思是说楚灭杞后，领土扩展到泗水流域，而新泰恰在泗水流域，证明被楚所灭的杞国，也必然是新泰杞国。

20 世纪 50 年代，泰山脚下出土 6 件楚高罍（缶），器主楚高应是楚国号称“叶公”的公子高。叶公子高又名叶公诸梁、沈诸梁。《左传·哀公十九年》“楚沈诸梁伐东夷，三夷男女及楚师盟于敖”。按，“三夷”应即杞夷、牟夷、莒夷。敖即《周语·晋语九》“范献子聘於鲁，问具山、敖山”中的敖山，地在今新泰市区内。今楚高缶出于泰安，应是楚公子高伐东夷，战胜后祭告泰山的遗物。

关于齐灭杞不见于史籍记载。考古发现方面的证据不少，除了本文介绍的新泰出土的齐国官量陶文之外，在此之前新泰还出土过齐国战国时代的亭市陶文"平陽市陸"（《陶文图录》2.34.1）。此外，2003 年，新泰周家庄东周墓地出土的铜敦和龙凤陶簋等，都是战国时代齐国的典型器物[31]。其中铜敦与陈侯午敦的器形完全相同，是齐国战国中期的标准器[32]。

综上所证，"杞分二国与楚、齐灭杞"虽然基本上不见于文献记载，但根据考古发现，是完全可以得到证实的命题。

四、小　　结

新泰齐国官量陶文的发现，厘清了新泰建置沿革，证明商代杞国在新泰，战国早期被楚国所灭以后，又被齐国所灭。齐侯剡之子陈喜陶文的发现，证明从楚惠王四十四年（前 445 年）灭杞，至齐侯剡元年（前 384 年）以前，楚国占领新泰杞国共61 年。从齐灭杞至齐闵王三十八年（前 286 年）灭宋，齐国领土和势力范围扩大到鲁南和淮北地区达百年之久，证明齐威王"吾臣有檀子者，使守南城，则楚人不敢为寇东取，泗上十二诸侯皆来朝"（《史记·田敬仲完世家》），其说信而有征。新泰齐国官量陶文的发现还为战国时代齐国的官制、历史人物、地名、文字等各方面的研究，提供了重要依据。

注　　释

［1］　王恩田：《陶文图录》，齐鲁书社，2006 年。

［2］　刘延常等：《山东新泰市出土的大批齐国陶文》，《中国文物报》2004 年 7 月 16 日。

［3］　王恩田：《新泰齐国官量陶文的发现与初步探索》，《印学研究》第二辑，山东大学出版社，2009年。

［4］　王恩田：《释易》，《黄盛璋先生八秩华诞纪念文集》，中国教育文化出版社，2005 年。

［5］　实物原在山东省文物考古所临淄工作站。

［6］　王恩田：《鹿邑太清宫西周大墓与微子封宋》，《中原文物》2002 年 4 期；《鹿邑微子墓补证——兼释相侯与子口寻（腯）》，《中原文物》2006 年 6 期。

［7］　何琳仪《战国文字通论（订补）》，江苏教育出版社，2003 年，208 页。

［8］　李学勤：《战国题铭概述》，《文物》1959 年 7 ～ 9 期。

［9］　李零：《新编全本季木藏陶》，中华书局，1998 年，3 ～ 4 页。

［10］　齐文涛：《概述近年来山东出土的商周青铜器》，《文物》1972 年 5 期。

［11］　王恩田：《莒公孙潮子钟考释与臧家庄墓年代——兼说齐官印"阳都邑"巨玺及其辨伪》，《远望集——陕西考古研究所华诞四十年纪念文集》，陕西人民美术出版社，1998 年。

［12］ 张政烺：《"平陵陈得立事岁"陶文考证》，《史学论丛》第二册，1935 年。

［13］ 王恩田：《东周齐国铜器的分期与年代》，《中国考古学会第九次年会论文集》，文物出版社，
1997 年。

［14］ 王恩田：《从考古材料看楚灭杞国》，《江汉考古》1988 年 2 期。

［15］ 裘锡圭：《战国货币考（十三篇）》注 38，《北京大学学报（哲学社会科学版）》1978 年 2 期。

［16］ 裘锡圭、李家浩：《战国平阳刀币考》，《中国钱币》1988 年 2 期。

［17］ 王恩田：《陶文图录》2.34.1，齐鲁书社，2006 年。

［18］ 王恩田：《齐国陶文地名考》，《考古与文物》1996 年 4 期。

［19］ 李学勤：《齐燕陶文丛论》，《上海博物馆集刊》第 6 期，上海古籍出版社，1992 年。

［20］ 王恩田：《人方位置与征人方路线新证》，《胡厚宣先生纪念文集》，科学出版社，1998 年。

［21］《中国文物地图集·山东分册》，中国地图出版社，2007 年，741 ～ 742 页。

［22］ 刘心健、刘自强：《苍山县柞城故址发现铜印等文物》，《文物》1984 年 8 期。

［23］ 刘心健、刘自强：《山东苍山柞城遗址出土东汉铜器》，《文物》1983 年 10 期。

［24］ 王恩田：《从考古材料看楚灭杞国》，《江汉考古》1988 年 2 期；《考古发现与杞分二国》，全
国首届杞国文化研讨会学术报告，《先秦史研究动态》1999 年 1 期；《新泰杞国铜器与商代杞
国》，《齐鲁文史》2003 年 1 期；《杞国史料的甄别与应用》，《古籍研究》2000 年 3 期。

［25］ 李学勤：《释郊》，《文史》第 36 辑，中华书局，1992 年。

［26］ 王恩田：《鹿邑太清宫西周大墓与微子封宋》，《中原文物》2002 年 4 期；《鹿邑微子墓补
证——兼释相侯与子口寻（脀）》，《中原文物》2006 年 6 期。

［27］ 王恩田：《两版征人方卜辞缀合校正》，《中国文字》新 29 期，台北艺文印书馆，2003 年。

［28］ 张懋镕：《安康出土的史密簋及其意义》，《文物》1989 年 7 期。

［29］ 魏国：《山东新泰发现淳于戈》，《中国文物报》1990 年 3 月 1 日。

［30］ 程继林：《泰安发现战国墓葬》，《中国文物报》1999 年 6 月 6 日。

［31］ 刘延常等：《齐国墓再现春秋争霸——山东新泰周家庄东周墓葬》，《文物天地》2004 年 2 期。

［32］ 王恩田：《东周齐国铜器的年代与分期》，《中国考古学会第九次年会论文集》，文物出版社，
1997 年。

胶东地区晋代纪年墓及相关问题探讨

阎 虹[1] 闫 勇[2] 赵 娟[3]

（1.栖霞市牟氏庄园管理处；2、3.烟台市博物馆）

自 20 世纪 50 年代以来，胶东地区发现了大量汉代墓葬，但与汉代墓葬发现之多形成鲜明对比的是，晋代墓葬却了无踪迹。难道这一地区不存在晋代墓葬？恐怕这样的"事实"让人难以想象。2007 年，笔者主持的龙口市东梧桐墓群的发掘，在胶东地区首次发现有明确纪年的晋墓，这为本地区晋代墓葬的探索提供了新的依据。

本文结合东梧桐及山东内陆地区发现的晋代墓葬资料，对胶东地区晋代纪年墓及相关问题谈谈自己的认识，以期抛砖引玉，引起学界关注。

一、胶东地区晋代纪年墓概况

2007 年 10 ～ 11 月，为了配合工程建设，烟台市博物馆在龙口市芦头镇东梧桐村南清理了 4 座有明确纪年的晋代墓葬。其中，西晋墓葬 2 座，东晋墓葬 2 座，现简介如下。

（一）西晋墓

2 座，编号 M6、M7，位于东梧桐墓地东部，南北并列，相距较近。均为单室砖墓，保存部分封门砖、墓门和墓室等，平面呈"凸"字形，墓向西。墓室除西壁设墓门较直外，其余三壁均外弧，四角为抹角。

1. M6

墓向 277°。封门一道 。墓室东西长 312、南北最宽处 235、残高 93 厘米。墓壁单砖错缝顺砌，墓底采用单砖平铺，以"人"字纹构图。墓室底部中间偏北用三行四列单砖顺缝砌筑一砖台，应为棺床，台上置葬具。木棺仅存灰痕，单棺，东西向放置。

棺长约 180、东宽约 54、西宽约 34 厘米。人骨架已朽，仰身直肢葬，头向东。

2. M7

墓向 272°。墓道长条形，东窄西宽。封门砖有两道。墓室东西长 240、南北最宽处 200、残高 5～20 厘米。墓葬用砖有两种，一种为模印铭文砖，有"泰康七年九月十一日"铭文。一种为侧面模印似刀币纹。墓室内已被扰乱，随葬品及人骨被堆积在墓室东北，发现银耳环 1 件及白陶罐残片。

（二）东晋墓

2 座，编号 M1、M2，位于东梧桐墓地西部，两墓南北相邻，为砖室墓，保存完整。

1. M1

为双室墓，平面呈"甲"字形，墓向 284°，由墓道、墓门及前、后墓室组成。墓道位于墓室的西部，长 700 厘米，上口略宽于底部，东西向斜坡状，坡度为 30°。墓门，采用楔形砖起双层券顶，两道封门。前后墓室平面呈"吕"字形。前室，南、北壁外凸，室内东西长 187、南北最大宽度 202、高 250 厘米。四壁先以单砖五顺一丁后以单砖三顺一丁法砌筑，墙体略向外弧，以便于四角起券。墓室顶为穹隆顶，中部呈长方形，用三块经加工略呈"梯形"砖南北侧立并排密封。各砖之间用黄土黏固，并加砖楔或用薄石片作楔。前、后室间以过洞相连，为双层砖券顶。后室的砌筑方法同前室，室内东西最大长度为 276、南北最大宽度为 252、高 256 厘米。前、后墓室的墓底砖均为单砖平铺，以"人"字纹构图。后室顶部略高于前室，面积也较前室明显偏大。

后墓室发现两具棺木，已朽，东西向，南北并列放置。两棺形制基本相同，均为东宽西窄。人骨已朽，仅北棺内东部可辨有头骨痕迹，葬式不详。随葬品主要是白陶器，多集中在前室内和棺内，计有罐、盖盒、盘、耳杯、盆、勺和豆等，其中一件陶盒的盒盖内侧上有"太元二十年"年号；后室北侧棺内发现铜簪、银镯等，南侧棺内发现铜带钩等；此外还有少量漆器，已朽。

墓砖中发现有极少量模印文字和刻划文字，一般在砖的侧面和端面，内容有"泰元廿年四月二日王康""晋时造""泰元廿年四月四日东莱郡弦县"和"晋□建威将军东□"等。

2. M2

为单室墓，平面"凸"字形，墓向 281°，由墓道、墓门和墓室组成。墓道长 700、宽140、深225厘米，位于墓室的西侧，东宽西窄，东端近墓门处底部较为平缓，余者为斜坡状，坡度为30°。墓门为券顶，封门砖为三竖一丁法砌筑。墓室平面略呈椭圆形，除墓门位于西壁为直壁外，东、南和北三壁略呈弧形。墓顶为穹隆顶，顶部最高处呈长方形，由西向东排列使用了九块打制成的楔形砖封顶，顶部形成长方形藻井。墓室四壁先以单砖五顺一丁后三组三顺一丁砌筑，用黄土黏固。墓底单砖平铺成"人"字编织纹图案。

墓室内发现棺木两具，已朽，木棺东宽西窄，棺长约190、东宽50、西宽30厘米。人骨仅存头骨、股骨和胫骨等，葬式为仰身直肢葬，头向东。随葬品分别放置墓室内和棺内，在墓室的南侧放置的随葬品，计有白陶罐、盖盒、盘、耳杯、钵、勺和豆等，还有少量漆器，已朽；在棺内主要发现铜簪和铜手镯等。墓砖中发现有极少量砖的侧面有"泰元廿年四月二日王康"、端面有"晋时造"的模印铭文，此种墓砖与M1所用的铭文砖相同。

这批墓葬最大收获之一是几乎各墓都发现了年号铭文，计有："泰元廿年四月二日王康""晋时造""泰元廿年四月四日东莱郡弦县""晋□建威将军东□""太元十一年""泰康七年九月十一日"等，分别出自M1、M2、M7。

"太康"年号历史上出现过两次：一次是西晋武帝时，"泰康七年"为公元286年；另一次是辽代道宗，"泰康七年"为公元1081年，当时山东还属北宋王朝统治。根据墓葬形制、出土遗物等综合分析，此"泰康"年号应属西晋无疑。"泰元"年号历史上出现过三次，分别是：三国吴国孙权时，为公元251～252年；十六国前凉张骏时，为公元324～346年；东晋孝武帝司马曜时，为公元376～396年。根据墓葬形制、出土遗物等分析，此年号应为东晋孝武帝时，即公元376～396年。据此，我们认为M6、M7墓葬年代为西晋；M1、M2墓葬年代为东晋。这批墓葬自东而西排列整齐，方向基本一致，墓葬结构大体相同，可以认定属于同一家族墓地。

"泰元廿年"为公元396年，此时南方地区为东晋王朝统治，北方地区为十六国，当时的胶东地区属于十六国中的后燕。而M1和M2采用东晋年号，还刻划有"东莱郡弦县"（胶东地区自西汉始到东汉均属东莱郡）、"晋□建威将军东□"等内容。这是为什么？我们认为，这是处于后燕治下的墓主自认是晋的子民、晋为正统的表现。尤其是M1中的刻划"晋□建威将军东□"文字的墓砖更能说明问题。

二、山东内陆地区晋代纪年墓概况

山东内陆地区目前发表的考古资料中有明确纪年的晋代墓葬有诸城[1]、苍山[2]和滕州[3]三处，分别介绍如下。

（一）诸城西晋墓

位于诸城西公村西 30 米，共清理 2 座，砖室墓，东西并列。

1. M1

为双室墓，墓向为 185°，由墓道、墓门、前室、过道、后室组成。台阶式墓道残长 6、宽 1.2 米，甬道长 3 米，前端单层起券，一砖后增为双层券。封门砖错逢平砌。前室平面近正方形，东西两壁微外弧。前后室过道为两层券顶，位置偏东侧，与甬道相对。过道及后室地面均高于前室。后室呈长方形，东、西、北三面壁微外弧。前后墓室墓顶均为四隅券进式穹隆顶。铺底砖错缝平铺。穹隆顶与墓壁相接处的一周丁砖，砖的上侧面均模印"折上"二字。墓砖有长方形、梯形、楔形等多种，一面印粗绳纹，顶面印圆墓用砖皆菱形、乳钉、卷云、三角等纹饰，侧面印"米"字、圆钱、菱形乳钉、卷云等纹饰。墓室被后期扰乱，残存随葬品共 27 件，主要是陶器，余者为铜、铁、银、瓷器。陶器有罐、钵、碗、奁，其中陶奁内刻有"田"字；铜器有洗、鐎斗、镜等；铁器有戈、剪、镜；瓷器仅盘口壶 1 件；另有银手镯、骨管等物。

2. M2

为单室墓，由墓道、甬道、墓门、墓室组成。甬道为双层券顶。封门砖用三顺一丁砌法。墓室正方形，东、西、北三面壁微外弧，墓顶为四隅券进式穹隆顶，底有铺底砖。该墓用砖为青砖，有长方形、梯形、楔形三种，纹饰有乳钉、卷云、四叶、菱形等，其中 8 块砖上刻有"太康六年作"的纪年铭文。墓内被扰乱，残存随葬品有罐、钵、碗等陶器 11 件及铜镜 1 面。

"太康"是西晋武帝司马炎的年号，"太康六年"即公元 285 年。由于两墓相距较近，形制、遗物相类，故应同属西晋早中期。M1 陶奁内所刻"田"字，可能属墓主的姓氏，表明此处或是"田"氏家族的墓地。

（二）苍山晋墓

位于苍山县庄坞乡东高尧粮管所院内，系一座画像石墓。墓葬平面呈长方形，分为主室、侧室。主室由双墓门、前室、后室组成：前室呈横长方形，后室呈纵长方形，双后室间的隔墙中部有三个门洞。侧室由墓门、前室、后室组成：前室呈正方形，后室呈纵长方形。主、侧室间有一过道相通。整座墓葬用石板砌筑，墓顶用石板平盖，墓底用石块平铺。画像石内容有朱雀、鱼、穿璧纹、几何纹等，朱雀、穿璧纹采用浅浮雕的形式，鱼纹、几何纹则为阴线刻。随葬品 61 件，包括陶器 35 件、釉陶器 2 件、青瓷器 11 件、素烧器 2 件、铜器 6 件、银器 5 件。其中陶器有罐、盆、镰斗、洗、钵、碗、盘、多子盒、勺、耳杯、灯、仓、灶、井、釜、甑、磨、碓、厕、圈、案，均为泥质灰黑色陶；釉陶器皆为壶；青瓷器有盘口壶、鹰首壶、四系罐、碗；素烧器件均为四系罐。铜器有洗、魁、镜等；银器为手镯和银簪。

（三）滕州西晋墓

位于滕州市张汪镇夏楼村东北。原有高大封土已被取平，墓顶暴露于外。墓葬为石室，分前、后室及双耳室三部分。前室室内石壁上叠筑横额，雕刻画像。根据塌落的墓石及后室情况，前室顶部应以两层拱石和两层枋石交错叠涩构成方形藻井，藻井口部覆以方形石板为盖顶，雕刻画像。前室南壁竖置 2 块长方形柱石，将南壁分成三等份，中间象征墓门处雕刻铺首衔环。前室东西两侧各用三块方形石板围筑成两个耳室，耳室上部各用 1 块石板平铺盖顶。前后室间甬道用 2 块长方形柱石分成等宽的三条，柱石同时还承托起交错叠涩的两级拱石和两级枋石。东西两壁及北壁长方形柱石之上，均以三级拱石和两级枋石交错叠涩成方形藻井，藻井口部以方形石板为盖顶。拱石和枋石内面均磨制光滑，并隐约可见红、黄色绘制的宽带状彩绘残迹。

该墓早年被盗，残存随葬品有陶器、陶俑、石羊、铜钱、包金饰品等。其中陶器有多子盒、盆、盘、灯、奁、熏炉；陶俑有男侍俑、女侍俑、胡人俑。较为重要的是，在一件男侍俑颈、腹部分别刻写"王君令□"和"元康九年"的铭记；一件女侍俑裙上、侧面、背面分别刻写"女子姓季字阿多""元康九年作，有三日""女""下邳任令明所作"等铭记。

"元康"年号在中国历史上出现过两次，一是汉宣帝刘询，二是晋惠帝司马衷。前者仅 4 年就改元，因此，"元康九年"只能是晋惠帝司马衷的年号，即公元 299 年。

三、胶东地区与山东内陆地区晋代墓葬特征

胶东地区与山东内陆地区目前发现的晋代墓葬能够确认的资料虽然较少，但还是能够看出一些特征。

胶东地区：为单室或者双室砖墓，一般先挖土圹，后砌筑墓底砖及四壁，采用三顺或五顺一丁的砌筑方法。墓室四壁，除墓门处为直壁外，一般外弧，墓顶为穹隆顶，墓门为拱形，封门砖一般单层或双层。墓道一般呈斜坡、长条形，与墓门宽度一致。

随葬品一般为白陶，组合包括罐、盒、钵、耳杯、盆、豆，还有漆器、铁器等，棺内发现带钩、手镯等随身饰物。

山东内陆地区：亦多为砖室墓，分单室和双室两种。单室墓有长方形、弧边长方形等形式，有墓道、墓门及短甬道，墓道狭长。双室墓前后墓室间有甬道相连，券顶，承袭汉墓形制，略晚的墓葬前室作较小的方形，后室作弧边长方形，墓顶为券顶或穹隆顶。墓砖盛行花纹砖，有的有纪年铭文。出土遗物主要为陶器，器形为罐、壶、盘、耳杯、碗、钵、奁、盆、勺等，也有四系罐、青瓷双耳盘口壶等新出现的器形。随葬铜钱为汉代五铢钱，铜镜有素宽沿简化四螭镜、位至三公镜等。

苍山晋墓、滕州西晋墓墓室结构与中原地区东汉墓的特征相似，但出土的器物中陶、瓷器较多，总的来说，与汉墓陶器差别较大，特别是陶多子盒、青瓷盘口壶、四系罐等具有典型西晋时期的特点。因此这两座墓应是西晋人借用汉代旧墓，稍加修整而重复使用，年代应为西晋时期。这在苍山一带并非孤例，苍山元嘉元年墓[4]就是如此。

龙口东梧桐和诸城晋代墓从形制上看，除墓道前者为斜坡状，后者为台阶状外，其他结构与苍山、滕州晋墓相同。但在随葬品方面有较大区别，胶东地区随葬品主要为白陶，此外有少量的漆器，棺内随葬有头饰、手饰等，器物种类较单调。而山东内陆地区晋墓随葬品除白陶陶器外还有青瓷，并且陶器的器物类型也较胶东地区丰富。

四、结　　语

龙口东梧桐纪年墓的发现，为晋代墓葬的断代提供了一个标尺，尤其是在北方地区发现东晋年号的墓葬更为重要。

对比东梧桐晋墓，我们可以对以往胶东地区汉代砖室墓有一个新的认识。如我们发掘的龙口市台上李家墓群，清理了3座砖室墓，虽然墓葬遭到后期破坏，根据残存的墓室结构特征及随葬品分析，无论是墓葬形制、砌筑方法还是随葬品，如夹砂白陶罐、钵、耳杯、勺、盘等[5]，与东梧桐晋墓发现的同类器形基本相同。先前我们把其定在东汉时期，现看来在要重新认识。由此类推，我们原认为属于汉代的一些墓葬，现在再看应为西晋墓或者东晋墓（胶东地区当时为十六国时期的后燕王朝）。先前已有学者对胶东地区福山东留公汉墓、烟台毓璜顶殉鹿汉墓的时代提出过质疑[6]，东梧桐纪年晋墓的发现算是为此增添了新的佐证。

注　　释

[1]　诸城县博物馆：《山东省诸城县西晋墓清理简报》，《考古》1985年12期。

［2］ 临沂地区文管会、苍山县文管所：《山东苍山县晋墓》,《考古》1989 年 8 期。

［3］ 滕州市文化局、滕州市博物馆：《山东滕州市西晋元康九年墓》,《考古》1999 年 12 期。

［4］ 山东省博物馆：《山东苍山元嘉元年画象石墓》,《考古》1975 年 2 期。

［5］ 王金定：《龙口市台上李家东汉墓》,《中国考古学年鉴・2003》,文物出版社,2004 年。

［6］ 郑同修等：《山东汉魏晋墓葬发掘有关问题的思考》,《齐鲁文博》,齐鲁书社,2002 年。

宋代埋藏佛教残损石造像群原因考
——论"明道寺模式"

高继习

（山东大学历史文化学院）

一、佛教残损造像群的考古发现与分类

近些年来国内佛教石刻造像出土众多，见诸报道的已有数十处，特别是像山东青州龙兴寺、河北曲阳修德寺、四川成都万佛寺等造像群的发现，引发佛教考古界与美术史界的较多关注。这些佛教石造像埋藏内，除少数是单件造像外，大都是多件甚至数百、数千件集中埋藏。本文仅讨论造像群埋藏的情况。

根据对不同佛教石造像群埋藏遗迹的考古学观察，可以大致分为以下六类。

1. 土圹类造像埋藏坑（以青州龙兴寺残造像坑为代表）

将残损佛教造像直接挖坑埋藏，是最简单也是最普遍的方式。这类现象在山东、河北、山西、陕西、四川等地多有发现，仅引下述例证。

（1）山东博兴县龙华寺、乡义寺残造像坑。1990 发现的一批造像，出土地点在隋代重修的龙华寺遗址西侧不远的乡义寺遗址内；而 1976 年发现的一批数量较大、整齐埋放的造像，简报作者推断是集中了几个紧邻寺院的佛像一起埋藏的，位于乡义寺门外左颊不远处[1]。

（2）山东诸城体育场残造像坑群。1988 春，诸城市在修建体育馆时出土一批造像[2]；1990 年，同在此地又出土了一批造像。两批共发现造像残体 300 多件，多集中埋藏。正式清理的一处堆积坑，坑口长方形，南北长 4、东西宽 2.2 米，坑口距地表深1 米；像计 26 件，头、足部皆残，分上下两层、呈东西向排列，正面向上；有佛躯 21件，菩萨躯 5 件。造像年代大都属于北魏到北齐时期，但这些坑埋藏年代不明确。结合发现的大量建筑构件，发掘者推测此处原来有一处北朝时期的寺院遗址[3]。

（3）山东青州龙兴寺残造像坑。1996年秋，在龙兴寺遗址中轴线北部，大殿后5米处发现了一处面积近67平方米的土坑，从坑中清理出佛教造像200余尊，个体残肢不能拼接者更多。其造像的年代从北魏历经东魏、北齐、隋唐以迄于宋[4]。

（4）山东青州酒厂残造像坑。1994年，青州市酒厂工地在地下1米深处发掘出数尊石刻残像，报告作者认为此处正是《魏书·崔光传》中所记载的青州七级寺故址[5]。

（5）山东青州兴国寺残造像坑。1981年，青州市黄楼镇迟家庄村北兴国寺故址出土一批石刻造像，近40件，皆残，又有石羊、石莲座等物。年代属于北魏、东魏、北齐、隋、唐等不同时期[6]。报告作者认为属于唐末埋藏，但没有论证。

（6）山东惠民县沙河杨村玉林寺遗址残造像坑。埋藏坑位于该村沙河北岸，坑内造像距地表约0.9米，共出土9件，皆为残损北朝造像。现场已遭破坏，堆积及伴出物不明[7]。

（7）山东济南开元寺残造像埋藏坑[8]。2003年济南老城内开元寺遗址发现两座残损石造像埋藏坑及一座北宋砖室地宫，其中埋藏坑H40位于砖室地宫正南侧仅0.4米处，并打破了地宫入口；H40填土中出土若干和地宫雕纹砖相似的残破砖块。可以肯定，H40的修造者对地宫的位置是非常明确的，所以有意选择了此位置。H40整个开挖在地宫的夯土台基之中，如果不是出于有意选择接近地宫，很难解释为何不在寺院中另择相对松软的地处开挖，而选择地宫附近坚实的夯土层。该砖室地宫约在北宋末被毁，然后与H40同时被掩埋，埋藏年代是在熙宁二年砖室地宫建成以后若干年，但从地层堆积看，应是北宋末或金代。

（8）河北易县财政局残像坑。1992年，易县财政局建筑工地，在距离地表1.5米深处发现一批残损石刻佛教造像，共20余件，残存躯干部分可看出有佛、菩萨、弟子、护法武士等，造像时代为北魏、唐、五代、辽[9]。

（9）河北唐县寺城涧村两座残造像坑。1964年和1965年，寺城涧村西南河道断崖边分别发现一座造像坑，先发现的一座长2、宽1.5、开口距地表1.5、坑底距地表2.2米的坑，其内15件小型白石造像皆属北齐时期，造像摆放有序，上用瓦片覆盖；次年发现的坑距该坑5米，坑长2.8、宽2.5、开口距地表1.8、坑底距地表2.4米，内有12件残造像，多为菩萨、罗汉、弟子像，体量略大，时代多为隋唐时期。简报作者认为两批造像埋藏年代不同，且第二批造像"是把头部等打掉以后，胡乱放入，并无一定次序"，"埋藏时间可能是唐武宗时期毁佛灭法所造成"[10]。但因未公布地层关系及伴出物等详细资料，存疑。

（10）河南荥阳大海寺遗址残造像坑。1976年，河南省郑州以西的荥阳县唐大海寺遗址出土一批佛雕像。根据题记，这批造像多为中唐时期的作品，共有坐佛像8件，立菩萨18件，均为单身像。造像时代自北魏、唐至宋元丰四年（1081年）[11]。

（11）山西昔阳县静阳村残像坑。1979 年昔阳县东冶头乡静阳村发现 13 件佛教造像，出土于同一地点[12]。

（12）宁夏彭阳红河残造像坑。1985 年冬，红河乡红河岸边发现石刻佛造像 9 件，风格为北魏前后，形体小，精致者多残损，粗陋者多完整。造像周围地层中有陶片、灰层，似乎是有建筑遗存[13]。

（13）甘肃宁县南坡村残像坑。1999 年 5 月，宁县新宁镇南坡村村民在崖面修理窑洞时发现一批石造像。这批石造像埋藏在崖背距地表 1 米深、径宽 2 米左右的一个窖穴中[14]。

（14）陕西西安安国寺旧址残像坑。该寺址出土 10 件密宗造像，堆叠在一个深埋地下 10 多米的"窖穴"中，已大都残缺不全，考古简报中认为很可能是唐武宗会昌毁佛时弃置埋藏的[15]。

（15）四川广元残像坑。1983 年 4 月，广元发现一批共 8 件佛教残造像，出土时整齐地叠放在坑内，似乎有意瘗埋[16]。简报中未提及附近寺院情况。

（16）四川成都西安路残造像埋藏坑。1995 年发现的埋藏遗迹为一不规则近椭圆形坑，开口于"唐宋文化层"下。坑口距地表深 1.3、南北长 1.7、东西宽 1.3、坑深 0.65米。坑内填土分上下两层，石刻造像均出土于下层黄色黏土中。共埋藏 9 通残损石刻造像，除 1 件为道教造像，另 8 通均为佛教造像。其中 5 通有铭文，纪年均为南朝，其他造像风格也为南朝。发掘者认为该埋藏"很可能与北周武帝禁灭佛、道二教有关"[17]。因公布的地层及遗物堆积不详，埋藏年代暂存疑。

（17）江苏扬州隆庆寺旧址残造像堆积。1976 年和 1977 年，扬州师范学院基建工地（隆庆寺旧址）做了两次发掘，在一座唐宋时期佛教建筑遗址旁边发现两处残石造像群埋藏堆积，出土经幢、造像、础座等若干[18]。从简报描述的地层堆积推测，其埋藏年代应在宋代。

这类残造像埋藏坑案例最多，详见附表一。

2. 建地宫专门存放残损石造像，或将残造像放置于地宫之上塔基内（以山东临朐明道寺为代表）

（1）山东临朐明道寺地宫。1984 年，临朐县村民在建房时，于该遗址原明道寺舍利塔基下的地宫中，发现北朝到宋代佛像碎块 1200 余件。地宫埋葬的建设年代，据残塔内的《沂山明道寺新创舍利塔壁记》记载，为北宋初景德元年（1004 年），出土造像中最晚者为北宋之物[19]。

（2）安徽亳县咸平寺地宫塔基。1965 年，咸平寺遗址曾清理出一座塔基。八角形砖塔塔基下有长方形地宫，地宫上方由 5 块大造像碑分上下两层规则地放在第四、五级砖阶上充作地宫顶板，其上封土内则较散乱放置武平造像碑及石佛、千佛柱、经幢等残损石刻。发现时舍利棺盖已错开，并以小石块支撑，错缝处可容手伸进，推测是地宫被盗的迹象[20]。其上部造像和造像碑等文物的散乱状况，可能亦是盗扰所致，最初应是整齐摆放的。

（3）北京房山北郑村辽塔塔基。1977年，房山县北郑村辽塔倒塌后清理，发现其地宫上石幢附近有20余件唐代风格的残石造像、泥人头像和石刻像，造像纪年最晚者为后梁开平元年（907年）。简报作者认为，这些造像是辽代重熙二十年（1051年）重建北郑村辽塔时，虔诚的佛教徒将其作为佛教圣物埋藏在塔内的[21]。

3. 在毁弃后的地宫中填埋佛教造像

（1）四川彭州龙兴寺毁弃地宫。1994年，彭州龙兴寺拆除古塔时，在塔基下面发现地宫。地宫为一砖砌长方形密室，长2.6、宽2.6、深2米。室内堆放数十件残损石雕佛教造像，少数造像属于南朝、隋代，绝大部分为唐代前期[22]。该塔建筑年代约在会昌灭佛以后，地宫应与塔同时。但没有说明这些佛像是如临朐明道寺一样将佛像放入地宫内部，还是像亳州咸平寺那样在地宫废弃后放入残像然后掩埋。

（2）山东济南开元寺宋代毁弃地宫。2003年，济南县西巷开元寺遗址除发现两座土圹式残损石造像埋藏坑外，还在距离H40北侧0.4米处毁弃后的北宋地宫上部填土内，发现有几尊体量较大的北齐时期残损石质菩萨造像，似是有意放置，且与其南部的H40同期埋藏。

4. 殿宇倒塌自然掩埋，非人为埋藏

（1）山西平陆上张村寺庙旧址造像堆积。1993年，上张村出土7件保存完好的石像和陶俑，是在地下1.5米深处、范围五六平方米之内发现的，发掘者认为并非是挖坑埋藏，而是推测为"自然灾害导致房屋倒塌而埋于供奉原地的"[23]。

（2）江苏瓜州寺庙旧址造像堆积。1964年，瓜州曾出土一批佛教造像，形象有佛、菩萨、天王、力士、狮、象等，体积不大，但比较完整，简报作者认为可能是自然倒塌后被掩盖于地下[24]。

5. 将残损石造像放置于废窑、废井、垃圾坑等内，或随意弃置于坑洼处或地面及土层中

前种方式以陕西潼关县老虎城村埋藏残造像之古陶窑为代表。1963年，该地曾发现一处疑似汉代的陶窑，窑内存放有隋唐时期石造像11件，陶造像2件[25]。后种情况也较为常见。其实很多有意埋藏的残造像坑周边地层中，也多有残造像出土，如济

南县西巷开元寺遗址两座造像坑周围地层中，就有许多造像残块，且其中某些残块可以与两座埋藏坑中的残像拼接[26]。将残像随意弃置于坑洼、废窑、废井以及垃圾坑内的方式与第一种土圹式埋藏坑不同之处，一是其坑洼并非有意虔心挖造，而是就近借用残坑或洼地；二是其残像并非有意摆放整齐，而是随意弃置，其掩埋也不一定是有意为之，而可能是日久自然埋没，或随土方搬运而移动和填埋。因现有考古简报对有关信息的描述大都不够详尽和明确，所以弃置坑洼处之案例虽然在推理上应属常见现象，但实际能确定的例子并不多，临朐白龙寺或可为其典型。

（1）山东临朐小时家庄白龙寺残造像堆积。1999年5月，白龙寺遗址被盗掘佛像，博物馆征集到残余造像块与莲花纹瓦当等40多件，时代为北魏晚期到隋代，原埋藏于建筑墙基附近。宫德杰先生等推测："造像残件被分散丢弃，仅有一部分是破坏后放置于一个灰坑内，这与青州龙兴寺、临朐明道寺故意挖窖穴掩埋不同。"[27]

（2）山东兖州金口坝残造像堆积。泗河金口坝附近历年来出土大量佛教碑刻残石，据统计其残损造像及碑刻等计200余种。金口坝佛教碑刻残石当时被弃于泗河，散落在泗河金口坝至邹兖公路桥一带，从20世纪90年代至今陆续出土，其中以90年代出土最为集中[28]。

这种在古窑或坑洼中弃置残像的行为，很容易让人联想到《佛祖统纪》卷四十五《法运通塞志》的记载，隋文帝"十三年，帝幸岐州，搜于南山，逐兽入古窑中。忽失所在，但见满窑损佛像。沙门昙迁曰：'此周武毁法，故圣像多委沟壑。'"可见将残造像就近弃置于古窑与"沟壑"的行为，大都是由历次灭法后由参与破坏尊像者施行，日久而湮没于地下，遂不为后人所知。宋、辽、金时期捡拾残造像埋藏的风气兴起之时，仅收集地表可见残像，而对早已湮没于地下的残像则无法收集。

6. 基本完整佛教造像的"窖藏坑"

较完整造像集合于一坑内埋藏的现象很少，且多为小型造像。如1986年河北省吴桥县于集镇新场村出土的一坑4件白石造像，埋藏于地下1.5米处，仅一件稍残，通高37～85厘米，皆为东魏时期风格[29]。

史料中关于古代发现埋藏造像的记载，对这类保存很好的造像坑的成因可提供一些启示。如《佛祖统纪》卷四十五《法运通塞志》载，宋太宗时期，"太平兴国七年，陆泽县（今河北深州）人王绪牧牛田中，见一白兔，逐之入土穴中。探穴，得石佛五十躯，制度奇古，长皆尺余。敕就邑寺奉安"；"通利军（今河南浚县东北）建城掘地得大石佛十身。诏建淳化寺奉其像"；"袁州（今江西宜春）东山罗汉像出现"；宋徽宗时期，"金州（今陕西安康）奏，获石罗汉，大放光明"。这些记载中提到的佛像，从行文上看不出其完整与否，但似乎完整的可能更大一些。推测其埋藏原因，是灭佛运动时僧众的保护性藏匿。幸运的是史籍中亦有关于保护性藏匿经像的记载，如《资治通鉴》卷一百二十四载，北魏武帝灭佛时，"太子晃素好佛法，屡谏不听，乃缓宣诏书，使远近豫闻，得各为计。沙门多亡匿获免，或收藏经像，唯塔庙在魏境者无复子遗"；又《法运通塞志》载宋太祖建隆元年（960 年）"六月，诏诸路寺院，经显德二年当废未毁者听存，其已毁寺所有佛像许移置存留。于是人间所藏铜像稍稍得出"，或可为这种较完整小型石造像的埋藏原因做一注脚。

通过梳理迄今发现的佛教石造像群埋藏遗迹（见图一、附表一），笔者发现大致有

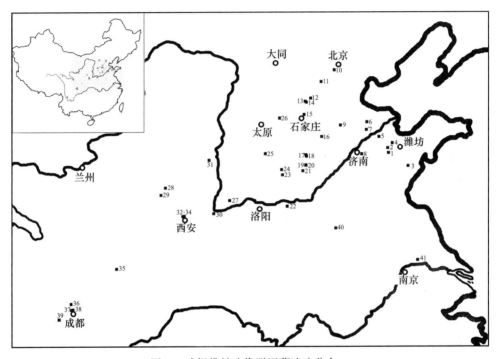

图一　残损佛教造像群埋藏遗迹分布

（注：图中所列仅明确或推测为有意瘞埋的残像坑或地宫，不包含毁佛后随意弃置或殿宇倒塌形成的遗迹）

1. 山东临朐县明道寺宋塔舍利地宫　2. 山东青州龙兴寺残造像坑　3. 山东诸城体育场残造像坑群　4. 山东寿光龙兴寺遗址残造像坑　5. 山东博兴县龙华寺、乡义寺旧址残造像坑　6. 山东无棣县于何庵大队残造像坑　7. 山东惠民县沙河杨村残造像坑　8. 山东济南开元寺旧址残造像坑　9. 北京市房山北郑村辽塔地宫附近出土残造像群　10. 河北省景县开福寺旧址残造像坑　11. 河北省易县财政局工地残造像坑　12. 河北唐县寺城涧村残造像坑　13. 河北曲阳县永宁寺遗址造像坑　14. 河北曲阳修德寺残造像坑　15. 河北藁城县北贾同村残造像坑　16. 河北南宫市后底阁村古代寺院遗址　17. 河北邯郸市马头镇残石造像　18. 河北邯郸鼓山常乐寺遗址　19. 河北临漳县北吴庄佛教造像坑　20. 河北临漳邺故城安南街寺庙像埋藏　21. 河南安阳慈源寺旧址残造像堆积　22. 河南荥阳大海寺旧址残造像埋藏　23. 山西壶关县清凉寺旧址残造像埋藏　24. 山西平顺县荐福寺遗址残造像坑　25. 山西沁县涅水村残造像埋藏　26. 山西盂县元吉村残造像坑　27. 山西运城柏口窑村残造像碑埋藏　28. 甘肃省宁县新宁村残造像坑　29. 陕西长武佛教石造像　30. 陕西潼关县老虎城村埋藏残造像之古陶窑　31. 陕西延长县槐里坪村残造像坑　32. 陕西西安北郊尤家庄石造像　33. 陕西西安窦寨村两座造像坑　34. 陕西西安长乐坊安国寺旧址残造像坑　35. 四川广元豫剧团基建工地残造像群堆积　36. 四川成都万佛寺残像埋葬　37. 四川省彭州市龙兴寺遗址残像地宫　38. 四川成都西安路南朝造像地宫　39. 四川邛崃龙兴寺遗址残造像坑　40. 安徽亳县咸平寺残造像坑　41. 江苏扬州师范学院残造像坑

五条规律：一是虽然这类埋藏遗迹可分为多种样式，但其中以竖穴土坑埋藏为主；二是与金铜佛像"窖藏"内皆为完整造像不同，石刻造像埋藏中绝大多数为残损像，罕见完整像；三是残造像群多被集中于当时寺院内部或寺院旁空地埋藏，且埋藏方式大都较为规范，从容有序地挖坑并摆放好，有些还有举行法会的迹象，所以不是灭佛运动时形成，而是信徒有意为之；四是残石造像坑的埋藏时间大都发生在宋、辽、金时期；五是地域分布方面，以今山东、河北、山西三省最多，其次是陕西、四川、河南、安徽也有少量分布，东南地区则仅见扬州一例，长江以南至今未见类似报道。这五条规律是说明本文论点的关键。因本文所讨论的是残造像埋藏原因，所以针对的是前三类残像埋藏遗迹。

二、残像埋藏原因与背景

学者们已在关注这些残碎佛像埋藏坑，那么究竟是什么原因造成这些造像在宋、辽、金时代被集中埋藏呢？

温玉成教授较为倾向于"圣埋"制度说，即认为历史上可能广泛存在一种奉旨埋藏佛教残损物品的行为，后来演化为一种未见于史书记载的仪规[30]。这种说法的根据是，宋代志磐撰《佛祖统纪》卷四十四载，北宋大中祥符八年（1015 年），"西京龙门龛佛，岁久废坏，上命沙门栖演给修饰，凡一万七千三百三十九尊"。温先生据此推测，既然真宗下旨修复龙门石窟造像，那么如何对待残损单体造像的问题，也会摆在各地官员与大寺僧官的面前。于是采取了区别对待的方法，能修复的得到修复，大多数残损严重的造像，则被灵活变通为埋藏了事。温先生的逻辑，正是由"圣修龙门造像"到"圣埋各地造像"。这对我们理解宋代埋藏残损造像的行为很有启发，也不排除有些地方的残像埋藏是由此原因而发生。

然而，迄今发现的很多残像坑却也多有与"圣埋"理念不相符者：一是很多埋藏坑中常见可拼对修复的造像，可见造像不易修复仅是被集中埋藏的原因之一，而不是主要原因；二是如附表一所列，很多残损佛教造像埋藏行为发生在当时辽国疆域内（辽国南部在今天津市的海河、河北省霸县、山西省雁门关一线与北宋交界）或后来的金国境内（今山东、河北、山西、豫北、皖北等地皆属金境），所以即使宋朝廷存在"圣埋"诏令，该诏令对邻国和后来占领这些地区的敌对国也不会起到实际的影响，不适合用"圣埋"概念来解释。

因此，笔者认为宋、辽、金时期发生的残损佛教石造像埋藏现象，更合理的解释可能是当地民间的自发组织。

佛教传入中国不久，自北魏时期起便大兴造像风潮，各地不仅兴建了大量的佛教石窟、摩崖刻石，而且单体造像也极为繁多，数百年间积累的佛教造像以亿万记。然而后来经过多次毁佛运动，特别是"三武一宗"灭法，令佛教徒们认识到，佛像虽是崇佛活动的重要方式，且质料大都为铜、石的造像也符合"金石难消"的长久保存理念，但因其皆供奉于繁华庙宇之显要处，所以也有致命的弱点，即在毁佛运动中极易遭到毁坏。在灭佛运动中，纸、绢或贝叶质地的经书，以及石、泥、陶或木质的造像，这两类实体物质是最容易被破坏的，且因不具备像殿宇建筑那样可以直接改变用途、金铜像那样可以回炉融化再利用的功能，所以历次都成为首当其冲的摧毁目标。事实上，瘗埋坑中常见同一造像的碎块相距较远摆放的现象——既然寺院中常有专门负责修缮佛像的机构，这些碎块其实很容易拼对修复，因此，这种现象被解释为"无意再次利用"似乎更合理一些。那么为何残损造像在此阶段不再被修缮，而是以埋藏为主呢？笔者认为原因有如下几种。

首先，宋代朝廷抑制造像活动，导致造像活动整体式微

宋代佛教的世俗化程度日益加深，佛教管理政策也有很大变化，朝廷既保护佛教的存在，又限制其对国家经济的影响。

《太宗实录》卷二六载，太平兴国八年（983年），宋太宗以新译经典展示大臣，说："浮屠氏之教，有裨政治。而梁氏舍身为寺奴，布发于地，令桑门践之，此真大惑，朕甚不取也。"他之所以支持译经，"盖存其教耳，非溺于释氏者也"，一语道破宋代佛教政策之根本。其实这种政策是自宋建国之初就确定的，宋太祖虽有岁度童行八千、屡造佛寺等举动，却又同时注意防范愚民信佛、大造佛像所造成的危害。乾德五年（967年），太祖不久又"下令禁毁铜佛像"[31]，下《存留铜像诏》："禁铜以来，天下多辇佛像赴京销毁。顾惟像教，民所瞻仰。忽从镕废，有异修崇。应诸道州府有铜像处，依旧存留，此后不得以铜为像。"[32]开宝三年（970年）又有《禁铸铜诏》："民铸铜铁为佛像、浮图及人物之无用者禁之。"开宝五年（972年）又下《禁以铁铸佛像诏》："塔庙之设，像教所宗。耕农之设，生人是赖。而末俗迷妄，兢相夸诱，以至施末耜之器，邀浮屠之福。穷极劳费，谅乖利益。自今两京及诸道、州、府寺舍，除造器用道具外，不得以铁铸佛像。仍委所在长吏，常加察访。"[33]此诏较前令明显严格了许多。即使在宋代诸帝中较为崇佛的宋真宗也曾说："军国用度，不欲以奉外教，恐劳费滋甚也。"[34]这一系列的限制诏令，特别是禁造、融毁铜铁造像，必然会从整体上影响到当时的造像风气，从而使其他质料造像的规模和数量也大大下降。

其二，石刻造像到宋代时期已经积累过多，而过多的残损造像削弱了信徒的造像热情

由于佛教重视造像，所以在中国又被称为"像教"，但佛教造像在唐代达到数量的顶峰后，经历唐武宗和周世宗两次法难，更是一蹶不振，已再难现往日辉煌。此后五代与北宋的限佛政策，导致造像事业整体没落。北宋早期已进入佛教造像的限制期，从全国现存以及考古发掘的佛教造像时代分布规律看，除四川等少数地区外，不论是摩崖造像还是单体造像，宋代造像的体量和数量已经远不如前代，信徒的崇佛投资，已经从造像转向印经、造塔等方式。可见上述北宋早期各项诏令对整个宋代的佛教造像行为确实产生了较大影响。社会大形势不再如前代一样重视造像，则人们处理破损造像的方式，也会相对应地因陋就简。

另一方面，历代积累的巨量残损造像，导致寺庙近旁随处可见尊像呈狼藉之状，必然会让见者触目惊心，从而动摇其造作石造像的信念。

其三，残像修缮业遭遇挫折

早期佛教残损造像数量相对较少，通常会受到"礼遇"，即修复"庄严"，如《法运通塞志》第十七之六记载，隋文帝"十三年，帝幸岐州搜于南山，逐兽入古窟中。忽失所在，但见满窟损佛像。沙门昙迁曰：'此周武毁法故圣像多委沟壑。'帝乃下诏，诸有佛像碎身遗影者，所在官检送寺庄严。"迄今考古发现的很多南北朝时期造像很多都有修复痕迹，可能就与这道诏书有关；后来这种修复残损造像的机构可能在很多寺院中保留了下来。经过南北朝和隋唐时期数百年间全国范围内造像风气的兴盛繁荣，大量的摩崖造像和石刻造像充斥各地。每一次灭佛运动，都会产生大量的残损造像，特别是唐武宗灭法，是一次比较彻底的毁坏造像的行动，不但完整造像被砸毁，那些曾经修复过的造像也再度罹难，导致一时间各地残损造像遍地皆是。据日僧圆仁目击记述，山东、河北一带的寺院，到处是"僧房破落，佛像露坐"以及"寺舍破落，不多净吃；圣迹陵迟，无人修治"的景象[35]。数量过多且损毁程度过重的造像，依靠旧有的寺院机构难以将其全部修复。何况，此时的大唐王朝已经风雨飘摇，藩镇割据，国力日衰，加之民生凋敝，各种反政府力量也都酝酿着社会的不安定因素。大环境下，寺院无已暇力与余财去修复数量如此之巨的造像了；唐末至五代，战争延续百年，又遭遇佛教法难史上最著名的"三武一宗"之最后一位后周世宗抑佛，于是大量被毁弃的造像长期曝于荒野。

修缮残造像虽然技术难度不大，但对于经营造像的石匠来说，其经济效益也小于新造像。一些证据表明当时的造像存在较强的商品性质，大多数造像都是由善男信女出资修造，并舍于寺中用以祈福发愿的；而且，与大型摩崖造像多为信众"定做"因而有较强个性变化不同，很多小型单体石造像明显是由石匠在题记位置事先刻好了界格，然后专等佛教信众前来挑选造像与议价，成交后只需要把适合买主的发愿文刻上去就可以了；当然，发愿文本身也有固定的几种格式，买家仅需提供姓名及祈愿对象即可（这种造像经营方式，还导致佛教造像自铭身份与惯常称谓偶有差别，笔者将另文讨论）。这种方式的直接目的是商业化，可以将雕像石匠的时间成本最小化，适合批量生产，从而提高利润[36]。

进一步说，佛教徒造像的主要目的是祈愿、求功德，所以要借发愿文来留下自己的名字。然而对宋、辽、金时期的人来说，那些残损造像上大都已经有前人（甚至是数百年前的南北朝隋唐时期人）刻写的发愿文，那么他们捐资修缮这些古代残像就不方便"因像祈愿"，不适宜在像上表现自己的功德。这或许很难让世俗化、功利化严重的宋辽时期信徒们所接受。

隋唐时期，很多大寺院都是官办的，所以皇帝诏令修缮残造像，可以得到官方财政的支持。如从开皇初年到仁寿末年，隋文帝修治故像一百五十万八千九百四十余躯，修治故经三千八百五十三部（《辩正论》卷三）；炀帝修治旧像十万零一千躯，装补的故经及缮写的新经，共六百十二藏。又如《全唐文》记载，开元九年（721年），唐玄宗取缔三阶教并没收其"无尽藏"后，"六月丁亥，诏：化度寺无尽藏财物、田宅、六畜，并宜散施京城观寺，先用修理破坏尊像、堂殿、桥梁，有余入常住，不得分与私房，从贫观寺给。云云"，明确规定将没收的财产优先用于修缮"破坏尊像"。由于中央政府的直接介入，可能隋唐时期官方大寺院的修缮机构并不需要过多考虑修缮经费的问题，同时也不必考虑重刻发愿文和功德记的问题，所以当时的残像修复事业相对有保障。

然而，宋代政府并不支持由官方组织和出资修复残像。北宋景德四年（1007年），有人倡议修复早在会昌灭佛时被破坏的龙门石佛，称："非官为葺治，不能成此胜迹。"宋真宗对此明确表示否定，称："军国用度，不欲以奉外教，恐劳费滋甚也。"[37]这条记录明确指出，当时工程量较大的造像修复事业仍然主要依靠朝廷拨款；如果不能得到官方的支持，则经费就成为修复事业的主要障碍——而北宋政府恰恰在多数时候否定造像及修像事业。这种情况下寺院埋藏旧有残破佛像的做法，既符合舍利瘗埋的理念，从经济和时局来看，也是合情合理的，从而成为最佳解决方案，并被模仿和推广。

三、残造像埋藏的"明道寺模式"与"法舍利瘗埋"理念

北宋初期，朝廷即开始执行较为理性的佛教管理政策。诸帝有限度地恢复佛教，

但同时又多次下诏，禁止耗费过多社会资财来营造佛像。然而宋代人如何处理数量庞大、曝于荒野的残像，除宋真宗修缮龙门造像的记载外，再无史料可查。幸而考古发现为我们提供了新的档案。

迄今我们发现有明确纪年的埋藏残损造像行为，最早的个案是山东临朐明道寺舍利地宫。明道寺舍利塔地宫中出土大量佛教造像残块，放置形式为：最上层是中小型佛像的躯干、下肢、胸部、头像等；中层和底层是较大的造像躯干、佛头、背屏式造像碎块等。佛头一般面向下，绕墙根平摆。地宫内共出土大小佛像碎块1200余块。更为珍贵的是，其残塔西壁《沂山明道寺新创舍利塔壁记》（以下简称《舍利塔壁记》）是迄今发现的唯一一份与埋藏残造像相关的考古资料。《舍利塔壁记》大意为：霸州人讲《法华经》僧觉融，莫州人听学僧守宗偶游于此地，见残破断裂的佛教石像300余尊散弃荒野，心中不忍，遂舍衣化缘，聚资建塔，将残破石像整理埋藏于塔下地宫中。该地宫纪年为"大宋景德元年"（1004年）[38]。

这份档案为我们了解残造像埋藏坑提供了重要思路：这次民间自发组织的造像埋藏行为，起因是两位云游僧人不忍佛像弃诸荒野，方式是修建了专门的地宫存放，并在地宫上建塔，"塔形虽小，胜事甚多"，引发的影响是青州等地诸大寺僧众及地方官员前来庆贺观礼，并共同举行法事活动。明道寺采取这种方式，是首创还是受到其他寺庙的启发？像明道寺这种明确记载专门建塔和地宫埋藏残损佛像的现象，目前国内尚属孤例，从《舍利塔壁记》中找不到有效法别处的迹象，反倒是其他各寺埋藏残像的做法，大都能隐约看到明道寺方式的影子。从时间先后关系上看，很可能正是明道寺开启了一种新的模式，笔者称之为"明道寺模式"。

明道寺的这种埋藏方式，表面上看似乎是一种偶然的行为，但又是特殊时代背景下的必然结果。为何明道寺不去修复这些残损造像，而是采用埋藏方式？考虑到景德元年已距赵宋建国40余年，正是宋初佛教管理政策执行最为稳健之时，造像之风在全国大部分地方已衰退；残造像积累过多，而造像修复业却得不到资金支持——3年后的景德四年，真宗皇帝依然拒绝修复龙门石窟佛像，即是明证——在此情况下，修筑地宫埋藏残像不但在经济上比较容易为僧俗信徒接受，在形式上又符合宋代各地大规模营建舍利地宫的崇佛理念，且又能避开发愿文重刻等棘手问题。也就是说，这种变通的埋藏方式不仅解决了经费不足、造像理念改变等难题，又不违反朝廷的政策，还顺应了社会崇佛方式的潮流，所以无疑成为当时最合时宜的处理残损造像的方式。

笔者认为，很可能恰恰是明道寺的这次行动，影响了青州龙兴寺以及诸城、博兴等地的其他寺院，并进而影响到宋境其他地区乃至辽、金境内，掀起了规模很大的残造像埋藏"运动"。

为何埋藏残造像的现象多发生在北方，特别是山东、河北、山西等地？这就需要我们注意发起临朐明道寺地宫建设行动的两位云游僧之籍贯。"讲《法花经》僧觉融，本霸州人也；听学僧守宗，本莫州人也。"霸州，今为廊坊市代管的县级市。秦属广阳郡，汉属琢郡益昌县，五代（907～960年）时为永清县并曾沦入契丹，后周显德六年（959年）在此建置霸州，宋景德二年（1005年）改名信安军，属河北东路，至北宋末未变。莫州，唐代景云二年（711年）置，本郑州，旋改莫州，治莫县（今河北任丘北）。宋代莫州属河北东路，元祐二年（1087年）莫州治所移至任丘。可以看出，宋代的霸州与莫州相邻，皆属河北东路，且州治不过数十里之遥，可见二僧为"同乡"。有意思的是，二僧之家乡河北，正是除山东地区之外，发现残造像坑最多的地区。

那么是否存在一种可能，即二僧偕同云游到沂山明道寺时，偶然动意开创了这种瘗埋残像"舍利"的方式，获得了僧俗信众、地方僧官以及地方官员的赞誉[39]，从而认识到"明道寺模式"可行性高，可以到别处模仿复制。既然是云游，则二僧在完成盛举后，会继续到其他地区寺庙挂单，特别是回到其故乡河北地区，从而将"明道寺模式"传播到各地，并引起更大范围内僧俗信众的效仿。而这或许正是在古青州周边及河北、山西、陕西等地区出现大量残造像坑的最直接的原因。当时的佛教信仰是"跨国界"的，僧人及佛教义理可以在宋、辽等地相对自由地走动和传播，导致辽国境内寺院也被此模式波及。后来这种模式被广泛认可，一直影响到金代甚至元代。

明道寺专门建造砖筑地宫来埋藏残像的方式，比各地迄今发掘的佛教造像"窖藏坑"显得更隆重、正规一些。除少数（像安徽亳县咸平寺于仁宗天圣五年利用地宫之上的塔基空间埋藏残造像碑和造像，以及济南开元寺于北宋末或金代利用废弃地宫埋藏舍利等情形，二者似乎更贴近明道寺模式本来面目）外[40]，大部分寺院都采取了简化措施，即选择在寺院内部或近旁空地集中埋藏残造像的方式。这可以看做是"明道寺模式"在传播过程中因地制宜的变化。

从时间上来说，明道寺地宫建造于1004年，属于北宋早期，其《舍利塔壁记》中虽然指出有青州龙兴寺等周边寺院参加庆典，但未提龙兴寺等寺院在此前曾有过埋藏残损佛像的类似行为，所以龙兴寺埋藏造像应该晚于明道寺。这一推测有明确的考古证据：青州龙兴寺残造像坑中有晚到北宋天圣四年（1026年）的造像，而且坑内散落的铜钱中，最晚的为宋徽宗早期的"崇宁通宝"（铸造于1102～1106年间），所以该坑埋藏于北宋末或金代的可能性最大，而此时距明道寺残造像地宫建造，已有百年之隔。

青州龙兴寺是本区域大寺，其当时存留的残损造像数量及其体量，都远远大于明道寺，所以无法像明道寺那样修建地宫埋藏之。于是灵活变通，采用了一种简化模式。根据夏名采先生描述："背屏式造像的背屏残件下面压着许多大大小小却码放整齐的各类残块，……所压的造像，基本上是分三层码放的。最下层是圆雕像，体积较大，也重。中层放一些小的残块，一般都放置齐平，上层则排放背屏式造像。两层共高70至

100 厘米。……石雕坐像，高达 1 米左右，难以码进层内，便单独放置窖边。""有些佛像身下甚至铺有芦席。"[41]这些迹象表明，埋藏者是怀着对这些造像的虔敬之心实施摆放和掩埋工作的。此外，伸入大方坑内部的那条长斜坡，也是为了更谨慎小心地将残像运输到坑底摆放，减少搬运过程中的再次损毁。

诸城体育场发掘的残造像，整体的数量以及造像体量皆不如青州龙兴寺，但并非挖一大坑集中埋藏，而是分为多坑，这也是残造像埋藏坑的一种分型。杜在忠、韩岗先生归纳其现象并总结规律为：①这些造像皆遭人工破损，无一完整；②各类造像皆出于人为挖掘的土坑中，躯体、头、足各部分多分坑掩埋；③形体大小不一，大者和小者也分坑掩埋，且同一坑内出土的残体，无一可对接复原者；④多数头像的鼻子已残损；⑤石莲座发现较少；⑥坑内除出土不同部位的残体外，并未发现因人为敲砸而脱落的石残片，填土较纯净，也未发现与造像石质相同的细碎石屑[42]。这些迹象表明，埋藏坑并非造像毁坏的原地点，而是搬运至此并有序摆放。

1976 年山东博兴县张官村发现的造像，出土时整齐地排列在土坑内。邻近多座寺院共同埋藏残像的现象，越加表明残像埋藏在当时是曾较为流行的模式。这些直接挖坑、有序埋藏残像并举行法会的例证，皆可视为"明道寺模式"的简化模式。该模式既能显示信徒的虔敬之心，实际操作中又简便易行，所以更容易被复制，因而能够在宋、辽境内乃至金、元时期被广泛采用。

观察完"明道寺模式"的本源及变体的样式，我们再来推理该模式产生的佛教义理依据，这便是"法舍利瘗埋"。

中国和印度自古以来就有"圣物崇拜"的传统，古代中国人甚至有"敬惜字纸"而不随便扔弃破旧书籍的习惯。至于被视为"神像"的佛教造像，更不能随便处置。在多年的考古调查中，笔者常见农村中有人会把新石器时代的陶罐用来盛物，甚至把汉画像石用来垒墙的情况，但极少见到有把石雕佛像改为他用的。或许是因为在农民淳朴的意识中，是把佛像当成有灵验的神明，生怕亵渎佛像会给自家带来灾殃。这种现象有助于我们对宋辽时期人处理残损石刻佛造像方式的理解，其实将残造像收集到一处掩埋并举行法会，就是一种"安葬舍利"的概念[43]。在"明道寺模式"下，残造像的"法舍利"观念更为彰显。

伊利亚德认为，如果从宗教本身去研究宗教，就会发现，任何宗教都有一个不可化约的因素，那就是"神圣"。"神圣"可以通过"世俗"来显现自己，成为与"世俗"完全不同的事务，这就是所谓的"神显"[44]。《沂山明道寺新创舍利塔壁记》，实际上就是记录了一次僧人通过世俗的仪式，将残损造像再次神圣化和神显的过程。

中国佛教的佛舍利崇奉从南北朝以后逐渐兴起，成为佛教信仰和礼佛供佛礼仪的组成部分。隋唐时期因有隋文帝分舍利以及唐代多位帝王迎送法门寺舍利的盛举，舍利信仰在仪式层面上被放大到极端奢华，但当时直接供养舍利的行为还主要集中于统治阶级上层，直接供养舍利真正在民间流行发生在宋代。领导宋代供奉舍利风气的仍是帝王[45]，但宋代城市经济、市民社会十分发达，"随着市民阶层在北宋的兴起，佛教舍利信仰仪式也逐渐表现出松散、简约的世俗化倾向"[46]。

全民供奉舍利的结果，就是印度和西域运来的舍利严重供不应求。幸而因为佛舍利在其南亚本土也早已匮乏，因此佛经中指明可以使用替代品。《如意宝珠转轮秘密现身成佛金轮咒王经》云："若无舍利，以金银、琉璃、水晶、玻璃众宝等造作舍利。……行者无力者，即至大海边，拾清净砂石即为舍利。亦用药草、竹木根节造为舍利。"这便是我们今日所见到的"舍利子"质料、形态千差万别的原因。而"舍利"一词，其实已转化为一种虔心敬佛的概念，象征意义大于实体意义。

舍利概念外延的典型就是佛经与佛像为"法舍利"[47]。佛经旨在阐明实相中道之理，不变不易，性相常尔，故称法身舍利，能代替佛舍利，供奉于塔中。《法华经·法师品》云："若说、若读、若诵、若书、若经卷所住处，皆应起七宝塔，极令高广严饰，不须复安舍利。所以者何？此中已有如来金身。此塔应以一切华、香、璎珞、缯盖、幢幡、伎乐歌颂、供养、恭敬、尊重、赞叹。"这就是说经卷应该起宝塔供养保存，不需要再安舍利，因为佛经与舍利价值相同，代表着如来佛祖；北周时期敦煌出身的慧远法师在反对周武帝毁废经像时，宣称佛教"赖经闻佛，藉像表真"；隋代吉藏也曾说："佛灭度后有形像及经书……造像表其所见，书写传其所闻。"也是这种思想的体现。从这种意义上讲，佛经、佛像被作为舍利建塔封藏是合乎佛法的。它们代表了如来金身，都可视为"法舍利"而进行埋藏。从这个意义上说，山东、河北等地发现的众多残损造像埋藏坑，大都是属于"舍利安葬"的性质，瘗埋残损造像因而成为"护佛弘法"的一部分。

与这些造像埋藏坑性质相似的一个重要案例是敦煌藏经洞。关于敦煌藏经洞的封闭时间和原因，学术界历来颇多争论，其中一种说法是，敦煌遗书并不是为了避难而收藏的。因为对于收藏者来说，最珍贵的东西才是最值得收藏的，而藏经洞中并没有收藏敦煌寺院中完整的大藏经或金银字大藏经，全部遗书多是单卷残部、碎篇断简以及一些破烂不堪的残卷废纸，因此敦煌遗书很可能是一些被废弃的不完整经籍。出于中国人固有的爱惜字纸的习惯以及对旧有佛典的敬重心理，这些残卷没有被随意弃置，而是进行了一次或多次寺院的大清点。清点后就将这批残破无用的经卷、积存多年的过时文书与废纸等统统集中起来，封存到了第十七窟中。因为它们被认为是一批"废物"，随着时间的消逝，就渐渐地被人们遗忘了。从现存敦煌遗书来看，最早抄写本是收藏在日本书道博物馆中的《譬喻经》残卷，为曹魏甘露元年（256年；一说前秦甘露元年，359年），另外为西晋永兴二年（305年）的《大般涅槃经》；而最晚的抄本，为

"大宋咸平五年壬寅岁七月十五日"的《大般若波罗蜜多经》，即 1002 年 8 月 25 日。前苏联方面曾发现了一卷署有宋真宗景德三年（1006 年）的遗书，可能这就是敦煌遗书抄本最后的下限了。也就是说，敦煌藏经洞的封闭下限，或许离该年不久。《佛祖历代通考》载，大中祥符（1008～1016 年）末，沙州归义军节度使曹贤顺犹表乞金字藏经，景祐至皇祐（1034～1054 年）中，朝贡不绝，所以推测藏经洞之封闭，大约在皇祐以后。

敦煌藏经洞的藏经既然多为废弃的不完整经籍，残破而且零散，则其性质就与各地的残损佛像有很强的共性，即"缺损"的"法舍利"。所以可能当时社会上兴起了对这些"缺损"佛教物品集中清理整顿的风气，并"不约而同"地采取了埋藏的方式。二者的不同点在于埋藏方式的差异，藏经洞的藏经都是经过包袱包裹后仔细入藏的，或许是出于对经书的尊重，也或许埋藏者认为这些经卷将来还有重新利用的价值；而已经发现的残损造像埋藏坑却是真正的永久性瘗埋，不似有重新打开取出的痕迹。

敦煌藏经年代和明道寺埋藏残毁佛像年代最为接近，和各地发现的残造像埋藏年代也有些接近，或许是不谋而合，但更可能是受当时一种相似思潮的影响。在辽代应历十五年（965 年）的《重修范阳白带山云居寺碑》中，僧人们感慨，云居寺刻写石经藏于山洞的原因，正是"像教有废兴"，并希冀这些石经可以帮助佛教"不畏会昌之毁"[48]。佛教造像在宋代迅速衰落，与这种"末法"思潮不无关联。

另外，从五代宋初以后，除塔基中瘗埋舍利外，还在各层塔身中也舍入塔幢、佛像、写经和其他财物。陕西扶风法门寺明代砖塔中曾经清理出 300 多卷宋元时代佛经，也多为残卷，其规模虽远逊于敦煌藏经洞，但收藏残经的性质一致，说明这种以佛塔收藏残经的行为，至少延续到了明代。

从上述论证看，收集残损经像来埋藏的行为有很广阔的分布区域；在时间的传布上，现在所见的例子，似乎是开始于北宋，延续至元代仍有余波。寺院间早年积累下来的佛经和造像在不能丢弃的情况下，被当作"感应舍利"给予埋藏。其目的就是让这些佛法圣物得到永久的"安息"和保护，是一种护佛弘法、做功德的行为。当然，既然造像带有"法舍利"的性质，那么埋藏造像，也同时象征着"涅槃"思想，是在净土宗往生思想的影响下的产物。

四、"窖藏"应称"埋藏"，实为地宫之变体

宋、辽、金时期以山东、河北地区为代表的埋藏残损佛教残造像的风气，既是延续了舍利埋藏的传统，又是一种向造像的告别仪式。在此意义下，称这些残造像埋藏

坑为"窖藏"是不恰当的，因为其目的并非像当时因战乱而盛行的窖藏金银珠玉、钱币、古董、祭器乃至珍贵瓷器那样是为了日后取出再用，而是永久性的埋藏。所以，本文在引述材料时，不再使用"佛教造像窖藏坑"这一概念，而是采用"佛教残造像埋藏坑"这种新的说法来更准确表述其内涵。

还需要注意的一个问题是济南开元寺残造像埋藏坑 H40 的性质。该坑制作非常规整，南部正中有台阶入口，坑中间有一个加工规整的方台，只在四周摆放残损造像，且所有造像都面向中央方台。北京大学马世长教授在发掘现场即指出，这个埋藏坑也应该算作"地宫"，是土圹的地宫；中间的方台可能正是举行法事活动的"坛"。笔者赞同此观点。虽然该埋藏坑上部未建塔，但因为佛像属于"法舍利"，且该坑内中央方台似是举行法会的场地，所以虽然残造像坑不像砖石结构舍利地宫那样规整，但其确实具备"舍利地宫"的功能。进一步说，济南开元寺将 H40 残像坑有意挖筑在西经藏院"杂宝经藏"塔基（埋藏残像时，原建于 1069 年的经塔已毁）下，且紧靠原砖砌地宫位置，或许正是为了强调该坑的"舍利地宫"含义。同理，安徽亳县咸平寺将残造像和造像碑埋置在砖筑地宫顶部的做法，应该也是为了强调这些残像残碑属于舍利地宫的一部分。临朐明道寺宋塔下地宫瘗埋残损造像，却仍然自铭"舍利塔"，恰好可以解释众多埋藏规范的残像坑的"舍利地宫"性质。

——谨以此文纪念马世长先生

注　释

［1］　常叙政、李少南：《山东省博兴县出土一批北朝造像》，《文物》1983 年 7 期，38～44 页；博兴县文物管理所：《山东博兴县出土北朝造像等佛教遗物》，《考古》1997 年 7 期，27～34 页。

［2］　诸城市博物馆：《山东诸城发现北朝造像》，《考古》1990 年 8 期，717～726 页。

［3］　杜在忠、韩岗：《山东诸城佛教石造像》，《考古学报》1994 年 2 期。

［4］　青州市博物馆：《青州龙兴寺佛教造像窖藏清理简报》，《文物》1998 年 2 期，4～15 页。

［5］　青州市博物馆：《山东青州发现北魏彩绘造像》，《文物》1996 年 5 期，68 页。

［6］　夏名采、庄明军：《山东青州兴国寺故址出土石造像》，《文物》1996 年 5 期，59 页。

［7］　惠民县文物事业管理处：《山东惠民出土一批北朝佛教造像》，《文物》1999 年 6 期，70～81 页。

［8］　高继习：《济南市县西巷地宫及相关问题初步研究》，《东方考古》第 3 集，科学出版社，2006 年。

［9］　张洪印、金申：《河北易县发现一批石造像》，《文物》1997 年 7 期，54～60 页。

［10］　河北省文物研究所：《唐县寺城涧村出土石刻造像》，《文物春秋》1990 年 3 期，23～28 页。

［11］　河南省郑州市博物馆：《河南荥阳大海寺出土的石刻造像》，《文物》1980 年 3 期，56～66 页。

［12］　翟盛荣、杨纯渊：《山西昔阳出土一批北朝石造像》，《文物》1991 年 12 期，38 页。

［13］　杨明：《宁夏彭阳红河乡出土一批石造像》，《文物》1993 年 12 期，44～46 页。

［14］　张驰：《甘肃宁县出土石造像初析》，《陇右文博》2005 年 2 期。

［15］　程学华：《唐贴金画彩石刻造像》，《文物》1961 年 7 期，61 页。

［16］　广元市文物管理所：《广元新发现的佛教造像》，《文物》1990 年 6 期，30 页。

［17］　成都市文物考古工作队、成都市文物考古研究所：《成都市西安路南朝石刻造像清理简报》，《文物》1998 年 11 期，4～20 页。

［18］　南京博物院：《扬州唐代寺庙遗址的发现和发掘》，《文物》1980 年 3 期，29～37 页。

［19］　临朐县博物馆：《山东临朐明道寺舍利塔地宫佛教造像清理简报》，《文物》2002 年 9 期，64～92 页。

［20］　韩自强：《安徽亳县咸平寺发现北齐石刻造像碑》，《文物》1980 年 9 期，56～64 页。

［21］　齐心、刘精义：《北京市房山县北郑村辽塔清理记》，《考古》1980 年 2 期，147～158 页。

［22］　彭州市博物馆、成都市考古所：《四川彭州龙兴寺出土石造像》，《文物》2003 年 9 期，34 页。

［23］　卫斯：《山西平陆出土北魏至隋佛教造像》，《文物季刊》1993 年 4 期，61～66 页。

［24］　李万才：《扬州出土的唐代石造像》，《文物》1980 年 4 期，65～67 页。

［25］　陕西省文物管理委员会：《潼关县老虎城村一座古代陶窑中出土的隋唐造像》，《文物》1965 年 3 期，31～44 页。

［26］　同［8］。

［27］　倪克鲁、李振光：《山东临朐白龙寺遗址佛教造像探析》，《文物》2014 年 1 期，82～87 页。

［28］　徐可然：《兖州金口坝佛教碑刻研究》，曲阜师范大学硕士学位论文，2012 年。

［29］　卢瑞芳：《吴桥县新场村出土石刻造像》，《文物春秋》1995 年 2 期，82～83 页。

［30］　此观点为 2005 年笔者与温玉成先生聊天时，温先生提出的见解，并表示将论点"发明权"授予笔者。温先生本人未曾作文发表过此观点。特此说明并向温先生致谢。

［31］　《宋史·太祖本纪》；《续资治通鉴长编》卷八"乾德五年七月"条。

［32］　《宋大诏令集》卷二二三，中华书局，1962 年，860 页。

［33］　同［32］。

［34］　《续资治通鉴长编》卷六五，"景德四年二月"条。

［35］　〔日〕圆仁：《入唐求法巡礼行记》卷四。

［36］　《广弘明集》卷第二十八载，唐太宗曾下《断卖佛像敕》："佛道形像，事极尊严，伎巧之家，多有造铸。供养之人，竞来买购，品藻工拙，揣量轻重。卖者本希利润，唯在价高。罪累特深，福报俱尽，违犯经教，并宜禁约。自今已后，工匠皆不得预造佛道形像卖鬻。其见成之像，亦不得销除，各令分送寺观，令寺观徒众，酬其价直。仍仰所在州县官司检校，敕到后十日内使尽。"可见在唐初，由商人"预造"而待售造像的现象已经十分普遍。

［37］　《续资治通鉴长编》卷六五。当然，时隔 8 年后的 1015 年，真宗还是批准了修复龙门石窟的请示，但景德四年的这条记载表明了真宗的佛教管理政策，仍是以合理限制为主导方向。

［38］　同［19］。

［39］　明道寺《舍利塔壁记》明确记载：明道寺塔与地宫落成后，许多寺院派人前来参加庆典，如青州龙兴寺、皇化寺、惟仪寺等，还有当地官员、施主等共襄法会。

［40］ 遗憾的是，尽管各地某些残造像坑存在埋藏前举行法会的迹象，但迄今并未发现有相应的碑刻或其他材质的文字记录存留，所以仍缺少最直接的证据。

［41］ 夏先生描述非常详尽，唯"石雕坐像，高达 1 米左右，难以码进层内，便单独放置窖边"这句话值得商榷。笔者推测，该造像身躯损坏不重，保留较好的跌坐姿态，与早期背屏式大像在残损后不易重新竖立及埋藏不同，这种 1 米左右高度的跌坐造像是容易竖立放进坑内的，且掩埋也容易。也就是说，这种竖立放像的做法，主要是出于体量及埋藏技术上的考虑。当然，还有一种可能，即掩埋时将立姿造像横躺排列，有佛祖"入寂涅槃"（涅槃佛像皆为躺身造型）的理念在支配；但若把坐姿像横置，姿态就很别扭，难以让人产生涅槃之意象，却更像是随意弃置，与掩埋残造像的初衷相违背。因此，青州龙兴寺该造像不是"难以码进层内"的无奈之举，而是因为原先坐姿的造像，残余部分尚保留该坐姿的，竖放才是正常方式。这条推论在济南县西巷开元寺宋代残造像坑得以证实：坑 H50 内体量最大的一座宋代罗汉像残高约 1.2 米，出土时即是竖放；H40 内的造像为环绕方坑四壁摆放，像皆面向坑中央方坛，从发掘现场看，所有坐姿造像皆为竖直摆放，而很多立姿造像则是横置，以"涅槃"方式放立像的思维方式，在其中隐约可见。

［42］ 同［3］。

［43］ 杜斗成：《山东龙兴寺等佛教造像"窖藏"皆为"葬舍利"说》，《四门塔阿閦佛与山东佛像艺术研究》，中国文史出版社，2005 年，153 页。明道寺《舍利塔壁记》中"偶游斯地，睹石镌坏像三百余尊，收得感应舍利可及千锞"之语，似是说感应舍利是因残损佛像而生的，从而更确定残造像的法舍利性质。

［44］〔美〕米尔恰·伊利亚德：《〈宗教思想史〉序》，上海社会科学院出版社，2004 年，6 页。

［45］《宋史》《景祐新修法宝录》《佛祖统纪》等记载，宋太祖曾亲自鉴定佛牙真伪，为之礼敬并作愿文；太宗、真宗、仁宗等皇帝均多次撰偈赞颂佛牙；宋真宗曾将佛牙改奉于开宝寺灵感塔地宫，亲往瞻拜。为了迎合朝野佛教界僧俗信众的崇拜和供奉佛舍利的需要，自北宋太祖乾德三年（965 年），经太宗、真宗二朝，至仁宗宝元二年（1039 年）的 74 年间，共有 45 批印度及西域僧人或使者、中国赴印求法回归者带回佛舍利，并进献朝廷，朝廷则建塔安奉供养这些舍利。

［46］ 张利亚：《北宋舍利崇奉的世俗化趋势：以甘肃泾川龙兴寺出土舍利砖铭为例》，《西北师大学报（社会科学版）》2014 年 3 期，78 页。

［47］ 此外，唐宋时期舍利观念继续外延，在佛舍利之外加入了高僧舍利；而佛经、佛像等皆为"法舍利"的观念虽产生较早，但直到唐宋时期才得以明确表现。

［48］（辽）王正：《重修范阳山白带山云居寺碑》，载陈述辑校《全辽文》卷四，中华书局，1982 年，81 页。

附表　残损佛教造像埋藏遗迹统计表

编号	出土地点及名称	埋藏年代	坑的样式与尺寸	造像年代及种类、数量	造像摆放样式	资料出处	备注
1	山东临朐县明道寺舍利塔基宋塔地宫	北宋景德元年（1004）	地宫位于寺务土层下，用大青砖加石灰青砌筑墙体并铺底。仿横穴墓室形制。地宫平面圆形、圆形攒尖式顶，或称为倒塔螺形。底部平面直径2.1，内部通高2.98米	共清理出大小佛像碎块1200余块及少量造像碑。造像用料主要为青石，次为滑石，还有少量砂石、汉白玉石及白陶烧造像。造像年代为北朝至隋，以东魏、北齐造像为最多。另有《沂山明道寺新创舍利塔壁记》石碑1件	地宫内摆满佛教造像碎块。摆放形式为最上层是中小型佛像的躯干下肢、胸部、面向下，绕墙根平摆	临朐县博物馆：《山东临朐明道寺舍利塔地宫佛教造像清理简报》，《文物》2002年9期，64～92页	★
2	山东青州龙兴寺残造像坑	北宋末或金代	龙兴寺遗址中中轴线北部大殿后5米处发现了一处埋藏坑。坑为长方形，东西8.7，南北6.8米，坑底距地表约3.5米。坑中部有一条斜坡，为运送石像到坑内的通道。造像掩埋之前曾用苇席覆盖	从坑中清理出造像约200余尊，其造像个体残块不能拼接者更多。其造像的年代从北魏历经东魏、北齐、隋、唐以迄于末。并有北宋晚期铜币出土	窖藏内全部为佛教造像，排放有序，大致按上、中、下三层排列，东西向摆放，有少量坐造像呈立式排放。较完整的身躯放置于坑中部，各种头身存放于坑壁边缘，较残的造像上部用较大的造像碑覆盖，陶、铁、彩塑泥、木质造像置于坑底	青州市博物馆：《青州龙兴寺佛教造像窖藏清理简报》，《文物》1998年2期，4～15页	★
3	山东诸城体育场残造像坑群	埋藏年代不明	正式清理的一堆积坑，坑口长方形，东西2.2，南北4米，坑口距地表深1米	1988，1990年在南郊体育场出土了一批残造像，共约300件。多集中埋藏。简报作者认为造像年代为中于北朝	正式清理坑共出残像26件，其中佛躯21件，菩萨躯5件，头、足部各残分上下两层排列，呈东西向分布，正面向上	诸城市博物馆：《山东诸城发现北朝造像》，《考古》1990年8期，717～726页；杜在忠、韩岗：《山东诸城佛教石造像》，《考古学报》1994年2期	★结合发现的大量建筑构件，发掘者推测此处原有一处北朝寺院遗址

续表

编号	出土地点及名称	埋藏年代	坑的样式与尺寸	造像年代及种类、数量	造像摆放样式	资料出处	备注
4	山东寿光龙兴寺遗址出残造像坑	不明	纪台镇东方村建蔬菜大棚时发现，地表下1米深处多个土坑中均出土残造像	共征集到100余件，多石灰石质地，少量浅黄色花岗岩质地，皆损坏严重。年代自东魏到隋唐代为主	未描述	营德杰、袁庆喜：《山东寿光龙兴寺遗址出土北朝至隋佛教石造像》，《文物》2008年9期，65～70页	★
5	山东博兴县龙华寺、乡义寺旧址出残造像坑	不明	坑的样式和尺寸未描述	1976年发现的则是数量大、埋放整齐的造像、像座等，收回72件残石造像、白陶像座，多为东魏、北齐造像。1990年的发现佛像少、多见造像残石和造像座	未描述	博兴县文物管理所：《山东博兴县出土北朝造像等佛教遗物》，《考古》1997年7期，27～34页；常叙政、李少南著《山东博兴县出土的一批北朝造像》，《文物》1983年7期，38～44页	★ 二寺相邻，1976年发现的数量大，摆放整齐的造像，推断是集中附近几所寺院残像埋藏于乡义寺门外左颊
6	山东高青县晋家村残造像堆积	不明	在距地表5米处估计是一处寺院遗址在活沟底南北长百余米的地段内，断断续续暴露着乱石和残破石像	出土佛造像共8件。除1件铜质外，其余均青石质	未描述	常叙政、于丰华：《山东高青县出土佛教造像》，《文物》1987年4期，31～35页	推测为毁坏后自然埋藏
7	山东无棣县子何庵大队残造像坑	不明	坑口距现地表深约60厘米	发现7件北齐石造像，其中4件有确切纪年。出土时叠放整齐，显然是有意埋藏的	未描述	《山东无棣县出土北齐造像》，《文物》1983年7期	★
8	山东惠民县沙河杨村残造像坑	不明	一次性埋藏，细节未描述	出土造像17件，皆残，属北朝时期遗物	未描述	惠民县文物事业管理处：《山东惠民出土一批北朝佛教造像》，《文物》1999年6期，70～81页	★

续表

编号	出土地点及名称	埋藏年代	坑的样式与尺寸	造像年代及种类、数量	造像摆放样式	资料出处	备注
9	山东济南旧开元寺旧址残造像坑	北齐末或金代	两座坑，一座为方形，边长4.2，残深0.8米，南部有台阶入口；另一座长方形，南北长1.5，东西宽1.2米	两坑及周边地层共发现造像及残块80余件，年代自东魏至北齐，以唐代为最多	大坑H40为中间空地起台，造像列于四周，面向方台。小坑H58为一身大像居中，其余像列于周边	高继习：《济南市县西巷地宫及相关问题初步研究》,《东方考古》第3集	★
10	山东昌邑高阳村保埃寺遗址残像井	不明	未描述	发现一古井，井口以下4米处为青砖砌成，向下为岩石。清理出一批佛教残石造像32件，确切纪年3件，东魏和北齐作品	未描述，可能较乱	《山东昌邑保埃寺故址出土石造像考》,《文物》1999年6期	推测为毁坏后扔入废井
11	河北省景县开福寺旧址附近出土残造像坑	不明	坑距地表1米多深。其他信息未描述	共出残造像9件，年代属东魏、北齐	未描述	沈铭杰：《河北省景县出土北朝造像考》,《文物春秋》1993年4期，57~60页	★
12	北京市房山县北郑村辽塔地宫附近出土残造像群	辽重熙二十年（1051）	未描述	在倒塌塔内的石龛附近，出土二十件唐代的残石造像，泥人头像和石刻像，造像纪年最晚者为后梁开平元年（907）	未描述，简报作者认为20余件造像摆放散乱无秩	齐心、刘精义：《北京市房山县北郑村辽塔清理记》,《考古》1980年2期，147~158页	★简报作者认为，辽代重建北郑村辽塔时，佛教徒把一些残石造像作为佛教圣物埋在塔内
13	河北省易县财政局工地残造像坑	辽代或稍后	距地表1.5米深，形状与尺寸未描述	共出土残造像20余件，其中北魏1件，其余属隋唐、五代或辽，皆无头，推测合理	未描述	张洪印、金申：《河北易县发现一批石造像》,《文物》1997年7期，54~60页	★

续表

编号	出土地点及名称	埋藏年代	坑的样式与尺寸	造像年代及种类、数量	造像摆放样式	资料出处	备注
14	河北唐县寺城涧村残造像坑	北宋或稍晚	距地表2.5、坑长2.8、宽2.6米。深距地表2.6米。坑边缘不规则。打破唐末文化层和生土	该坑出土12件造像，形体较大，时代跨度大，损坏严重	简报称为残造像为胡乱放入坑中，无次序	郑绍宗：《唐县寺城涧村出土石刻造像》，《文物春秋》1990年3期，21～27页	★该寺院遗址发现两批造像，埋藏年代不一。1964年发现的另外一批是埋藏北周时期小型完整北齐至北周时期造像的
15	河北曲阳县永宁寺遗址造像坑	不明	未描述	共出土15件残石造像，造像时代大致为东魏、北齐、隋、唐等	未描述	王丽敏、吕兴娟：《河北曲阳县出土石造像》，《文物春秋》2002年6期，45～48页	★
16	河北曲阳修德寺残造像坑	发掘者认为早于金五代，存疑	1953年在正殿月台西北与东北发掘两座残造像坑，其中西侧坑为方形，边长2.5～2.6、深2.6米；东侧坑为不规则方形，深1.75米	西侧坑中出土残像2000多件，东侧坑中出土佛身像和3件佛座。自北魏神龟三年（520）迄隋天宝九年（750），其间230年，历经北魏、东魏、北齐、隋、唐5代，而以东魏、北齐和隋代造像居多	在西侧坑深1.8～2.6米处堆集残损造像，小像多集中于上面，大像多集中在下面	李锡经：《河北曲阳县修德寺遗址发掘记》，《考古通讯》1955年3期，43页；冯贺军：《曲阳白石造像研究》，紫禁城出版社，2005年，8页	★修德寺前身为恒岳寺、隋文帝仁寿元年舍利塔之一。出土造像发愿文涉及东魏北齐时8座寺院
17	河北襄城县北贾村北残造像坑	不明	高台下的土坑，距地表1米多深	完整和较完整石造像8件，残石造像4件；彩绘石雕像2尊形石雕柱2根。年代皆为东魏、北齐时期	未描述	程纪中：《河北蠡城县发现一批北齐石造像》，《考古》1980年3期	★从文看，该地为北齐建忠寺旧址
18	河北南宫市后底阁村古代寺院遗址	不明	发现1处砖铺建筑地面和埋藏佛像坑1座	出土石造像及残块324件，初步判断为北朝至唐代	未描述	新华网河北频道2006年7月28日电；《河北青年报》2006年7月29日	★

续表

编号	出土地点及名称	埋藏年代	坑的样式与尺寸	造像年代及种类、数量	造像摆放样式	资料出处	备注
19	河北邯郸市马头镇残石造像坑	宋或稍后	坑形制大小皆未描述	2007年发现，坑中有8件。周边地层发现2件造像残块。除1件为白石像外，其余为红砂石造像，为唐代到宋代遗物	未描述	钟维：《邯郸市马头镇出土的一批石造像》，《文物春秋》2008年4期，67～69、76页	★岗头寺旧址
20	河北邯郸鼓山常乐寺遗址	上限为唐代晚期	常乐寺大殿内探方T1及T10内，大殿内倒塌堆积	出土残像79件。红沙石造像数量最多，体形较大，雕刻也较精，是唐代中晚期之作。青灰石造像数量不多，看来晚于唐代	未描述	邯郸市文物保管所，峰峰矿区文物保管所：《河北邯郸鼓山常乐寺遗址清理简报》，《文物》1982年10期，26～43页	★一部分造像出自大殿地下堆积中
21	河北临漳县北吴庄北朝佛教造像坑	不明确，唐代或之后	漳河滩地5米深处不规则方坑，边长3.3，深约1.5米。除西南部入口处外，其他部位坑壁较垂直，底部较平整	编号残造像2895块，另有一些残块未编号。多为白石造像，年代主要是东魏、北齐，少量唐代	未描述	邺城考古队：《河北临漳县邺城遗址北吴庄佛教造像埋藏坑的发现与发掘》，《考古》2012年4期，3～6页	★
22	河北临漳邺故城成安阳寺旧庙遗址残造像遗迹	不明	未描述	1997年在出土北魏至北齐石造像100余件，其中20余尊有铭刻题记	未描述	韩立森等：《穿越绚丽历史时空见证燕赵大地灿烂文明》，《中国文物报》2010年5月28日	★
23	河南安阳慈源寺旧址残造像遗迹	北宋末或金代	未描述	十几件唐宋时期的佛教造像全部出土于三教堂基础中，其中较为完整的3尊，头部残破的4尊，残佛头6件，双面造像碑残块1件	未描述	《人民日报（海外版）》2006年3月9日第4版	★
24	河南荥阳大海寺旧址残造像埋藏遗迹	北宋晚期或稍后	未描述	石刻残造像40余件，计有：造像碑1，坐佛8，菩萨18，菩萨头10，释迦像1，象形座基1等。时代自北魏、唐至宋元宁四年（1081）	未描述	河南省郑州市博物馆：《河南荥阳大海寺出土的石刻造像》，《文物》1980年3期，56～66页	★以密宗造像为主

续表

编号	出土地点及名称	埋藏年代	坑的样式与尺寸	造像年代及种类、数量	造像摆放样式	资料出处	备注
25	山西壶关县清凉寺旧址残造像埋藏	不明	未描述	12件，单体或背屏式石制残造像，年代皆为唐早期	未描述	长治市博物馆：《壶关县出土一批石造像》，《文物世界》2002年3期，12～14页	★
26	山西平顺县荐福寺遗址残造像埋藏坑	上限为唐代	距现地表约3米深，面积约4平方米的土坑	坑内堆放10尊石刻造像及一些石像残件。个体较小，皆唐代风格，4件带题记者，武则天时期	未描述	崔利民，宋文强：《山西平顺县荐福寺遗址出土的唐代佛教石造像》《考古》2007年8期，93～96页	★
27	山西沁县涅水村残造像埋藏	北宋或稍晚	未描述	出土各类石刻造像1100余块，据石刻题记，年代为北魏永平二年（510）至北宋天圣九年（1031）	未描述	《山西沁县南涅水石刻艺术》，《美术观察》2001年2期	★
28	山西阳泉市禅智寺残造像坑	金末或元初	横洞式，长约2.5，宽约1，高约0.9米。洞壁有火烧痕迹	洞内有残石造像24件，另有人骨、铁灯盏、瓷碗、缸、瓦片等。造像年代、3件属于辽金齐风格佛像，其余21件为金代或元初风格的罗汉、中亚风格的供养人、僧人形象	未描述	任志录：《山西阳泉市下章召村佛教造像窖藏清理简报》《文物春秋》2001年3期，36～41页	简报未描述人骨如何摆放，故不清楚其与造像的关系
29	山西盂县元吉村残造像坑	不明	未描述	共出土7件汉白玉造像，皆小型，年代为北朝晚期	未描述	韩利忠：《盂县出土一批石造像》，《文物世界》2006年1期，38～43页	★该地点早年出土过6件造像，遗失不见
30	山西运城柏口窑村残造像碑埋藏	不明	为柏口窑村民挖土时发现。坑样式、尺寸未描述	共挖出10件造像碑，其中8件为北周至隋唐代佛教造像碑，2件为隋唐代道教造像碑，皆残损	未描述	运城地区河东博物馆：《山西运城柏口窑出土佛道造像碑》，《考古》1991年12期，1096～1099页	★上世纪七十年代该地点曾出土过两批石刻造像，但未存留下来
31	甘肃省宁县新宁村残造像坑	唐末之后	距地表深2米的圆形土坑。直径2，深1米	拼对后共有石造像89件，年代自北魏孝文帝时期至唐代。种类包括佛头像、菩萨像、背屏式造像、意识造像、造像碑和造像塔。造像中最高71，最低23厘米	未描述	甘肃省宁县博物馆：《甘肃宁县出土北朝石造像》，《文物》2005年1期，76～84页	★该坑在唐末昭寺南200余米

续表

编号	出土地点及名称	埋藏年代	坑的样式与尺寸	造像年代及种类、数量	造像摆放样式	资料出处	备注
32	陕西长武佛教石造像坑	不明	距地表1.5米深，形制未描述	1996年在长武县丁家乡直谷村西北山坡发现。共发现砂石质地造像24件，大都有残损，多以北魏造作品，亦有隋代造像	未描述	刘双智：《陕西长武出土一批北魏佛教石造像》，《文物》2006年1期，65～81页	★
33	陕西潼关县老虎城村埋藏残造之古陶窑	不明	窑室平面原为长方形，东西残宽2.8，南北长2.25米，窑壁残高1.5～2.1米，顶部距地表1.5米	石造像11件，陶造像2件。造像大者1米高，小的仅高10厘米，时代以隋唐时期为主	未描述	陕西省文物管理委员会：《潼关县老虎城村一座古代陶窑中出土的隋唐造像》，《文物》1965年3期，31～44页	★
34	陕西延长县槐里坪村残造像坑	上限到晚唐	未描述，为村民修理窑洞时发现	造像碑8件，砂石质，皆残损。皆属唐代	未描述	白文、尹夏青：《陕西延长的一批唐代窖藏造像碑调查》，《文博》2008年2期，17～26页	★
35	陕西西安北郊尤家庄石造像坑	上限到唐代晚期	文化层内的土坑，开口及深度不详，从残存的底部形状来看，该坑为圆形，底部略大，直径约1.5米。坑底为红色烧土面，较硬，其上有一层黑色灰迹	坑内出土石菩萨头像1、残石立佛像1、石佛塔构件1，以及铺地方砖、花砖、瓷器残片等。造像年代为北周和隋，砖和瓷器属唐代中晚期	基建扰乱，摆放方式不明确	岳连建：《西安北郊出土的佛教造像及其反映的历史问题》，《考古与文物》2005年3期，26～31页	★ 发掘者推断该坑是经过修整和火烧干燥处理的窖穴
36	陕西西安窦寨村两座造像坑	不明	分别出土于南、北两个坑内。造像距地表约1.2米。坑的尺寸未描述，从照片看，应为长方形土坑	出土18件造像或残件，均为青石质立佛或菩萨，具备北周时期特征	南部坑造像均已残断，南北向排列，夹杂许多汉代、北朝时期的砖瓦和陶片；北部灰坑内出土佛像2尊，保存基本完好，东西排列，仰身平躺于土中，仅缺失佛座	西安市文物保护考古所：《西安窦寨村北周佛教石刻造像》，《文物》2009年5期，86～94页	★

续表

编号	出土地点及名称	埋藏年代	坑的样式与尺寸	造像年代及种类、数量	造像摆放样式	资料出处	备注
37	陕西西安长乐坊安国寺旧址残造像坑	上限到晚唐	直径1米的圆形坑，距地面深约10米	11尊贴金画彩石造像，像高52~88厘米，多为佛像、菩萨像，以及明王像、金刚手像等密宗造像，皆残。造像的时代为唐代，个别到晚唐	出土时相互叠压	程学华：《唐贴金画彩石刻造像》，《文物》1961年7期；金申：《西安安国寺遗址的密教石像考》，《敦煌研究》2003年4期	★
38	陕西西安市礼泉寺旧址残造像堆积	上限到晚唐	残造像及碎块出土于一座大灰坑和水井中	出土石造像37件，碎块若干；善业泥造像若干。造像年代为北朝中期至唐晚期	未描述	王长启：《礼泉寺遗址出土佛教造像》，《考古与文物》2004年2期，3~16页	发掘者认为是会昌灭法时丢掷被毁造像的坑与井
39	四川广元豫剧团基建工地残造像群堆积	南宋嘉定三年（1210）之后	未描述	1984年，广元豫剧团基建工地发现。造像纪年为北魏延昌三年至南宋嘉定三年，前后发现13件残石造像。造像纪年为北魏延昌三年至南宋嘉定三年	未描述	广元皇泽寺博物馆：《广元出土佛教石刻造像》，《四川文物》2004年1期，50~56页，盛涛、吴春丽：《广元新发现的佛教造像》，《文物》1990年6期	
40	四川汶川县仁寿寺遗址残造像坑	不明	未描述	出土6件，征集到4件，造像基本完整，属南朝齐、梁时期	未描述	雷玉华、李裕群、罗进勇：《四川汶川出土的南朝佛教石造像》，《文物》2007年6期，84~96页	不属于残像埋藏
41	四川成都万佛寺残像埋藏	上限为唐晚期	未描述	清光绪八年至1954年，多次发掘先后挖出石造像共计200多件，多为南朝制作品。纪年最早者为元嘉二年（425），最迟为唐大中元年（847）	未描述	《成都万佛寺石刻艺术》，中国古典艺术出版社，1958年	★
42	四川彭州龙兴寺遗址出土残造像地宫	不明	未描述	1994年塔内及地宫中发现了数十件石雕残佛、菩萨像，多件有纪年铭文，隋代以外，绝大部分为北朝至隋唐时期	未描述	《四川彭州龙兴寺出土石造像》，《文物》2003年9期	★

续表

编号	出土地点及名称	埋藏年代	坑的样式与尺寸	造像年代及种类、数量	造像摆放样式	资料出处	备注
43	四川成都西安路南朝造像埋藏坑	宋或稍早	埋藏坑开口于唐末文化层下，坑为不规则近椭圆形坑，坑口距地表深130，南北长170，东西宽130，坑深65厘米	共有9通造像，其中8通佛教、1通道教。有几件保存完整。年代皆属南朝时期	未描述，发掘前被扰乱过	雷玉华、颜劲松：《成都市西安路南朝造像清理简报》，《文物》1998年11期	★坑内填土分两层，造像均出于下层厚约45厘米的黄色土层中。发掘者认为是北周武帝灭二教时的窖藏
44	四川邛崃龙兴寺遗址残像埋藏坑	唐末或稍后	2005年2006年发现大型佛像坑。坑形制与具体尺寸未描述	30多件大型佛像，共出土造像、经幢数百件	未描述	《邛崃龙兴寺遗址的发掘》，《2006年度南方地区考古新发现》，《南方文物》2007年4期，75～76页	★简报作者推测龙兴寺为会昌灭佛期间存留佛寺，毁于唐末邛州成火
45	安徽亳县咸平寺残造像坑	北宋天圣五年（1027）	造像埋藏于一座北宋砖筑地宫上方。坑之样式、大小未描述	天宝十年四面像1件，河清二年造像碑1件，天统三年，武平五年，残经幢1，千佛柱1，残石佛1，无铭造像石1，司马残造像碑1，王子仪残造像碑1	地宫上方先排列大造像碑充作地宫顶板，其上封土内则较散乱放置武平造像碑及石佛。千体佛像、经幢等残损粗糙的石刻	韩自强：《安徽亳县咸平寺发现北齐石刻造像碑》，《文物》1980年9期，56～64页	★发现时舍利棺盖已错开，以小石块支撑，推测是地宫被盗的迹象，则其上部造像散乱应系盗掘所致，最初应是整齐摆放
46	江苏扬州师范学院残造像坑	上限为唐晚期	未描述	共出土8件造像，皆真人大小，损毁严重，为唐代晚期造像	未描述	李万才：《扬州出土的唐代石造像》，《文物》1980 4期，65～67页	★

注：备注栏加★号者，系明确或推测为有意瘗埋的残像坑或地宫

昌邑高怀芳墓碑考略

刘洪波

（昌邑市博物馆）

高怀芳墓位于昌邑市高家道昭村西南，北向。其西侧为其父汝仁墓，南侧为其子思行、思正墓。高杯芳墓碑分碑头、碑身、碑座三部分，外建砖木结构门楼式碑亭，四周围有木栅栏。1966年，墓地被毁，该碑被用作桥面，后弃置。2009年4月，高怀芳后裔高百强及族人高乃钦先生[1]发现后，捐赠昌邑市博物馆保存。

一、墓碑概况

该碑碑头、碑座已失。碑身长1.63、宽0.65、厚0.23米。青石质，右下角有残损。碑阳上边及两侧饰浅浮雕双龙戏珠纹，下边饰水波纹，中部托八卦图，寓"河出图"的典故。碑阳楷书竖题"皇清敕授修职郎、汶上县训导、廪贡生，晋封儒林郎、文登县教谕加三级，诰赠朝议大夫、布政司经历加四级文川高公暨配范、郭恭人墓"，上款题"咸丰九年三月"，下款题"孝男：思行、思正"。碑阴边饰变形草龙团寿、蝙蝠、山石牡丹、仙鹤纹饰，寓"福寿双全，富贵吉祥"之意。

碑阴有碑文。阴刻楷书11行，满行34字，共计351字，右读（图一）。

首题"清诰赠朝议大夫、廪贡生文川高公墓表"，尾署"赐进士出身、荣禄大夫、吏部左侍郎、上书房行走、军机大臣、通家弟胶州匡源顿首拜撰文；敕授征仕郎、丁酉科拔贡、朝考二等、汶上县教谕加一级、愚子婿平度陈荣泌顿首拜书丹"。碑文内容如下：

公讳怀芳，字文川，祖赠奉直公，父赠朝议公，世以忠厚称。幼聪颖，能读书，为文法先正，屡荐不售。以廪贡授汶上县训导，课士有法，士习以变。事嗣母及本生父能得欢心，尤笃于手足。本生父殇，哀号致疾，乃辍读

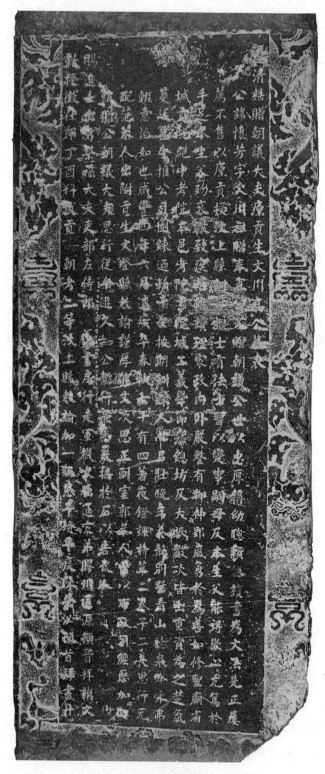

图一　高怀芳墓碑碑阴

理家政，内外严整，有柳仲郢风。勇于为善，如修圣朝省城贡院、郡中考院、本邑考院、书院、城工、义学、节孝总坊及大赈数次，皆出重资为之。楚氛蔓延，邑令推公习团练，乃输千金，按期训练，人心以壮。晚年，养静别墅，看山听泉，吟咏弗辍，意泊如也。咸丰四年六月构疾卒，春秋七十有四。著《夜灯课诗草》二卷。子二：长思行，元配范恭人出，附贡生，文登县教谕，谨厚能文；次思正，副室郭恭人出，以布政司经历加四级，赠公朝议大夫。思行从余游久，知公懿行最悉，爰揭于石，以告后人。

碑文的撰写者匡源（1815～1881年），字本如，号鹤泉，胶州郭家庄人。道光十九年（1839年）举人，二十年（1840年）进士，曾先后任江西、山西乡试考官、会试同考官。二十八年（1848年）成为皇子奕䜣的老师。咸丰五年（1855年）任吏部左侍郎，署礼部尚书，兼经筵讲官。七年（1857年）调任军机大臣上学习行走，次年升军机大臣上行走，赐紫禁城骑马。咸丰皇帝病危，匡源为顾命八大臣之一。同治帝即位，慈禧垂帘听政，匡源被罢官，迁居济南。后任泺源书院山长，历时17年。光绪七年（1881年）病逝于泺源书院。

碑文的书丹者陈荣泌。碑文署其衔名为："敕授征仕郎、丁酉科拔贡、朝考二等、汶上县教谕加一级、愚子婿平度陈荣泌。"（图二）检（道光）《重修平度州志》[2]卷六《表五・选举》载："陈荣泮，丁酉拔贡，朝考二等，授汶上县教谕。"两相对照，则"陈荣泮""陈荣泌"，当为一人，碑文可校州志刊印之误。

最近，新发现陈荣泌书写对联一副，其字体与碑刻笔法一致，与高怀芳门婿当为一人。由联中题款可知，陈荣泌的字或号应为"蔗原"（图三）。

二、相关史实

高怀芳一生乐善好施，碑文记载其主要功绩在于"如修圣朝省城贡院、郡中考院、本邑考院、书院、城工、义学、节孝总坊及大赈数次，皆出重资为之"。碑文简略，兹结合相关文献，详考如下。

1. 捐修省城贡院

此指道光五年至八年（1825～1828年），济南知府钟祥大修济南贡院事。济南贡院始建于明洪武年间，历代不断增建。钟祥这次增修规模较大，新号舍达1000余间，用银44000两，这些捐款由全省各地的士绅捐助，本次捐额达69851两。（光绪）《续修历城县志》[3]卷十三《建置・贡院》载：

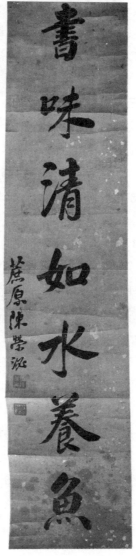

图二　高怀芳墓碑碑阳　　　　　　　　图三　陈荣泌书法对联

贡院：旧有大比泉，嘉庆九年布政使江兰复凿华笔池。旧号舍七千余间，道光五年济南府知府钟祥增修八千余间。

同卷节录武定府知府、前知历城县事汤世培撰写的碑文详记此事。

2. 捐修郡中考院

此指道光二十二年（1842年），莱州府知府王沄倡捐大修莱州府考院事。（道光）《再续掖县志》[4]卷上《公署》载：

考院，即前之察院。在明为巡按行署，国朝改为试院，屡经修治而题额
如旧。道光二十二年莱州府知府王沄倡捐七属官民彻底翻修，掖县知县杨祖
宪承办……

3. 捐修本邑考院

此指道光初年昌邑县知县汤世培倡修昌邑文庙事。(光绪)《昌邑县续志》[5]卷
四《学校》载："文庙……先是道光十年知县汤世培重修。"昌邑向无考院，诸生考
试借用文庙。同书卷六《义·善行》高怀芳传有"倡修文庙、书院"的记载，亦可
佐证。又，同书卷五《职官表·知县》载："汤世培，江西南丰县进士。道光元年
任昌邑知县(三年卸任)。"此与前面的记述矛盾。按，(光绪)《续修历城县志》卷
三十三《职官表·知县》载："汤世培，江西南丰人进士，六年任，九年再任(十
年升武定府知府)。有传。"由此，则所谓"道光十年知县汤世培重修"当为刊刻
错误。

4. 捐修本邑书院

此指道光二十七年(1847年)昌邑知县刘廷扬等捐修凤鸣书院事。
《昌邑县续志》卷四《学校》载：

凤鸣书院，在学宫南。道光二十七年，知县刘廷扬、典史姜炤倡捐，因
诘经书院旧址，创修为考课之地，余款先后置田一百八十余亩……高怀芳
千二百缗……

5. 捐助本邑城工

此指道光十一年(1831年)、二十年(1840年)修理昌邑城防事。
《昌邑县续志》卷二《城池》载："道光十一、二十等年，经朱令、华令率绅士捐
资修理月城、外墙。"

6. 捐助本邑义学

(乾隆)《昌邑县志》[6]卷四《学校》载："义学，一在东山，一在塔儿埠。乾隆五
年知县周来邰新建，延师训课。"东山，在城东2里。塔儿埠，在县南90里。此次捐
修，文献失载，赖碑文得以补充。

7. 捐修本邑节孝总坊

《昌邑县续志》卷七《坊表》载："城内：贞烈、节孝二坊，道光三十年立。"碑文中的捐修"节孝总坊"，当指道光三十年（1850年）创建贞烈、节孝二坊事。

8. 捐助本邑数次大赈

高怀芳于"咸丰四年六月构疾卒，春秋七十有四"，则其生在乾隆四十六年（1781年）。据《昌邑县续志》卷七《祥异》所载，若从高怀芳三十岁（嘉庆十五年，1810年）算起，其经历的灾害有：

> （嘉庆）十六年春大旱。秋，潦。
> （嘉庆）十七年春，大饥大疫，道殣相望，蜀秫每斗四千余文。秋，潍决小营口，被害甚剧。
> （嘉庆）十八年秋，小营堤决。
> （嘉庆）二十四年……十二月，大雨雪，天温，潍水溢。
> 道光元年六月，潍决小营口，天寒。八月，大疫，病吐泻，人多死。
> （道光）十五年春，大旱。夏，淫雨有虫灾，田禾食尽。
> （道光）十六年，大饥、大疫。
> （道光）十七年春，旱、蝗。五月二十五日，雷电、大风，坏庐舍无算。
> （道光）二十一年正月十六日，大风雪，人多迷死。
> （道光）二十六年五月二十日申刻，大雷电，暴风拔虫埠石坊，掀吴家辛庄楼房。

碑文所谓"大赈数次，皆出重资为之"当针对以上这些事件。

9. 参与兴办团练

咸丰三年（1853年），太平军北伐进入黄河、淮河流域，捻军纷起响应，成为太平天国在北方的友军。清廷号召山东各地士绅捐款兴办团练、筑圩防捻。对此，高怀芳积极响应碑文载："楚氛蔓延，邑令推公习团练，按期训练。"《昌邑县续志》卷六《义·善行》载："南埝为害，与胞侄思修[7]筑圩购器，捐数千金，避难者济以柴米。"

10. 捐资广学额

《昌邑县续志》卷六《义·善行》载："姜汝晵……侍直太医院，回籍监修凤鸣书院。劝捐经费银六万一百七十两。与主事张殿栋及高怀芳、张嘉运、黄志和等广文武学额各六名。"则"捐资广学额"一事指此。

三、生平家世

1. 仕途履历

由碑阳正文中"皇清敕授修职郎、廪贡生,晋封儒林郎、文登县教谕加三级,诰赠朝议大夫、布政司经历加四级",得以了解高怀芳的仕途履历。"廪贡生",是高怀芳的功名出身,是指以廪生的资格通过捐纳而给予贡生身份。"敕授修职郎、汶上县训导",则是高怀芳自身所获封典及实际职务。但结合《昌邑县续志》卷五《选举・例仕》所载"高怀芳,廪贡,署汶上县训导"与碑文"以廪贡授汶上县训导",其职务稍有出入。至于"晋封儒林郎、文登县教谕加三级",则是因其长子高思行而获得的封典;"诰赠朝议大夫、布政司经历加四级",则是因其次子思正所获得的封典,碑文"次思正,副室郭恭人出,以布政司经历加四级,赠公朝议大夫"可证。

2. 家世传承

关于高怀芳家世,碑文载:"祖赠奉直公,父赠朝议公,世以忠厚称。……事嗣母及本生父能得欢心,尤笃于手足。本生父殁,哀号致疾,乃辍读理家政,内外严整,有柳仲郢风。"

经实地调查访问高氏后人,得知高怀芳祖高瞻,生子三:汝仁、汝智、汝贤。汝仁无子,继弟汝智长子怀芳为嗣。怀芳本生父高汝智,生子二,长子怀芳,次子兰芳。

怀芳娶范氏、郭氏,生子二:思行、思正。思行生子二:云台、云浦。思正无子,嗣思行次子云浦。云台生子四:金鑫、金阶、金浍、金标。云浦生子一:镛。

高怀芳因生父汝智早亡,哀号致疾,放弃仕途后,继承先业,以在京城经营当铺起家,成为邑内巨富,至其次子思正达到鼎盛。思正之后,其孙曾继续经营,前后四代百余年,终因时局动荡返回昌邑老家,而云台四子金标则落户北京。

怀芳长子思行。《昌邑县续志》卷五《选举・例仕》载:"高思行,附贡,文登教谕、陵县训导。"则高思行亦是以附生捐纳取得贡生资格而进入仕途的。又据(光绪)《文登县志》卷五《职官表二・教谕》[8]:"高思行(咸丰)元年任。马维楷,临邑廪贡,(同治)八年任。"可知高思行于咸丰元年至同治八年(1851～1869年)任文登教谕。碑文作于咸丰九年(1859年),有"思行从余游久,知公懿行最悉"的记载,则思行与匡源结识,当在咸丰九年之前。

怀芳次子思正。碑文载："次思正，副室郭恭人出，以布政司经历加四级。"据采访，思正继怀芳在京经营当铺，并未出仕，而布政司经历为从六品官衔，加四级为从四品，此当为高思正通过捐纳获得的虚衔。其父怀芳因得推恩赠朝议大夫，其嫡母范氏、生母郭氏，俱得封恭人。其祖高汝仁得赠朝议大夫，即碑文所谓的"赠朝议公"；其曾祖高瞻得赠奉直大夫，即碑文所谓的"赠奉直公"[9]。

3. 晚年生活

对于高怀芳的晚年生活，碑文中有这样的记述："晚年，养静别墅，看山听泉，吟咏弗辍，意泊如也。"

经调查，高怀芳晚年一直居住在故乡老宅，除兴修本村圩墙外，还创修了高氏宗祠、高氏家庙。据高百强老人所绘《高道旧村平面图》可知，高怀芳老宅位于村内东西大街南侧，院落开阔，大门悬挂"乡党流誉"四字匾额，旧称"南园子"，园内建有正厅、假山、花坛。碑文中提到的"别墅"即此。

另，高家道照村圩墙东门外南行路路西原有高怀芳善行碑2幢，南北向并排，村人称为"双碑"。其一碑阳书有"硕德可风"四个大字，另一幢碑阳、碑阴均有文字，今俱不存。

四、小　结

高怀芳墓碑整体保存较好，文辞精炼简洁，书法飘逸俊秀，雕刻精湛，是一件难得的清晚期碑刻精品。同时，该碑记载了碑主生平、家世，涉及济南贡院、莱州府考院、昌邑文庙、书院、城工及赈灾、团练等内容，佐证补充了相关史志记载，对于研究山东及昌邑地方史具有重要价值。

注　　释

[1]　高乃钦（1926～2010年），出生于中医世家，从医一生。其高祖西镇首得秘方——舒筋活血祛风逐湿膏。其曾祖荣先继承父业，明澈医理，常与高思行相切磋，行医于安丘、高密、诸城一带，久负盛名。其伯父冠英、冠经、父冠魁得荣先亲传医术，得以发扬。

[2]　（清）吴兹修，李图纂：《重修平度州志》，道光二十九年（1849年）刻本。

[3]　（清）毛承霖总纂：《续修历城县志》，光绪年修，民国十五年（1926年）历城县志局铅印本。

[4]　（清）杨祖宪修，侯登岸纂：《再续掖县志》，道光二十三年（1843年）刻本。

[5]　（清）陈嘉楷修，韩天衢纂：《昌邑县续志》，光绪三十三年（1907年）刻本。

［6］（清）周来邰修，于始瞻纂：《昌邑县续志》，乾隆七年（1742年）刻本。

［7］思修，怀芳弟兰芳长子。

［8］（清）李祖年修，于霖逢纂：《文登县志》，光绪二十三年（1898年）修，民国二十二年（1933年）铅印本。

［9］高怀芳后裔高百强等讲述："高思正曾为御医，晚年回乡后，与兄思行及乡里医家切磋医术，家中原有高思正官服坐像一幅，上面有相关的文字记述，可惜该画像已于十几年前流散。"故思正是否曾为御医，还期待日后发现更确凿的证据。

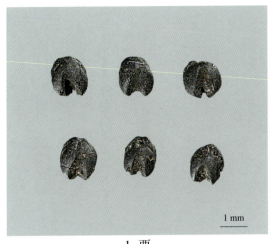

1 mm

1. 粟

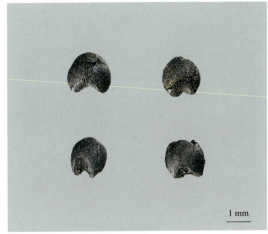

1 mm

2. 黍

3 mm

3. 大豆属

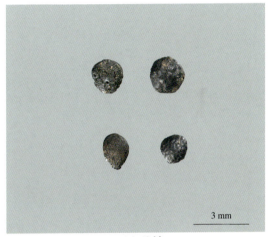

3 mm

4. 唇形科

1 mm

5. 苍耳仁

2 mm

6. 葡萄属

烟台赵格庄炭化植物遗存

1. 铜鼎（M128：6）

2. 铜鼎（M162：7）

3. 铜鼎（M163：6）

4. 铜鍴镂（M168：8）

济南魏家庄汉墓出土铜器

1. 铜鋞（M97：3）

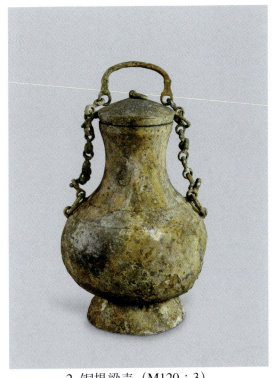

2. 铜提梁壶（M120：3）

3. 铜鋞（M150：4）

4. 铜壶（M162：1）

济南魏家庄汉墓出土铜器

1. 铜熏炉（M49：2）

2. 铜熏炉（M55：1）

3. 铜熏炉（M84：2）

4. 铜鐎壶（M97：4）

1. M168：10

2. M168：11

3. M168：12

4. M168：19

济南魏家庄汉墓出土人形铜镇

1. 北壁壁画

2. 南壁壁画

西山张家村壁画墓M2壁画

1. 瓷香炉（M1：1）

2. 梅瓶（M1：6）

3. 瓷罐（M1：3）

4. 瓷缸（M1：8）

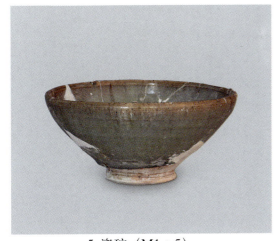

5. 瓷碗（M1：5）

6. 瓷碟（M1：7）

济南化纤厂路元墓出土瓷器

1.玉卧马（M1：11）

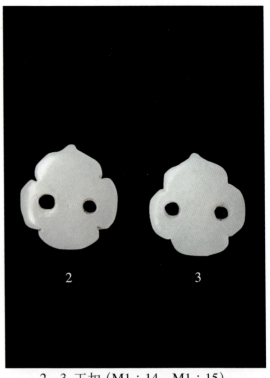

2

3

2、3.玉扣（M1：14、M1：15）

4.玉佩饰（M1：12）

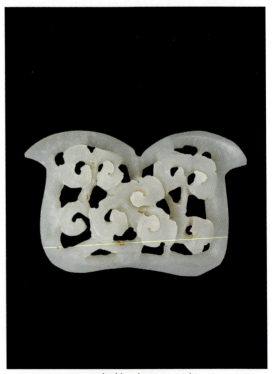

5.玉佩饰（M1：13）

济南化纤厂路元墓出土玉器

1.边线王遗址发掘现场

2.第Ⅳ发掘区1985年秋发掘现场

边线王遗址发掘现场

1. 第Ⅲ发掘区1984年秋发掘的外城基槽

2. 内城墙东南角基槽剖面

边线王遗址城墙基槽

1.外城西门及两端基槽

2.内城东南角发掘现场

边线王遗址外城西门及内城东南角

1.外城西门北端基槽奠基坑D13、D14

2.外城西门北端基槽奠基坑D14

边线王遗址外城西门北端基槽奠基坑

1. 外城东北角基槽奠基坑D17

2. 外城东北角基槽奠基坑D28

边线王遗址外城东北角基槽奠基坑

1.A型Ⅰ式罐形鼎（T0621NJD2：1）

2.A型Ⅱ式罐形鼎（T0818NJD4：1）

3.A型Ⅲ式罐形鼎（H3：15）

4.B型Ⅰ式罐形鼎（H3：7）

边线王遗址出土陶鼎

1. B型Ⅲ式罐形鼎（H3∶8）

2. B型Ⅳ式罐形鼎（H3∶4）

3. C型Ⅰ式罐形鼎（H3∶13）

4. C型Ⅱ式罐形鼎（H3∶11）

边线王遗址出土陶鼎

1. D型罐形鼎（H3：27）

2. A型盆形鼎（T2302WJ：1）

3. B型盆形鼎（T0621NJ：2）

4. 鬶（T2402WJD13：1）

边线王遗址出土陶器

1. Ⅰ式甗（T2102WJD7：1）

2. Ⅱ式甗（T2001WJ：8）

3. Ⅲ式甗（H3：2）

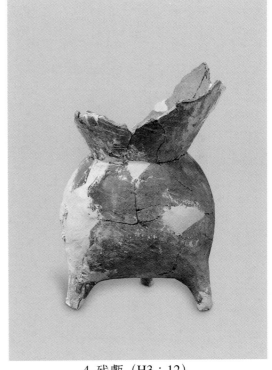

4. 残甗（H3：12）

边线王遗址出土陶甗

1. Ⅰ式深腹罐（H3：17）

2. Ⅱ式深腹罐（H3：23）

3. Ⅲ式深腹罐（H3：10）

4. A型高领罐（H3：16）

边线王遗址出土陶罐

1. B型Ⅱ式高领罐（T2001WJ②：7）

2. B型Ⅲ式高领罐（T2001WJ：9）

3. A型杯（T0818NJD3：1）

4. B型杯（H3：14）

边线王遗址出土陶器

1. I式圈足盘（H3：29）

2. B型小盆（T2001WJ：6）

3. Aa型Ⅲ式器盖（T2402WJD12：1）

4. Ac型 I 式器盖（H3：22）

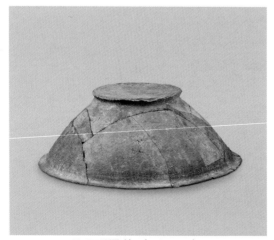

5. B型器盖（H3：19）

6. Ac型Ⅱ式器盖（H3：30）

边线王遗址出土陶器

1. 墓地远景（东南→西北）

2. 墓地近景（西南→东北）

滕州朱洼汉墓全景

1. M20

2. M21

3. M20侧室

滕州朱洼汉墓

1. M24

2. M25

3. M24出土陶器

滕州朱洼汉墓及出土陶器

1. M26

2. M26第1层石盖板

3. M26出土陶器

滕州朱洼汉墓及出土陶器

1. M22

2. M22石盖板

3. M30（下）与M35（上）

滕州朱洼汉墓

1. 陶猪圈（M29：27）与陶猪（M29：21）

2. 铜镜（M22：2）

滕州朱洼汉墓出土器物

1. M105（南→北）

2. M124（北→南）

3. M146（北→南）

4. M156（南→北）

济南魏家庄汉墓

1.M143（东→西）

2.M164（东→西）

济南魏家庄汉墓

1. M42（北→南）

2. M81（北→南）

3. M120（北→南）

4. M137（北→南）

济南魏家庄汉墓

1. M104石椁南端画像（南→北）

2. 砖椁墓M144（北→南）

3. M106石椁盖板（南→北）

4. M106（南→北）

1. M4：1

2. M4：2

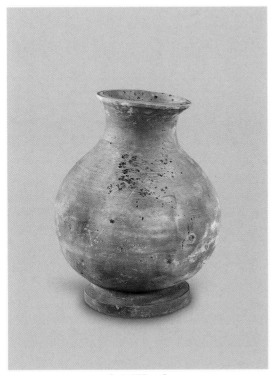

3. M52：3

4. M52：6

济南魏家庄汉墓出土陶壶

1. M85：3

2. M124：5

3. M84：8

4. M35：3

济南魏家庄汉墓出土陶壶

1. M128：5

2. M140：4

3. M150：2

4. M164：3

济南魏家庄汉墓出土陶壶

1. M27：1

2. M45：3

3. M50：3

4. M90：1

5. M144：1

6. M168：2

济南魏家庄汉墓出土陶壶

1. M92：4

2. M109：1

3. M109：2

4. M111：1

济南魏家庄汉墓出土陶罐

1. M126 : 3

2. M139 : 3

3. M143 : 1

4. M158 : 5

济南魏家庄汉墓出土陶罐

1. 陶罐（M56：5）

2. 陶罐（M104：2）

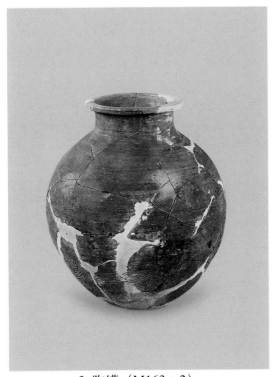

3. 陶罐（M163：2）

4. 陶钫（M105：1）

济南魏家庄汉墓出土陶器

1. 铜盆（M85：4）

2. 铜盆（M97：1）

3. 铜釜（M144：4）

4. 铜甗（M168：7）

济南魏家庄汉墓出土铜器

1. M47：1

2. M65：8

3. M99：5

4. M105：6

济南魏家庄汉墓出土铜镜

1. M111：6

2. M131：1

3. M142：16

4. M156：11

济南魏家庄汉墓出土铜镜

1. M27：3

2. M50：9

3. M51：4

4. M82：1

济南魏家庄汉墓出土铜镜

1. M97 : 5

2. M97 : 6

3. M125 : 3

4. M144 : 5

济南魏家庄汉墓出土铜镜

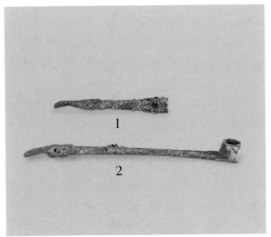

1. 铜刷柄 (M82：3) 2. 铜眉笔杆 (M104：3)

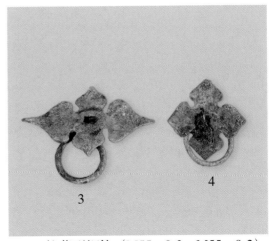

3、4. 柿蒂形铜饰 (M55：9-3、M55：9-2)

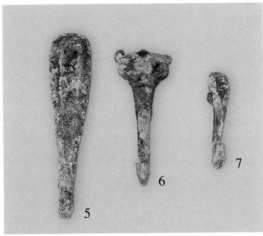

5~7. 铜带钩 (M125：4、M44：4、M128：9)

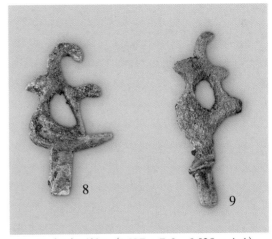

8、9. 铜鸟形纽 (M97：7-2、M38：4-4)

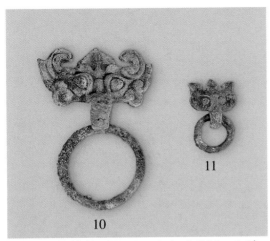

10、11. 铜铺首 (M162：9-4、M121：5-3)

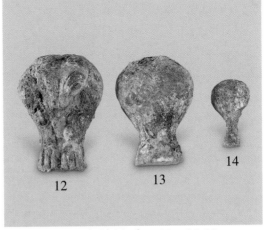

12~14. 铜蹄足 (M128：20-10、
M168：20、M27：4)

济南魏家庄汉墓出土铜器

1. M4 : 8

2. M50 : 7

3. M90 : 5

4. M120 : 9

济南魏家庄汉墓出土铜印章

1~3.石砚板（M143：18、M156：9、M93：4）

4.陶碗（M4：4）

5.陶碗（M4：5）

6.玉剑首（M105：7）

7.玉剑璏（M120：16）

济南魏家庄汉墓出土器物

1. M11（北→南）

2. M17

烟台皂户头汉墓

2. M15

1. M14

烟台毛户头汉墓

1. 陶钵（M14：5）

2. 陶钵（M14：6）

3. 陶罐（M14：1）

4. 陶罐（M14：2）

5. 陶罐（M14：3）

6. 陶罐（M14：4）

烟台皂户头汉墓出土陶器

1. 陶罐（M15：2）

2. 陶罐（M15：4）

3. 陶罐（M16：1）

4. 陶罐（M17：2）

5. 陶钵（M17：3）

6. 陶钵（M17：1）

烟台皂户头汉墓出土陶器

1. M9（南→北）

2. M10

烟台皂户头元、明墓葬

1. 瓷碗（M8：4）

2. 瓷碗（M8：05）

3. 瓷灯盏（M9：1）

4. 陶罐（M9：2）

5. 陶罐（M10：1）

6. 瓷罐（M10：2）

烟台皂户头元、明墓葬出土器物

1. M5（东→西）

2. M6（东→西）

3. M12（东→西）

4. M13（东→西）

烟台皂户头清代墓葬

1. 瓷碗（M1：1）

2. 瓷碗（M2：1）

3. 瓷碗（M3：1）

4. 瓷碗（M4：1）

5. 瓷碗（M5：1）

6. 瓷碗（M6：01）

烟台皂户头清墓出土瓷器

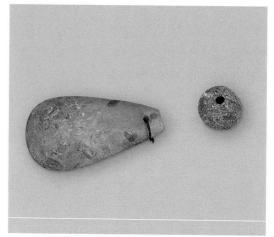

1. 玉饰件（M5∶2）

2. 瓷碗（M6∶02）

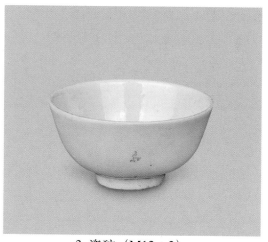

3. 瓷碗（M12∶2）

4. 瓷罐（M12∶01）

5. 铜匏（M12∶4）

6. 瓷瓶（M13∶1）

烟台皂户头清墓出土器物

1. 甬道西壁题记

2. 北壁彩绘门图

西山张家村壁画墓M1壁画、题记

1.西壁彩绘桌椅图

2.西壁彩绘桌椅图细部

西山张家村壁画墓M1西壁彩绘

1.莲花图案砖雕

2.狮子图案砖雕

3.瓜果图案砖雕

西山张家村壁画墓M2墓室砖雕

1. 东壁壁画

2. 西壁壁画

西山张家村壁画墓M2壁画